लोकप्रिय

हिन्दी कविता का समाजशास्त्र

लोकप्रिय

हिन्दी कविता का समाजशास्त्र

रवि रंजन

वाणी प्रकाशन

प्रकाशन के उत्कृष्टतम 63 वर्ष

vaniprakashan.com

सजिल्द प्रथम संस्करण : 2026

वाणी प्रकाशन

4695, 21-ए, दरियागंज, नयी दिल्ली-110 002

फ़ोन : + 91 11 23273167, 23275710

शाखाएँ

अशोक राजपथ, पटना-800 004, बिहार

कॉफ़ी हाउस कैम्पस, महात्मा गांधी मार्ग, प्रयागराज-211 001, उत्तर प्रदेश

महात्मा गांधी अन्तरराष्ट्रीय हिन्दी विश्वविद्यालय, वर्धा-442 001, महाराष्ट्र

sales@vaniprakashan.in

vaniprakashan@gmail.com

Lokpriya Hindi Kavita Ka Samajshastra

by Ravi Ranjan

ISBN : 978-93-7348-685-7

Criticism

मूल्य : ₹ 695

आर. टेक ऑफ़सेट, दिल्ली-110 032 में मुद्रित

वाणी प्रकाशन का लोगो मक़बूल फ़िदा हुसैन की कूची से

समर्पण

अनुजवत

प्रोफ़ेसर मो. ज़ाहिदुल हक़

को

सस्नेह

अनुक्रम

भूमिका

किताब की भूमिका एक ऐसा पाठ है
जिसे रखा गया किताब के प्रारंभ में
लिखा गया जबकि
उसे किताब
पूरी हो जाने के बाद
यह एक प्रायोजित पाठ है
घड़ी की सूइयों को उल्टा घुमाया गया है यहाँ

–राजेश जोशी

'ए कन्ट्रिब्यूशन टू दि क्रिटीक ऑफ़ पॉलिटिकल इकॉनमी' की प्रस्तावना में 'आधार और अधिरचना' को लेकर कार्ल मार्क्स ने जिस सिद्धान्त का प्रतिपादन किया है वह न केवल मार्क्सवादी सांस्कृतिक विश्लेषण की कुंजी है, बल्कि उसमें साहित्य की ऐतिहासिक-समाजशास्त्रीय समीक्षा-पद्धति के बीज भी अन्तर्निहित हैं। मार्क्स ने लिखा है कि "अपने जीवन के सामाजिक उत्पादन में मनुष्य ऐसे निश्चित सम्बन्धों में बँधते हैं, जो अपरिहार्य एवं उनकी इच्छा से स्वतन्त्र होते हैं। उत्पादन के ये सम्बन्ध, उत्पादन की भौतिक शक्तियों के विकास की एक निश्चित मंज़िल के अनुरूप होते हैं। इन उत्पादन सम्बन्धों का पूर्ण समाहार ही समाज का आर्थिक ढाँचा है–वह असली बुनियाद है जिस पर क़ानून और राजनीति का ऊपरी ढाँचा खड़ा हो जाता है और जिसके अनुकूल ही सामाजिक, राजनीतिक और बौद्धिक प्रकिया को निर्धारित करती है। मनुष्य की चेतना उसके अस्तित्व को निर्धारित नहीं करती, बल्कि उसका सामाजिक अस्तित्व ही उसकी चेतना का निर्धारण करता है। ...समाज के आर्थिक आधार में परिवर्तन के साथ सम्पूर्ण विशाल बाह्य संरचना (ऊपरी ढाँचा) भी अल्पाधिक तीव्रता से बदल जाती है। इसी प्रकार के रूपान्तरों पर विचार करते

समय उत्पादन की आर्थिक स्थितियों–जिन्हें प्राकृतिक विज्ञान की सूक्ष्मता के साथ निर्धारित किया जा सकता है और न्यायिक, राजनीतिक, धार्मिक, कलात्मक और दार्शनिक रूपों के बीच, जिनमें मनुष्य इस संघर्ष के प्रति सचेत रहता है और उसमें विजय प्राप्त करना चाहता है, फ़र्क़ करना आवश्यक है।"

मार्क्स की उपर्युक्त स्थापना में जो समाजशास्त्रीय दृष्टि निहित है वह विधेयवादी निकाय के हर्डर, स्तेल एवं तेन जैसे साहित्य के समाजशास्त्रियों की तुलना में नितान्त भिन्न है। वस्तुतः अपनी बुनियादी ज़रूरतों को पूरा करने के लिए मनुष्य द्वारा इतिहास-प्रवाह में भौतिक साधनों के उत्पादन से जो आर्थिक विकास होता है, वही आधार है जिसके अनुकूल किसी युग विशेष में राज्य, क़ानून, कला, धर्म एवं दर्शन आदि से सम्बन्धित विचार एवं धारणाएँ विकसित होती हैं। यही कारण है कि आधार में परिवर्तन होने से अधिरचना भी प्रभावित हुए बिना नहीं रह पाती, किन्तु इसका तात्पर्य यह नहीं है कि अपने आधार पर अधिरचना का कोई प्रभाव नहीं होता। सच तो यह है कि एक बार अधिरचना के निर्मित हो जाने पर वह एक क्रियात्मक शक्ति के रूप में कई बार आधार को भी प्रभावित करती है। दूसरे शब्दों में कहें तो बौद्धिक प्रक्रिया एवं भौतिक प्रक्रिया के बीच यान्त्रिक कार्य-कारण सम्बन्ध होने के बजाय द्वन्द्वात्मक और पारस्परिक अन्तःक्रिया होती है। एंगेल्स द्वारा लिखित 'फायरबाख एवं क्लासिकी जर्मन दर्शन' शीर्षक निबन्ध का हवाला देते हुए रेमंड विलियम्स ने लिखा है कि कई बार उच्चतर एवं गम्भीर दार्शनिक तथा धार्मिक विचारधारात्मक अधिरचना अपने आधार से कटी हुई-सी प्रतीत होती है, पर वास्तविकता यह है कि उन अवधारणाओं एवं भौतिक स्थितियों के बीच में अत्यन्त जटिल अन्तस्सम्बन्ध हुआ करते हैं।

ग़ौरतलब है कि पूँजीवाद महज एक अर्थशास्त्रीय सिद्धान्त या व्यवस्था होने के बजाय मानव सक्रियताओं के हर पहलू को अपनी चपेट में लेता है। यह अपनी समसामयिक सांस्कृतिक प्रक्रिया को भी प्रभुवर्ग के हितों के मुताबिक़ अनुकूलित करता है। मार्क्स ने लिखा है कि "पूँजीवादी उत्पादन का आत्मिक सृजन की कतिपय शाखाओं के साथ, जैसे कला तथा काव्य के साथ वैमनस्य है।" इस व्यवस्था में वस्तुतः केवल वही उत्पादन श्रेष्ठ माना जाता है जो बिक्री के काबिल और ज़्यादा से ज़्यादा मुनाफ़ा कमाने में सहायक हो। दूसरे शब्दों में कहें तो पूँजीवाद के अलमबरदारों के लिए दुनिया एक बाज़ार है और मनुष्य उपभोक्ता मात्र। उनके लिए तमाम दूसरी चीज़ों की तरह ही साहित्य भी बिकाऊ माल है। ऐसे में साहित्य व साहित्यकार पर पूँजीवादी अनुकूलन का थोड़ा-बहुत असर होना स्वाभाविक

है। किन्तु, कुछ मेरुदण्डविहीन साहित्यकार जब इस अनुकूलन की प्रक्रिया के आत्यंतिक प्रभाव में सस्ती लोकप्रियता के चक्कर में पड़कर स्वस्थ जीवन-मूल्यों की कोई परवाह किये बिना अपने को ज़्यादा से ज़्यादा बिकाऊ तथा कमाऊ बनाने की होड़ में शागिल होने का लोभ संवरण नहीं कर पाते, तो वे साहित्य-सर्जक के बजाय लोकप्रिय साहित्य के उत्पादक की श्रेणी में शुमार होने के लिए अभिशप्त होते हैं। विवेच्य सन्दर्भ में उन लेखकों की स्थिति भी विचारणीय है जो मौक़ापरस्त होते हैं और अपने निहित स्वार्थ के चलते सत्ता-व्यवस्था से समझौता करने से नहीं हिचकते। इस मुद्दे पर 'राज्याश्रय और साहित्य जीविका' शीर्षक अपने आलेख में विचारते हुए नागार्जुन ने लिखा है कि "मौजूदा शासन के अन्दर सर्वांशतः राज्याश्रय सच्चे साहित्यकार के लिए ठंडी कब्र है, यानी प्राणशोधक समाधि। युग निर्माता साहित्यकार पर 'भइ गति साँप छछुन्दर केरि' वाली कहावत लागू हो जाती है। धीरे-धीरे उसके अन्दर का युग-शिल्पी मर जाता है, फिर विमूढ़ और पतित हंस की चोंच का पहला शिकार सरस्वती की ख़ुद वाणी ही होती है।"

सत्ता से जुड़ने वाले लेखकों को जो निजी तौर पर फ़ायदे होते हैं उनकी चर्चा करते हुए नागार्जुन ने विभिन्न शासी निकायों की सदस्यता, सरकार द्वारा प्रदान की जाने वाली विभिन्न उपाधियाँ, पुरस्कार, विदेश यात्रा जैसी सुविधाओं की चर्चा की है।

सत्ता-व्यवस्था द्वारा साहित्य-सृजन को अपने पक्ष में अनुकूलित करने के मुद्दे पर काफ़ी गहराई और विस्तार के साथ विचार करते हुए नवगीतकार एवं कवि राजेन्द्र प्रसाद सिंह ने अपनी पुस्तक 'साहित्य की पारिस्थिकी' में साहित्यानुकूलन के चार कारक वर्गों का उल्लेख किया है- राजनीतिक, प्रतिष्ठानीय, व्यावसायिक और शैक्षणिक। उनका मानना है कि साहित्य की पारिस्थितिकी में अनुकूल और स्वायत्त शक्तियों की द्वन्द्वात्मकता रचनाशील समुदाय की परिव्याप्त अवस्था में निरन्तर सक्रिय रहती है। साम्प्रतिक हिन्दी कविता में वे नयी काव्यस्फूर्ति का अभाव पाते हैं जो आम पाठक और रचनाकार को 'डोसाइल' बना रहा है और स्पष्ट ही यह अनुकूलन का फल है। इस चुनौती का सामना करने के लिए सुझाव देते हुए उन्होंने लिखा है कि लेखकों में जब तक रचनात्मक वर्ग-निष्ठा नहीं जगेगी तब तक वे साहित्यानुकूलन के औज़ारों से न तो लड़ सकते हैं और न ही अर्थ-चक्र की पूरी जन-विरोधी बनावट के पुर्जे बने रहने से व्यावहारिक तौर पर इनकार और असहयोग ही कर सकते हैं। अतः ज़रूरी है कि लेखकों में अपनी वर्ग-निष्ठा जगे, जन-बोध सक्रिय हो, जन-जीवन के व्यापक परिवर्तन की लड़ाई में उनका रचनात्मक वर्ग

ईमानदारी और स्वाधीन निर्णय के द्वारा अपने दायित्व का भरपूर निर्वाह करे, लड़े और जुझारू जन-योद्धाओं के कन्धे से कन्धा मिलाकर जनमुक्ति की जय यात्रा में कदम बढ़ाता चले। साहित्यानुकूलन को तोड़ना तो उसकी तैयारी की मंज़िल है, जिससे गुज़र कर ही लेखक उक्त जन-भविष्य का रचनाकार हो सकता है।

स्पष्ट ही राजेन्द्र प्रसाद सिंह ने अपने ग्रन्थ में साहित्यिक रचनाशीलता को अनुकूलित करने वाले जिन कारक वर्गों का तर्कसंगत विवेचन-विश्लेषण प्रस्तुत किया है उसके मूल में पूँजीवादी समाज-व्यवस्था ही है जो हर वस्तु को ख़रीद-फरोख़्त की चीज़ में बदल देना चाहती है और निश्चित रूप से इसके दुष्प्रभाव से सामाजिक व मानवीय सम्बन्ध भी अछूते नहीं रह सकते हैं। सच तो यह है कि पूँजीवादी व्यवस्था में तमाम इन्सानी रिश्ते केन्द्रित होकर लाभ-लोभ के व्याकरण के अनुसार परिचालित होने के लिए अभिशप्त हो जाते हैं।

पूँजीवाद की इस प्रवृत्ति की अमानवीयता पर कड़ी टिप्पणी करते हुए मार्क्स ने लिखा है कि "पूँजीपति वर्ग ने जहाँ पर भी उसका पलड़ा भारी हुआ, वहाँ सभी सामन्ती पितृसत्तात्मक और 'काव्यात्मक' सम्बन्धों का अन्त कर दिया। उसने मनुष्य को अपने 'स्वाभाविक बड़ों' के साथ बाँध रखने वाले नाना प्रकार के सामन्ती सम्बन्धों को निर्ममता से तोड़ डाला और नग्न स्वार्थ के नकद पैसे-कौड़ी के हृदय शून्य व्यवहार के सिवा मनुष्यों के बीच कोई दूसरा सम्बन्ध बाकी नहीं रहने दिया। धार्मिक श्रद्धा के स्वर्गोपम आनन्दातिरेक को, वीरोचित उत्साह और कूपमंडूकतापूर्ण भावुकता को उसने आना-पाई के स्वार्थी हिसाब के बर्फ़ीले पानी में डुबो दिया है।" मौजूदा समाज में अमानवीकरण तथा विसंस्कृतिकरण की प्रक्रिया में जिस तेज़ी से बढ़ोतरी हो रही है उसके मूल में पूँजीवादी तन्त्र ही है जो संस्कृति के नाम पर विकृति फैलाता है। अर्थशास्त्र एवं समाजशास्त्र की शब्दावली में कहा जाये तो पूँजीवाद की मौजूदा अर्थनीति जहाँ भूमण्डलीकरण और मुक्त बाज़ार व्यवस्था है वहाँ उसका सांस्कृतिक तर्क उत्तर-आधुनिकता है। आज बड़े पैमाने पर बाजारू कला, संस्कृति को जड़-मूल से उखाड़ फेंकने की गहरी साजिश के तहत प्रचारित-प्रसारित की जा रही है।

आजकल विभिन्न नगरों एवं महानगरों में कवियों तथा कवयित्रियों के जो संगठन अस्तित्व में हैं, उनके सदस्यों द्वारा समारोहों व सम्मेलनों में पाठ की जाने वाली कविताओं तथा गाये जाने वाले गीतों को पढ़ते-सुनते हुए बड़ी शिद्दत के साथ यह बात महसूस की जा सकती है कि ऐसी रचनाओं में प्रायः जनता की रुचि

को भ्रष्ट करने वाले लोकप्रिय सांस्कृतिक मूल्यों को अभिव्यक्ति दी जाती है। ऐसे कवियों-गीतकारों में से अधिकांश को हिन्दी के आलोचकों द्वारा साहित्य या कविता की मुख्यधारा में हाशिये पर भी जगह नहीं देना एक हद तक गम्भीर साहित्य के पाठकों के लिए सुखद व सन्तोषप्रद तो हो सकता है, पर इस सच्चाई से मुँह मोड़ना असम्भव है कि अनेकानेक नगरों एवं महानगरों में समय-समय पर आयोजित होने वाले कविसम्मेलनों में बड़ी भीड़ इकट्ठा होती है और लोग चटखारे ले-लेकर सस्ती लोकप्रिय रचनाओं का मज़ा लेते हैं। लोकप्रिय कवियों में से अनेक के काव्य-संग्रह बड़े तामझाम के साथ न केवल छपे हैं, बल्कि उन्हें कुछ तथाकथित समीक्षकों द्वारा अपनी बाँसनुमा कलम पर उछाले जाने की नाकामयाब कोशिशें भी हुई हैं। प्रसंगवश मार्क्स का स्मरण स्वाभाविक है जिनका मानना है कि "उत्पादन किसी आवश्यकता की पूर्ति के लिए केवल सामग्री ही मुहैया नहीं करता, वह सामग्री के लिए आवश्यकता भी मुहैया करता है। ...विषय के लिए अनुभव की जाने वाली आवश्यकता विषय के प्रत्यक्ष ज्ञान द्वारा उत्प्रेरित होती है। कलात्मक विषय ऐसी जनता का गठन करती है, जिसमें कलात्मक अभिरुचि होती है तथा जो सौन्दर्य का रसपान करने में समर्थ है–यही बात किसी और उत्पादन के बारे में कही जा सकती है। उत्पादन इसीलिए विषयी के लिए विषय उत्पादित ही नहीं करता, अपितु विषय के लिए विषयी भी उत्पादित करता है।"

मुक्तिबोध ने लिखा है कि व्यक्तिगत स्वार्थ और प्रतिक्रियावादी वर्ग की तानाशाही विद्रूपताओं के शिकंजे में आज का मध्यवर्गीय व्यक्ति छटपटा रहा है। एक ओर उसके नैतिक मूल्य, संस्कार आदि पूँजीवादी शक्तियों के सम्मुख घुटने टेकने से रोक रहे हैं, दूसरी ओर उसकी व्यक्तिगत एवं सामाजिक विवशताएँ उसे पूँजीवादी शक्तियों से समझौता करने के लिए मजबूर कर देती हैं। इस मजबूरी के आगे जब मध्यवर्गीय बुद्धिजीवी घुटने टेक देता है तब उसके 'रेटोरिक' में कोई जज़्बा बाकी नहीं रह जाता। मुक्तिबोध के ही शब्दों में कहें तो 'पूँजीवादी ह्रास के गटर में मध्यवर्गी बुद्धिशील अवसरवादी केकड़े' जब कला एवं साहित्य की दुनिया में रेंगते हुए 'व्यभिचारी भावों के दृश्यों को उभारकर' धन कमाने की होड़ में शामिल हो जाते हैं तो लोकप्रिय साहित्य का उत्पादन होता है। दूसरे शब्दों में कहें तो धन कमाने के लिए जिस सस्ती लोकप्रियता की दरकार होती है उस लोकप्रिय साहित्य के लेखक अपनी अन्तरात्मा का गला घोंटकर या उसे बेच कर ही उपलब्ध कर पाते हैं। कहने की ज़रूरत नहीं है कि ऐसे लोग जब आदर्श बघारते हैं तो वे कितने अश्लील प्रतीत होते हैं :

'पूँजीवादी उल्लू के साहित्यिक पट्ठे
सुनसान रात में अहं-गर्भ वासना से चीखा करते प्रातः तक
जीवन के खँडहरों के सुनसान साये में
व्यभिचारी भावों के दृश्यों को उभारकर
आदर्श बघारते।
आत्मा को वासना संवेदनों में बोरकर
लालसामयी जीभ को चलाते हुए
खाते हैं सुख की आराम की
वे बासी मिठाइयाँ...।'

–मुक्तिबोध

जाहिर है कि साहित्य के समाजशास्त्र के अन्तर्गत लोकप्रिय साहित्य पर विचार-विमर्श अधिकतर जासूसी और अपराध सम्बन्धी कथा साहित्य को केन्द्र में रखकर किया गया है। मार्क्स-एंगेल्स तथा ग्राम्शी से लेकर लियो लावेंथल तक तथा हिन्दी में राजेन्द्र यादव और मैनेजर पाण्डेय के एतद्विषयक विवेचन-विश्लेषण में लोकप्रिय उपन्यासों को ही आधार बनाया गया है।

इस सन्दर्भ में युजेन सुई की सुप्रसिद्ध औपन्यासिक कृति 'पेरिस रहस्य' ('मिस्ट्रीज़ ऑफ़ पेरिस)' ख़ास तौर से उल्लेखनीय है जो सन् 1842-43 में फ्रांस की एक पत्रिका में धारावाहिक रूप में छपी थी और ऐसा कहा जाता है कि पूरे यूरोप में इसकी व्यापक पठनीयता के चलते महान कथाकार बालज़ाक भी विचलित-से हो गये थे। इस उपन्यास का कई यूरोपीय भाषाओं में अनुवाद हुआ था तथा इस पर बहुत-सी प्रशंसात्मक आलोचना भी लिखी गयी थी। किन्तु, युजेन सुई के इस उपन्यास की विस्तृत समीक्षा करते हुए जब मार्क्स ने इसकी लोकप्रियता के वास्तविक कारणों की गहरी छानबीन की तो पहली बार तद्युगीन शब्द-चेतन समुदाय के समक्ष कई नये तथ्य उभरे। इटली में फ़ासिस्ट ताक़तों द्वारा बन्दी बना लिए जाने पर जेल में अन्तोनियो ग्राम्शी ने भी ऐसे अनेक लोकप्रिय उपन्यासों के अध्ययन के उपरान्त सवाल उठाया था कि "आख़िर क्यों ये पुस्तकें सबसे अधिक पढ़ी जाती हैं और प्रकाशित होती हैं? ये पुस्तकें पाठकों की किन मानसिक आवश्यकताओं को तुष्ट करती हैं? इस साहित्य में ऐसी कौन-सी बाते हैं, जो पाठकों को इतना अधिक पसन्द आती हैं?"

ग्राम्शी द्वारा उठाये गये इन सवालों के मद्देनज़र आज की लोकप्रिय हिन्दी कविता पर समाजशास्त्रीय दृष्टि से विचार किया जाना अपेक्षित है। इससे हमारे समय की समाजार्थिक संरचना एवं तेज़ी से बदलते जीवन-मूल्यों तथा समसामयिक सांस्कृतिक प्रक्रिया पर इन सबके प्रभावों की गहरी छानबीन की जा सकती है। प्रस्तुत अध्ययन इस दिशा में एक पहलकदमी है। साहित्य के समाजशास्त्रीय अध्ययन के क्षेत्र में अब तक हुए विकास पर दृष्टिपात करने से मुख्यतः दो प्रविधियाँ उभर कर सामने आती हैं–कृति केन्द्रित अध्ययन तथा परिवेश केन्द्रित अध्ययन। लोकप्रिय साहित्य एवं संस्कृति तथा खास तौर से लोकप्रिय हिन्दी कविता को दृष्टिपथ में रखकर किये गये इस अध्ययन क्रम में कविता की लोकप्रियता पर भी यथास्थान विचार किया गया है।

कहने की ज़रूरत नहीं है कि 'साहित्य का समाजशास्त्र' की शब्दावली में 'लोकप्रिय साहित्य' तथा 'साहित्य की लोकप्रियता', दोनों अलग-अलग बातें हैं। काव्य-क्षेत्र से उदाहरण लें तो रामायण, महाभारत सदृश आर्ष ग्रन्थों से लेकर 'रामचरितमानस', कबीर के दोहे और पदों या 'भारत भारती', 'रश्मिरथी' और शैलेन्द्र के गीतों की लोकप्रियता; काका हाथरसी सरीखे अनेक मंचीय कवियों या आज की फेसबुकीय सस्ती कविता की लोकप्रियता से गुणात्मक रूप में भिन्न ही नहीं, विपरीत है। अध्ययन-क्रम में उपर्युक्त दोनों विषयों को अपनी शक्ति और सीमा में समेटने का प्रयास किया गया है। इस क्रम में फेसबुक तथा अन्य सोशल मीडिया पर छपे कुछ गम्भीर कवियों की चुनिन्दा कविताओं पर भी समाजशास्त्रीय विश्लेषण-पद्धति से नज़र दौड़ाने की कोशिश की गयी है।

परिशिष्ट के अन्तर्गत शिशिर कुमार दास के 'पॉपुलर लिटरेचर एंड रीडिंग पब्लिक' शीर्षक आलेख का हिन्दी अनुवाद तथा 'कविता का वर्तमान' विषय पर दिए गए अपने साक्षात्कार को रखा गया है।

इस पुस्तक को अन्तिम रूप देने में मैनेजर पाण्डेय एवं गरिमा श्रीवास्तव जैसे विषय-विशेषज्ञों के अमूल्य सुझाव और साफ़-सुथरे टंकण के लिए शोध-छात्रा डॉ. तबस्सुम बेग़म और शोध-छात्र डॉ. जी. कैलास के योगदान को भुलाया नहीं जा सकता। इनके प्रति कृतज्ञता ज्ञापन महज औपचारिकता नहीं है।

पुस्तक के सुरुचिपूर्ण प्रकाशन के लिए वाणी प्रकाशन को साधुवाद।

रवि रंजन

हिन्दी विभाग

हैदराबाद विश्वविद्यालय

हैदराबाद–500046

कलात्मक साहित्य और लोकप्रिय साहित्य : प्रतिपन्न विशेषताएँ और सम्बन्ध-सूत्र

'लोकप्रिय साहित्य' अक्सर उन पुस्तकों को सन्दर्भित करता है जिन्हें बड़े पैमाने पर पढ़ा जाता है या पढ़े जाने की उम्मीद होती है। इसकी व्यापक परिभाषा में बेस्टसेलर सतही या गैर-कल्पनाशील किताबें, व्यापक रूप से प्रसारित पत्रिकाएँ और कुछ डिजिटल पाठ भी शामिल हो सकते हैं। हालाँकि, यह शब्द आमतौर पर उन कृतियों के लिए प्रयोग होता है जो उच्च साहित्य, कलात्मक साहित्य, या सामान्य शिष्ट माने जाने वाले साहित्य से भिन्न होती हैं। बीसवीं सदी के उत्तरार्ध से लोकप्रिय कथा साहित्य को अक्सर कथा की एक शैली के रूप में वर्गीकृत किया गया है, जबकि इसके विपरीत श्रेष्ठ रचनाओं को साहित्यिक कथा के रूप में मान्यता प्राप्त है।

लोकप्रिय साहित्य की श्रेणियाँ सख़्त नहीं होतीं और इसका वर्गीकरण समय के साथ बदल सकता है। बेस्टसेलर किताबें लोकप्रिय होती हैं, पर केवल बिक्री के आंकड़े किसी किताब को लोकप्रिय साहित्य मानने के लिए पर्याप्त नहीं हैं। दुनिया में 'हैरी पॉटर' सरीखी कई साहित्यिक रचनाएँ बेस्टसेलर बन चुकी हैं, जबकि कुछ लोकप्रिय कथा कृतियों को भी पाठक कम मिले। इसके अलावा, साहित्यिक विशिष्टता उन कृतियों को दी जाती है जो समय की कसौटी पर खरी उतरती हैं, हालाँकि यह मूल्यांकन प्रकाशित होने के कई साल बाद तक होता रहता है। उदाहरण के लिए, विलियम शेक्सपियर के नाटक उनके समय में लोकप्रिय माने जाते थे, लेकिन आज उन्हें कलाकृति के रूप में मान्यता प्राप्त है।

फिर भी, लोकप्रिय साहित्य की कुछ सामान्य विशेषताएँ होती हैं। सबसे पहली बात यह कि लोकप्रिय साहित्य मुख्यत: पाठक का मनोरंजन करने के लिए लिखा जाता है, क्योंकि मनोरंजन एक ऐसा गुण है जो बड़े पाठक समुदाय को आकर्षित करता है। कुछ सुखद पढ़ने का अनुभव प्रदान करने के लिए लोकप्रिय कथा साहित्य

आमतौर पर सरल और सीधी शैली में लिखा जाता है। ये पुस्तकें मुख्य रूप से कथानक-चालित होती हैं, न कि चरित्र-चालित और पारम्परिक कथा संरचनाओं का पालन करती हैं। इसलिए, इनका उद्देश्य गहन चिन्तन या सौन्दर्यबोध उत्पन्न करना कम और सहज तथा त्वरित पढ़ने का अनुभव प्रदान करना अधिक होता है। जो किताबें इस उद्देश्य में सफल होती हैं और पाठकों की रुचि को बनाये रखती हैं, उन्हें "पेज-टर्नर" के रूप में सराहा जाता है।

जहाँ साहित्यिक कथाएँ अक्सर रोज़मर्रा की ज़िन्दगी की वास्तविकताओं एवं संघर्षों को प्रस्तुत करती हुई समाज में रहने वाले विभिन्न समुदायों की आशा एवं आकाक्षा को मूर्त रूप देती हैं, वहीं लोकप्रिय कथाएँ पाठकों को ज़िन्दगी की वास्तविकताओं से पलायन की ओर ले जाती हैं। ये रचनाएँ अक्सर रोमांस, रहस्य, थ्रिलर, विज्ञान कथा, या हॉरर जैसी लोकप्रिय शैलियों में वर्गीकृत की जाती हैं। हालाँकि शैलियों की सीमाओं के भीतर काफ़ी रचनात्मकता हो सकती है, लेकिन इन्हें विशिष्ट कथात्मक ट्रॉप्स या आर्कटाइप्स द्वारा परिभाषित किया जाता है जो पाठकों के लिए परिचित होते हैं। जैसा कि अमेरिकी साहित्यिक सिद्धान्तकार फ्रेड्रिक जेम्सन ने कहा, 'शैलियाँ लेखक और पाठकों के बीच अनुबन्ध होती हैं'; यानी, ये पाठक की अपेक्षाओं को बनाती और पूरा करती हैं। लोकप्रिय साहित्य की एक और महत्त्वपूर्ण विशेषता यह है कि यह बाज़ार से जुड़ा होता है और उसके द्वारा अनुकूलित होता है। कोई भी रचना तब तक बड़े पाठक वर्ग को आकर्षित नहीं कर सकती जब तक कि वह पाठकों के लिए सहज सुलभ न हो। कहने का तात्पर्य यह कि इसे प्रचलित और सस्ता दोनों होना चाहिए। इसलिए, लोकप्रिय साहित्यिक पुस्तकें प्रकाशन और सम्बन्धित उद्योगों के बड़े पैमाने पर उत्पादन, विपणन और वितरण पर निर्भर करती हैं। इसके परिणामस्वरूप, लेखक न केवल इसे आकर्षक बनाने के लिए बल्कि वर्तमान बाजार की माँगों को पूरा करने के लिए भी इसमें यौन भावना सरीखे मानव मन के उन पहलुओं को शामिल करते हैं जिनका तात्कालिक सुख के लिए मनुष्य बारबार अनुभव करना चाहता है।

लोकप्रिय साहित्य के लेखकों की उत्पादकता तथा प्रकाशकों के लिए मुनाफ़ा कमाने के साधन को उनके काम की आन्तरिक कलात्मक गुणवत्ता से अधिक महत्त्व दिया जाता है। कई सफल लोकप्रिय कथाकार असाधारण रूप से लेखन करते हैं और प्रति वर्ष एक या अधिक किताबें प्रकाशित करते हैं और कई सीक्वेल और श्रृंखलाएँ तैयार करते हैं, जो उन्हें एक समर्पित पाठक वर्ग बनाये रखने और बढ़ाने

में मदद करती हैं। फिल्म, टेलीविजन, और अन्य मीडिया के लिए लोकप्रिय पुस्तकों के अनुकूलन और ब्रांडिंग के माध्यम से अतिरिक्त व्यावसायिक मूल्य उत्पन्न किया जा सकता है। वास्तव में, लोकप्रिय साहित्य को अक्सर व्यापक सांस्कृतिक परिदृश्य के भीतर सबसे अच्छे ढंग से समझा जा सकता है। केवल अर्थशास्त्र के दृष्टिकोण के बजाय किसी कृति के अन्त:पाठीय सम्बन्ध इसके अनुकूलन एवं इसके प्रति धारणा और व्याख्याओं को प्रभावित करते हैं।

उल्लेखनीय है कि प्रिंटिंग प्रेस के विकास के बाद ही ऐसा साहित्य तैयार करना सुगम हुआ जो प्रकाशन के बाद व्यापक लोकप्रियता प्राप्त कर सके। यूरोप में पन्द्रहवीं सदी के शुरुआती उदाहरणों में लोककथाएँ, ब्रॉडसाइड बैलेड्स, जेस्टबुक (मजाक वाली किताबें), रोमांस कथाएँ आदि लोकप्रिय साहित्य में शामिल हैं। हिन्दी में 'गीता प्रेस' से छपी कृतियों की लोकप्रियता जगजाहिर है। यहाँ से प्रकाशित रामायण, महाभारत, रामचरितमानस आदि की अपार लोकप्रियता के बावजूद इन्हें 'साहित्य का समाजशास्त्र' की पारिभाषिक शब्दावली में 'लोकप्रिय साहित्य' नहीं कहा जा सकता।

पूरी दुनिया में लोकप्रिय साहित्य की लोकप्रियता सीमित थी, क्योंकि भारत समेत दुनिया भर में साक्षरता दर कम थी। सत्रहवीं सदी के अन्त तक इंग्लैंड, फ्रांस, और उत्तर-पश्चिमी यूरोप के अन्य हिस्सों में साक्षरता में वृद्धि के साथ प्रिन्टर सस्ते प्रकाशनों का निर्माण करने लगे, जो अक्सर चैपबुक के रूप में होते थे और शहर से शहर बेचे जाते थे। अठारहवीं और उन्नीसवीं सदी के दौरान प्राथमिक शिक्षा के प्रसार ने एक विस्तृत पाठक वर्ग को जन्म दिया। इसके अतिरिक्त, औद्योगिक क्रान्ति ने बड़े पैमाने पर उत्पादन प्रौद्योगिकियों के विकास और बेहतर परिवहन और संचार प्रणालियों के माध्यम से प्रकाशित कार्यों को अधिक व्यापक रूप से सुलभ बना दिया। इस दौरान कथा साहित्य महत्त्वपूर्ण हो गया। उपन्यास विशेष रूप से मध्य वर्ग के उन पाठकों के लिए एक लोकप्रिय विधा के रूप में उभरा, जो शहरी बुकस्टॉल और पुस्तकालयों से किताबें प्राप्त करते थे। सम्भवत: इसीलिए हेगेल ने उपन्यास को मध्यवर्ग का महाकाव्य और जार्ज लुकाच ने 'बुर्जुआ एपिक' कहा है। धीरे-धीरे समाचार पत्रों और पत्रिकाओं में भी कथा साहित्य धारावाहिक रूप में प्रकाशित किया जाने लगा। हिन्दी में शिव प्रसाद सिंह का 'शैलूष' और मनमोहन पाठक रचित 'गगन घटा घहरानी' उपन्यास 'आज' और 'हिन्दुस्तान' जैसे दैनिक हिन्दी समाचार पत्रों में धारावाहिक छपा था।

बावजूद इसके, साहित्य-क्षेत्र में आम तौर पर 'लोकप्रियता' नकारात्मक शब्द नहीं है। यदि हिन्दी साहित्य से ही उदाहरण लें, तो कबीर, सूर, तुलसी जैसे मध्युगीन कवियों से लेकर मैथिलीशरण गुप्त, प्रेमचन्द, दिनकर, नेपाली व नागार्जुन जैसे बीसवीं सदी के अनेकानेक रचनाकारों का साहित्य अपनी तमाम सीमाओं के बावजूद किसी भी तरह से अलोकप्रिय नहीं कहा जा सकता। यही स्थिति अन्य भारतीय भाषाओं के साथ-साथ दुनिया की विभिन्न भाषाओं के साहित्य के सन्दर्भ में भी देखी जा सकती है। इस मुद्दे पर भारतीय साहित्य के सन्दर्भ में यदि विचारें तो स्पष्ट होगा कि बंगाल के कृत्तिवास, चण्डीदास, बंकिम, शरत् व रवीन्द्र, गुजराती के नरसी मेहता, तेलुगु के त्यागराज व अन्नमाचार्य से लेकर गुरजाडा अप्पाराव, श्री श्री एवं वरवर राव तक अपने-अपने भाषिक क्षेत्र में ही नहीं, बल्कि इनमें से कई अखिल भारतीय स्तर पर भी काफ़ी लोकप्रिय रहे हैं।

इसके ठीक विपरीत एक दूसरी स्थिति वह है जहाँ हम देखते हैं कि जीवन-भर जनता की तरफ़दारी करते हुए उसके उज्ज्वल भविष्य का सपना संजोकर अपनी रचनाओं में अभिव्यक्त वाले महाकवि एवं विचारक गजानन माधव मक्तिबोध से हिन्दी इलाके में आम पढ़े-लिखे लोग भी लगभग अपरिचय की स्थिति में हैं। अपनी एक कविता में मुक्तिबोध जब सवाल उठाते हैं–

समस्या एक
मेरे सभ्य नगरों एवं ग्रामों के
सभी मानव
सुखी, सुन्दर व शोषणमुक्त
कब होंगे।

–तो ज़ाहिर तौर पर वे सम्पूर्ण प्रगतिशील एवं जनवादी लेखन का लगभग घोषणापत्र प्रस्तुत करते हुए-से प्रतीत होते हैं। पर यह जानी हुई बात है कि हिन्दी अक्षर-जगत् के अग्रगामी परिवेश में सक्रिय प्रथम श्रेणी के पाठकों-आलोचकों तथा महाविद्यालयों व विश्वविद्यालयों में हिन्दी पढ़ने-पढ़ाने वालों के अलावा सामान्य हिन्दी भाषी पढ़े-लिखे लोगों में उनकी रचनाओं के पाठक न के बराबर हैं। इस दृष्टि से मुक्तिबोध के बाद की पीढ़ी के कवियों-लेखकों की स्थिति तो और भी नाज़ुक है। स्पष्ट ही कलात्मक साहित्य व लोकप्रिय साहित्य पर समाजशास्त्रीय दृष्टि से विचारने के दौरान ऐसे अनेक महत्त्वपूर्ण बिन्दु उभरकर सामने आते हैं जिन्हें नज़रअन्दाज़ करके इस दिशा में कोई सार्थक पहलकदमी नहीं की जा सकती।

इस सन्दर्भ में सबसे पहला सवाल यह उठता है कि क्या 'जनता का साहित्य' होने के लिए किसी साहित्य का जनता के बीच लोकप्रिय होना अनिवार्य है? इस मुद्दे पर दो टूक निष्कर्ष प्रस्तुत करते हुए मुक्तिबोध लिखते हैं कि "जनता का साहित्य का अर्थ जनता को तुरन्त ही समझ में आने वाले साहित्य से हरगिज़ नहीं। अगर ऐसा होता तो किस्सा तोता-मैना और नौटंकी ही साहित्य के प्रधान रूप होते। साहित्य के अन्दर सांस्कृतिक भाव होते हैं। सांस्कृतिक भावों को ग्रहण करने के लिए, बुलन्दी बारीकी और ख़ूबसूरती को पहचानने के लिए, उस असलियत को पाने के लिए जिसका नक्शा साहित्य में रहता है, सुनने और पढ़ने वाले की कुछ स्थिति अपेक्षित होती है। वह स्थिति है उसकी शिक्षा, उसके मन का सांस्कृतिक परिष्कार। साहित्य का उद्देश्य सांस्कृतिक परिष्कार, मानसिक परिष्कार है। किन्तु यह परिष्कार साहित्य के माध्यम द्वारा तभी सम्भव है, जब स्वयं सुनने वाले या पढ़ने वाले की अवस्था शिक्षित की हो। यही कारण है कि मार्क्स का दास कैपिटल, लेनिन के ग्रन्थ, रोम्यांरोलां, तोल्सतोय और गोर्की के उपन्यास एकदम अशिक्षित और असंस्कृतों के न समझ में आ सकते हैं, न वे उनके पढ़ने के लिए होते ही हैं। 'जनता का साहित्य' का अर्थ 'जनता के लिए साहित्य' से है, और वह जनता ऐसी हो जो शिक्षा और संस्कृति द्वारा कुछ स्टैंडर्ड प्राप्त कर चुकी हो। ध्यान रहे कि राजनीति के मूल ग्रन्थ बहुत बार बुद्धिजीवियों की भी समझ में नहीं आते...जनता के साहित्य से अर्थ है ऐसा साहित्य जो जनता के जीवन मूल्यों को, जनता के जीवनादर्शों को, प्रतिष्ठापित करता हो, उसे अपने मुक्तिपथ पर अग्रसर करता हो। इस मुक्तिपथ का अर्थ राजनैतिक मुक्ति से लगाकर अज्ञान से मुक्ति तक है।"[1]

उपर्युक्त लम्बे उद्धरण से गुज़रते हुए स्पष्ट हो जाता है कि साहित्य की लोकप्रियता का विरोधी न होने के बावजूद मुक्तिबोध किसी भी स्थिति में लोकप्रियता को साहित्य की श्रेष्ठता के लिए एक अनिवार्य शर्त के रूप में स्वीकार करने के पक्ष में नहीं हैं। प्रसंगवश मार्क्स का एक वक्तव्य स्मरणीय है : "यदि तुम कला का रसास्वादन करना चाहते हो, तो तुम्हारे लिए कला की दीक्षा प्राप्त व्यक्ति होना आवश्यक है।"[2] किन्तु हमारे सामने कई ऐसे विचारकों का मंतव्य भी है जो श्रेष्ठ साहित्य का कलाबाज़ी से मुक्त, सरल, सुबोध तथा लोकप्रिय होना ज़रूरी मानते हैं। इस सन्दर्भ में सर्वप्रथम जार्ज लुकाच का स्मरण स्वाभाविक है जिनकी स्पष्ट धारणा है कि बृहत्तर मानवीय प्रसंगों से कटा कलाबोध, महज कलागत अनुभव ही रह जाता है और इस तरह वह धीरे-धीरे आत्मपरक होते हुए अजनबियत में बदल जाता है जो पूँजीवादी समाज की एक विशेषता है।

माओत्से तुंग ने लिखा है कि "जनता के जीवन में कला और साहित्य के लिए कच्चे माल की एक खान मौजूद होती है। यानी चीज़ें अपनी स्वाभाविक, प्राकृतिक अवस्था में होती हैं, अनगढ़ लेकिन साथ ही अत्यन्त सजीव, समृद्ध और मौलिक, इस दृष्टि से वे तमाम कला और साहित्य को ओट में कर देती हैं और उसके लिए एक अनोखा एवं अक्षय स्रोत प्रदान करती हैं। कला और साहित्य का यह एकमात्र स्रोत है क्योंकि उसका अन्य कोई स्रोत नहीं हो सकता।" ऐसे में सवाल उठना लाज़िमी है कि 'जनता' से हमारा तात्पर्य किन वर्गों व तबकों से है। इस सवाल का बहुत हद तक सही जवाब देते हुए स्वयं माओ ने ही माना है कि "जनता के व्यापकतम तबकों में, जिनकी संख्या हमारी आबादी के नब्बे प्रतिशत से भी ज़्यादा है मजदूर, किसान, सैनिक और शहरी निम्न पूँजीपति वर्ग के लोग शामिल हैं। इसलिए हमारा कला-साहित्य सबसे पहले मजदूरों के लिए है, एक ऐसे वर्ग के लिए जो क्रान्ति का नेतृत्व करता है। दूसरे, वह किसानों के लिए है जिनकी तादाद सबसे अधिक है और जो क्रान्ति में हमारे सबसे घनिष्ठ सहयोगी हैं। तीसरे, ये सशस्त्र मजदूरों व किसानों...तथा जनता की अन्य सशस्त्र फ़ौजों के लिए है, जो क्रान्तिकारी युद्ध की मुख्य शक्ति हैं। चौथे, वह शहरी निम्न पूँजीवादी बुद्धिजीवियों और शहरी निम्न पूँजीपति वर्ग के मेहनतकश जन-समुदाय के लिए है। ये दोनों ही प्रकार के लोग क्रान्ति में हमारे सहयोगी हैं और हमारे साथ दीर्घ काल तक सहयोग कर सकते हैं।"[3]

इस दृष्टि से यदि मौजूदा समय में शिष्ट या कलात्मक साहित्य के नाम पर हिन्दी में लिखे जा रहे साहित्य पर विचारें तो स्पष्ट होगा कि ऐसे साहित्य की सबसे बड़ी त्रासदी यह है कि वह विषयवस्तु एवं अन्तर्वस्तु के स्तर पर जनहित के साथ गहराई से जुड़े होने और कलात्मक दृष्टि से समर्थ होने के बावजूद पठनीयता की दृष्टि से लगातार जनता से दूर होता चला जा रहा है। कविता के सन्दर्भ में इस त्रासद स्थिति के लिए पूँजीवादी व्यवस्था को ज़िम्मेदार बताते हुए केदारनाथ सिंह कहते हैं– "यह एक बड़ी समस्या है, जो सिर्फ़ साहित्यिक नहीं है। इसका सम्बन्ध परिवर्तन की वृहत्तर प्रक्रिया से है। समकालीन कविता ही क्यों, मैं पूछूँगा कि छायावादी कविता ही कितने लोगों तक पहुँच पाई थी। आधुनिक काल का सबसे महत्त्वपूर्ण काल था छायावाद का काल, जो बड़ा काल तो था ही बड़ी प्रतिभाओं का भी काल था। जब मनुष्य लड़ रहा होता है तो उस लड़ाई के भीतर से एक बड़ी ऊर्जा पैदा होती है। हमारे बड़े रचनाकार निराला, पन्त, प्रसाद और प्रेमचन्द–ये सब संघर्ष के भीतर से

पैदा हुए थे। 'राम की शक्तिपूजा' एक बड़ी कविता है और आधुनिक काल की एक महान कविता कही जा सकती है। 'राम की शक्ति पूजा' और 'रामचरितमानस' दो रामपरक कविताएँ हैं। 'राम की शक्तिपूजा' को कितने लोग जानते हैं? ज़ाहिर है कि कोर्स में होने के कारण छात्र जानते हैं, अध्यापक जानते हैं, कला प्रेमी जानते हैं और कविता लिखने वाले जानते हैं। बाकी आम जनता नहीं जानती। ...आधुनिक काल के आते ही एक बहुत बड़ी सीमा इसकी बनी कि जिसे आम जनता कहते हैं उससे यह कविता विच्छिन्न-सी होती चली गयी। उसके कारणों में से एक कारण हमारे सभ्यता के विकास की प्रणाली है। वह प्रणाली यह है कि आधुनिक काल में प्रेस आया और प्रेस के आने से लिखित परम्परा की शुरुआत हुई। वाचिक परम्परा का क्षय होने लगा। वह कविता जो बोली जाती थी, वह लिखी जाने लगी और कविता लिखी जाने लगी तो पढ़ी जाने लगी। बोली ज़ाती थी तो सुनी जाती थी। जब पढ़ी जाने लगी तो उसका ढाँचा बदल गया। कविता अपना सामाजिक दायित्व निभाती थी सीधे श्रोता से जुड़कर। श्रोता से सीधे जुड़ने की अनिवार्यता समाप्त हो गयी। ...यह लगभग सारी दुनिया में है। कुछ हिस्सों को छोड़कर। ...जहाँ एक किताब छपती है तो उसकी लाखों प्रतियाँ बिकती हैं। हमारे यहाँ एक हजार बिकने में पाँच साल लग जाते हैं। तब भी बिकती नहीं हैं। ...इससे यह साबित होता है कि उन देशों में जहाँ पूँजीवादी-प्रणाली है (हमारा देश उससे अलग नहीं है क्योंकि हमारी सारी प्रणालियाँ पूँजीवादी है।) वहाँ कविता की स्थिति अच्छी नहीं है। उपभोक्ता संस्कृति में कविता बेकार की चीज़ समझी जाने लगी है। मनोरंजन के और अन्य साधन मनुष्य की स्वाद-वृत्ति को बहुत आसानी से तुष्ट कर सकते हैं। कविता के आनन्द तक पहुँचने में समय लगता है। संक्षिप्त मार्ग से चलकर कर आनन्द को पाया नहीं जा सकता। उपभोक्ता संस्कृति के लोगों के पास समय कम है। इतना धीरज आज के मनुष्य में नहीं है। अत: जब तक समाज के ढाँचे में परिवर्तन नहीं होगा तब तक कविता को यह नियति झेलनी पड़गी। लेकिन एक दूसरा प्रश्न है कि क्या तब तक हाथ पर हाथ धरे बैठा रहा जाये? यहाँ पर 'आवृत्ति' का प्रश्न उठता है। आवृत्ति की परम्परा दुर्भाग्य से हिन्दी में नहीं है। बंगला में है। यह शब्द ही बंगला से आया है। रंगमंच हमारे यहाँ अविकसित था। इसलिए आवृत्ति का विकास हमारे यहाँ नहीं हो पाया। ...हिन्दी कविता के क्षेत्र में भी आवृत्ति की परम्परा का विकास किया जाना चाहिए जिससे बहुत बड़े दायरे में न सही, शहर के मध्यवर्ग के बड़े समूह तक ही कविता पहुँच पाये तो यही अपने आप में बड़ा काम होगा। और यह काम आवृत्ति

के माध्यम से हो सकता है। ...इससे एक बहुत बड़ा आन्दोलन पैदा हो सकता है।"[4] ठीक इसी बात को स्त्रीवादी लेखन के सन्दर्भ में विचारते हुए चित्रा मुद्गल ने भी स्वीकारा है। वे लिखती हैं "साहित्य अशिक्षित ग्रामीण स्त्रियों में सम्प्रेषित हो, अपने समय से उनका आत्मीय संवाद कायम कर सके इसके लिए ज़रूरी है कि नियमित साहित्य संगोष्ठियाँ सुदूर ग्रामीण इलाकों में आयोजित हों। ग्रामवासियों के मध्य उन रचनाओं का विशेष रूप से वाचन, मंचन हो जिनकी विषयवस्तु स्त्री स्वचेतना हो।"[5] यह सच है कि आधुनिक लेखक चाहे-अनचाहे प्रायः दो में से एक रास्ता चुनता है : "कम-से-कम सम्प्रेषणीयता का जोखिम उठाकर अपने शब्दों में अधिक से अधिक प्रामाणिक अर्थ भरना या शब्द को प्रासंगिक अर्थ से वंचित करके अधिक से अधिक व्यापक सम्प्रेषणीयता लोकप्रियता उपलब्ध करना।"[6] स्पष्ट ही यदि कोई रचनाकार अपने शब्दों की प्रामाणिकता को बरकरार रखते हुए अधिकाधिक सम्प्रेषणीय भी हो तो यह एक आदर्श स्थिति होगी। उदाहरण के लिए विश्वस्तरीय 'बुकर पुरस्कार'(1997) से सम्मानित अरुंधती राय की प्रथम औपन्यासिक कृति 'द गॉड ऑफ़ स्मॉल थिंग्स' को लिया जा सकता है जिसके बारे में एक आलोचक की मान्यता है कि–

"Her literary agents were euphoric after reading the draft, publishing houses squabbled with one another to pay enormous advance to secure the rights and the novel was endorsed as one of the fictional events of the decade well before it lined the shelves of book stores. The rest, as it were, is a remarkable piece of literary history. The god of small things–by no means a popular or nonserious work of fiction-went on to enter the bestseller charts and to the sheer incredulity of those connected with publishing trade, hung stubbornly in there for weeks on end along with the usual run-of-the mill pulp fiction. That Ms. Roy could have appealed to two diverse audiences-the serious and the nonserious, if you one of the astonishing attributes of her novel."[7]

(ड्राफ्ट को पढ़ने के बाद उनके साहित्यिक एजेंट बहुत उत्साहित थे। प्रकाशन अधिकारों को सुरक्षित करने के उद्देश्य से भारी अग्रिम भुगतान करने के लिए वे एक-दूसरे से झगड़ने लगे और उपन्यास को किताबों की दुकानों की अलमारियों में आने से काफ़ी पहले ही इस दशक की सांस्कृतिक परिघटनाओं में से एक के रूप में मान्यता दी गयी थी। बाक़ी, मानो साहित्यिक इतिहास का एक उल्लेखनीय अंश है।

'मामूली चीज़ों का देवता'–किसी भी तरह से लोकप्रिय या अगम्भीर कथासाहित्य नहीं है–वह बेस्टसेलर चार्ट में प्रवेश करने और प्रकाशन व्यापार से जुड़े लोगों की सरासर अविश्वसनीयता के कारण, सामान्य दौड़ के साथ-साथ कई हफ़्तों तक पल्प फिक्शन के साथ हठपूर्वक वहाँ लटका रहा। यदि आप उनके उपन्यास की आश्चर्यजनक विशेषताओं में से एक का उल्लेख करें, तो सुश्री रॉय दो अलग-अलग पाठकों को आकर्षित कर सकती हैं–गम्भीर और अगम्भीर।)

किन्तु ऐसी अनेकानेक प्रशस्तियों के बावजूद कई आलोचकों को इस कृति में भारतीय यथार्थ के आगे अंग्रेज़ी कलावाद लाचार-सा प्रतीत होता है। इतना ही नहीं, कुछ आलोचकों के मुताबिक़ यह कृति किसी भी तरह से सुपाठ्य कृति नहीं है। विष्णु खरे ने लिखा है: "अरुन्धती राय के उपन्यास 'दि गॉड ऑफ़ स्मॉल थिंग्ज़' को पढ़ना आसान नहीं है। ...ऐसा नहीं है कि उसकी कठिनाइयाँ ज्वाइस के यूलिसीज़, मूजील के 'दि मैन विदाउट क्वालिटीज़' या टॉमस बैर्नार्ड के किसी भी उपन्यास की तरह की है, बल्कि उसके आगे तो 'स्मौल थिंग्ज़' एक सरल कृति है। कठिनाई उसके शिल्प को लेकर है। अरुंधती का उपन्यास आज, उससे कुछ वर्ष पहले, और फिर तेईस बरस पहले तक फैला हुआ है और उसे सरल रेखिकता में नहीं, बल्कि लगातार वर्तमान, निकट अतीत और सुदूर व्यतीत के बीच आवाजाही में लिखा गया है। जिस पर कथा का एक छोर बंगाल-असम में है, दूसरा केरल में तो तीसरा इंग्लैंड में है और एक छोटा कोना अमेरिका तक पहुँचता है। लेखिका कभी वर्तमान से अतीत को देखती हैं, तो कभी अतीत से वर्तमान को जोड़ती हैं और कई बार फ्लैश बैक, फ्लैश फॉरवर्ड तथा अभी और यहाँ का एक जटिल संपुजन प्रस्तुत करती हैं। पात्र और घटनाएँ बार-बार लौटते हैं, लेकिन हर बार बदलकर, कभी-कभी खीझ और भ्रम पैदा करते हुए। अचानक किसी ऐसी घटना की शुरूआत में सिर्फ़ एक वाक्य या अनुच्छेद में निपटा दिया जायेगा जिस पर बाद में एक पूरा परिच्छेद मौजूद होगा। 'स्मॉल थिंग्ज़' को और सब कुछ कहा जा सकता है 'ईजी रीड' (सुपाठ्य) नहीं माना जा सकता।"[8] इसी प्रकार एक अन्य आलोचक की राय है कि यह उपन्यास पश्चिम में इसलिए बहुत पढ़ा और सराहा जा रहा है क्योंकि इसके टूटे परिवार के मुख्य पात्रों के अकेलेपन की हताशा और उस हताशा का समाहार पश्चिमी संवेदना के ज़्यादा निकट है। दूसरी बात यह है कि चालू भू-मण्डलीकरण की राजनीति के सांस्कृतिक विमर्श के अनुरूप इसमें साम्यवाद का जमकर मखौल उड़ाया गया है। व्यक्ति की संवेदनाएँ अपने में ही

बंधी रहनी चाहिए। ताकि वह केवल अपने को भोगे और उसे अकेला भोगा जाये। कोई आश्चर्य नहीं कि अमेरिकी मीडिया-सम्राट मर्डोक के एक प्रकाशन गृह हार्पर कौलिन्स ने ही लेखिका को अकूत अग्रिम राशि पेश की थी। पाँच लाख पौंड। यह उपन्यास बाज़ारवादी उत्तर आधुनिक तन्त्र को ऐसा 'प्रोडक्ट' लगा जिसकी बिक्री अंग्रेज़ी संसार में असंदिग्ध थी।"[9]

अरुन्धती राय की औपन्यासिक कृति की लोकप्रियता को लेकर उपर्युक्त बहस-मुबाहिसे से गुज़रते हुए सन् 1887 में प्रकाशित देवकी नन्दन खत्री की प्रसिद्ध उपन्यासमाला 'चन्द्रकान्ता सन्तति' का स्मरण स्वाभाविक है जिसके बारे में आचार्य रामचन्द्र शुक्ल ने लिखा है कि जिस उपन्यास या उपन्यासमाला ने साहित्य के लाखों पाठक पैदा किये हों, असंख्य लोगों को हिन्दी सीखने की प्रेरणा दी हो और न जाने कितने लोगों को हिन्दी का लेखक बनाया हो, उसका ऐतिहासिक महत्त्व स्वयं सिद्ध है। ज़ाहिर है कि खत्रीजी के ज़्यादातर उपन्यासों का सम्बन्ध जासूसी व तिलिस्म से है जिसकी उर्दू में एक लम्बी परम्परा रही और स्पष्ट ही चन्द्रकान्ता के लेखक ने 'तिलिस्म-ए-होशरूबा' और 'बोस्तान-ए-ख़याल' से प्रेरणा लेकर अपने ढंग से कथा संरचना को विकसित किया है। उर्दू के ऐसे उपन्यासों और खत्री जी की औपन्यासिक कृतियों की वैधानिक संरचना के बीच फ़र्क़ बताते हुए राजेन्द्र यादव लिखते हैं, "उर्दू दास्तानों के कथानक सम्बन्धी पैटर्न (बुनावट) और मोटिव्स प्राय: तय ही है। हर कथा के आधार है रज़्म और बज़्म यानी युद्ध और महफिलें या महलों के उत्सव। दास्तानों की कहानियाँ बातचीत हैं। उन्हें प्राय: हर रात श्रोताओं के सामने सुनाया जाता था।" राजेन्द्र यादव का मानना है कि "इस रचना-प्रक्रिया का प्रभाव उनकी क़िस्सागोई के शिल्प पर भी पड़ा है। इसके विपरीत चन्द्रकान्ता पाठ्य-कथा है और इसकी बुनावट तो इतनी जटिल या कल्पना इतनी विराट है कि कम ही हिन्दी उपन्यासों की हो। मौखिक परम्परा के क़िस्सागोई की याददाश्त को विलक्षण और चमत्कारी बताया जाता है, मगर उसकी वर्णन और विवरण रेखा एकदम सीधी है। देवकीनन्दन खत्री के कथानक का सुगठित फैलाव दास्तानों और किस्सों की परम्परा से एकदम भिन्न है।"[10]

कहना न होगा कि आधुनिक काल में साहित्य-चर्चा के कविता केन्द्रित होने के बावजूद उपन्यास न केवल लोकप्रिय साहित्य रूपों में सर्वाधिक लोकप्रिय विधा के रूप में स्थापित है, बल्कि कलात्मक साहित्य रूपों में भी पठनीयता की दृष्टि से वह सर्वोपरि रहा है। कई विचारकों का तो यह स्पष्ट मत है कि जिस प्रकार

सामन्ती समाज व्यवस्था महाकाव्य के द्वारा अपनी संरचना, मूल्यों व मान्यताओं की अभिव्यक्ति पाती है उसी प्रकार आधुनिक वैज्ञानिक सभ्यता को केवल उपन्यास के माध्यम से ही रचना के स्तर पर सम्पूर्णता के साथ अभिव्यक्ति दी जा सकती है। इस सन्दर्भ में जार्ज लुकाच ने लिखा है कि "इतिहास का ऐसा युग महाकाव्य का युग होता है जब पूर्ण निजत्व की दिशा में विवेक द्वारा पूर्व निर्धारित आवेग ही एकमात्र सही मार्ग होता है। जब आत्मा साहसिकता की खोज में बाहर की ओर बढ़ती है, साहसिकताओं के बीच जीती है किन्तु वह खोज के वास्तविक त्रास और प्राप्ति के वास्तविक ख़तरे से अपरिचित बनी रहती है। ...महाकाव्य का स्वभाव बच्चे जैसा ही सरल होता है, जबकि उपन्यास इसके ठीक विपरीत परिपक्व और सशक्त होता है। महाकाव्य और उपन्यास उत्कृष्ट महाकाव्यात्मक साहित्य के दो रूप हैं। ये एक दूसरे से न केवल इस कारण भिन्न हैं कि इनके लेखकों के मूल अभिप्राय भिन्न होते हैं, बल्कि इसलिए कि जिन ऐतिहासिक दार्शनिक वास्तविकताओं से लेखकों का सामना होता है वे भिन्न होती हैं।"[11] स्पष्ट ही आधुनिक काल में महाकाव्य का स्थानापन्न-सा बनकर उपन्यास यदि 'दि एपिक ऑफ़ मिडल क्लास वर्ल्ड'(हेगेल) तथा 'बुर्ज़ुआ एपिक' (लुकाच) के रूप में प्रतिष्ठित हो गया है तो अवश्य ही इसके कुछ ठोस कारण होंगे। इसका खुलासा करते हुए रैल्फ फ़ॉक्स ने लिखा है कि "महाकाव्य के पात्रों तथा उस समाज के बीच जिसमें वे रहते थे, एक सन्तुलन था, जो अब विलुप्त हो चुका है।"[12] तात्पर्य यह है कि आधुनिक युग में मध्ययुगीन समाज की सामुदायिकता की भावना लुप्त हो रही है कि जिसके परिणामस्वरूप जनसमुदाय की नियति का स्थान वैयक्तिक संघर्ष ने ले लिया है और इसकी सफल अभिव्यक्ति उपन्यास द्वारा ही सम्भव है। पर आधुनिक युग में हिन्दी या विभिन्न भारतीय भाषाओं के साहित्य में ही नहीं, बल्कि संसार की विभिन्न भाषाओं के साहित्य में भी कलात्मक साहित्य की मुख्य धारा में गिने जाने वाले गम्भीर उपन्यासों के समानान्तर अनेकानेक लोकप्रिय उपन्यासों की बाढ़-सी स्थिति दिखाई पड़ती है। ऐसे में बहुत ज़रूरी है कि इस प्रकार की औपन्यासिक कृतियों की अपार लोकप्रियता के कारणों की पड़ताल की जाये।

हिन्दी में देवकीनन्दन खत्री रचित 'चन्द्रकान्ता' के सन्दर्भ में राजेन्द्र यादव ने यही सवाल उठाते हुए लिखा है कि 'चन्द्रकान्ता' की इस अभूतपूर्व और भयानक लोकप्रियता के सामाजिक या मनोवैज्ञानिक कारण क्या रहे हैं? वह कौन-सी मानसिकता होती है जब समाज इस तरह के मनोरंजन, कौतुक या पलायन चाहने

लगता है? अनायास या अनजाने ही लाखों पाठकों और दर्शकों को बाँध लेने वाली किताब या फ़िल्म किसी गहरे अचेतन ज़रूरत को प्रकट और इंगित करती है या नहीं।"[13] ग़ौरतलब है कि उपर्युक्त सवाल का सही जवाब मिलना तभी सम्भव है जबकि इस मुद्दे पर समाजशास्त्रीय दृष्टि से विचार जाये और स्पष्ट ही राजेन्द्र यादव के 'दयनीय महानता की दिलचस्प दास्तान' शीर्षक आलेख में यही दृष्टि अनुस्यूत है।

उल्लेखनीय है कि मुसोलिनी की कारा में मृत्यु से जूझते हुए अन्तोनियो ग्राम्शी ने भी 1927-28 के आसपास कुछ लोकप्रिय उपन्यासों को पढ़ने के बाद सवाल उठाया था कि "आख़िर क्यों ये पुस्तकें सबसे अधिक पढ़ी जाती हैं और प्रकाशित होती हैं? ये पुस्तकें पाठकों की किन मानसिक आवश्यकताओं को पूरा करती हैं और किन आकांक्षाओं को सन्तुष्ट करती है? इस साहित्य में ऐसी कौन-सी भावनाएँ और प्रवृत्तियाँ पायी जाती हैं, जो पाठकों को इतना अधिक पसन्द आती हैं।"[14]

हिन्दी में खत्री जी के उपन्यासों को लेकर राजेन्द्र यादव ने उपर्युक्त सवाल से जूझने का सफ़ल प्रयास किया है। वे लिखते हैं "हिन्दी में इस आलोचकीय दायित्व के प्रति मुजरिमाना उदासीनता ने मुझे बार-बार उकसाया है कि एक बार इस 'चन्द्रकान्ता' नामक तिलिस्म को तोड़कर देखने की कोशिश ही क्यों न कर ली जाये। आख़िर अपने पुरखों को जानने-समझने के लिए या अपनी जड़ों और सन्दर्भों को खोजने समझने के लिए हर अगली पीढ़ी ने अतीत और परम्पराओं के खँडहरों और जादुई कुएँ के चक्कर लगाये ही हैं। अपने सफ़र का जायज़ा लेते हुए आगे बढ़ने की शक्ति और दिशा पाई ही है।"[15] अपने विश्लेषण-क्रम में उन्होंने स्पष्ट किया है कि 'चन्द्रकान्ता' वस्तुतः फैंटेसी की प्रक्रिया में रचित उपन्यास है। इसमें सामाजिक वास्तविकता सीधे-सीधे प्रकट नहीं हुई है। यहाँ हर आदमी जो दिखता है वह नहीं है। जब समाज में सामने वाली सच्चाई या तो इतनी उलझ जाती है कि सही-गलत का भेद काले-सफ़ेद का अन्तर नहीं रह जाता या अपनी सारी विश्वसनीयता खो देती है तो कथा साहित्य में व्यंग्य और फैंटेसी का जन्म होता है। ऐसी रचनाएँ चूँकि किसी-न-किसी सामाजिक वास्तविकता के आधार पर खड़ी होती हैं जिससे किसी युग विशेष में ऐसी रचनाओं के लेखक व पाठक दोनों ही रू-ब-रू हो रहे होते हैं इसलिए वे बड़े पैमाने पर पाठकों के आकर्षण का केन्द्र बनती हैं।

ज़ाहिर है कि खत्री जी के लोकप्रिय उपन्यासों व उपन्यास श्रृंखलाओं का रचनाकाल भारतीय इतिहास में एक प्रकार से निर्णायक काल था। यह वह समय था

जबकि 1857 के विद्रोह को दबाकर अंग्रेज़ी साम्राज्यवाद भारत में अपनी जड़ें जमा रहा था। "1857 के गदर के बाद अंग्रेज़ी शासन ने प्राय: सारे उत्तर भारत को अपने चंगुल में ले लिया था और धीरे-धीरे उसकी प्रशासनिक स्थिति मज़बूत होती चली जा रही थी। अंग्रेज़ों का दबदबा, आतंक इस सिरे से उस सिरे तक छाया हुआ था। सब मिलाकर असंगठित और गुप्त विरोधों के बावजूद भारतीय समाज ने इस पराजय को अन्तिम रूप में स्वीकार कर लिया था। हाँ, मानसिक और आध्यात्मिक रूप से जन-मन इस स्थिति को कतई स्वीकार नहीं कर पाया था। भौतिक और सामाजिक पराजय के बाद भीतर कहीं यह बोध और कचोट बने रहना बहुत स्वाभाविक है कि जो बाहरी शक्ति से नहीं हो सकता, उसे बुद्धि और समझ से किया जा सकता है। 1887 में प्रकाशित चन्द्रकान्ता की अभूतपूर्व लोकप्रियता के पीछे एक कारण यह भी लगता है। यह एक प्रकार से भौतिक सामर्थ्य की व्यर्थता के बाद बौद्धिक श्रेष्ठता साबित करने का एक काल्पनिक और कमज़ोर प्रयास है।"[16]

स्पष्ट ही चन्द्रकान्ता व इस उपन्यासमाला की रचना का यही ऐतिहासिक सन्दर्भ है। राजेन्द्र यादव का मानना है कि इस उपन्यासमाला व ऐसे अन्य उपन्यासों में सम्पत्ति को गुप्त रखने तथा उसे सही हक़दार को सुपुर्द करने या कई बार उसे झपट लेने आदि को लेकर जो रस्साकशी वर्णित है, वह प्रकारान्तर से भारतीय अस्मिता की ही खोज है। वस्तुतः यह देवकीनन्दन खत्री के इतिहास-बोध की सीमा है जिसके तहत वे भारतीय अस्मिता का उपयुक्त वारिस सामन्त वर्ग को समझते हैं। पर उस जमाने का ऐतिहासिक यथार्थ भी इन उपन्यासों में सामन्त-विरोधी मूल्यों के बीच अन्त:संघर्ष के रूप में प्रकट हुआ है। उदाहरण के लिए इन उपन्यासों में जहाँ एक ओर सामन्तों के विश्वास-पात्र लोगों का उल्लेख है तो वहीं दूसरी ओर ऐयारों के माध्यम से आम लोगों के धीरे-धीरे वर्चस्व की स्थिति में आने का भी संकेत है। इसके साथ ही चन्द्रकान्ता वर्ग के उपन्यासों में ब्रिटिश उपनिवेशवाद के समानान्तर हिन्दुस्तानी हुकूमत का सपना भी आकार लेता हुआ प्रतीत होता है। राजेन्द्र यादव का मानना है कि चन्द्रकान्ता अपनी स्वायत्तता की स्थापना और किसी विदेशी सत्ता के सचेत और निरन्तर नकार की स्वप्नाकांक्षा भरी कहानी है। उनके मुताबिक़ पराजित और विवश राष्ट्र को अतीत और वर्तमान दोनों धरातलों पर एक साथ सहलाने की यही औपन्यासिक लेकिन प्रच्छन्न राष्ट्रीयता चन्द्रकान्ता की भयानक लोकप्रियता का कारण रही है। दूसरे शब्दों में कहें तो इन उपन्यासों में पराजय और प्रतिरोध की द्वन्द्वात्मकता को अभिव्यक्ति मिली है जो वस्तुतः तद्युगीन जनमानस के

सामूहिक अवचेतन को मथ रही थी। अन्तोनियो ग्राम्शी से विचार-सूत्र लेकर कहें तो जनता की कल्पना को कथा में ढालने के कारण ही यह उपन्यासमाला इतनी लोकप्रिय हुई, क्योंकि उसकी फैंटेसी में पाठकों की दिवास्वप्न की प्रवृत्ति मौजूद है और सम्भवतः यह दिवास्वप्न जन-मानस की राजनीतिक सामाजिक हीनता ग्रन्थि से प्रेरित है। ग्राम्शी का मानना है कि इसी कारण से ऐसे उपन्यासों में विरोधियों से बदला लेने तथा अपराधियों को दण्ड देने की प्रवृत्ति अधिक मिलती है[17] और स्पष्ट ही चन्द्रकान्ता व उस वर्ग की दूसरी औपन्यासिक कृतियों में यह प्रवृत्ति पुरज़ोर है। चूँकि ऐसी फैंटेसी से ब्रिटिश साम्राज्यवादी शासन से पराजित भारतीय जनता की मानसिकता को एक हद तक तुष्टि स्वाभाविक थी इसलिए ये उपन्यास उस जमाने में बहुत लोकप्रिय हुए।

एक साहित्यिक विधा के रूप में उपन्यास का उद्भव और विकास किसी-न-किसी रूप में समाज में मध्यवर्ग के उद्भव और विकास से अवश्य जुड़ा रहा है। इस दृष्टि से यदि सोचें तो स्पष्ट होगा कि उन्नीसवीं सदी के उत्तरार्ध में प्रकाशित हिन्दी के लोकप्रिय उपन्यासों के ज़्यादातर पाठक भी मध्यवर्ग के ही थे। यह यही वर्ग है जिसे पूरनचन्द्र जोशी ने ठीक ही पूर्व के पतनशील सामन्ती मूल्यों और पश्चिम के उभरते उपभोक्तावाद और नग्न सुखवाद की वर्णसंकर संस्कृति का प्रतिनिधि कहा है। [18] बीसवीं शताब्दी के पूर्व तथा उसके आरम्भिक दशकों में इस वर्ग के अधिकांश लोग भू-स्वामी वर्ग व पश्चिमी तहज़ीब से बहुत अधिक प्रभावित तबकों के थे जिनमें यदि एक ओर पश्चिम के प्रति काफ़ी ललक थी तो दूसरी ओर जातीय गौरव से परिचालित स्वभिमान भी था। राजेन्द्र यादव की स्थापना है कि खत्री जी ने 'भूतनाथ' के माध्यम से तद्युगीन मध्यमवर्गीय मानसिकता की अभिव्यक्ति मिली है। उनके शब्दों में भूतनाथ में 'मध्यवर्गीय जटिलताओं, अन्तर्विरोधों का बेहद ही संश्लिष्ट रूप गुंथा है। स्वामी के प्रति वफ़ादारी या नमक अदायगी का संस्कार, सुरक्षा सम्मान की आकांक्षा और स्वतन्त्र व्यक्तित्व की चेतना या दबंगई, दोनों का संघर्ष वहाँ साफ़ और समानान्तर है। सच पूछा जाये तो हरेक के प्रति उसके सम्बन्ध या रवैये द्विधा और द्वैत में बँटे हैं। वह राजा के दरबार में भी खुले और बेबाक़ मन से नहीं जाता। वहाँ भी उसने अपने व्यक्तित्व के बचाव के अनेक कवच धारण किये हुए हैं।'[19] ग्राम्शी के शब्द उधार लेकर कहें तो पाठकों के लिए 'भूतनाथ' के लेखक का व्यक्तित्व उपन्यास के नायक की तुलना में कहीं से भी महत्त्वपूर्ण नहीं है। ग्राम्शी के मुताबिक़ ऐसे उपन्यासों के नायक जब पाठकों के मन में बस जाते

हैं तब वे लेखक से स्वतन्त्र अस्तित्व धारण कर लेते हैं।[20] कुशवाहा कान्त और गुरुदत्त सरीखे उपन्यासकारों के नायक इसी कोटि के हैं।

हिन्दी उपन्यास में पहली बार जमींदारी-उन्मूलन की माँग को पूरे जोश-ओ ख़रोश के साथ उठाने के लिए बहुचर्चित उपन्यास 'प्रेमाश्रम' की लोकप्रियता पर विचारते हुए वीरभारत तलवार का कहना है कि तब तक यह माँग अवध के किसान आन्दोलन से जुड़े लोगों ने भी नहीं उठाई थी। प्रेमचन्द के इस ओर मुड़ने की वजह जहाँ एक ओर चम्पारण का किसान आन्दोलन था तो दूसरी ओर बोल्शेविक क्रान्ति: "प्रेमाश्रम ने प्रकाशित होते ही धूम मचा दी। उसकी कई समीक्षाएँ निकलीं, ख़ूब बहसें हुईं, इतनी शायद ही किसी अन्य कृति पर हुई हों। चार साल में मराठी में अनुवाद आ गया। तीन महीने में हजार प्रतियाँ बिक गयीं। छह महीने में दूसरा संस्करण निकला, उसकी यह लोकप्रियता राजनीतिक वर्ग के बीच थी। असहयोग आन्दोलनकारियों ने इसे हाथोंहाथ लिया। यह उपन्यास असहयोग आन्दोलन का प्रवक्ता बन गया। फ़िराक गोरखपुरी ने लिखा है कि बोल्शेविज्म के लिए जो भूमिका गोर्की के 'माँ' उपन्यास ने निभाई है, वही भूमिका असहयोग आन्दोलन में 'प्रेमाश्रम' निभा रहा है। जेल में रहते हुए नेहरू जी ने छह महीने में इसे पढ़ लिया था। एक अंग्रेज़ीदाँ नेता के हिन्दी उपन्यास पढ़ने की यह पहली ज्ञात घटना है। फ़िराक साहब ने जेल में रहते हुए इसकी समीक्षा लिखी, जो 'प्रभा' में छपी थी–'कारागार प्रवासी फ़िराक गोरखपुरी' के नाम से। अनसुइया प्रसाद ने लिखा है कि जेल में हम सबका साथी बन गया था प्रेमाश्रम।

'प्रेमाश्रम' उस हद तक राजनीतिक उपन्यास नहीं था, जहाँ तक उसकी व्याख्या की जा रही थी। प्रेमशंकर में गाँधी की छवि देखी जा रही थी, हालाँकि उसे नायक कहना भी कठिन है। प्रेमाश्रम में यहाँ-वहाँ कुछ जगहों पर असहयोग आन्दोलन के उसूलों और प्रवृत्तियों का ज़िक्र अवश्य है, इतने भर से, आन्दोलन की ज़रूरत के कारण, यह उपन्यास असहयोग आन्दोलन का प्रवक्ता बन गया।" (समकालीन जनमत)

लोकप्रिय साहित्य का एक प्रमुख रूप है अपराध सम्बन्धी उपन्यास, जिसे कुछ विचारकों ने ठीक ही पूँजीवादी बुर्ज़ुआ व्यवस्था का सांस्कृतिक कीचड़ कहा है। बावजूद इसके यह सच है कि अपराध विषयक उपन्यास दुनिया की तमाम भाषाओं में बड़े पैमाने पर लिखे व पढ़े जाते हैं। इसलिए यह सवाल उठाना लाज़िमी है कि ऐसे उपन्यासों की लोकप्रियता के क्या कारण हैं? कई लोगों की ऐसी रचनाओं के अध्ययन-विश्लेषण से बुर्ज़ुआ विचारधारा के फंदे में फँसने का अंदेशा होता है

जिसका नाजायज़ फ़ायदा उठाते हुए बुर्ज़ुआ उपन्यासों में मनुष्य की स्वाभाविक आक्रामकता व मृत्यु-भय की अभिव्यक्ति होती है। इसलिए ये लोकप्रिय होते हैं।

अपराध-कथा की लोकप्रियता के कारणों की पड़ताल करने से हिचकने वाले मार्क्सवादियों के कछुआ धर्म पर प्रश्नचिह्न खड़ा करते हुए अर्नेस्ट मैडल ने 'डिलाइटफुल मर्डर' नामक पुस्तक की भूमिका में लिखा है कि "जो लोग यह समझते हैं कि कोई मार्क्सवादी अगर अपराध-कथाओं का विश्लेषण करता है तो वह व्यर्थ के झमेले में पड़ता है उनसे मैं यही निवेदन कर सकता हूँ कि ऐतिहासिक भौतिकवाद की मदद से सभी सामाजिक घटनाओं-क्रियाओं का विवेचन हो सकता है और होना भी चाहिए। ऐसा कोई भी अध्ययन दूसरों से कम महत्त्व का नहीं है। ऐतिहासिक भौतिकवाद की शक्ति और सार्थकता का यही प्रमाण है कि उसमें सभी घटनाओं-क्रियाओं की व्याख्या की क्षमता है।"[21] मैडल ने अपराध सम्बन्धी उपन्यासों के सामाजिक सन्दर्भ पर विचार करते हुए ऐसी कृतियों की पृष्ठभूमि में सदाचारी दस्युओं से जुड़ी प्राचीन लोकप्रिय कथा-साहित्य की परम्परा के अस्तित्व का संधान किया है। उनके मुताबिक़ पूँजीवाद के आरम्भिक चरण में सामन्तवाद के खिलाफ़ सदाचारी दस्युओं की मुखालिफ़त को बुर्ज़ुआ तबक़े की सहानुभूति प्राप्त हुई जिसका मर्मस्पर्शी वर्णन उन कृतियों में किया गया था। परन्तु सामन्तवाद पर बुर्ज़ुआ तबक़े की फ़तह तथा महानगरों के विकास के कारण हुए स्थितिगत परिवर्तनों के तहत कुछ ऐसे तबक़े अस्तित्व में आये जो बुर्ज़ुआ वर्ग के लिए ख़तरनाक सिद्ध होने लगे। स्पष्ट ही यह नया तबका अपराधियों का था जो बुर्ज़ुआ वर्ग को अपनी कारस्तानियों के द्वारा क़दम-क़दम पर चुनौती दे रहा था, जिसका दमन करने के लिए इस वर्ग ने बड़े पैमाने पर सुरक्षा व्यवस्था को मज़बूत करना शुरू किया और सुरक्षा बल बड़ी ही निर्ममता के साथ अपराधियों से पेश आने लगे। सत्ता-व्यवस्था और अपराध-जगत् के बीच की यही क्रिया-प्रतिक्रिया रहस्यमयता के साथ अपराध सम्बन्धी उपन्यासों में व्यक्त होती है जिसे मध्यवर्ग के लोग अपनी नीरसता व ऊब को दूर करन के लिए पढ़ते हैं। चूँकि पूँजीवादी व्यवस्था में अपराध के फलने-फूलने के अनेकानेक अवसर सहज रूप में उपलब्ध होते हैं इसलिए वहाँ बड़े पैमाने पर अपराध साहित्य भी लिखा व पढ़ा जाता है। ऐसे उपन्यासों का गहराई के साथ विश्लेषण प्रस्तुत करते हुए अर्नेस्ट मैडल का मानना है कि इनकी लोकप्रियता वस्तुतः एक गम्भीर सामाजिक रोग का परिचायक है जिससे ग्रस्त तबक़े के लिए लोग मूल्यहीनता व अमानवीयता को अपनी चेतना के अंग-अवयव के

रूप में स्वीकार कर अपनी कर्मठता एवं मनुष्यता पर भरोसा करने के बजाय केवल हेराफेरी व घपलेबाज़ी को ही कुछ प्राप्त करने का एकमात्र आदर्श माध्यम व साधन मान बैठते हैं। जिस समाज-व्यवस्था में लोग दंगा-फ़साद, बलात्कार और ख़ून आदि के रोमांचक क़िस्से पढ़कर मज़ा लेते हों उसकी भयावह मानसिकता स्वयं सिद्ध है।

ग़ौरतलब है कि खुद कार्ल मार्क्स ने युजेन सुई के एक अपराध सम्बन्धी विख्यात उपन्यास 'मिस्ट्रीज़ ऑफ़ पेरिस' की उस समय के यूरोप के बुर्जुआ वर्ग में अपार लोकप्रियता के कारणों की गहरी छानबीन करते हुए 'बुर्जुआ सभ्यता तथा अपराध' शीर्षक से इस ज्वलंत सामाजिक समस्या पर एक विचारोत्तेज़क लम्बी टिप्पणी की है। मार्क्स लिखते हैं कि जिस प्रकार "दार्शनिक विचारों का, कवि कविताओं का, पादरी धर्मोपदेशों का, प्राध्यापक कार्य-निर्देशिका का सृजन करता है, उसी प्रकार अपराधी अपराधों को जन्म देता है। यदि हम उत्पादन की इस परवर्ती शाखा तथा समग्र रूप में समाज के बीच सम्बन्ध को बारीकी से देखें तो हम अपने को बहुत-से पूर्वाग्रहों से छुटकारा दिला देंगे। अपराधी अपराधों का ही नहीं, अपितु दण्ड-क़ानून का भी, और उसके साथ ही प्राध्यापक का भी, जो इस दण्ड-क़ानून पर व्याख्यान देता है, और उसके अलावा उस अपरिहार्य कार्य-निर्देशिका का भी सृजन करता है, जिसके माध्यम से यही प्राध्यापक अपने व्याख्यानों को माल के रूप में बाज़ार में खपाता है। यह अपने साथ राष्ट्रीय संपदा की संवृद्धि लाता है, उस वैयक्तिक आनन्दानुभूति के सर्वथा अतिरिक्त जो...कार्य-निर्देशिका की पाण्डुलिपि से स्वयं उसके जन्मदाता को मिलती है। यही नहीं, अपराधी पुलिस तथा दण्ड-न्याय, पुलिस के सिपाहियों, जजों, जल्लादों, जूरियों आदि के पूरे समूह का सृजन करता है, और कारोबार की ये विभिन्न दिशाएँ, जिन्हें लेकर सामाजिक श्रम विभाजन के इतने ही नाना प्रवर्ग बनते हैं, मानव-आत्मा की नाना क्षमताओं का विकास करती हैं। नयी आवश्यकताओं का और उनकी तुष्टि के नये उपायों का सृजन करती हैं। अकेले यंत्रणा ने सर्वाधिक विलक्षण यान्त्रिकी खोजों को जन्म दिया है और इन औज़ारों के उत्पादन में अनेक इज़्ज़तदार कारीगरों का उपयोग किया है।"

"अपराधी भाव उत्पन्न करता है, जो स्थिति के अनुसार, अंशत: नैतिक तथा अन्तत: त्रासदीपूर्ण होता है, और इस तरह जनता की नैतिक तथा सौन्दर्यात्मक भावनाओं को जगाकर सेवा करता है। वह केवल दण्ड-क़ानून के बारे में कार्य-निर्देशिका का ही नहीं, केवल दण्ड संहिता का ही नहीं और उनके साथ इस क्षेत्र में विधानों का ही सृजन नहीं करता है, अपितु कला, ललित साहित्य, उपन्यासों, त्रासदी

प्रधान रचनाओं का भी, म्यूलनेर के 'शुल्द' (दोष), शिलर के 'राउबेर' (बटमार) नाटक का ही नहीं, अपितु सोफ़ोक्लीज़ के 'एडिपस' और शेक्सपियर के 'रिचर्ड तृतीय' को भी जन्म देता है। अपराधी बुर्जुआ जीवन की नीरसता तथा प्रतिदिन की सुरक्षा को भंग करता है। इस तरह वह उसे गतिरोध से दूर रखता है और उस क्षोभकारी तनाव तथा स्फूर्ति को जन्म देता है, जिसके बिना प्रतियोगिता की प्रेरणा भी कुण्ठित हो जायेगी। इस तरह वह उत्पादक शक्तियों को प्रेरित करता है। जहाँ अपराध फालतू आबादी के एक हिस्से को श्रममंडी से हटा देता है और मज़दूरों के बीच स्पर्धा को कम करता है–उजरत को न्यूनतम सीमा से नीचे गिरने से कुछ हद तक रोकता है वहाँ अपराध के विरुद्ध संघर्ष आबादी के दूसरे हिस्से को जज़्ब कर लेता है। इस तरह अपराधी उन स्वाभाविक 'प्रतिभारों' के रूप में सामने आता है, जो सही सन्तुलन कायम करते हैं और 'उपयोगी' काम-धन्धों की सारी सम्भावनाओं के द्वार खोलते हैं।"

इसी क्रम में आगे उत्पादक शक्ति के विकास पर अपराधी के असर को तफ़सील के साथ दिखाते हुए व्यंग्यपूर्ण लहज़े में मार्क्स लिखते हैं, "अगर चोर न होते, तो क्या ताले अपने वर्तमान परिष्कृत स्तर पर कभी पहुँच पाते? अगर जालसाज़ न होते तो बैंक नोट तैयार करने का काम कभी आज का परिष्कृत रूप ग्रहण कर पाता? अगर तिज़ारत की धोखाधड़ियाँ न होतीं, तो माइक्रोस्कोप क्या कभी साधारण तिज़ारत के क्षेत्र में प्रवेश कर पाता? क्या प्रायोगिक रसायन मालों की मिलावट उसका पता लगाने की कोशिशों की उतनी ही आभारी नहीं हैं, जितना ही उत्पादन के लिए ईमानदारी भरे जोश का? अपराध सम्पत्ति पर अपनी निरन्तर नयी विधियों द्वारा प्रहार के जरिए बचाव की निरन्तर नयी विधियों का तकाज़ा करता है और इसलिए वह उतना ही उत्पादक है, जितना कि हड़तालें मशीनों के आविष्कार के लिए होती हैं। और, अगर निजी अपराध के क्षेत्र को छोड़ दिया जाये, तो विश्व बाज़ार का क्या कभी राष्ट्रीय अपराध के बिना प्रादुर्भाव हो पाता? दरअसल क्या राष्ट्रों का ही प्रादुर्भाव हो पाता? क्या आदम के जमाने से ही पाप-वृक्ष साथ ही ज्ञान-वृक्ष नहीं रहा है?"[21]

सन् 1842-43 में एक फ्रेंच पत्रिका में धारावाहिक रूप में प्रकाशित युजेन सुई के अनेक योरोपीय भाषाओं में अनूदित तथा कई आलोचकों द्वारा बहुप्रशंसित लोकप्रिय जासूसी उपन्यास 'मिस्ट्रीज़ ऑफ़ पेरिस' के कला के नज़रिए से छिछलेपन तथा उपन्यासकार की प्रतिगामी रचना-दृष्टि को बेनक़ाब करते हुए मार्क्स ने लिखा है कि इसमें अच्छाई की आड़ लेकर बुराई को प्रचारित किया गया है। 'उपन्यास की

लोकप्रियता का एक कारण यही है कि पाठक ऊपरी तौर पर नैतिकता का बाना धारण किये रहता है जबकि भीतर-भीतर अपनी क्षुद्र भावनाओं में डूबकर मज़ा लेता है। उपन्यासकार समाज की प्रचलित नैतिकता को स्वीकार करते हुए पाठकों की पर-पीड़न की प्रवृत्ति (सैडिज़्म) को उकसाने में सफल हुआ है। उपन्यास में क्रूरता, निर्मम यातना आदि का उत्सवधर्मी वर्णन है। उपन्यासकार जिस जीवन के रहस्यों को खोलने का दावा करता है उसका उसे प्रामाणिक ज्ञान नहीं है। उपन्यासकार पाठकों के पूर्वाग्रहों के आगे झुकता है। वह बुर्ज़ुआ वर्ग के पाठकों के पूर्वाग्रहों को सन्तुष्ट करता प्रतीत होता है। कला की दृष्टि से यह एक सतही उपन्यास है। उपन्यासकार बुर्ज़ुआ वर्ग के अपने पाठकों की दृष्टि से सामाजिक वास्तविकता को देखता है, उसका चित्रण करने के बदले वास्तविकताओं पर पात्रों के माध्यम से भाषण देता है। उपन्यासकार अपनी कला के प्रति ईमानदार रहने के बदले अपने पाठकों के मनोरंजन की चिन्ता अधिक करता है और इसी से यह उपन्यास एक सतही उपन्यास बन जाता है। मार्क्स के विश्लेषण का पुनर्विश्लेषण करे हुए एस.एस.प्रावर ने लिखा है कि "मार्क्स का यह आलोचनात्मक लेख बहुत बिकने वाले उपन्यासों पर अब तक लिखे गये सर्वोत्तम विश्लेषणात्मक लेखों में एक है।"[22]

युजेन सुई की औपन्यासिक कृति के उपर्युक्त विवेचन-विश्लेषण से गुज़रते हुए आचार्य हजारी प्रसाद द्विवेदी का स्मरण हो आता है, जिन्होंने लिखा है कि यदि किसी लेखक को अपनी रचना-दृष्टि की सच्चाई में विश्वास न रह जाये तो वह 'घासलेटी साहित्य' का उत्पादन करने लग जाता है। कथा साहित्य को आधुनिक युग का शक्तिशाली और प्रभावोत्पादक साहित्यांग तथा वैयक्तिक स्वाधीनता का सर्वोत्तम साहित्यिक रूप बताते हुए द्विवेदीजी ने लिखा है कि 'इसके लेखक का अपना एक ज़बरदस्त व्यक्तिगत मत होता है, जिसकी सच्चाई के विषय में लेखक का पूरा विश्वास होता है। जहाँ इस विश्वास की कमी हो वह घासलेटी साहित्य है।'

ऐसे लेखकों में दृढ़ता व मेरुदण्ड के अभाव की ओर संकेत करते हुए उनका मानना है कि "घासलेटी लेखक ललकारे जाने पर या तो भाग खड़ा होता है या विक्षुब्ध होकर गाली-गलौज पर उतर आता है। वह भीड़ के आदमियों को अपनी नज़र के सामने रखकर लिखता है। पर अपने प्रचारित मत पर उसे ख़ुद विश्वास नहीं होता। ...वह उपन्यासकार है ही नहीं, यदि उसमें अपनी विशेष दृष्टि न हो और उस विशेष दृष्टि पर उसका दृढ़ विश्वास न हो। महत्त्वपूर्ण उपन्यास या कहानी केवल अवसर विनोद का साधन नहीं है।"[23]

'मिस्ट्रीज़ ऑफ़ पेरिस' की तरह की अनेक कथाकृतियाँ द्विवेदी जी की शब्दावली में घासलेटी साहित्य ही कही जायेंगी जिनकी सामाजिक भूमि एवं भूमिका की गहरी पड़ताल ज़रूरी है। इस सन्दर्भ में मार्क्स की परम्परा को इस दृष्टि से विकसित करने वाले विचारकों में ग्राम्शी, लावेंथल, आडोर्नो, फ्रैंको मोरेती आदि के नाम ख़ास तौर से उल्लेखनीय हैं। इनके अलावा जिन लोगों ने लोकप्रिय साहित्य पर अपनी शक्ति एवं सीमा में कुछ सार्थक सोचा-विचारा है उनमें पीरे वोर्डिए, रोलां बार्थ एवं जॉन हॉल जैसे अनुभववादी समाजशास्त्री तथा संरचनावादी विचारकों का योगदान भी रेखांकन के योग्य है।

लोकप्रिय उपन्यासों के विविध प्रकारों की विस्तार से चर्चा करते हुए ग्राम्शी ने लिखा है कि–"A certain variety of types of popular novel exists and it should be noted that, although all of them simultaneously enjoy some degree of success and popularity, one of them predominates by far from this predominance one can identify a change in fundamental tastes, just as from the simultaneous success of the various types one can prove that there exists among the people various cultural levels, different 'masses of feelings' prevalent in one or the other level, various popular heromodels."[24] (लोकप्रिय उपन्यासों में एक ख़ास तरह की विविधता मौजूद होती है। हालाँकि उनमें से सभी एक साथ कुछ हद तक सफल और लोकप्रिय हुआ करते हैं। यह ध्यान दिया जाना चाहिए कि उनमें से कोई एक प्रबल होता है। इस प्रबलता से कोई भी मौलिक आस्वाद में बदलाव की पहचान कर सकता है। जैसे कि विभिन्न प्रकार की एक साथ सफलता यह साबित कर सकती है कि लोगों के बीच विभिन्न सांस्कृतिक स्तर, एक या दूसरे स्तर पर प्रचलित विभिन्न 'भावनाओं का समूह', विभिन्न लोकप्रिय नायक मॉडल मौजूद हैं)

अपने विश्लेषण-क्रम में ग्राम्शी ने लोकप्रिय उपन्यासों, ऐतिहासिक, जासूसी रहस्यात्मक तथा भौगोलिक एवं वैज्ञानिक दुस्साहसिक कथावस्तु वाले उपन्यासों पर विस्तार से प्रकाश डाला है। उनके मुताबिक़ इनमें से प्रत्येक प्रकार के उपन्यास अमेरिका के सन्दर्भ में अलग से रेखांकनीय है। ऐसे उपन्यासों के अध्ययन से यह पता चल सकता है कि किस प्रकार हरेक देश की जातीय विशेषताएँ व राष्ट्रीयता वहाँ के उपन्यासों में प्रच्छन्न रूप में अनुस्यूत रहा करती हैं। फ्रांस में उपनिवेशकों को हथियाने की स्पर्द्धा में असफलता तथा अपमानजनक नौसैनिक पराजय के चलते बहुत ही गहरी अंग्रेज़-विरोधी भावना है। इसलिए फ्रांसीसी भाषा में रचित भौगोलिक

दुस्साहसिक उपन्यासों में फ्रांसीसी की मुठभेड़ जर्मन लोगों से नहीं, बल्कि अंग्रेजों से होती है।

जासूसी उपन्यासों की लोकप्रियता के कारणों की चर्चा करते हुए ग्राम्शी कहते हैं कि जनता की हरदम न्यायपालिका की गतिविधियों में रुचि रही है। न्याय व्यवस्था तथा न्यायिक क़ानून को लागू करने वाली संस्थाओं के साथ ही अपराधियों के प्रति भी लोगों के रुख में लगातार परिवर्तन होता रहा है। जासूसी उपन्यासों की इसमें बड़ी भूमिका रही है क्योंकि एक तो वहाँ न्याय व अपराध को विभिन्न रंगों में रँग कर पेश किया जाता है, तो दूसरे इन कृतियों में कई बार बड़े अपराधियों को न्यायिक व्यवस्था से ऊपर ही नहीं बल्कि सच्चे न्याय के प्रतिनिधि के रूप में पेश किया जाता है। ग्राम्शी की स्थापना है कि हमेशा इस जासूसी साहित्य की दो धाराएँ रही हैं : एक यान्त्रिक तथा दूसरी कलात्मक। तात्पर्य यह कि जासूसी उपन्यासकार का मतलब केवल युजेन सुई ही नहीं, बल्कि चेस्टरसन भी है। हिन्दी से यदि उदाहरण लें तो 'कर्नल रंजीत' जैसे जासूसी उपन्यास के जैसी छपने वाली तरह-तरह की अपराध कथाओं से अलग श्रीलाल शुक्ल रचित 'उमराव नगर में एक दिन' या विभूतिनारायण राय का 'किस्सा लोकतन्त्र' आपराधिक विषय-वस्तु को लेकर लिखे गये ऐसे उपन्यास हैं जिन्हें चालू अर्थ में अपराध सम्बन्धी उपन्यास कदापि नहीं कहा जा सकता।

समाज के हरेक तबके में जासूसी कथासाहित्य की सफलता की मनोवैज्ञानिक पृष्ठभूमि का विवेचन करने वाले आलोचकों की धारणा है कि चूँकि इसमें दैनंदिन जीवन की क्षुद्रताओं से पलायन के रास्ते के साथ ही आधुनिक युग में मनुष्य के अस्तित्व के यान्त्रिक ढंग से मानकीकरण के विरुद्ध विद्रोह की अभिव्यक्ति होती है, इसलिए यह साहित्य अत्यधिक लोकप्रिय होता है। इस धारणा का पुरज़ोर ढंग से खण्डन करते हुए ग्राम्शी कहते हैं कि यह बात तो साहित्य के सभी रूपों में लागू की जा सकती है। चाहे वह कलात्मक साहित्य हो या लोकप्रिय साहित्य। ऐसे में सवाल उठना स्वाभाविक है कि क्या सम्पूर्ण काव्य और साहित्य दैनंदिन जीवन के घात प्रतिघातों से बचाव के लिए उपयुक्त एक नशीला पदार्थ है? इस मुद्दे पर गहराई के साथ विचारते हुए तथा बृहत्तर सन्दर्भ में प्रश्न खड़ा करते हुए ग्राम्शी लिखते हैं "The question 'why is detective literature widely read?' is only one aspect of a more general problem. Why is non-artistic literature widely read? Undoubtedly for practical and culture (political and moral) reasons. This generic answer is with its limits of approximation, the most precise. But doesnot artistic literature also circulate for moral and practical of artistic reasons and only indirectly for reasons of artistic taste to seek and enjoy beauty? In reality one reads a book because of practical impulses (and one should find out why certain impulses are more general than others) and re-reads for artistic reasons the aesthetic emotion hardly ever comes on the first reading. Therefore even in these cases the analysis becomes complicated."[25]

(सवाल कि 'जासूसी साहित्य व्यापक रूप से क्यों पढ़ा जाता है?' एक अधिक सामान्य समस्या का केवल एक पहलू है। गैर-कलात्मक साहित्य व्यापक रूप से क्यों पढ़ा जाता है? निस्सन्देह व्यावहारिक और सांस्कृतिक (राजनीतिक और नैतिक) कारणों से। यह सामान्य उत्तर अपनी अनुमान की सीमा के साथ सबसे सटीक है। लेकिन क्या कलात्मक साहित्य भी कलात्मक कारणों के नैतिक और व्यावहारिक कारणों से और केवल अप्रत्यक्ष रूप से सौन्दर्य की तलाश और आनन्द लेने के कलात्मक स्वाद के कारणों से प्रसारित नहीं होता है? वास्तव में कोई व्यक्ति व्यावहारिक आवेगों के कारण किताब पढ़ता है (और उसे यह पता लगाना चाहिए कि कुछ आवेग दूसरों की तुलना में अधिक सामान्य क्यों होते हैं) और कलात्मक कारणों से दोबारा पढ़ता है, सौन्दर्य सम्बन्धी भावना शायद ही पहली बार पढ़ने पर आती है। ..इसलिए इन मामलों में भी विश्लेषण जटिल हो जाता है।")

ग्राम्शी के मुताबिक़ उपर्युक्त बात नाटक तक के सन्दर्भ में सत्य है जहाँ कि दर्शक की रुचि का न्यूनतम अंश ही सौन्दर्य भावना से सम्बन्धित होता है। रंगमंच पर अन्य बातें मायने रखती हैं जिनमें से कई बौद्धिक सुसंगति के बजाय मनोवैज्ञानिक कारणों से परिचालित होती हैं, जैसे कि 'सेक्स अपील' आदि। दूसरे मामलों में रंगशाला में सौन्दर्यात्मक भाव साहित्यिक व्याख्याओं से उद्भूत होते हैं। इन स्थितियों में व्याख्या के लिए सन्दर्भ प्रदान करने वाले नाटक का मूल पाठ क्लिष्ट एवं मनोवैज्ञानिक रूप में अति सूक्ष्म न होकर सहज एवं लोकप्रिय होना चाहिए। अर्थात जो भाव प्रस्तुत किये जा रहे हैं उनका गहरे अर्थों में मानवीय और तात्कालिक अनुभवों से निष्पन्न होना ज़रूरी है।

ग़ौरतलब है कि 1927-28 में मिलान (इटली) में तेरह महीने के कारावास तथा बाद में तुरी के जेल में ग्राम्शी ने वहाँ के पुस्तकालय से अनेकानेक व्यावसायिक

दृष्टि से सफल उपन्यास लेकर पढ़े थे तथा 'लोकप्रिय साहित्य' शीर्षक से क़रीब पचास टिप्पणियाँ लिखी थीं। हालाँकि ये सारी टिप्पणियाँ न्यूनाधिक रूप में मुख्यतः लोकप्रिय साहित्यिक अभिरुचि से सम्बन्धित हैं, पर स्पष्टतः उनमें कई बार अन्य मुद्दे भी शुमार किये गये हैं। इन मुद्दों में सर्वप्रथम है इटली के साहित्य का ग़ैर-राष्ट्रीय लोकप्रिय चरित्र।

प्रसंगवश यहाँ स्पष्ट कर देना ज़रूरी है कि ग्राम्शी लोकप्रिय साहित्य को 'नेशनल पॉपुलर' तथा 'पॉपुलर' के रूप में द्विभाजित करते हैं और उनकी दृष्टि में 'नेशनल पॉपुलर साहित्य' किसी भी राष्ट्र के लिए बहुत ही ज़रूरी और मानीखेज़ है। अपने देश इटली में ऐसे साहित्य की कमी उन्हें काफ़ी अखरती रही थी। उन्होंने लिखा है कि इटली में 'राष्ट्रीय' शब्द का अर्थ विचारधारात्मक रूप में बहुत संकीर्ण है और इसका लोकप्रिय से कोई वास्ता नहीं है, क्योंकि यहाँ के बुद्धिजीवी जनता से अर्थात् राष्ट्र से बहुत दूर हैं। वे वस्तुतः एक ऐसी जाति की परम्परा से बँधे हुए हैं जिसे जनता के बीच से उभरे किसी सशक्त लोकप्रिय अथवा राष्ट्रीय राजनैतिक आन्दोलन द्वारा ध्वस्त नहीं किया गया है। यह परम्परा अत्यन्त सक्षम व किताबी है। ग्राम्शी का मानना है कि तद्युगीन इटली में 'नेशनल' शब्द बौद्धिक एवं पुस्तकीय परम्परा से सम्बन्धित रहा है। अतः इससे उन तमाम लोगों को मूर्खतापूर्वक एवं ख़तरनाक ढंग से राष्ट्र विरोधी घोषित करने का अवसर प्राप्त हो जाता है जो राष्ट्रीयता की उपर्युक्त जड़ अवधारणा को स्वीकार नहीं करते। स्मरणीय है कि अपने स्वतन्त्र चिन्तन, मानवीय सरोकारों तथा राजनैतिक सक्रियताओं के चलते ख़ुद ग्राम्शी भी ऐसे आरोपों के शिकार बनाये गये थे।

'लोकप्रिय राष्ट्रीय साहित्य' के अभाव में लोग जब अपनी बौद्धिक व कलात्मक ख़ुराक पूरी करने के लिए विदेशी साहित्य पढ़ते हैं तो जाने-अनजाने वे विदेशी बुद्धिजीवियों के नैतिक तथा बौद्धिक प्रभुत्व के घेरे में क़ैद होने के लिए अभिशप्त होते हैं। ग्राम्शी प्रस्तावित करते हैं कि इस मुद्दे पर केवल "कथात्मक आख्यानों को लेकर ही नहीं, बल्कि सम्पूर्ण राष्ट्रीय लोकप्रिय संस्कृति के व्यापक सन्दर्भ में विचार किया जाना चाहिए।"[26] इटली के तद्युगीन बौद्धिक समाज द्वारा वहाँ की आम जनता को शिक्षित करने के लिए ऐतिहासिक दायित्व का निर्वाह न कर पाने का कारण बताते हुए जब ग्राम्शी उन पर संकीर्णता, वायवीयता एवं आत्यंतिक व्यक्तिवादिता का आरोप लगाते हैं तो भारतीय साहित्यिक सांस्कृतिक परिदृश्य उभर कर सामने आ जाता है। इसी क्रम में जब वे कुछ धार्मिक ग्रन्थों की अपेक्षाकृत ज़्यादा बिक्री के पीछे पठनीयता का विस्तार करने वाली साहित्य की किसी आन्तरिक शक्ति के

बजाय गिरजाघर के शक्तिशाली संगठन को कारक तत्त्व के रूप में स्वीकारते हैं तो हिन्दी में धार्मिक साहित्य के लगभग सबसे बड़े प्रकाशक एवं वितरक 'गीता प्रेस' गोरखपुर की याद हो आती है।

उपर्युक्त विमर्श के आलोक में यह कहना अनुपयुक्त न होगा कि साहित्य में कलात्मकता एवं लोकप्रियता हमेशा परस्पर विरोधी ही हो, यह ज़रूरी नहीं। कई बार साहित्य में लोकप्रियता पूरकता के अत्यन्त विशिष्ट सम्बन्ध में कलात्मकता से सम्पृक्त होती है। वस्तुतः यही आदर्श स्थिति है। बावजूद इसके इस सन्दर्भ में पास्तरनाक की एक चेतावनी याद रखने योग्य है कि 'एक लेखक को मूँगफली की तरह लोकप्रिय नहीं होना चाहिए।' ब्रेष्ट के शब्दों में कहें तो सच्चे अर्थों में वही साहित्य लोकप्रिय कहा जा सकता है जो कलात्मकता के बावजूद व्यापक जनता के लिए सुबोध हो, जनता के दृष्टिकोण को स्वीकार करते हुए उसे सुदृढ़ बनाया गया हो, जनता के सर्वाधिक प्रगतिशील हिस्से को इस रूप में प्रस्तुत किया गया हो कि वह समाज में नेतृत्व का दायित्व सम्भाल सके और उसमें परम्परा का बोध और विकास हो। स्पष्ट ही जहाँ इन बिन्दुओं को दरकिनार करके सस्ती लोकप्रियता प्राप्त करने की कोशिश होती है वहाँ सस्ता व सतही साहित्य का उत्पादन होता है जिसका कलात्मकता व सौन्दर्य-बोध से दूर तक कोई रिश्ता नहीं होता।

ऐसे में सवाल उठता है कि पूँजीवादी समाज व्यवस्था में बड़े पैमाने पर छपने और बिकने वाले लोकप्रिय संस्कृति के साहित्यिक उत्पाद द्वारा खड़ी की जाने वाली चुनौतियों का मुक़ाबला आख़िर कैसे किया जाये? सम्पूर्ण सांस्कृतिक सन्दर्भ में इस समस्या का अपने ढंग में समाधान प्रस्तुत करते हुए आलोचनात्मक समाजशास्त्री लियो लावेंथल ने लिखा है कि लोकप्रिय संस्कृति का मुकाबला केवल कला द्वारा ही सम्भव है- "The counterconcept to popular culture is art. Today artistic products are losing the character of sponteneitity more and are being replaced by the phenomena of popular culture, which are nothing but a manipulated reproduction of reality as it is; and, in doing so, popular culture sanctions and glorifies whatever it finds worth echoing."[27] (लोकप्रिय संस्कृति की प्रतिसंकल्पना कला है। आज कलात्मक उत्पाद सहजता के चरित्र को खोते जा रहे हैं और उनकी जगह लोकप्रिय संस्कृति की घटनाएँ ले रही हैं, जो वास्तविकता के हेरफेर के अलावा और कुछ नहीं हैं; और ऐसा करने में, लोकप्रिय संस्कृति जो कुछ भी उसे प्रतिध्वनित करने लायक समझती है, उसे मंज़ूरी देती है और उसका महिमामंडन करती है।")

तात्पर्य यह कि सतही व छिछले लोकप्रिय साहित्य का मुकाबला गम्भीर कलात्मक साहित्य के बग़ैर असम्भव है। आलोचनात्मक समाजशास्त्रियों के अनुसार पूँजीवादी समाज 'भीड़ का समाज' है, उसकी संस्कृति भीड़ की संस्कृति है और कला भीड़ की कला है। इस समाज में मनुष्य एकायामी जीवन जी रहा है और संस्कृति सृजन नहीं, एक उद्योग बन गयी है जो बर्बरता, अर्थहीनता, सहमति, ऊब, उदासी और यथार्थ से पलायन को बढ़ावा देती है। ऐसा समाज संस्कृति, कला और व्यक्ति की स्वायत्तता को नष्ट करता है। भीड़ की संस्कृति में कला की स्वायत्तता के साथ-साथ कल्पनाशीलता और आलोचनात्मक चेतना अवाँगार्द कला हो सकती है जो भीड़ के समाज की संस्कृति, कला और भाषा को अंगूठा दिखाती हुई अपनी स्वतन्त्रता की रक्षा करती है।[28]

'द वर्क ऑफ़ आर्ट इन द एज ऑफ़ मैकेनिकल रिप्रोडक्शन' शीर्षक आलेख में वाल्टर बेंजामिन ने भी विस्तार से बताया है कि कैसे कलाकृतियाँ बड़े पैमाने पर पुनरुत्पादित होने पर अपनी 'आभा' खो देती हैं। वे लेखक की भूमिका को समाज के एक सदस्य के रूप में परिभाषित करना चाहते हैं, जिसे अनिवार्य रूप से वर्ग संघर्ष को सम्बोधित करना चाहिए। बेंजामिन के अनुसार, लेखक की अवधारणा पर पुनर्विचार किया जाना चाहिए क्योंकि वह एक ऐसे उद्योग का हिस्सा है जिसका ढाँचा उत्पादन के तरीके से परिभाषित होता है। लेखन प्रक्रिया को सीमित करने वाले वर्ग संघर्ष से बचने में असमर्थ लेखक, चाहे वह इसके बारे में जानता हो या नहीं, पक्ष चुनता है। बेंजामिन स्पष्ट रूप से लेखक को एक पक्ष चुनने के लिए कहते हैं।

पूँजीवाद के चौतरफा हमले से पैदा हुए सांस्कृतिक संकट के सन्दर्भ में आलोचना की भूमिका पर विचार करते हुए अडोर्नो ने लिखा है कि आज संस्कृति की आलोचना संस्कृति व बर्बरता के द्वन्द्व की अन्तिम अवस्था का सामना कर रही है। आउशवित्ज़ की घटना के बाद कविता लिखना बर्बरता है। अब कविता लिखने की सम्भावना पर विचार करना सम्भव नहीं रह गया है। आज सम्पूर्ण रैकरन (रेइफ़िकेशन) की प्रक्रिया सम्पूर्ण चेतना को इस तरह निगल रही है कि किसी बौद्धिक प्रगति की गुंजाइश न रहेगी। जब तक आलोचनात्मक विवेक आत्मतुष्ट ज्ञान की सीमा का अतिक्रमण नहीं करता तब तक वह इस चुनौती का मुकाबला नहीं कर सकता।[29]

मार्क्स का एक कथन सर्वविदित है कि अब तक दार्शनिकों ने संसार की तरह-तरह से व्याख्याएँ की हैं जबकि ज़रूरत इसे बदलने की है। इस पर मौजूदा सन्दर्भ में टिप्पणी करते हुए अडोर्नो ने लिखा है कि संसार पहले की अपेक्षा इतना बदल

गया है कि पुरानी व्याख्याएँ इसे समझने-समझाने के लिए नाकाफ़ी है। इसलिए आज नये सिरे से संसार की व्याख्या व विश्लेषण की सख़्त ज़रूरत है।

लोकप्रिय साहित्य पर विचार करने वाले आलोचनात्मक समाजशास्त्रियों में लियो लावेंथल का अध्ययन मुख्यतः लोकप्रिय साहित्य तक सीमित है। कारण यह कि जहाँ दूसरे विचारकों ने मोटे तौर पर संस्कृति के समाजशास्त्र विषयक अपने विवेचन के क्रम में साहित्य व लोकप्रिय साहित्य पर दृष्टिपात किया है वहाँ लावेंथल के विवेचन में लोकप्रिय संस्कृति विषयक अध्ययन मुख्यतः लोकप्रिय साहित्य तक सीमित है। इसके अलावा उन्होंने अतीत के गम्भीर व कलात्मक साहित्य का भी व्यापक अध्ययन व विश्लेषण किया है। अपने एक साक्षात्कार के दौरान उनका बयान था कि "मैं पुराने ढंग का साहित्य वैज्ञानिक हूँ। आज भी आधुनिक साहित्य के बारे में समाजशास्त्रीय बयान देने की हिम्मत नहीं कर पाता। इसके दो कारण हैं–एक तो आधुनिक साहित्य अब भी इतिहास की कसौटी पर खरा नहीं उतरा है। उसके बारे में यह कहना अभी कठिन है कि उसका कितना अंश भविष्य में समाज के बारे में ज्ञान की दृष्टि से मानीखेज़ साबित होगा। दूसरा कारण समाजशास्त्रीय है। मैं साहित्य के समाजशास्त्रीय विवेचन को उसके सौन्दर्यबोधीय अनुभव का सहायक मानता हूँ। जब आधुनिक युग को जानने के दूसरे तरीके और स्रोत मौजूद हैं तब समकालीन साहित्य को स्रोत के रूप में क्यों स्वीकार किया जाये। मैं अतीत की महान रचनाओं की ओर इसलिए जाता हूँ कि उस काल को जानने का सर्वोत्तम स्रोत साहित्य को मानता हूँ।"[30]

संस्कृति के समाजशास्त्र के आलोचनात्मक निकाय की मूल दृष्टि का लोकप्रिय संस्कृति व लोकप्रिय साहित्य के विश्लेषण क्रम में विनियोग करते हुए लावेंथल ने 'लोकप्रिय कला और लोक कला' के बीच द्विभाजकता पर बल दिया है। उनके एतद्विषयक विवेचन से विचार-सूत्र लेकर कहा जाये तो लोक कला की ज़मीन पर खड़े होकर ही लोकप्रिय कला द्वारा पैदा की गयी विसंस्कृतिकरण की चुनौती से निबटा जा सकता है। एक उदाहरण से इस बात को स्पष्ट करें तो, माइकल जैक्सन के "ब्लड ऑन दि डांस फ्लोर" का सांस्कृतिक प्रतिपक्ष भिखारी ठाकुर का 'बिदेसिया' नाच या आन्ध्र-प्रदेश के संस्कृतिकर्मी गद्दर का लोक नृत्य हो सकता है। अपने यहाँ लोक संस्कृति व लोक साहित्य की चर्चा-मात्र से नाक-भौंह सिकोड़ लेने वाले तथाकथित बुद्धिजीवियों को विदित हो कि लावेंथल लोक कला को श्रेष्ठ कला के समकक्ष मानते हैं। 'लोकप्रिय अभिरुचि' तथा 'मास

कल्चर' के उद्‌भव के लिए आधुनिक युग में मानव सक्रियताओं के क्षेत्र में पैठ गयी यान्त्रिकता के चलते व्यक्ति-मानव की गरिमा में आयी कमी को ज़िम्मेवार बताते हुए लावेंथल लिखते हैं कि "The decline of the indi vidual in the mechanized working process of modern civilization brings about the emergence of mass culture, which replaces folk art of high art. A product of popular culture has none of the feature of genuine art, but in all its media popular culture proves to have its own genuine characteristics, standardization, st ereotype, conservatism, mendacity, manipulated consumer goods. There is an interdependence between what the public want and what the powers of control enforce upon the public in order to remain in power."[31]

("आधुनिक सभ्यता की यान्त्रिक कार्य प्रक्रिया में व्यक्ति के पतन से जन संस्कृति का उदय हुआ, जिसमें उच्च कला ने लोक कला का स्थान ले लिया। लोकप्रिय संस्कृति के उत्पाद में वास्तविक कला की कोई भी विशेषता नहीं होती है, लेकिन सभी मीडिया में लोकप्रिय संस्कृति की अपनी वास्तविक विशेषताएँ, मानकीकरण, रूढ़िवादिता, झूठ बोलना, हेरफेर की गयी उपभोक्ता वस्तुएँ साबित होती हैं। जनता क्या चाहती है और सत्ता में बने रहने के लिए नियन्त्रण की शक्तियाँ जनता पर क्या लागू करती हैं, इसके बीच परस्पर निर्भरता है।")

पूँजीवादी समाजव्यवस्था में लोकप्रिय साहित्य का अध्ययन लावेंथल के मुताबिक़ लोकप्रिय संस्कृति के अध्ययन का प्रवेश द्वार है और यह युगीन मध्यवर्गीय मानसिकता को जाने-समझे बिना सम्भव नहीं है, क्योंकि प्रधानतः मध्यवर्ग उनकी दृष्टि में ऐसे साहित्य का उत्पादक व उपभोक्ता होता है। इस मुद्दे पर और गहराई से विचारें तो स्पष्ट होगा लावेंथल की उपर्युक्त स्थापना असलियत से कुछ दूर है। कारण यह कि उनके एतद्विषयक विवेचन में निम्नवर्ग को नज़रअंदाज़ कर दिया गया है, जबकि सच्चाई है कि यह वर्ग लोकप्रिय साहित्य का उत्पादक भले ही न हो पर एक सीमा तक उपभोक्ता ज़रूर होता है और स्पष्ट ही इससे लोकप्रिय साहित्य के उत्पादन को बढ़ावा मिलता है। उल्लेखनीय है कि अपनी शक्ति एवं सीमा में यह कार्य रिचर्ड होगार्ट ने 'यूज़ेज़ ऑफ़ लिटरेसी' शीर्षक से प्रकाशित अपनी किताब में किया है।

उपर्युक्त मुद्दे पर हिन्दी साहित्य के सन्दर्भ में विचार करने से स्पष्ट होता है कि पूँजीवादी विकसित देशों की तुलना में अपने यहाँ लोकप्रिय साहित्य का उत्पादन व सीमित अर्थों में ही सही, उसका स्तर बहुत निम्न है। हिन्दी में एडगर एलन पो,

आर्थर कानन डायल तथा स्टेन ले गार्डनर जैसा एक भी लोकप्रिय कथा-साहित्य का रचनाकार नहीं है। अपराध कथाओं के नायक की दृष्टि से भी हिन्दी के 'कर्नल रंजीत' तथा 'वर्दी वाला गुण्डा', पश्चिम के सेरेलौक होम्स और पेरी मेंशन की तुलना में बहुत बौने हैं। इस सच्चाई के बावजूद हिन्दी में ऐसी कथा कृतियों की बाढ़-सी आयी हुई है और वे कलात्मक या गम्भीर साहित्य के मुक़ाबले कई गुना ज़्यादा छपती और बिकती हैं।

यह तथ्य है कि हिन्दी ही नहीं बल्कि संसार की तमाम भाषाओं में लोकप्रिय साहित्य का सर्वप्रमुख रूप उपन्यास ही रहा है और कई बार इसे समाचार-पत्रों के रविवारीय पन्नों पर या किसी पत्रिका में धारावाहिक रूप में भी प्रकाशित किया जाता रहा है। हिन्दी में शिव प्रसाद सिंह का 'शैलूष' तथा मनमोहन पाठक का 'गगन घटा घहरानी' जैसा उपन्यास भी पहले अख़बारों में ही धारावाहिक रूप में छपा था। हालाँकि ये दोनों ही उपन्यास गम्भीर साहित्य के बेहतर उदाहरण हैं। पर पाठकों में इनके लोकप्रिय होने के कारण अलग-अलग थे। 'शैलूष' एक जनजाति के जीवन पर आधारित उपन्यास है जिसके बारे में मध्यवर्ग की जानकारी बहुत ही कम है और यदि थोड़ी बहुत है भी तो वहाँ रहस्य व रोमांच से भरपूर उत्सुकता का बाहुल्य है। सम्भवत: इसी कारण रांगेय राघव के उपन्यास 'कब तक पुकारूँ' पर बना टेलीविजन धारावाहिक भी एक जमाने में काफ़ी लोकप्रिय हुआ था। मनमोहन पाठक की औपन्यासिक कृति को पाठक का रेस्पांस इसलिए मिला क्योंकि इसकी कथावस्तु बिहार/झारखण्ड प्रान्त में आज भी वर्चस्व प्राप्त सामन्त वर्गों की क्रूरता का पर्दाफ़ाश करती है। कई लोगों का तो यहाँ तक कहना है कि उक्त उपन्यास में वर्णित भूस्वामी जगधारी सिंह की क्रूरता के क़िस्से आज भी दक्षिण बिहार और ख़ासतौर से पलामू जिले के आसपास के इलाके में प्रचलित हैं। यहाँ ध्यातव्य है कि इन दोनों ही उपन्यासों में गहराई के साथ आपराधिक घटनाओं के परिणामों के मर्मस्पर्शी चित्र मिलते हैं पर इनके लेखकों के नैतिक विवेक, सामाजिक सरोकार, प्रतिबद्ध दृष्टिकोण तथा कलात्मक संयम के चलते ये श्रेष्ठ साहित्य की परिधि में आते हैं। जब रचनाकार में उपर्युक्त चीज़ों का अभाव होता है तो अपराध सम्बन्धी सस्ते लोकप्रिय उपन्यासों का उत्पादन होता है। दूसरे शब्दों में कहें तो अपराध कथाओं के तत्त्वों का रचनात्मक उपयोग करना एक बात है और अपराध कथा लिखना बिल्कुल दूसरी बात। उदाहरण के लिए दोस्तोवस्की का उल्लेख करना प्रांसगिक होगा जिनकी 'अपराध और दण्ड' शीर्षक कृति एक गम्भीर कलात्मक

उपन्यास है। वस्तुतः दुनिया की तमाम भाषाओं के साहित्येतिहास में ऐसी कई कृतियाँ मिलती हैं जिनमें कलात्मकता तथा लोकप्रियता को लेकर द्विभाजकता की स्थिति के बजाय दोनों के बीच एकमेकता दिखाई पड़ती है। इस सन्दर्भ में ग्राम्शी का स्मरण स्वाभाविक है, जिन्होंने दोस्तोवस्की को समर्पित एक पत्रिका (1931) में छपे ब्लादीमीर पोज़नर के एक आलेख की इस स्थापना से सहमति जतलाई है कि दोस्तोवस्की के उपन्यास वस्तुतः युजेन सुई जैसे लेखकों के धारावाहिक उपन्यासों से सांस्कृतिक रूप में निष्पन्न हैं। ग्राम्शी के मुताबिक़ लोकप्रिय साहित्य पर विचारने के क्रम में उपर्युक्त तथ्य को ध्यान में रखने से यह बात समझ में आ सकती है कि किस प्रकार लोकप्रिय साहित्य रूपों के द्वारा व्यक्त होने वाली समकालीन सांस्कृतिक चेतना दो तरह से अभिव्यक्त हो सकती है : सनसनीखेज यान्त्रिक तथा प्रगीतात्मक। उनका मानना है कि युजेन सुई जैसे लेखकों के यहाँ अभिव्यक्ति यान्त्रिक है, जबकि बाल्जाक, दोस्तोवस्की और विक्टर ह्यूगो की औपन्यासिक कृतियों में यह प्रगीतात्मक है।[32]

कहना न होगा कि कलात्मक साहित्य-रचना के दरमियान लोकप्रिय साहित्य के तत्त्वों का इस्तेमाल जब एक निश्चित सीमा से बाहर जाकर किया जाने लगता है तो इसके दुष्परिणामस्वरूप गम्भीर व कलात्मक साहित्य कलात्मकता के मुखौटे के बावजूद सही मायने में कलात्मक नहीं रह पाता है। दूसरे शब्दों में कहें तो लोकप्रिय साहित्य के तत्त्वों के अतिशय उपयोग के चलते गम्भीर साहित्यकारों के लेखन में भी कलात्मक स्खलन की दुर्घटनाएँ होती हैं।

उदाहरण के लिए हिन्दी के जाने माने प्रगतिशील कथाकार, विचारक एवं वामपन्थी कार्यकर्ता यशपाल की संक्षिप्त चर्चा प्रासंगिक होगी जिन्हें प्रेमचन्द के बाद हिन्दी कथा साहित्य को यथार्थोन्मुख करने का श्रेय प्राप्त है। किन्तु, झूठा-सच, दिव्या, दादा कामरेड एवं 'मेरी तेरी उसकी बात' जैसे महान उपन्यासों के लेखक द्वारा जब 'क्यों फँसे' जैसा काम प्रसंगों के अश्लील चित्रण से भरभूर उपन्यास लिखा जाता है तो सवाल उठना वाजिब है कि इसकी रचना के नियामक तत्त्व सांस्कृतिक प्रक्रिया के किस पहलू से जुड़े हैं? इसके पीछे रचनाकार की नीयत क्या रही है? ग्राम्शी के शब्द उधार लें तो इससे पाठक वर्ग की किन मानसिक आवश्यकताओं की तुष्टि होती है? इस औपन्यासिक कृति में स्त्री-पुरुष के यौन सम्बन्धों के आत्यांतिक चित्रण के पीछ रचनात्मक तर्क क्या हैं? ये कुछ असुविधापूर्ण सवाल हैं जिनका जवाब खोजने की यदि चेष्टा की जाये तो इस कृति में ही नहीं, बल्कि कई गम्भीर कहें जाने वाले साहित्यकारों की अनेकानेक कृतियों में निहित आत्यंतिक सेक्स

अपील के पीछे जाने-अनजाने लोकप्रिय फार्मूला का उपयोग दिखाई देगा।

इस प्रकार 'परदा' जैसी सशक्त एवं महान कहानी के रचयिता यशपाल जब 'फूलों का कुर्ता' संग्रह की 'धर्मरक्षा' तथा 'प्रतिष्ठा का बोझ' जैसी पूँजीवादी सेक्स नैतिकता की कहानियाँ लिखते हैं तो स्पष्ट ही समाजवादी नैतिकता का उनका छद्म स्वतः उजागर हो जाता है। उदाहरण के लिए, 'प्रतिष्ठा का बोझ' शीर्षक कहानी की संक्षिप्त चर्चा प्रासंगिक होगी। इसका नायक केवलचन्द जब अपनी नौकरी एवं स्थानान्तरण के दरमियान अम्बाला से लखनऊ आता है तो उसे एक ऐसा मकान किराए पर मिलता है जिसमें सास-बहू अकेले हैं। कालान्तर में बहू से केवलचन्द का शारीरिक सम्बन्ध बन जाता है : "...उसने लछमी को बाँहों में इतने ज़ोर से समेट लिया कि उसे अपने शरीर में ही समेट लेगा। वह उसके होंठों को खा जाना चाहता था...सहसा जीने के किवाड़ों की साँकल खनखनाकर गिरने की आहट हुई और साथ ही किवाड़ खुल गये। दरवाज़ा खुलने से जीने की बत्ती का प्रकाश भीतर फैल गया। सास ने भीतर कदम रखा और आँखें तथा मुँह फैलाए, खोयी-सी सामने खड़ी रह गयी। ज़ोर से चिल्लाने के लिए सास ने सीने में साँस भरा...केवल की बाहों में सिमटी लक्ष्मी प्रायः बेसुध हो गयी थी। केवल ने उसे वैसी ही फ़र्श पर गिर जाने दिया और आत्मरक्षा के लिए वह, सामने खड़ी, पुकारने के लिए तैयार सास पर टूट पड़ा। पुकारने के लिए खुले सास के मुँह से शब्द निकल पाने से पहले ही केवल ने सास के भरपूर शरीर को बाँहों में ले, समीप पड़े पलंग पर गिराकर ऊपर से दबा लिया...केवल ने सास का गला नहीं दबाया, परन्तु अवस्था ऐसी थी कि सास चिल्ला न सकती थी। उसने दबे स्वर में विरोध किया है–हे, क्या करते हो?...बहू सुध सम्भालते ही कमरे से खिसक गयी थी। दस मिनट बाद जब सास ने केवल की बाँहों से मुक्ति पायी तो केवल की गाल पर ठुनका दे मुस्कराकर शिक़ायत की... बड़े वैसे हो तुम!"[33]

इस पूरे प्रकरण के विस्तृत वर्णन के पश्चात् कहानीकार ने फिर तफ़सील से बतलाया है कि किस प्रकार लम्बे समय तक सास-बहू को भोगते-भोगते केवल निचुड़ जाता है तथा 'उसकी कमर में दर्द रहता है।'

वीभत्सता के चरम बिन्दु पर पहुँचाने वाली यशपाल की ऐसी कहानियों के मद्दनेज़र अमृतराय ने सही लिखा है कि यह सड़ी-गली पूँजीवादी सेक्स नैतिकता है, जिसका समाजवादी नैतिकता से रत्तीभर मेल नहीं है। यह उस पूँजीवादी सेक्स नैतिकता का सबसे घिनौना रूप है जिसमें स्त्री, पुरुष की वासना की भूख मिटाने

वाली चारे से ज़्यादा कुछ नहीं होती, जिसमें स्त्री के व्यक्तित्व के सम्मान का कोई सवाल ही नहीं उठता, जिसकी नींव दोनों सेक्सों, स्त्री-पुरुष की बराबरी पर नहीं पुरुष के प्रति स्त्री की गुलामी पर है, जिसमें 'मनोगमी' का अर्थ इकतरफ़ा मनोगमी रहा है अर्थात स्त्री के लिए एक पुरुष और पुरुष के लिए असंख्य स्त्रियाँ, एक छोड़ कई-कई पत्नियाँ अपनी और दूसरों की पूरे-पूरे हरम और रनिवास और अनगिनत चकले, अबाध व्याभिचार और बलात्कार, गर्मी और सूजाक इसी का प्रतिफलन होता है उस तमाम कीचड़ जैसे गन्दे और अश्लील साहित्य में जो पूँजीवादी एजेंसियों द्वारा छापा और बेचा जाता है, उपन्यास और कहानियाँ, कैसी मधुर थी वह रात, सुहागरात के मेरे अनुभव, ओ दैया, मैं तो मर गयी!, कोकशास्त्र और चौरासी आसन, पेरिस के पोस्टकार्ड इत्यादि इत्यादि। आज बहुत से अंग्रेज़ी लेखक भी बहुत मँजी हुई ज़बान में, कुछ दर्शन और राजनीति की चाशनी के साथ यही चीज़ दे रहे हैं। और हमें बड़े दुख के साथ कहना पड़ता है कि यशपाल की ऐसी कृतियाँ भी कुछ इसी कोटि में आती हैं।"[34]

'यशपाल की सेक्स दृष्टि' पर विचारते हुए अमृतराय का मानना है कि बुर्ज़ुआ सेक्स नैतिकता की ढकोसलेबाज़ी से नफ़रत करने के बावजूद यशपाल द्वारा ऐसे साहित्य के सृजन के मूल में समाजवादी सेक्स नैतिकता के बारे में उनकी एकदम ग़लत धारणाएँ हैं।

तात्पर्य यह है कि लोकप्रिय कला के तत्त्वों की चपेट में आकर श्रेष्ठ कला दम तोड़ने लग जाती है। नृत्य के क्षेत्र में आज इसका ज़बरदस्त उदाहरण है पॉप गायक दलेर मेंहदी द्वारा लोकनृत्य भाँगड़ा को तोड़-मरोड़कर बाज़ारू बना दिया जाना। संचार माध्यमों के द्वारा रामायण व महाभारत को धारावाहिक के रूप में पेश करने के लिए जिस तरह इन ग्रन्थों के मर्म को ही दाँव पर लगा दिया गया है वह स्पष्ट ही लोकप्रिय सांस्कृतिक बाज़ार की शर्तों को पूरा करने हेतु अपरिहार्य था। लियो लावेंथल के शब्द उधार लेकर कहें तो दूरदर्शन के माध्यम से प्रभुत्वशाली वर्ग ने रामायण एवं महाभारत जैसे भव्य आख्यानों को भी इस्तेमाल की चीज़ बनाकर उसे भीड़ की संस्कृति में शामिल कर लिया है जिससे कि उसका समाज को भ्रमित करने की छल योजना के साधन के तौर पर इस्तेमाल किया जा सके।[35]

कलात्मक साहित्य व लोकप्रिय साहित्य के बीच सम्बन्ध का एक दूसरा पहलू भी उल्लेखनीय है जिसके तहत हम पाते हैं कि संसार के कुछ लोकप्रिय साहित्य के लेखकों के यहाँ भी महान नैतिक बोध के साथ ही मानवीय उपस्थिति बड़ी ही

सूक्ष्मता के साथ विद्यमान होती है। उदाहरण के लिए अपने उपन्यासों में सेक्स-हिंसा की धारा बहाने वाले फ्रांसीसी कथाकार मार्क्विस द साद की चर्चा अप्रासंगिक न होगी जिसकी रचनाएँ ऐसे निरंकुश स्वच्छन्द पुरुषों की दमित और अव्यक्त आकांक्षाओं और क्रियाओं की कहानियाँ हैं जो सब सम्पन्न हैं और सेक्स या हिंसा में किसी प्रकार के नैतिक संस्कार से मुक्त हैं। सुनसान जंगलों में अकेली हवेलियाँ, गढ़ियाँ, अँधेरे कमरे, बन्द डरावने तहखाने, यातनाएँ देने के नये-नये तरीके, मुक्त और विकृत सम्भोग के हर सम्भव समीकरण, कोड़ों, छुरी, तलवारों से लेकर दागने-फाड़ने के सारे उपकरण, औज़ार, हथकड़ियाँ, बेड़ियाँ, गुलाम और हत्यारे-रोती चीखती औरतें, नीग्रो किशोरियों की छातियाँ और गड़रिए लड़कों के नितम्बों के कबाबों का स्वाद बखानते हुए नर-मांसभक्षी और अपने मनोरंजन के लिए सभी कुछ बेझिझक करते निरंकुश नायक। सब मिलाकर यातना, हिंसा और सेक्स की मदद से द साद ने उपन्यास लिखे हैं। इसलिए वहाँ ख़ून, वीर्य और विष्ठा की नदियाँ बहती हैं। शायद यही कारण है कि दो-ढाई सदी तक उसके उपन्यास अस्पृश्य, अश्लील और अपठनीय माने जाते रहे।

पर सिमोन द बोउआर जैसी स्त्रीवादी लेखिका ने जब 'फिर क्या हम साद को जला दें' शीर्षक से एक आलेख लिखकर इन उपन्यासों पर नये सिरे से विचार करते हुए कुछ महत्त्वपूर्ण बिन्दुओं की ओर इशारा किया तो साद के पुनर्मूल्यांकन की ज़रूरत महसूस की गयी। बोउआर का मानना है कि साद जिस गलत या सही जीवन दर्शन को मानता था वह उसका अपना विश्वास व चुनाव था और ऐसा जीवन जीने के कारण ही वह सोलह वर्ष जेल और पागलखाने में रहा। किन्तु इसी के माध्यम से वह फ्रांस की तत्कालीन न्याय-प्रणाली और नैतिक रुढ़िवादिता को चुनौती देता रहा। इसी अडिग और अविचल ईमानदारी के लिए हमें साद को महान नैतिक बोध सम्पन्न लेखक मानना पड़ेगा। यों न वह धधकता हुआ कलाकार है, न बहुत युक्तिसंगत दार्शनिक।[36] इसी सन्दर्भ में एक और बात ध्यान देने योग्य है कि कई बार किसी रचना में सेक्स व हिंसा के विस्तृत वर्णन के बावजूद उसकी अश्लीलता का कारण कुछ और हो सकता है। 'ओ की कहानी' नाम से प्रकाशित एक फ्रांसीसी उपन्यास का विस्तार से विश्लेषण प्रस्तुत करते हुए राजेन्द्र यादव ने बतलाया है कि किस प्रकार बेहद क्रूरता से ग़ुलामी के मिथ को चरम तक ले जाने की वकालत करने वाली यह रचना वस्तुतः ठण्डेपन और संवेदनशून्यता की कहानी है इसलिए दहशत जगाती है। इस उपन्यास की नायिका के साथ सामूहिक व

वैयक्तिक स्तर पर विकृत सेक्स-हिंसा का जो ताण्डव होता है उसे संक्षेप में बताना सम्भव नहीं। बावजूद इसके नायिका रेने नामक अपने तथाकथित प्रेमी से माँग करती है कि 'जब भी मेरे पास आओ तो तुम्हारे हाथ में चाबुक होना चाहिए–मेरी कल्पना, मेरे ये उल्टे-सीधे सपने ही मुझे तुमसे दूर ले जाते हैं। तुम्हारे प्रति बेवफ़ा बनाते हैं। मुझे कुचल डालो, इन सपनों से मेरी जान छुड़ाओ, मुझे मुक्ति दो–मेरे साथ जो भी तुम से बन पड़े करो, ताकि तुम्हारे प्रति बेवफ़ा होने की मानसिक फ़ुर्सत ही मुझे न मिल पाये। ज़ाहिर है कि यातनाओं के माध्यम से अपने 'स्व' के विसर्जन का आनन्द भोगती यह कथानायिका वस्तुत: उन तमाम स्त्रियों का प्रतिनिधित्व करती है जो स्वतन्त्र होने के अवसर को ठुकराकर अन्तत: मुक्ति की अपेक्षा मृत्यु का वरण करती है। अपने विश्लेषण के अन्त में राजेन्द्र यादव इस निष्कर्ष पर पहुँचते हैं कि 'स्वतन्त्रता की चेतना का बूँद-बूँद करके मरते चले जाना', 'ओ की कहानी' को भयावह और अश्लील बनाता है, यौन विकृतियों और यन्त्रणाओं के विवरण नहीं।[37]

इस सन्दर्भ में अन्तिम बात यह कि साहित्य का अभ्युदय एवं विकास चूँकि सम्पूर्ण ऐतिहासिक एवं सामाजिक प्रक्रिया का अनिवार्य अंग है इसलिए ऐतिहासिक-सामाजिक स्थितियों में बदलाव से न केवल साहित्यिक रचनाशीलता की अभिरुचि बदलती है, बल्कि साहित्य को लेकर हमारी धारणा व समझ में भी तब्दीली आती है। कहने का तात्पर्य यह है कि एक समय में जिस साहित्य को कलात्मक मान लिया जाता है वह भविष्य में भी कलात्मकता के मानदण्ड पर खरा उतरे यह ज़रूरी नहीं। हिन्दी में किशोरीलाल गोस्वामी के उपन्यास इसके बेहतर उदाहरण हैं। ज़ाहिर है कि आचार्य शुक्ल ने अपने साहित्येतिहास में उन्हें साहित्य की दृष्टि से हिन्दी का पहला उपन्यासकार माना है पर आज गोस्वामी जी के उपन्यास किसी भी रूप में उल्लेखनीय माने नहीं जाते। इसी प्रकार कई बार जिन लेखकों को एक ज़माने में लोकप्रिय साहित्य के उत्पादक का दर्जा दे दिया जाता है वे आगे जाकर गम्भीर साहित्यकार के रूप में स्थापित होते हैं। उर्दू में नज़ीर अकबराबादी, मण्टो, इस्मत चुगताई आदि की यही स्थिति रही है। नज़ीर ने जब भालू के नाच और ककड़ी बेचने वाले पर आम भाषा में कविता लिखी थी तो उस समय लोगों ने उन्हें गम्भीर लेखक मानने से इनकार कर दिया था। इसी तरह मण्टो रचित 'काली सलवार' तथा 'खोल दो' और इस्मत चुगताई की 'लिहाफ़' शीर्षक कहानी को भी तब आलोचकों ने बाज़ारू व सतही रचना घोषित कर उनका उपहास किया था। पर आज इन तीनों लेखकों को बाज़ारू कह सकने की हिमाक़त करना किसी आलोचक के लिए

सम्भव नहीं है। हिन्दी में भी एक लम्बे अरसे तक पाण्डेय बेचन शर्मा 'उग्र' को कुछ गुरु गम्भीर लोगों ने घासलेटी साहित्य का उत्पादक घोषित कर दिया था। जबकि आज वे अपनी रचनाओं की अन्तर्वस्तु के साथ-साथ एक ख़ास तरह की गद्य शैली के चलते महत्त्वपूर्ण लेखक माने जाते हैं। इसी प्रकार वृन्दावनलाल वर्मा, चतुरसेन शास्त्री, शिवानी, शुभा वर्मा आदि के साहित्य को लेकर आलोचक एकमत नहीं हैं। ऐसे में हमारे लिए उन मूल्यों को पहचानना ज़्यादा ज़रूरी है जो आज भी प्रासंगिक हों तथा हमें अपने अतीत को वर्तमानता में रखकर देखते हुए भविष्य की पदचाप सुन सकने की दृष्टि देते हों। इसके बिना यह निर्णय करना या समझना मुश्किल होगा कि होटल में वेश्यावृत्ति को लेकर रचित 'दो औरतें' शीर्षक कृष्ण बिहारी की 'हंस' में प्रकाशित एवं चर्चित कहानी क्यों लोकप्रिय फ़ार्मूला पर आधारित रचना है जबकि मिलान कुन्देरा की 'खेल-खेल में' (जिसमें एक प्रेमी-प्रेमिका होटल में जाकर ग्राहक और वेश्या के रूप में एक-दूसरे के साथ पेश आते हैं) एक गम्भीर कलात्मक कहानी है।

सन्दर्भ

1. मुक्तिबोध रचनावाली, भाग-5, पृ. 76
2. मार्क्स-एंगेल्स : साहित्य तथा कला, पृ. 161
3. माओत्से तुंग : चुनी हुई कृतियाँ-तीसरा खण्ड, पृ. 100
4. इन्द्रपस्थ भारती, जून 1991, पृ. 296
5. साक्षात्कार अंक 200 अगस्त, 1996, पृ. 44
6. निर्मल वर्मा, वसुधा-मार्च 1997, पृ. 220
7. The Hindu, October 18, 1997, P. 12
8. हंस-दिसम्बर, 1997, पृ. 71
9. हंस-दिसम्बर, 1997, पृ. 75
10. राजेन्द्र यादव : अठारह उपन्यास, पृ. 25
11. जार्ज लुकाच : उपन्यास का सिद्धान्त, पृ. 71
12. रैल्फ फॉक्स : उपन्यास और लोकजीवन, पृ. 32
13. अठारह उपन्यास, पृ. 24
14. कल्चरल राइटिंग्स, पृ. 342
15. अठारह उपन्यास, पृ. 24

16. अठारह उपन्यास, पृ. 25
17. अन्तोनिय ग्राम्शी : कल्चरल राइटिंग्स, पृ. 349
18. पूरनचन्द्र जोशी : परिवर्तन और विकास के सांस्कृतिक आयाम, पृ. 90
19. अठारह उपन्यास, पृ. 52
20. कल्चरल राइटिंग्स, पृ. 350
21. मार्क्स : एंगेल्स : साहित्य तथा कला, पृ. 181
22. साहित्य के समाजशास्त्र की भूमिका, पृ. 324
23. वसुधा-34, मार्च, 1996, पृ. 96
24. कल्चरल राइटिंग्स, पृ. 360
25. अन्तोनियों ग्राम्शी : कल्चरल राइटिंग्स, पृ. 372
26. कल्चरल राइटिंग्स, पृ. 211
27. Literature, Popular Culture and Society, P. 131
28. साहित्य के समाजशास्त्र की भूमिका, पृ. 140
29. क्रिटिकल सोशियोलोजी(सम्पादित), पृ. 276
30. टेलस,संख्या 45,1980, पृ. 91
31. Literature, Popular Culture and Society, P. 137
32. कल्चरल राइटिंग्स, पृ. 375
33. यशपाल : फूलों का कुर्ता, पृ. 68
34. अमृतराय : नयी समीक्षा, पृ. 135
35. लियो लावेंथल, क्रिटिकल एन्क्वायरी, आटम, 1987, पृ. 4
36. गुलामी का आनन्द और स्वतन्त्रता के ख़तरे, पृ. 131
37. गुलामी का आनन्द और स्वतन्त्रता के ख़तरे, पृ. 137

संस्कृति, लोक संस्कृति और लोकप्रिय संस्कृति : अन्तःसम्बन्ध एवं पार्थक्य

रोमिला थापर ने लिखा है कि 'संस्कृति' सामाजिक प्रक्रिया में रचित और अर्जित प्रतीकों की एक व्यवस्था है और इस व्यवस्था की निरन्तरता से परम्परा का निर्माण होता है।[1] उनकी इस स्थापना के सन्दर्भ में ग़ौरतलब है कि परम्परा विशुद्ध और मूल रूप में हमारे सामने नहीं आती। वह विभिन्न व्याख्याओं से प्रभावित होती हुई अतीत से वर्तमान में आती है। ऐसी स्थिति में यह नितान्त आवश्यक है कि संस्कृति या परम्परा पर ऐतिहासिक सन्दर्भ में विचार किया जाये। रोमिला थापर लिखती हैं कि किसी सांस्कृतिक या विचारधारात्मक मान्यता के ऐतिहासिक सन्दर्भ के बोध से हमें यह समझने में मदद मिल सकती है कि सांस्कृतिक रूपों के अपने आन्तरिक स्वरूप के विकास और बाहरी तत्त्वों के प्रभाव के कारण समाज में उनके अर्थ बदलते हैं और प्रभाव में परिवर्तन आता है। इसका तात्पर्य यह भी है सांस्कृतिक रूपों की जड़ें सामाजिक यथार्थ में होती हैं, इसलिए जब हम किसी सांस्कृतिक रूप को स्वीकार करें तो हमें उसके मूलभूत यथार्थ के बारे में भी सजग रहना चाहिए तभी परम्परा का विवेकपूर्ण बोध हो सकता है।

यह ठीक ही कहा गया है कि अधिकतर पीढ़ियाँ उसी पथ पर चलती हैं, जिसे न तो उन्होंने बनाया है और न ही खोज निकाला है, जिसे उन्होंने सिर्फ़ विरासत में पाया है, स्वीकारा है। उनके लिए यही मुख्य बात है कि वे लीक पर चलें। सामान्य काल में ऐसी प्रवृत्ति आपत्तिजनक नहीं। लेकिन कई ऐसे काल होते हैं, जो असामान्य होते हैं और जिनमें लीक पर चलना ही काफ़ी नहीं होता। ऐसे समय यह जानना आवश्यक है कि वह पथ कहाँ ले जाता है। यदि वह कहीं नहीं ले जाता तब दूसरे रास्ते को खोजना और उसी पर चलना होगा।[2]

ज़ाहिर है कि आज जबकि इस शताब्दी में हम आर्थिक एवं राजनैतिक संकट ही नहीं बल्कि एक गहरे सांस्कृतिक संकट के दौर से भी गुज़र रहे हैं, जो कई रूपों में हमारे सामने उपस्थित है। अतः ऐसी स्थिति में बहुत ज़रूरी है कि संस्कृति की सम्यक आलोचना की जाये और स्पष्ट ही इसका पहला चरण है संस्कृतिवाद की आलोचना। इस सन्दर्भ में नामवर सिंह ने लिखा है कि "संस्कृतिवाद एक ऐसी विचारधारा है जो जीवन की सारी समस्याओं को समेटकर संस्कृति की समस्या बना देती है क्योंकि उसके अनुसार जीवन की तमाम समस्याएँ सिर्फ़ संस्कृति की समस्याएँ हैं। किन्तु संस्कृतिवाद की विचारधारा यही नहीं रुकती। इसके बाद वह संस्कृति की अवधारणा को संकुचित करती है। इस विचारधारा में अमूर्तन की विशेष भूमिका होती है। संस्कृति एक जीते-जागते क्रिया व्यापार की तरह कुछ अमूर्त मूल्यों की तालिका बनकर रह जाती है, देश-काल से परे कुछ ऐसी विशेषताएँ जो सार्वभौम और शाश्वत हैं। संस्कृतिवाद की संस्कृति ऐसी अनूठी वस्तु है जिसे किसी मानव समाज ने नहीं बनाया, बल्कि जो मानव समाज को बनाती है। संस्कृतिवाद की विचारधारा के प्रभाव को नष्ट करने के लिए संस्कृति के इस रहस्यवाद और अमूर्तन का विरोध आवश्यक है।"[3] नामवर सिंह ने ठीक ही इस संस्कृतिवाद का विरोध करते समय कुछ ग़लतियों के प्रति सतर्क रहने की सलाह दी है। कारण यह कि इस दौरान आवेश में कई बार संस्कृति-मात्र का विरोध होने लगता है। उन्होंने लिखा है कि संस्कृति के अमूर्तन का विरोध ज़रूरी है, किन्तु उसकी सापेक्ष स्वायत्तता को नकारना ग़लत है। इस सन्दर्भ में तथाकथित मार्क्सवादियों की ख़बर लेते हुए उन्होंने चिन्ता ज़ाहिर की है कि मार्क्सवादी आलोचक संस्कृति के सामाजिक आधार पर जोर देने के लिए संस्कृति को आर्थिक आधार मात्र बना कर रख देते हैं। यह मार्क्सवाद नहीं, मार्क्सवाद का मज़ाक़ है। किसी देश की आर्थिक स्थिति के सुधर जाने से अपने आप सांस्कृतिक उत्थान नहीं हो जाता। आर्थिक स्थिति पर अंशतः निर्भर रहने के बावजूद संस्कृति की सत्ता अंशतः स्वायत्त भी होती है और इस स्वायत्त क्षेत्र के विकास के लिए अलग से प्रयास करने की आवश्यकता होती है। यहाँ तक कि कभी-कभी सांस्कृतिक पिछड़ापन स्वयं आर्थिक विकास में बाधक बन जाता है। इसी प्रकार का एक भ्रम यह भी है कि संस्कृति का बुद्धि-विलास विकसित और समृद्ध यूरोप, अमेरिका तथा जापान को मुबारक, एशिया, अफ्रीका और लैटिन अमेरिका के देश फिलहाल संस्कृति की ऐयाशी में अपने सीमित साधनों का अपव्यय नहीं कर सकते। एक तो इस कथन के पीछे स्पष्टतः संस्कृति की

अत्यन्त सीमित धारणा निहित है। दूसरे, विकास में संस्कृति की सक्रिय भूमिका की कोई पहचान नहीं है। हमें यह नहीं भूलना चाहिए कि तथाकथित तीसरी दुनिया के देशों ने सांस्कृतिक चेतना का विकास करके ही साम्राज्यवादी शिकंजे से अपनी राजनीतिक स्वाधीनता प्राप्त की। राष्ट्रीय चेतना के विकास के बिना स्वाधीनता की प्राप्ति असम्भव थी, और कहने की आवश्यकता नहीं कि राष्ट्रीय चेतना वस्तुत: एक सांस्कृतिक चेतना है।

ज़ाहिर है कि नामवर सिंह ने जिस संस्कृतिवाद को आड़े हाथों लिया है वह बुर्जुआ संस्कृति का ही पर्याय है। वस्तुत: वर्ग विभाजित समाज में जो वर्ग सामाजिक, आर्थिक एवं राजनीतिक दृष्टि से वर्चस्वशाली होता है उसी के सांस्कृतिक मूल्य भी सामाजिक जीवन में हावी होते हैं। सच तो यह है कि सांस्कृतिक जीवन की समस्याओं और प्रक्रियाओं को आर्थिक जीवन की समस्याओं और प्रक्रियाओं के सन्दर्भ में जब तक देखा नहीं जायेगा, हम बुनियादी सवाल से झूठी मुठभेड़ करते रहेंगे।[4]

पूरनचन्द्र जोशी ने अपनी पुस्तक 'परिवर्तन और विकास के सांस्कृतिक आयाम' में इस सन्दर्भ में लिखा है कि आज संस्कृति का प्रश्न इतना अधिक जटिल और व्यापक हो गया है कि उसे बहुमुखी दृष्टिकोण के अलावा समझ पाना कठिन है। इसलिए बहुत ज़रूरी है कि एक ओर संस्कृति के क्षेत्र और दूसरी ओर अर्थशास्त्र, इतिहास, तकनीकी, विज्ञान और राजनीति के क्षेत्रों के बीच सेतु निर्मित किया जाये। अब तक सांस्कृतिक प्रश्नों पर विचार करने की हमारी दृष्टि खण्डित और एकांगी रही है। डॉ. जोशी की स्पष्ट मान्यता है कि संस्कृति के प्रश्नों को हम तब तक नहीं समझ सकते जब तक हम मनुष्य की स्थिति पर, जो समाज विज्ञान की देन है, अखण्डित दृष्टि से विचार न करें। साथ ही समाज विज्ञान मानवीय शास्त्र के रूप में तभी फलित हो सकता है, जब वह संस्कृति से अनुप्राणित रहे और संस्कृति की भी सामाजिक प्रक्रियाओं और सामाजिक जीवन की आकस्मिकताओं और गतिशीलताओं में गहरी जड़ें तभी होंगी, जब वह भी समाजविज्ञान से शक्ति पाती रहे। इस सन्दर्भ में मौजूदा हालात पर टिप्पणी करते हुए डॉ. जोशी ने लिखा है कि आज संस्कृति का परिप्रेक्ष्य तब तक प्रासंगिक नहीं होगा, जबतक उसके केन्द्र में संस्कृति और विज्ञान के अन्योन्याश्रय सम्बन्ध का प्रश्न न हो। औपनिवेशिक शासन और शोषण से संघर्ष के काल में राजनीति और संस्कृति के सम्बन्ध का प्रश्न मुख्य प्रश्न बन गया था। आज भारत के विकसित और सभी दृष्टियों से उन्नत देश में परिवर्तित होने के पीछे मुख्य प्रेरणा है–विज्ञान और संस्कृति के पूरक सम्बन्ध का

प्रश्न और विज्ञानकर्मियों और संस्कृतिकर्मियों के बीच सहकार का सम्बन्ध। इस सन्दर्भ में विज्ञान और संस्कृति के मध्य तीव्र तनाव की या नकारात्मक प्रतिद्वन्द्विता की पश्चिमी धरोहर न तो हमारे मार्ग को आलोकित कर सकेगी और न ही वह हमारी सहायक हो पायेगी। ऐसी स्थिति में डॉ. जोशी को वैज्ञानिक संस्कृति और सांस्कृतिक मूल्यों से ओतप्रोत विज्ञान की सबसे ज़्यादा ज़रूरत महसूस होती है। उनके अनुसार एक अन्य महत्त्वपूर्ण लक्ष्य जिसके सन्दर्भ में विज्ञान और संस्कृति के सम्बन्ध को सुधारना आवश्यक है, वह है–राष्ट्रीय अस्मिता और वर्गीय अस्मिता, राष्ट्रीय संस्कृति और वर्गीय संस्कृति के समन्वय का प्रश्न। इस सन्दर्भ में पश्चिम की धरोहर में जो पहलू मौजूद हैं वे डॉ. जोशी को भारतीय सन्दर्भ में कत्तई उपयोगी और अनुकरणीय प्रतीत नहीं होते। अपने विश्लेषण-क्रम में उन्होंने जार्ज थाम्सन को उद्धृत किया है जिसने बल देकर कहा है कि "अब तक बुर्जुआ संस्कृति पूर्व पूँजीवादी संस्कृति की क़ीमत पर बढ़ी और फैली है। पूँजीवाद की उन स्थितियों में जो कि किसानों को सर्वहारा बनाती हैं–यह अनिवार्य था। आधुनिक उद्योग और बढ़ते हुए नगरीकरण के प्रभाव में लोक संस्कृति नष्ट होती गयी। कोई भी व्यक्ति औद्योगिक नगरों में ग्राम्य संस्कृति को अधिक काल तक सँजाये नहीं रख सकता था। इस प्रकार जैसे ही पुराना सामाजिक ढाँचा ढह गया, वैसे ही पुरानी संस्कृति भी नष्ट होती गयी। वे लोकगीत जो हल चलाते समय गाये जाते थे, धीरे-धीरे भुला दिए गये–जब हल चलाना बन्द हो गया। यदि लोग उन्हें गाते भी रहे तो वे लोकगीत नहीं रहे। उनका रूपान्तरण हो गया।"[5]

यह बात भारत के सन्दर्भ में भी सही प्रतीत होती है। वजह यह कि हिन्दी क्षेत्र के दूर दराज़ इलाकों में खेतों की जुताई के लिए जब ट्रैक्टर और परिवहन के लिए बसें बहुत कम उपलब्ध थीं तो इसके लिए बैलों का इस्तेमाल होता था। तब गाँव में मनुष्य और पशु के बीच तादात्म्य को व्यंजित करने में समर्थ अनेक गीत गाये जाते थे जिनमें से एक उदाहरण के रूप में देखा जा सकता है, जो अब नहीं गाया जाता–

हमारा के लोगवा कहेला गड़ीवान हो!
दिन भर रहिले बैल के संगतिया
बैलवे से कहिले करेजवा के बतिया
लोगन के बोझा ढोके भइनी हलकान हो!

यही नहीं, छठ आदि कुछ व्रत-त्योहारों को छोड़कर अधिकतर लोक गीत अब जनता के कण्ठ के बजाय रिकॉर्डिंग में मिलते हैं।

थाम्सन के मन्तव्य को भारतीय सन्दर्भ में रखकर पूरनचन्द्र जोशी ने सवाल उठाया है कि 'क्या भारत भी यही अनुभव दोहरायेगा जहाँ नयी राष्ट्रीय संस्कृति, वर्ग संस्कृति यानी कामकाजी किसानों और आदिवासियों की संस्कृति के मूल्य पर बढ़ती है? यह एक ऐसा प्रश्न है जिसे केवल संस्कृति के क्षेत्र में दखल देने से सुलझाया नहीं जा सकता।' उन्होंने आज के भारतीय मध्यवर्ग को अनेक प्रतिगामी मूल्यों वाली वर्णसंकर संस्कृति का प्रतिनिधि बताते हुए चिन्ता ज़ाहिर की है कि 'आज हम भारत में एक नये 'एलिट' एक नये मध्यवर्ग को तेज़ी से उभरते हुए देखते हैं। इस वर्ग में इंग्लिस्तान के प्यूरिटनों, फ्रांस के जैकोवियन, जापान के सेमुराई और रूस के बोल्शेविकों के चारित्रिक गुणों और विशेषताओं का अभाव है, जिन्होंने अपने-अपने देशों की औद्योगिक क्रान्तियों में महान प्रेरक शक्ति की भूमिका निभाई थी। इन देशों के औद्योगिक मध्यवर्ग में निश्चय ही सामन्तवादी और तिज़ारती इलीट के परजीवीपन से छुटकारा दिलाया और अपने को श्रमशील, कामकाजी, उद्यमी लोगों के उत्पादन मूल्यों से जोड़ा। भारत का उभरता हुआ इलीट आज भी पूर्व के पतनशील सामन्ती मूल्यों और उत्तर-औद्योगिक पश्चिम के उभरते उपभोक्तावाद और नग्नसुखवाद की वर्णसंकर संस्कृति का प्रतिनिधित्व करता है। यदि इन प्रवृत्तियों को रोका नहीं गया तो आधुनिक सम्प्रेषण-तकनीक भारत के सांस्कृतिक पुनर्जीवन के लिए उपयोगी नहीं होगी, बल्कि वह भारतीय सांस्कृतिक अस्मिता के क्षय और सांस्कृतिक स्वायत्तता के ह्रास की गति को ही तीव्र करेगी।'[6]

उपर्युक्त विवेचन के आलोक में सवाल उठना स्वाभाविक है कि 'पूर्व के पतनशील सामन्ती मूल्यों और उत्तर-औद्योगिक पश्चिम के उभरते उपभोक्तावाद और नग्नसुखवाद की वर्णसंकर संस्कृति का प्रतिनिधि' यह मध्यवर्ग परिवर्तनकामी है या यथास्थितिवादी। मसलन, एक वह भी मध्यवर्ग था जिसने भारतीय मुक्ति संग्राम लड़ा। ज़ाहिर है कि उपनिवेशवाद की कोख से उत्पन्न यह वर्ग पुरानी सामन्ती रूढ़ियों से ग्रस्त होने के साथ-साथ विक्टोरियायुगीन नैतिकता से भी आक्रान्त था। परन्तु इन सारी बातों के बावजूद इसने उस ज़माने में भारतीय लोक को ब्रिटिश साम्राज्यवाद के खिलाफ़ लामबन्द करके अपने ऐतिहासिक दायित्व का निर्वाह किया था। एक आज का बहुत सारा मध्यवर्ग है जो हवा का रुख भाँपकर अपने इरादे तय किया करता है जो अवसरवाद और छिछले प्रलोभनों से आक्रान्त है। यह अपनी स्वायत्त अस्मिता ही खो बैठा है। लेकिन सत्ता-पक्ष को ध्यान में रख ऐसी स्वायत्तता के लिए चीख़-पुकार करता रहता है जिससे यथास्थिति बनी रहे। जो हर सत्ता के साथ अपने को ढाल लेता है। जिसके लेखन में कोई चुनौतीपूर्ण द्वन्द्व

नहीं है, उससे क्या हम उम्मीद करें कि वह लोक के गहरे तथा अन्तर्वर्ती यथार्थ की सतत प्रवाहित उन्मुक्त धारा को पकड़ेगा। मुक्तिबोध ने इसी वर्ग से सम्बन्धित संस्कृतिकर्मियों को बेनकाब करते हुए 'अँधेरे में' कविता में लिखा है–

'सब चुप, साहित्यिक चुप और कविजन निर्वाक्
चिन्तक, शिल्पकार, नर्तक चुप हैं
उनके ख़्याल से यह सब गप है
मात्र किंवदन्ती।
रक्तपायी वर्ग से नाभिनाल-बद्ध ये सब लोग
नपुंसक भोग-शिरा जालों में उलझे,
प्रश्न की उथली-सी पहचान
राह से अजान
वाक् रूदन्ती।'

वस्तुत: यही वह मध्यनर्ग है जो बड़े संकल्प, वैज्ञानिक सोच तथा अग्रगामी दृष्टि के अभाव में क्रीतदास बनता है।[7] कवि राजकमल चौधरी के शब्द उधार लेकर कहें तो इस वर्ग का एकमात्र निष्कर्ष है–

'वैज्ञानिक, राजनेता और स्त्री अंगों के व्यापारी,
कुल तीन ही प्रभु-जातियाँ रह गयी हैं अब स्वयम्भू,
अस्तु मैं क्रीत दास हूँ।'

अपनी सुप्रसिद्ध 'दास कविता' में उन्होंने दासों की श्रेणी भी तय की है– 'क्रीतदास, भयभीत दास, पुनीत दास, उन्नीत दास'...स्पष्ट ही यह उनकी निजी तौर पर समझी-बूझी कल्चरल एन्थ्रोपोलोजी है। यह 'दास मानव' ही वह 'लघु मानव' है जिसके लिए यान्त्रिक जीवन पद्धति के अवशेष–'रह गये हैं अपने शरीर के क्षत-विक्षत मांस-पिण्ड'–और कुछ स्वत्व नहीं है। राजकमल चौधरी ने इस मध्यवर्गीय समूहाचरण के यथार्थ के सारे परदे उतार कर उसकी भर्त्सना की नीयत से 'शवयात्रा का मृत संगीत' लिखा है–

'कारण की खोज में हम क्यों छटपटाएँ?'
क्यों नहीं किसी चायखाने में या सिनेमा घर में घुसकर
गर्म चाय पीते रहें, देखते रहें गर्म औरतें?

रात काटने के लिए चाहिए कहीं भी पड़ाव
मांस-पेशियों का हल्का-सा तनाव।'

—लहर, फरवरी, 62

कहना न होगा कि आज मध्यवर्ग की यह अवसरवादी शतमुख भोग की राजनीति व्याप्त होकर नितान्त तात्कालिक जीवन-दृष्टि के प्रसार में परिणत हो गयी है जिसके चलते यह वर्ग व्यक्तिगत सुख-सुविधा के लिए अपने अधिकारों के प्रति तो जागरूक है पर इसने अपने कर्तव्य-बोध का लगभग उत्सर्ग कर दिया है। अपनी ज़मीन से उखड़े हुए ये लोग जब संस्कृति का दमामा पीटते हैं तो स्वभावत: उसका लोक से दूर-दूर तक कोई सरोकार नहीं होता।

भारत में लोक से नितान्त विच्छिन्न इस भद्रलोक के उद्‌भव के कारणों पर ऐतिहासिक व समाजशास्त्रीय दृष्टि से विचार करते हुए राजेन्द्र यादव ने लिखा है कि "अठारहवीं और उन्नीसवीं शताब्दियों के दौरान यूरोप और ब्रिटेन के अन्तस्संघर्षों, औद्योगिक वैज्ञानिक क्रान्तियों में लोकतान्त्रिक मूल्यों-विचारों यानी आधुनिकता का विकास हुआ, वही मूल्य हमारी औपनिवेशिक गुलामी से मुक्ति की प्रेरणा भी बने। इस बीच भारत में पढ़े-लिखे अपेक्षाकृत सम्पन्न अभिजनों का ऐसा वर्ग तैयार हो रहा था, जो राजनैतिक, शैक्षिक रूप से जागरूक था। विडम्बना यह थी कि यूरोप ने जनतान्त्रिक मूल्य को अपने यहाँ के सामन्ती समाज को अपदस्थ करके उपलब्ध किया था। उधर हमारा यह प्रबुद्ध वर्ग उसी सामन्ती समाज का विस्तार था, जो कलकत्ता जैसे शहरों में आ बसा था। ये अनुपस्थित ज़मींदार थे। सात समुन्दर पार से आकर हमें गुलाम बनाने वाले डच, फ्रेंच और अंग्रेज़ व्यापार-जगत् तथा औद्योगिक वर्ग से आये थे, मगर उन्होंने यहाँ की सामन्ती व्यवस्था की यही सोचकर स्थायित्व दिया कि उनके साथ साँठ-गाँठ से वे अपना साम्राज्य यानी लूट चलाए रख सकेंगे। उनके मानसिक आध्यात्मिक सन्तोष के लिए साम्राज्यवादियों ने भारतीय संस्कृति की पुरातनता और महानता (ओरिएंटलिज़्म) के मिथक गढ़े। नतीजे में हमारा यह प्रबुद्ध उच्च मध्य वर्ग, मूलत: फ्यूडल महान भारतीय संस्कृति और आधुनिक जनतान्त्रिक मूल्यों को एक साथ आत्मसात करने लगा। इसी वैचारिक द्वन्द्वात्मकता ने साहित्य-संस्कृति के क्षेत्र में सचमुच दिग्गज व्यक्तित्व दिये। इन लोगों का मूल संकट पारम्परिक परिवार-व्यवस्था और ज़मींदारियों को बनाये रखते हुए आधुनिक समाज में अपने स्थान-निर्धारण को लेकर था। भारतीय परिवार की मर्यादा का अर्थ था—स्त्रियों-दलितों की यथास्थिति और प्राचीन वर्ण-व्यवस्था का

संरक्षण। वे आधुनिक उदारता की झोंक में उस व्यवस्था की कुछ अमानवीयताओं में सुधार के लिए तो तैयार थे, मगर बदलने की बात सोचना उनके लिए सम्भव नहीं था।"[8] बीसवीं शताब्दी के इस अन्तिम दशक में भारतीय समाज में नये सिरे से उभरे धर्मोन्माद के साथ-साथ मध्यवर्ग की मानसिकता पर विचारते हुए राजेन्द्र यादव कहते हैं कि सुरक्षित परिवार हर सामाजिक परिवर्तन का प्रतिरोधी होता है। हमारे यहाँ भी परिवर्तन पारिवारिक और मानसिक ज़रूरत नहीं बना। इस पूरी शताब्दी में हम बाहर क्रान्ति या परिवर्तन और आन्दोलन करते रहे–उधर हमारे घर-घर में मनुवादी हिन्दुत्व यानी ब्राह्मणवादी पुरुष-वर्चस्व घुसा बैठा था। यह सही है कि मार्क्सवाद ने इतिहास और समाज को समझने और बदलने की जो दृष्टि दी थी, उससे अलग आज न इतिहास की शक्तियों को समझा जा सकता है, न समाज की। नाम उसे कुछ भी दिया जाता रहे, सच्चाई यह है कि द्वन्द्वात्मक भौतिकवाद ही नयी-पुरानी सामाजिक शक्तियों को समझने और बदलने की एकमात्र दृष्टि रही, मगर वर्ग-संघर्ष की किताबी और मध्यवर्गीय दृष्टि ने न तो जाति को गहराई में देखा, न परिवार की भीतरी और सर्वव्यापी भारतीय बनावट को समझा- जो निम्नतम से लेकर उच्चतम वर्ग में प्राय: एक जैसी थी। शायद यही कारण था कि सोवियत रूस के विघटन के बाद विचार के स्तर पर कोई ऐसा यूटोपिया या स्वप्न नहीं बचा, जहाँ अपने संघर्षों और स्वप्नों को टिकाया जा सके। नतीजे में कल तक वर्गहीन समाज से प्रेरित एक बुद्धिजीवी वर्ग शायद इसी विश्वास में जाता रहा था कि बाहर समाज के आर्थिक और उत्पादन सम्बन्ध बदलेंगे, तो घर-परिवार की बनावट अपने आप बदल जायेगी। भारत में आजकल तेज़ी से अपनी जड़ें जमा रही उपभोक्ता संस्कृति के मद्देनज़र मध्यवर्ग की मौजूदा स्थिति को लेकर राजेन्द्र यादव का मानना है कि चली आती आदर्श व्यवस्था(?) की छत्रछाया में फूला-फला मध्यवर्गीय बुद्धिजीवी वस्तुत: अपने को 'स्वतन्त्र' मानते हुए भी उस ढाँचे को वैचारिक आधार दे रहा था, इसलिए ढाँचे के ढहने पर उसे हर विचारधारा का अन्त दिखाई देना स्वाभाविक है। आज अपने को न्यायसंगत ठहराने के लिए उसका तर्क है कि 'देश' का वैचारिक आधार सिर्फ़ मध्यवर्ग देता है। नाश का कारण ही यह है कि उसके विचार को निष्प्रभावी बना दिया गया है। भयावह यह भी है कि लाखों की संख्या में आने वाले नये उपभोक्ता वर्ग ने पुराने आदर्श भोगी वर्ग को ही नष्ट कर दिया है। वे मूल्य अब सजावट की चीज़ भी नहीं रह गये हैं। सफलता का तन्त्र किसी विचार या आदर्श की बाधा नहीं मानता। यह अन्तर्विरोध आज बाक़ायदा वैचारिक गृह-युद्ध का रूप

ले रहा है। यानी उत्तर-आधुनिकता आधुनिकता को निगल रही है। बचाए रखने के हर प्रयत्न की विफलता का ही परिणाम है कि इस वर्ग ने अपने हर अन्तर्विरोध के समाधान खोजने का ज़िम्मा न्यायपालिका पर डाल दिया है। सच तो यह है कि अपने इस अन्तर्विरोध एवं द्वन्द्व के चलते ही यह वर्ग गतिशील दिखाई देता है पर मोटे तौर से इसने श्रम या उत्पादन के साधनों और सिस्टम को जैसा का तैसा बनाये रखते हुए उन पर अपना कब्ज़ा बनाये रखा है। इसलिए हर कहीं वही वर्ण-व्यवस्था है–यानी दलित और औरत मूल निर्णयों में केवल बाहरी परिधि पर हैं। इधर इन दोनों ही वंचित वर्गों में बदली स्थितियों के कारण जो सामाजिक-राजनैतिक चेतना आयी है उसे कुचलने के लिए 'भारतीय संस्कृति' का ट्रंप कार्ड चलाया जा रहा है। मध्यवर्ग की इस यथास्थितिवादी मानसिकता पर इसकी साहित्यिक सांस्कृतिक पसन्द व नापसन्द के सन्दर्भ में चोट करते हुए राजेन्द्र यादव ने बिल्कुल ठीक लिखा है कि साहित्य और संस्कृति के क्षेत्र में इस वर्ग द्वारा विकसित सौन्दर्यशास्त्र और भी अधिक जड़ और यथास्थितिवादी है। विश्व-साहित्य के घनघोर अध्ययन के बाद इसने जो कला-मूल्य या साहित्यिक आस्वाद बोध अर्जित किया है उसे वह लगभग अपरिवर्तनीय और शाश्वत मानने की द्विधाहीन बौद्धिकता में जीता है। उदाहरण के लिए कहानी, कविता, उपन्यास की कलात्मकता को लेकर उसके मन में कुछ मानक मूल्य हैं। भाषा से लेकर कथन-भंगिमा तक उनके कुछ पैमाने हैं, अगर रचना उन पर खरी उतरती है तो महान है, वरना फूहड़, अधकचरी इत्यादि है।

कहने का तात्पर्य यह कि स्थापित कलात्मक मानदण्डों पर सूरजपाल चौहान, मोहनदास नैमिशराय, एन. सिंह, मलखान सिंह, जयप्रकाश कर्दम, निर्मला पुतुल, जसिंता केरकेट्टा, अनुज लुगून आदि की कविताएँ अगर खरी नहीं उतरतीं तो वे विचारणीय नहीं हैं। जबकि सच्चाई यह है कि इन रचनाकारों ने भी कम महत्त्वपूर्ण साहित्य नहीं रचा है। यथार्थ को अगर रचना की कसौटी मानें तो हिन्दी के दलित-आदिवासी साहित्यकारों का अवदान उल्लेखनीय है।

भारतीय सुशिक्षित मध्यवर्ग के इन यथास्थितिवादी सांस्कृतिक व सौन्दर्यशास्त्रीय मूल्यों के स्रोतों का विश्लेषण करने पर राजेन्द्र यादव को यह प्रतीत होता है कि इस वर्ग को जब भी अपने अस्तित्व के लिए ख़तरा महसूस होता है तो वह पहले इसे संस्कृति पर ख़तरे का नाम देता है। सच तो यह है कि काव्यशास्त्रीय, सौन्दर्यशास्त्रीय व सांस्कृतिक मूल्यों के संरक्षण की इसकी चिन्ता मूलत: किन्हीं कला-मूल्यों की चिन्ता नहीं इस वर्ग की अस्तित्व-रक्षा है जो ऐसे सारे बौद्धिक विमर्श की सुविधा

देता है। "संस्कृति वैसे भी हवा में जन्म नहीं लेती, एक विशेष समय, वर्ग और समाज में ही कोई संस्कृति जन्म लेती, बढ़ती और परवान चढ़ती है। चूँकि संस्कृति एक बौद्धिक अभ्यास, संस्कार या लत भी होती है इसलिए उत्कृष्टता का आदर्श मॉडल बनकर अगली पीढ़ियों की बौद्धिकता को नियन्त्रित, निर्धारित करती रहती है। इस मध्यवर्ग ने साहित्य-कला के क्षेत्र में जो संस्कृति विकसित की है वही उसका बौद्धिक कवच है। महत्त्वपूर्ण यह भी है कि साहित्य कला के क्षेत्र में उत्कृष्टता के मूल्यों की रक्षा करने वाले ख़ुद भी स्वीकार नहीं करना चाहते कि वे सांस्कृतिक मानकों की रक्षा के नाम पर किन वर्ग-हितों की रक्षा कर रहे होते हैं। वे इसे निरपेक्ष, स्वयम्भू और स्वायत्त समझने के लिए मज़बूर हैं।"[9]

संस्कृति को लेकर उपर्युक्त विमर्श के आलोक में हम कह सकते हैं कि मौजूदा समय में सांस्कृतिक विमर्श का जो अभिजनवादी पाखण्ड परिव्याप्त है उसके केन्द्र में आम जनता की संस्कृति नहीं, बल्कि एक वर्ग विशेष की खोखली संस्कृति है जिसे बुर्जुआ संस्कृति कहना अनुपयुक्त न होगा। जबकि सच्चाई यह है कि संस्कृति सही मायने में लोक संस्कृति ही होती है, वर्ग संस्कृति नहीं। किन्तु, आरम्भ से ही इतिहास के विभिन्न काल खण्डों में उत्पादन के विविध साधनों पर अपना वर्चस्व स्थापित कर लेने वाले वर्ग लोक की संस्कृति के अनेकानेक तत्त्वों को अपने वर्गहित में 'एप्रोप्रिएट' करते रहे हैं। ग़ौरतलब है कि जिस प्रकार वर्चस्वशाली वर्ग की समृद्धि में आम जनता के श्रम की भूमिका रही है उसी तरह उनकी संस्कृति भी लोकसंस्कृति के अनेक महत्त्वपूर्ण तत्त्वों से खाद-पानी लेकर ही विकसित हुई है।

इस सन्दर्भ में डॉ. रामविलास शर्मा ने स्पष्ट लिखा है कि "गणसमाजों की सभ्यता और संस्कृति के अनेक उपकरण ऐसे हैं, जो पूँजीवादी जातियों को ही नहीं समाजवादी जातियों की संस्कृति का भी अंग बने हुए हैं। संसार में जो भाषाएँ बोली जाती हैं, उनके मूल उपकरण गण समाजों वाले युग की देन हैं। शोषित वर्ग सहज ही जनतन्त्र के जो रूप अपनाते हैं, वे गणसमाजों की देन हैं। शोषक वर्गों ने इन रूपों का नाश करने का प्रयत्न बार-बार किया है, उन्हें अपने हित में इस्तेमाल करके वे उन्हें विकृत बनाते रहे हैं। शोषित वर्गों ने उनके सहारे अपना संघर्ष चलाया है और उसमें नये प्राण प्रतिष्ठित किये हैं। ...संस्कृति के सबसे मूल्यवान तत्त्व वे हैं जो शोषक वर्ग के हितों का विरोध करते हैं और शोषित वर्ग की रक्षा में सहायक सिद्ध होते हैं। ये तत्त्व शोषित वर्ग को धरोहर के रूप में बहुधा वर्गहीन आदिम समाजों से प्राप्त होते हैं।"[10] डॉ. शर्मा के इस मन्तव्य के आलोक में यह

कहा जा सकता है कि सर्वप्रथम संस्कृति का उद्भव एवं विकास वर्गहीन आदिम समाज में 'लोकसंस्कृति' के रूप में हुआ। कालान्तर में निजी सम्पत्ति के उदय के बाद समाज में वर्चस्वप्राप्त वर्ग ने आम जनता का निरन्तर क्रूर दमन करते हुए ख़ुद को समृद्ध किया तथा स्वतन्त्र अभिजन संस्कृति का निर्माण किया। इस दरमियान अभिजन वर्ग ने लोकसंस्कृति के तत्त्वों का भी अपने हित में न केवल जमकर दोहन किया, बल्कि उसके जनतान्त्रिक मूल्यों तथा प्रगतिशील रूपों का भी विखण्डन किया। कहना न होगा कि आज के पिछड़े हुए कई समाजों की लोक संस्कृति में हमें आदिम उत्पत्ति के भरपूर साक्ष्य मिल सकते हैं और अनेक सन्दर्भों में तो ऐसे साक्ष्य मिले भी हैं। इस सन्दर्भ में दामोदर धर्मानन्द कोसांबी ने बिलकुल सही लिखा है कि "आदिम संस्कृतियाँ तब तक हास्यास्पद और गौरवहीन नहीं होतीं, जब तक वे सामन्ती अथवा पूँजीवादी प्रणाली से उत्पन्न दूषित प्रथाओं के सम्पर्क में नहीं आतीं।"[11] आज भी अनेक पिछड़े समाज हैं जिनकी सभ्यता व सामाजिक स्थितियों में कोई उल्लेखनीय परिवर्तन नहीं हुआ है। अत: निश्चित तौर पर उनकी संस्कृति में प्राचीनतम रूपों की खोजबीन की जा सकती है। किन्तु, इस क्रम में रूढ़ एवं यान्त्रिक दृष्टिकोण से बचना ज़रूरी होगा, जिसके अभाव में प्राचीनता के नाम पर सांस्कृतिक रूपों में ऐतिहासिक कारणों से आये परिवर्तनों के अन्यथाकरण के ख़तरे की सम्भावना से इनकार नहीं किया जा सकता।

कहना न होगा कि किसी भी देश व जाति की सांस्कृतिक धारा का गोमुख वहाँ का लोक जीवन ही होता है, क्योंकि लोकजीवन और उसकी संस्कृति ही बहुसंख्यक वर्ग की सामूहिक ऊर्जा का स्रोत होती है। लोकजीवन का रस ही समाज की जड़ों को सींचता है। आज हम जिन मानव मूल्यों की पड़ताल कर रहे हैं उसका अक्षय स्रोत लोकजीवन व लोक संस्कृति ही है। लोकजीवन में कटुता, द्वेष, घृणा रंचमात्र भी नहीं होती है, ऐसा कहना ग़लत होगा, पर इसके साथ ही वहाँ प्रेम, सेवा, सहृदयता एवं हार्दिकता के लिए भी पर्याप्त अवकाश होता है। सच तो यह है कि लोककल्याण की भावना से आपूरित लोकसंस्कृति ने हमेशा लोकधर्म के माध्यम से ही अनुभूति और यथार्थ को अभिव्यक्ति दी है। उसके जीवन-मूल्य हमारी धरोहर हैं।

हरिशंकर परसाई द्वारा लिखित एक संस्मरणात्मक टिप्पणी के हवाले से लोकसंस्कृति में निहित जन-कल्याण की भावना को बड़ी आसानी से हृदयंगम किया जा सकता है। परसाई लिखते हैं, "मेरी माँ अनपढ़ थीं। वह 'संस्कृति' शब्द भी नहीं जानती थीं । वह शाम को आरती के बाद हाथ जोड़कर भगवान से प्रार्थना करती

थीं–'हे भगवान! सबको भलौ करियो और तिनके पीछे हमारौ भलौ करियो।' तब तो नहीं, पर उम्र आने पर सोचने-विचारने लायक होने पर मैंने सोचा–मेरी माँ के मन में यह कामना कैसे आयी कि सबका भला करने के बाद भगवान हमारा भला करें। सबका भला पहले और हमारा भला बाद में। यह भावना कहाँ से उस अनपढ़ में आ गयी? प्राणी स्वार्थी होता है। वह अपना भला और अपना सुख पहले देखता है। मगर मेरी माँ अपने भले के पहले-दूसरों के भले की कामना करती है–यह सहज चित्तवृत्ति उसमें कहाँ से आयी? क्या यह सैद्धान्तिक अध्ययन से आयी, ग्रन्थों से आयी, प्रवचनों से आयी, सितार से आयी, तबले से आयी, संगीत से आयी? नहीं, इधर कहीं से नहीं आयी। मेरी माँ की तरह असंख्य स्त्रियाँ अपने भले से पहले दूसरों के मंगल की कामना करती हैं, यह लोक भावना है जो लोक संस्कृति से आयी।"[12] अपनी इस संस्मरणात्मक टिप्पणी को सूत्र रूप में समाकलित करते हुए परसाई ने लिखा है कि अपनी ऐतिहासिक जीवन-यात्रा के अनुभवों से सामाजिक मनुष्य ने पाया कि जैसा मेरा सुख वैसे दूसरों का सुख। इस तरह सर्वमंगलकारी मूल्यों को लोक ग्रहण करता गया और अमंगलकारी जो भी है उसे छोड़ता गया। यही संस्कृति है।

आचार्य रामचन्द्र शुक्ल की आलोचनात्मक कसौटी के अनेकानेक पहलुओं में एक महत्त्वपूर्ण पहलू लोक भी रहा है। उनके साहित्यिक-सांस्कृतिक व आलोचनात्मक विमर्श से गुज़रते हुए जगह-जगह पर लोक, लोकभावना, लोक मंगल, लोक धर्म, लोककल्याण आदि संप्रत्ययों की अनेकानेक व्याख्याएँ दृष्टिगोचर होती हैं। सच तो यह है कि शुक्ल जी एक लोकवादी आचार्य थे जिनका यह दृष्टिकोण सर्वप्रथम हैकल की पुस्तक 'द रिडल ऑफ़ यूनिवर्स' के अनुवाद-क्रम में की गयी बृहद् पादटिप्पणी में देखा जा सकता है। [13] अध्यात्मवादियों की तरह लोक को जड़ और स्थिर मानने के बजाय उनका लोक-जगत सत्य और विकसनशील है। उन्होंने मनुष्य के सारे ज्ञान एवं अनुभूतियों को लोकाधृत मानते हुए लिखा है कि "मनुष्य लोकबद्ध प्राणी है। उसका अपनी लोक सत्ता का ज्ञान लोकबद्ध है। लोक के भीतर ही कविता क्या किसी कला का प्रयोजन और विकास होता है।"[14] लोक के प्रति सरोकार ने ही शुक्ल जी को स्वातन्त्र्य-संघर्ष की ओर साहित्य में उन्मुख किया, इसलिए वे तमाम रचनाएँ जो लोकहित के बजाय स्थूल व सूक्ष्म के द्वन्द्व से ग्रस्त थीं, शुक्ल जी की प्रशंसा न पा सकीं। लोकचित्तवृत्ति के काव्य परम्परा के साथ सामंजस्य के सन्दर्भ में कविता की पहचान निरूपित करते हुए उन्होंने लिखा है : "कविता ही मनुष्य के हृदय को स्वार्थ-सम्बन्धों के संकुचित मंडल से ऊपर उठाकर लोक-सामान्य की

भावभूमि पर ले जाती है। इस भूमि पर पहुँचे हुए मनुष्य को कुछ काल के लिए अपना पता ही नहीं रहता। वह अपनी सत्ता को लोक सत्ता में लीन किये रहता है।"[15] उनकी स्पष्ट धारणा है कि लोक हृदय की सच्ची पहचान के बिना कोई सही मायने में कवि या कलाकार हो ही नहीं सकता, क्योंकि कला और जीवन का लोकपाक धरातल समरूप है। यदि गम्भीरतापूर्वक विचारें तो स्पष्ट होगा कि शुक्ल जी का साधारणीकरण वाला सिद्धान्त भी लोकानुभूतिपरक ही है। इस प्राचीन काव्यशास्त्रीय प्रत्यय या पद्धति को अपनी लोकवादी दृष्टि के अनुरूप उन्होंने यथार्थ की भूमि पर खड़ा करके अनुभवगम्य लौकिक भावभूमि प्रदान किया है। दूसरे शब्दों में कहें तो 'लोक' शुक्ल जी की वह कसौटी है जिस पर खरी उतरने वाली रचनाएँ उनकी दृष्टि में श्रेष्ठ हैं। लोक पक्ष एवं जन-जीवन के सन्दर्भ में सूर एवं तुलसी की मान्यताओं के पारम्परिक अन्तर्विरोध को स्पष्ट करते हुए उन्होंने लिखा है–"सूरदास अपने भाव में मग्न रहने वाले थे, अपने चारों ओर की आलोचना करने वाले नहीं। संसार में क्या हो रहा है, लोक की प्रवृत्ति क्या है। इन बातों की ओर उन्होंने ध्यान ही नहीं दिया है। तुलसीदास जी लोक की गति के सूक्ष्म पर्यालोचक थे। वह अपने बीच पैदा होने वाली बुराइयों को तीव्र दृष्टि से देखने वाले थे। जिस प्रकार उन्होंने अपने समय की जनता की दुर्दशा और दुर्वृत्ति तथा मर्यादा के ह्रास पर दृष्टिपात किया है उसी प्रकार लोक मर्यादा के ह्रास में सहायता पहुँचाने वाली शक्तियों को भी पहचाना है।"[16]

साहित्येतिहासकार के रूप में भी शुक्लजी ने लोकजीवन व लोकरुचि को ही केन्द्र में रखा है। साहित्य को 'जनता की चित्तवृत्ति का संचित प्रतिबिम्ब'[17] और साहित्येतिहास को सतत विकसित होने वाली लोक सांस्कृतिक चेतना के अंग-अवयव के रूप में देखने के उनके आग्रह के पीछे यही लोकवादी दृष्टि सन्निहित है। अतएव हम कह सकते हैं कि प्राच्य एवं पाश्चात्य शास्त्रीयता से भली भाँति परिचित होने के बावजूद शुक्ल जी की दृष्टि अभिजनवादी नहीं है। उनका चिन्तन अभिजनवादी विमर्श के संसार में लोक का पक्ष लेकर सच्चे अर्थों में जनतान्त्रिक सांस्कृतिक मूल्यों की स्थापना की दिशा में एक मौलिक प्रयास है। इस सन्दर्भ में विशेष रूप से ध्यान देने योग्य एक बात यह है कि लोकवादी आचार्य होने के बावजूद शुक्ल जी किसी भी तरह अन्धलोकवादी रुझान से ग्रस्त नहीं रहे। कुलधर्म व समाजधर्म से लोकधर्म को श्रेष्ठ बतलाने के बावजूद वे विश्वधर्म को ही सर्वोपरि मानते हैं, क्योंकि इसमें धर्म अपने शुद्ध और पूर्ण रूप में दिखाई पड़ता है। यह पूर्ण धर्म अंगी है और शेष धर्म अंग। [18] लोक जीवन व लोक धर्म के बारे में उनका

मन्तव्य एकांगी न होकर द्वन्द्वात्मक है। इसका प्रमाण है 'काव्य में लोक मंगल की साधनावस्था' शीर्षक उनका सुप्रसिद्ध निबन्ध, जिसमें लोकधर्म का सौन्दर्य निरूपित करते हुए वे लिखते हैं–"भीषणता और सरसता, कोमलता और कठोरता, कटुता और मधुरता, प्रचण्डता और मृदुता का सामंजस्य ही लोकधर्म का सौन्दर्य है।"[19] इसी प्रकार जब शुक्ल जी लोकमंगल को मानव जीवन के सामाजिक विकास की एक ऐसी अवस्था के रूप में स्वीकारते हैं जिसमें एक व्यक्ति दूसरे व्यक्ति का खाद्य नहीं बनता, निर्बल सबल का आहार नहीं बनता और जिसमें केवल शक्ति की ही पूजा नहीं होती, वरन् प्रत्येक मनुष्य के उदात्त गुणों तथा वृत्तियों का सर्वाधिक मूल्यांकन होता है[20], तो प्रकारान्तर से वे लोक संस्कृति के क्षत-विक्षत हो गये जीवन मूल्यों का ही पर्दाफ़ाश करते हैं। इन सारी बातों के बावजूद मुक्तिबोध द्वारा उन पर वर्णाश्रमधर्मी जातिवादग्रस्त सामाजिकता और सच्चे जनवाद के बीच घालमेल करने का जो आरोप[21] लगाया गया है वह गहन समाजशास्त्रीय पड़ताल की माँग करता है।

शुक्ल जी के मन्तव्य से गुज़रते हुए याद आते हैं अन्तोनियो ग्राम्शी जिनके मुताबिक़ शास्त्रमत के साथ ही कई बार लोकमत भी दमनकारी भूमिका निभाता है। सबसे भयानक स्थिति तब पैदा होती है जबकि किसी वर्ग समाज में शास्त्र और लोकमत, दोनों के मेल से समाज में वर्चस्वशाली वर्गों द्वारा जाने-अनजाने दमनचक्र चलाया जाता रहा है। उदाहरण के लिए भारतीय समाज में हाल-हाल तक स्त्रियों और दलितों के दमन में शास्त्रमत और लोकमत के बीच एकमेकता की स्थिति रही है।

आचार्य हजारी प्रसाद द्विवेदी ने संस्कृति को मनुष्य की विविध साधनाओं की सर्वोत्तम परिणति बताते हुए लिखा है कि वह समस्त दृश्यमान विरोधों में सामंजस्य स्थापित करती है। संस्कृति को केवल किसी देश-विशेष या जाति-विशेष की अपनी मौलिकता न मानते हुए जब द्विवेदी जी सारे संसार के 'मनुष्यों की एक सामान्य मानव-संस्कृति'[22] की प्रस्तावना पेश करते हैं तो इससे एक ओर जहाँ उनकी दृष्टि की व्यापकता का परिचय मिलता है वहीं दूसरी ओर एक ज़रूरी विवाद भी पैदा होता है कि इस तथाकथित सामान्य मानव-संस्कृति में दुनिया के विभिन्न हिस्सों के क्षेत्रीय सांस्कृतिक वैशिष्ट्य व उनकी अपनी माटी की सोंधी गन्ध के लिए क्या जगह होगी। ग्राम्शी के चिन्तन से विचार सूत्र लेकर विचारें तो सवाल खड़ा होगा कि द्विवेदी जी द्वारा प्रस्तावित इस सामान्य मानव-संस्कृति में क्या वर्चस्वशाली वर्ग की संस्कृति ऐतिहासिक-सामाजिक प्रवाह में दरकिनार से हो गये वर्ग की संस्कृति को स्वतन्त्र रूप में पुष्पित-पल्लवित होने का अवसर देगी या उसे अपने प्रभुत्व द्वारा हाशिये पर

भी जगह नहीं देगी। इस प्रसंग में माओत्से तुंग का मन्तव्य ध्यातव्य है कि "आज दुनिया की समूची संस्कृति और समस्त कला साहित्य निश्चित वर्गों के ही होते हैं, उन्हें निश्चित राजनीतिक कार्यदिशाओं के अनुरूप ही ढाला जाता है। वास्तव में 'कला-कला के लिए' सिद्धान्त को मानने वाली कला, वर्गों से परे रहने वाली कला तथा राजनीति के समानान्तर रहने अथवा उससे स्वतन्त्र रहने वाली कला नाम की कोई चीज़ नहीं होती। सर्वहारा वर्ग का कला साहित्य समूचे सर्वहारा क्रान्तिकारी कार्य का एक अंग है, लेनिन के शब्दों में, यह समूची क्रान्तिकारी मशीन के दाँत और पेंच के समान हैं।"[23] तात्पर्य यह कि यद्यपि संस्कृति का वास्तविक स्रोत जनता, यानी मेहनतकश वर्ग ही है, जैसा कि मार्क्स ने भी कहा है, पर वर्ग समाज में लोक-संस्कृति के बजाय शासक वर्ग की संस्कृति ही प्रभुत्वशाली संस्कृति होती है। इस सन्दर्भ में भारत के प्रसिद्ध मार्क्सवादी चिन्तक ई.एम.एस. नंबूदिरिपाद ने गोर्की के विचारों का हवाला देते हुए लिखा है कि "विश्व साहित्य की महान् रचनाओं में से हरेक की मौलिक अन्तर्वस्तु इनके लेखकों द्वारा इन्हें साहित्यिक रचनाओं का रूप दिये जाने के बहुत पहले से लोक गीतों तथा लोक संस्कृति के रूप में चली आ रही थी। दूसरे शब्दों में कहा जाये तो सभी श्रेष्ठम कलात्मक रचनाओं का सृजन प्रथमतः जनता ने ही किया था। लेकिन क्या आम जनता उनका परिष्कार कर सकती थी, उनमें निखार ला सकती थी? इसके लिए विशेष प्रतिभा वाले लोगों की आवश्यकता होती है और एक वर्ग समाज में विशेष प्रतिभा का सम्बन्ध प्रभुत्वशाली वर्ग से होता है। गोर्की ने जन संस्कृति की तुलना एक बिना तराशे हुए अनगढ़ पत्थर से की है। लोकगीत, लोकनृत्य, लोककला और अन्य सांस्कृतिक रूप, बिना तराशे हुए पत्थरों की तरह हैं, कुशल दस्तकार इन पत्थरों को सुन्दर हीरों में बदल देते हैं। प्रतिभाशाली दस्तकार, प्रतिभाशाली लेखक, प्रतिभाशाली सर्जक आदि अनगढ़ पत्थरों को सुन्दर हीरों में बदल देते हैं। लेकिन ये दस्तकार कौन हैं? लोकगीतों, नृत्यों आदि के बिना तराशे हुए पत्थरों को साहित्य और रचना का परिष्कृत रूप देनेवाले ये लोग कौन हैं? ये प्रभुत्वशाली वर्ग के प्रतिनिधि ही हैं, ये वर्ग-समाज में प्रभुत्वशाली सामाजिक तबकों के प्रतिनिधि ही हैं।"[24]

ई.एम.एस. नम्बूदरीपाद की ऊपर उद्धृत स्थापना पर आलोचनात्मक दृष्टि से विचार करना इसलिए भी दिलचस्प है क्योंकि यदि एक ओर उन्होंने अपनी अभिजनवादी मध्यवर्गीय दृष्टि के चलते न तो जाति के मुद्दे पर दृष्टिपात किया और न ही वह समाज के दबे-कुचले वर्ग से आये लेखकों-कलाकारों की वर्गीय

स्थिति को रेखांकित कर पाये। इसके बजाय उन्होंने वर्ग संघर्ष की किताबी दृष्टि के तहत सारी स्थितियों का अन्धसामान्यीकरण कर दिया है। कहना न होगा कि यह अकेले नम्बूरीपाद की समस्या नहीं है, बल्कि एक लम्बे अरसे तक कमोबेश पूरे भारतीय वामपन्थी चिन्तन व उससे जुड़े विचारकों की भी प्रमुख समस्या रही है जिसके चलते वे हाल-हाल तक वर्ग-वर्ण के द्वैत अथवा द्वन्द्व को लेकर दुविधा व असुविधा की स्थिति में रहे हैं।

भारतीय समाज की वर्ण एवं जातिगत संरचना के मद्देनज़र साहित्यिक-सांस्कृतिक प्रक्रिया पर विचारते हुए मुक्तिबोध ने बिलकुल सही लिखा है कि किसी भी साहित्य का ठीक-ठीक विश्लेषण तब तक नहीं हो सकता जब तक हम उस युग की मूल गतिमान सामाजिक शक्तियों के बनने वाले सांस्कृतिक इतिहास को ठीक-ठीक न जान लें। कबीर हमें आपेक्षिक रूप में आधुनिक क्यों लगते हैं, इस मूल प्रश्न का मूल उत्तर भी उसी सांस्कृतिक इतिहास में कहीं छिपा हुआ है। मराठी के सन्त कवियों के सन्दर्भ में दृष्टि और रुझान-भेद का कारण बताते हुए मुक्तिबोध उसके मूल में उनके जातिगत आधार को रेखांकित करते हैं। उनके अनुसार ब्राह्मण वर्ण से आये कवियों की तुलना में ब्राह्मणेतर सन्त कवि की काव्य भावना अधिक जनतन्त्रात्मक, सर्वांगीण और मानवीय थी। इसी क्रम में सवाल उठाते हुए उनका कहना है कि ऐसी क्या बात हुई कि जिस कारण निम्न जातियाँ अपने सन्तों को लेकर राजनैतिक, सामाजिक, सांस्कृतिक क्षेत्र में कूद पड़ीं? मुक्तिबोध ने सही माना है कि भक्ति आन्दोलन का जितना जनसाधारण से जुड़ाव था उतना किसी अन्य आन्दोलन का नहीं। पहली बार शूद्रों ने अपने सन्त पैदा किये, अपना साहित्य और अपने गीत सृजित किये।[25] कबीर, रैदास आदि सन्तों की बानियों का सन्देश तत्कालीन मानों के अनुसार बहुत अधिक क्रान्तिकारी था। ...कुरीतियों, धार्मिक अन्धविश्वासों और जातिवाद के विरुद्ध कबीर ने आवाज़ उठायी। वह फैली। निम्न जातियों में आत्मविश्वास पैदा हुआ। उनमें आत्म गौरव का भाव हुआ। ...निर्गुण मत के विरुद्ध सगुण मत का संघर्ष निम्न वर्गों के विरुद्ध उच्चवंशीय संस्कारशील अभिरुचिवालों का संघर्ष था। ...एक बार भक्ति आन्दोलन में ब्राह्मणों का प्रभाव जम जाने पर वर्णाश्रम धर्म की पुनर्विजय की घोषणा में कोई देर नहीं थी। ...तुलसीदास ने भी निम्नजातीय भक्ति स्वीकार की, किन्तु उसको अपना सामाजिक दायरा बतला दिया। निर्गुण मतवाद के जनोन्मुख रूप और उसकी क्रान्तिकारी जातिवाद-विरोधी भूमिका के विरुद्ध तुलसीदास जी ने पुराण-मतवादी स्वरूप प्रस्तुत किया। ...तुलसीदास जी

के मनोजगत में परब्रह्म के निर्गुण स्वरूप के बावजूद सगुण ईश्वर ने सारा समाज और उसकी व्यवस्था जो जातिवाद, वर्णाश्रम धर्म पर आधारित थी, उत्पन्न की।[26] भक्ति आन्दोलन पर समाजशास्त्रीय दृष्टि से विचारते हुए मुक्तिबोध ने विस्तार से यह समझाया है कि किस प्रकार एक ऐतिहासिक-सामाजिक शक्ति के रूप में जनता के दु:खों और कष्टों से आविर्भूत होने के बावजूद उच्चवंशी उच्चजातीय वर्गों के धार्मिक सांस्कृतिक क्षेत्र में पूर्ण प्रभुत्व स्थापित हो जाने पर भक्ति आन्दोलन लगातार कमजोर होता चला गया और इसके परिणामस्वरूप साहित्यिक क्षेत्र में समाज में प्रभुवर्ग का प्रधान भाव शृंगार-विलास आदि का प्रभावशाली विकास हुआ।

मध्ययुगीन साहित्यिक सांस्कृतिक परिदृश्य को लेकर मुक्तिबोध के उपर्युक्त विश्लेषण से गुज़रते हुए इतना तो सहज ही स्पष्ट हो जाता है कि कम-से-कम भारतीय समाज में लोक संस्कृति की चर्चा तब तक अपर्याप्त व अधूरी होगी, जब तक कि हम वर्ग के साथ-साथ जाति व्यवस्था को भी पृष्ठभूमि में नहीं रखेंगे। प्रसंगवश भारतीय समाज में वर्ण, जाति एवं वर्ग की स्थिति पर थोड़ा प्रकाश डालना ज़रूरी है, जिससे कि इन तीनों के बीच परस्पर अन्तस्सम्बन्ध एवं पार्थक्य के बिन्दुओं को रेखांकित करते हुए लोकसंस्कृति के सन्दर्भ में इनकी भूमिका की सही व स्पष्ट समझ पैदा हो सके।

वर्ण-व्यवस्था पर विचार करते हुए गोविन्द सदाशिव घुर्ये ने लिखा है कि "ऋग्वेद में वर्ण शब्द किसी भी वर्ग के लिए नहीं लागू किया गया है। वहाँ तो दास वर्ग के विपरीत आर्य वर्ण का ही उल्लेख है। ..वर्ण का अर्थ है रंग और इसी अर्थ में इस शब्द को आर्य तथा दास का वैपरीत्य बतलाने के लिए प्रयोग किया प्रतीत होता है, जिसका अर्थ गौर तथा श्याम रंग है। ...उत्तर वैदिक साहित्य में यह पृथक्करण की प्रवृत्ति आर्य-शूद्र के मध्य हो गयी और शूद्र को श्याम वर्ण का बतलाया गया।"[27]

इस मुद्दे पर एम.एन. श्रीनिवास का मन्तव्य भी लगभग यही है–"एक शब्द जिसका मूलत: प्रयोग विजेता (आर्य) तथा विजित आदिम जातियों (दस्यु) के बीच रंग-रूप में भेद करने के लिए किया गया था, बाद में समाज के श्रेणी क्रमात्मक विभाजन के लिए प्रयुक्त हुआ है।"[28]

रोमिला थापर ने 'वर्ण' को रंग के अर्थ में जाति के लिए प्रयुक्त होने वाला संस्कृत शब्द माना है। उनके मुताबिक़ "वर्ण (वर्ग नहीं) की दिशा में पहला क़दम उस समय उठाया गया जब आर्यों ने दासों को सामाजिक परिधि से बहिष्कृत किया। सम्भवत: उन्होंने ऐसा दासों के भय से किया और उन्हें इस बात का भय और भी

ज़्यादा था कि दासों के साथ घुलने-मिलने से आर्यत्व अक्षुण्ण नहीं रह सकेगा। प्रत्यक्ष रूप में यह अन्तर मुख्यतः रंग का था। दास काले रंग के और भिन्न संस्कृति के थे। ...इस काल में जाति के रंग पर बल दिया जाता रहा, और अन्ततः इसकी जड़े उत्तरी भारत की आर्य-संस्कृति में गहरी जम गयीं। इसलिए प्रारम्भिक विभाजन आर्यों और अनार्यों के बीच था।"[29]

भारतीय समाज में वर्णों के उद्‌भव को लेकर ऊपर उद्धृत तीनों विचारकों की धारणा से भिन्न डॉ. रामविलास शर्मा ने इसे समाज में श्रम-विभाजन का परिणाम माना है। उन्होंने साफ़ लिखा है कि "वर्ण-व्यवस्था समाज में श्रम-विभाजन का परिणाम है, इसलिए उसकी रचना के लिए अनार्यों की विजय की कल्पना आवश्यक नहीं है। जिस समाज के सदस्य स्वयं को आर्य कहते थे, उसमें द्विज भी आर्य थे, शूद्र भी आर्य थे।" उनकी स्पष्ट मान्यता है कि शूद्रों को आर्यत्व से खारिज़ करने वाली रुढ़िवादी धारणा पूँजीवादी इतिहासकारों के नस्लपन्थी दृष्टिकोण से मेल खाती है।[30]

कहना न होगा कि कोई भी समाज-व्यवस्था एक ख़ास तरह की ऐतिहासिक स्थिति के तहत ठोस आर्थिक कारणों से जुड़कर ही आकार ग्रहण करती है। इसीलिए वर्ण-व्यवस्था के भी तद्युगीन आर्थिक आधार से सम्बन्ध की पड़ताल ज़रूरी है। इस दृष्टि से सोचने-विचारने वालों में एक रामशरण शर्मा का मन्तव्य उल्लेखनीय है जिनके अनुसार, "वर्णों का उदय प्राचीन काल में समाज को चलाने के उद्‌देश्य से हआ था। वर्ण-व्यव्स्था वस्तुतः उत्पादन और वितरण की एक प्रणाली थी, जिसमें उत्पादन के फलों का बँटवारा समान रूप से नहीं होता था।"[31] ऐसी व्यवस्था यदि अपनी प्रकृति व चरित्र में शोषणमूलक हो तो इसमें आश्चर्य की कोई बात नहीं है। प्रसंगवश के. दामोदरन की उक्ति ध्यातव्य है, जिसमें उन्होंने स्वीकारा है कि "वर्णाश्रम व्यवस्था के अन्तर्गत शोषण को भी धार्मिक अधिकारों से विभूषित कर न्यायसंगत ठहराने की कोशिश की गयी थी।"[32]

भारतीय समाज में वर्ण-व्यवस्था से सापेक्षतः स्वतन्त्र एक और व्यवस्था है जिसे हम जाति-व्यवस्था के रूप में जानते हैं। वर्ण से जाति के बीच घनिष्ठ सम्बन्ध के बावजूद दोनों को परस्पर पर्याय मानना अनैतिहासिक व ग़ैरसमाजशास्त्रीय दृष्टि का ही परिचायक होगा। इस ख़तरे की ओर इशारा करते हुए एम.एन. श्रीनिवास ने लिखा है कि "भारतीय समाजशास्त्रियों ने जाति व्यवस्था के जटिल तथ्यों को 'वर्ण' की मर्यादाओं में समझने की चेष्टा की। परिणाम यह हुआ कि सामाजिक संरचना का अध्ययन अजीब ढंग से सरल हो गया। एक छोटे-से क्षेत्र की जाति-व्यवस्था

असाधारण रूप से जटिल होती है और वर्ण के ढाँचे में एक या दो बिन्दुओं को छोड़कर ठीक नहीं बैठती। ...एक स्थानीय व्यापारी-जाति की संस्कृति वर्ण-व्यवस्था के सुसंस्कृत वैश्यों की संस्कृति से कहीं अलग किसी शूद्र श्रेणी की संस्कृति के अनुरूप होगी। अन्त में यह भी कि शूद्र श्रेणी के अन्तर्गत मानी गयी जाति आवश्यक नहीं कि सेवक ही हो। उनमें ऐसे भूस्वामी हो सकते हैं जो स्थानीय ब्राह्मणों सहित सभी लोगों पर अधिकार रखते हों।"[33]

जाति-व्यवस्था के उद्भव के मूल में पेशा व व्यवसाय को रखकर देखते हुए प्रो. रोमिला थापर की मान्यता है कि "वर्ण व्यवस्था का आधार और अस्तित्व इस चतुर्मुखी विभाजन पर नहीं, बल्कि उन अगणित जातियों पर निर्भर था जो व्यवसायों के आधार पर बन गयी थीं। अन्ततः हिन्दू समाज के दैनन्दिन कार्यों में 'वर्ण' की अपेक्षा उपवर्ण (जाति, जिसका शाब्दिक अर्थ 'जन्म' है) को अधिक महत्ता प्राप्त हुई, क्योंकि समाज का कार्य जातियों के सम्बन्धों और तालमेल पर निर्भर करता था, जबकि वर्ण एक ऊपरी सैद्धान्तिक ढाँचा ही बना रहा। जातियों के सम्बन्ध कार्यों के विशेषीकरण तथा पारस्परिक आर्थिक सहयोग पर निर्भर करते थे।"[34]

कुल मिलाकर यह कहा जा सकता है कि जाति-व्यवस्था सिर्फ़ सामाजिक व्यवस्था भर नहीं है, वह सांस्कारिक है। जाति से मनुष्य का तादाम्य इतना गहरा होता है कि यह न सिर्फ़ आदमी के जन्म के साथ जुड़ा हुआ है और उसके विभिन्न संस्कारों पर हावी है, बल्कि इसकी जड़ें धार्मिक, आर्थिक, राजनीतिक और सांस्कृतिक व्यवस्थाओं से काफ़ी गहराई के साथ जुड़ी है। इसलिए इसे नज़रअंदाज़ करके लोक संस्कृति पर कोई भी सार्थक विमर्श सम्भव नहीं है। साफ़ शब्दों में कहें तो जिस देश में लगभग साठ हजार जातियाँ तथा उपजातियाँ हों वहाँ लोक संस्कृति को जाति-व्यवस्था व उसके सामाजिक विन्यास से काटकर समझना नामुमकिन है। जहाँ तक वर्ग की अवधारणा का सवाल है, मैकाइवर से लेकर मार्क्स, एंगेल्स, लेनिन, माओ आदि के साथ-साथ हमारे समय के प्रमुख समाजशास्त्रियों व समाज वैज्ञानिकों ने इस पर विस्तार से प्रकाश डाला है। हमारे सामने चुनौती यह है कि जाति और वर्ग के बीच के जटिल व अनेकायामी सम्बन्धों को कैसे समझा जाये।

यह विदित है कि वर्ग से भिन्न जाति एक नितान्त बन्द सामाजिक व्यवस्था है। डॉ. अम्बेडकर ने इसी सन्दर्भ में भारतीय समाज की तुलना एक ऐसी गगनचुम्बी बहुमंज़िला इमारत से की है जिसमें नीचे-ऊपर परस्पर आवाजाही के लिए सीढ़ियाँ नहीं हैं। स्पष्ट ही वर्ग-व्यवस्था के सन्दर्भ में स्थिति बिलकुल भिन्न होती है। पी.सी

जोशी ने जाति और वर्ग के बीच के जटिल सम्बन्धों पर प्रकाश डालते हुए लिखा है–"प्रच्छन रूप से वह एक वर्ग भी है लेकिन पूरी तरह वर्ग भी नहीं है। वह पूरी तरह आर्थिक वर्ग नहीं है, लेकिन उसे वर्ग से अलग करके देखा भी नहीं जा सकता है। मार्क्सवादियों का एक तबक़ा यह मानता है कि भारत में जाति ही वर्ग है। लेकिन ऐसा नहीं है। जाति ही वर्ग होती तो वर्ग-संघर्ष आसान हो जाता। जाति तो वर्ग-संघर्ष को तोड़ने वाली चीज़ है। वह लोगों को वर्ग के रूप में एक होने से रोकती है। हाँ, कहीं-कहीं, जहाँ आर्थिक और सामाजिक वर्गीकरण एक-सा हो जाता है, वहाँ जाति और वर्ग का एक तरह का संगम हो जाता है। जैसे यदि ऊँची जातियों के लोग यदि भूस्वामी हो, मंझोली जातियों के लोग किसान हों, और तथाकथित नीची जातियों के लोग यदि खेतिहर मज़दूर हों तो जाति और वर्ग एक हो जाता है। ...कोयरी, कुर्मी, ग्वाला, सदगोप, मंडल जैसी बीच की जातियों में भी किसान और मज़दूर दोनों की तरह के लोग मिल जायेगें। इस अर्थ में जाति और वर्ग एक साथ नहीं चल सकते।"[35]

उपर्युक्त विवेचन के आलोक में यह कहना अनुपयुक्त न होगा कि लोक संस्कृति पर विचारने के दौरान कोरा वर्गीय दृष्टिकोण यदि एकांगी व अपर्याप्त है तो केवल जातिगत आधार व विन्यास को ही दृष्टिपथ में रखना भी कम ख़तरनाक नहीं। ऐसे में बहुत ज़रूरी है कि हम द्वन्द्वात्मक पद्धति से काम लेते हुए एकांगी निष्कर्षों से बचने की भरसक कोशिश करें। यह ठीक है कि वर्ग-व्यवस्था के मुकाबले जाति-व्यवस्था में सामाजिक गतिशीलता की प्रक्रिया अपेक्षाकृत बहुत धीमी और क्रमिक होती है[36], किन्तु इसके साथ ही यह भी इतिहास-सिद्ध है कि इतिहास-प्रक्रिया में अनेक जातियों ने अपनी दासता तथा दमन के खिलाफ़ विद्रोह किया है।[37] कुल मिलाकर यह कहना अनुपयुक्त न होगा कि चूँकि जाति का सम्बन्ध आधार व अधिरचना दोनों ही से है, इसलिए लोक संस्कृति के विश्लेषण-क्रम में वर्ग के साथ-साथ जाति-व्यवस्था को भी यथास्थान ध्यान में रखना ज़रूरी होगा। कारण यह कि लोक संस्कृति विकासशील लोक-संस्कार पर आश्रित है जिसका गहरा सम्बन्ध लोक जीवन में प्रचलित परम्परागत रीति-रिवाज़ों से है और स्पष्ट ही इस सन्दर्भ में समुदाय-विशेष की जातिगत स्थिति के कारण काफ़ी फ़र्क पड़ता है। लेकिन यहाँ ध्यान रखना ज़रूरी है कि परम्परागत संस्कारों में से अनेक रुढ़ि के पर्याय न होकर निरन्तर विकसनशील होते हैं।

आचार्य हजारी प्रसाद द्विवेदी का मानना है कि 'लोक' शब्द का अर्थ 'जनपद' या 'ग्राम्य' नहीं है, बल्कि नगरों और गाँवों में फैली हुई वह समूची जनता है जिनके

व्यावहारिक ज्ञान का आधार पोथियाँ नहीं हैं। ये लोग नगर में परिष्कृत, रुचि-सम्पन्न तथा सुसंस्कृत–समझे जाने वाले लोगों की अपेक्षा अधिक सरल और अकृत्रिम जीवन के अभ्यस्त होते हैं और परिष्कृत रुचि वाले लोगों की समूची विलासिता और सुकुमारिता को जीवित रखने के लिए जो भी वस्तुएँ आवश्यक होती हैं उनको उत्पन्न करते हैं।[38] सच तो यह है कि लोक मानव जीवन का एक ऐसा महासमुद्र है जिसमें भूत, भविष्य व वर्तमान सभी कुछ संचित रहता है। इसी महासमुद्र के सदस्यों के श्रम व संघर्ष की उपज लोक संस्कृति है। कई विचारक ऐसा मानते रहे हैं कि वैदिक साहित्य का अनेकांश लोक संस्कृति की ही देन है। कालान्तर में वर्ग-विभाजन होने पर बहुसंख्यक समुदाय (विशेषत: शूद्रों व स्त्रियों) को उनके अध्ययन-अनुशीलन तक से वंचित कर दिया गया। सच तो यह है कि किसी देश व जाति की सामूहिक सृजनशीलता का उज्ज्वल सांस्कृतिक रूप उसकी लोक संस्कृति में ही दृष्टिगोचर होता है जिस पर प्रभुवर्ग द्वारा किये जाने वाले आघातों को नज़रअन्दाज़ नहीं किया जा सकता।

लोक संस्कृति की ऊर्जस्विता तथा अभिजन संस्कृति के समानान्तर इसकी गतिशीलता व सृजनात्मकता में रुचि लेने वाले अध्येताओं का मानना है कि आज भी भारतीय उपमहाद्वीप की यदि सर्वाधिक जीवन्त संस्कृति को रेखांकित किया जाये तो वह लोक संस्कृति ही सिद्ध होगी। ऐसे सांस्कृतिक गतिकी के क्षेत्र में काम करने वाले अनेकानेक विद्वानों की यह भी धारणा रही है कि शास्त्रीय या अभिजन संस्कृति तथा लोक संस्कृति के रूप में संस्कृति की द्विभाजकता अनुचित है। कारण यह कि दोनों में प्राय: अन्तरावलम्बन एवं अन्त:क्रिया की स्थिति होती है। हर समय संस्कृति व साहित्य में ऐसा बहुत कुछ रहा है, जो लोक संस्कृति का हिस्सा नहीं था और शास्त्रीय कही जाने वाली संस्कृति ने जिसे स्वीकार नहीं किया। यह विभाजन मुख्यत: सामन्ती काल को ध्यान में रखकर किया जाता है किन्तु उचित नहीं ठहरता। यह सही है कि सामन्तों की एक समान वर्ग संस्कृति थी, किन्तु समूची शास्त्रीय संस्कृति उसका पोषक नहीं है। इसी के साथ अनेक सामन्त व छोटे शासक ऐसे भी रहे हैं, जो अपनी पृथक संस्कृति नहीं रखते और जनता की संस्कृति से अलग नहीं हुए।[39] सांस्कृतिक चिन्तन के क्षेत्र में इस द्विभाजक दृष्टि के चलते एक और भ्रम यह फैलता है कि लोकसंस्कृति अपरिष्कार व पिछड़ेपन का पर्याय है। जबकि वास्तविकता बिलकुल अलग है। सच तो यह है कि तथाकथित शिष्ट या व्यापक संस्कृति की तुलना में लोकसंस्कृति कहीं ज़्यादा स्वाभाविक व मानवीयता से ओतप्रोत होती है। तथाकथित शिष्ट संस्कृति के झण्डाबरदारों द्वारा लगातार जिस

'सुरुचि' का दमामा पीटा जाता रहा है उस पर व्यंग्य करते हुए कवि शमशेर बहादुर सिंह ने लिखा है–

जो है
उसे ही क्यों न सँजोना?
उसी के क्यों न होना?
जो कि है।
जो नहीं है
जैसे कि सुरुचि
उसका ग़म क्या?
वह नहीं है।'

(प्रतिनिधि कविताएँ, पृ. 118)

लोकसंस्कृति को शिष्ट संस्कृति से केवल वर्गीय आधार पर ही अलगाया लगाया जा सकता है। किन्तु, यह वर्गीय विभाजन भी लचीला होना ज़रूरी है, अन्यथा सांस्कृतिक प्रक्रिया की यान्त्रिक समझ पैदा होने के ख़तरे से इनकार नहीं किया जा सकता। वस्तुत: सामान्य और व्यापक संस्कृति भी लोकसंस्कृति का ही एक हिस्सा है जो ऐतिहासिक-सामाजिक कारणों से विशिष्ट रूप प्राप्त कर अपना स्वतन्त्र अस्तित्व कायम कर लेती है। बावजूद इसके वह लगातार लोकसंस्कृति से एक हद तक प्रभावित भी होती रहती है, जिसके परिणामस्वरूप लोकसंस्कृति का स्तरीकरण होता रहता है। यह ऐतिहासिक प्रक्रिया द्विकूलीय रूप में घटित होती रहती है तथा यह लोकसंस्कृति के व्यापक संस्कृति से विभाजन को अन्तराल वाला विभाजन नहीं बनाती, बल्कि समझने में पहचान को दर्शाती है। अक्सर जो अर्जित कर लिया जाता है, उस सांस्कृतिक कला-विद्या और ज्ञान-सामग्री को व्यापक संस्कृति का हिस्सा मान लिया जाता है। इसके अतिरिक्त जो लिखा नहीं गया, श्रुतिस्मरण परम्परा में है, विशृंखलित है–एक पीढ़ी से दूसरी पीढ़ी तक चल रहा है–विकसित, परिवर्तित या समाप्त हो रहा है–लोक संस्कृति रूप है।

तुलनात्मक दृष्टि से यदि विचारें तो स्पष्ट होगा कि जिस व्यापक संस्कृति पर समाज का उच्चवर्गीय शिष्ट-समुदाय अपना एकाधिकार समझता है वह भी प्रकारान्तर से जनता की ही संस्कृति होती है और उसका निर्माता भी बहुजन समाज ही होता है। पर कालान्तर में आम जनता के जीवन के कट जाने के कारण लोक संस्कृति की तुलना में यह लगातार अपनी प्रामाणिकता खोते चले जाने के लिए

अभिशप्त हो जाती है। दूसरे शब्दों में कहें तो प्रासंगिकता के प्रमाद से ग्रस्त शिष्ट संस्कृति की अपेक्षा लोकसंस्कृति कहीं ज़्यादा गत्वर एवं प्रासंगिक होती है।

उदाहरण के लिए बिहार के वैशाली जिले में होली के अवसर पर गाये जाने वाले एक लोकगीत की पंक्ति देखी जा सकती है–

रंग लेले गलिआ में ठार!
अरे लाला! रंग लेले गलिआ में ठार!
हो ओ ओ ओ! है कोई?
ए जी! है कोई रसिया रंग खेलवैया?
रंग लेले गलिआ में ठार!'

इसमें 'है कोई?' का प्रयोग अत्यन्त मार्मिक है। यह लोकगीत सामाजिकता का आह्वान करता प्रतीत होता है। 'द कंट्री एंड द सिटी' पुस्तक में रेमंड विलियम्स ने एक जमाने में इंग्लैंड के ग़ैर-शहरी इलाके में प्रचलित ऐसे गीतों को श्रेष्ठ कविता का नमूना बताया है।

मौजूदा स्थिति में लोक के नये अर्थ और नये मॉडल की तलाश की ज़रूरत पर बल देते हुए राजेश्वर सक्सेना ने लिखा है कि अब आज के युग में मध्ययुग के सामन्तवादी धार्मिक नैतिक विचार पर टिके हुए लोक के मॉडल से काम नहीं चलेगा।[40] उनकी धारणा है कि जिस प्रकार मध्ययुगीन चिन्तन में पनपने वाले लोक और धर्म की अन्तरंग निष्ठा का प्रतिपादन करने वाली बुनियादें अब खोखली हो चुकी हैं, ठीक उसी तरह से आधुनिक युग में लोक और विज्ञान की एकजुटता को साबित करने वाली अनेक बुर्जुआ विचारधाराएँ और पूँजीवादी प्रजातन्त्र की शैलियाँ भी एकदम बेमानी हो चुकी हैं। इस विषम स्थिति में लोक के नये और मज़बूत मॉडल के लिए डॉ. सक्सेना को यह ज़रूरी लगता है कि राजनीति को विज्ञान के क़रीब लाया जाये। किन्तु ऐसा करने के लिए धर्मनिरपेक्षता की ज़मीन तैयार करनी पड़ेगी, क्योंकि धर्मनिरपेक्ष होकर ही विज्ञान और राजनीति के लोकवादी मॉडल की रचनात्मक सम्भावना बन सकती है।

उपर्युक्त स्थापना में निहित एक बुद्धिजीवी की सही नीयत पर शक न करते हुए भी इसके अन्तर्विरोधों को नज़रअन्दाज़ कर पाना मुश्किल है। कारण यह कि आज जबकि भारत ही नहीं, बल्कि पूरी दुनिया में धर्मोन्माद व धार्मिक कठमुल्लेपन का नये सिरे से उदय हो रहा है, तो ऐसी स्थिति में धर्म को विचार-परिधि से बाहर करके लोकवादी मॉडल के निर्माण की बात अपने आप में इसके प्रस्तावक की

अनैतिहासिक एवं ग़ैर-समाजशास्त्रीय दृष्टि का ही परिचायक सिद्ध होती है। यह ठीक है कि आज लोक का परम्परावादी अर्थ बदल चुका है तथा अब वह आचार्य रामचन्द्र शुक्ल के 'लोक' से नितान्त भिन्न समाजवादी जनवाद का द्योतक हो गया है, पर इन सारी बातों के बावजूद धर्म को नकारात्मकता का पर्याय घोषित करते हुए उसे सांस्कृतिक विमर्श के अयोग्य करार देना कहीं से भी उचित नहीं माना जा सकता। सुमित सरकार ने लोकसंस्कृति को इतिहास लेखन की परिधि में लाने पर बल देते हुए धर्म का भी उल्लेख किया है–"मुझे लगता है कि हमारे उन्नींसवीं शताब्दी के उल्लेखनीय महानुभावों की विविध सामग्री-धार्मिक पुस्तकें, साहित्यिक कृतियाँ...का गहराई के अध्ययन किया जाये तो अभी ऐसे खजानों का पता चल सकता है। ख़ास तौर से यदि उन्हें पहले की धार्मिक परम्पराओं और समकालीन लोकसंस्कृति के तथ्यों के मुक़ाबले में आमने-सामने लाया जाये।"[41]

लोकसंस्कृति से प्राप्त ज्ञान के इतिहास-लेखन के क्षेत्र में विनियोग की महती आवश्यकता पर बल देते हुए बद्रीनारायण ने लिखा है कि भारत में इतिहास-लेखन की यह सीमा रही है कि उसने जन-इतिहास के निर्माण में जनता द्वारा निर्मित, जनता में निहित लोक संस्कृति के विभिन्न आयामों का उपयोग नहीं किया है। उनके मुताबिक़ इसके लिए मुख्य रूप से दो कारण ज़िम्मेदार रहे हैं–एक तो, इतिहासकारों का लोकसंस्कृति से कटाव, दूसरा बौद्धिक ज्ञान और जन-ज्ञान के बीच निरन्तर चौड़ी और गहरी होती खाई। बौद्धिकों की चेतना एवं व्यक्तित्व की नागर निर्मिति उन्हें अपने ही लोक में 'आउट-साइडर' बना देती है। बद्रीनारायण बल देकर कहते हैं कि लोकसांस्कृतिक दृष्टि से इतिहास लेखन की सम्भावना तभी बन सकती है जबकि हम 'नेतृत्व का जनता के प्रति दृष्टिकोण' के बजाय 'जनता का नेतृत्व के प्रति दृष्टिकोण'[42] पर विचारने की पहल करेंगे। चूँकि अब तक भारतीय इतिहास-लेखन के पास लोकसंस्कृति के अध्ययन के लिए कोई विकसित, सुव्यवस्थित सैद्धान्तिक ढाँचा नहीं है, इसलिए आनन-फानन में सिद्धान्त विशेष की तलाश करके किसी गलत निष्कर्ष पर पहुँचने के बजाय इस दिशा में सिद्धान्त विकसित करना आवश्यक है। भारत में लोक संस्कृति के अध्ययन में पश्चिमी प्रविधि की असफलता सर्वविदित है। ऐसे में, अपनी देशज प्राविधि को मुकम्मल तौर पर निर्मित करना किसी एक व्यक्ति के वश में नहीं है। ऐसे भी लोकसंस्कृति से इतिहास रचना का काम व्यष्टि का नहीं बल्कि समष्टि का है, इसलिए हमारी सामूहिकता ही इस सन्दर्भ में कोई ढाँचा विकसित कर पायेगी।

लोकसंस्कृति के क्षेत्र में कार्य करने वाले भारतीय व पाश्चात्य विद्वानों ने प्रधानतः इस क्रम में लोकप्रिय सांस्कृतिक उपादानों व अंग-अवयवों के संकलन का ही कार्य किया है। उनका विश्लेषण होना अभी बाकी है। यह संकलन कार्य भी दो स्तरों पर हुआ है। एक ओर जहाँ ब्रिटिश औपनिवेशक सत्ता से जुड़े लोगों ने भारतीय समाज को अपने हित में जानने-समझने के उद्देश्य से इसका संकलन किया तो दूसरी ओर पं. रामनरेश त्रिपाठी, राहुल जी तथा लक्ष्मीनारायण सिंह 'सुधांशु' जैसे कुछ कवियों-लेखकों ने राष्ट्रीय आत्मा को समझने और अपनी संस्कृति को गौरव मंडित करने के लिए लोकसंस्कृति से साक्ष्य जुटाने की पेशकश की थी। एक हद तक राहुल जी को छोड़कर अधिकांश विद्वानों की लोकसंस्कृति में रुचि रोमानी तथा राष्ट्रवादी भावमयी अभिरुचि थी और स्पष्ट ही ऐसे सरोकारों से किसी बड़े ऐतिहासिक सत्य तक पहुँच पाना सम्भव नहीं था। पश्चिम में इस दिशा में जो महत्त्वपूर्ण प्रयास हुए हैं उनमें ख़ुद लोक संस्कृति के संकलन का कार्य करने वाले जूलियस मिकलेट की सन् 1848 में प्रकाशित पुस्तक 'हिस्टरी ऑफ़ द इंग्लैंड' का तृतीय अध्याय ख़ास तौर से उल्लेखनीय माना जाता है जो लेखक द्वारा संकलित लोकप्रिय बैलडों पर आधारित है तथा सत्रहवीं शताब्दी के उत्तरार्ध के इंग्लैंड को लेकर लिखित है।[43] पश्चिम में इस दिशा में जो अन्य महत्त्वपूर्ण प्रयास हुए हैं उनमें एरिक गुस्ताव गीज़र द्वारा लोकप्रिय कविताओं को आधार बनाकर रचित ग्रन्थ 'दि हिस्ट्री ऑफ़ दी स्वीडिश पीपुल', फ्रैन्टिस्क पालाकी की पुस्तक 'हिस्ट्री ऑफ़ चेक पीपुल', इवजिन वेबर का शोध प्रबन्ध 'पिजेन्ट इन फ्रेंच मेंन्स' आदि ख़ास तौर से उल्लेखनीय हैं। प्रसंगवश ब्लादिमिर प्रोप का एक वक्तव्य ध्यान देने योग्य है कि लोक संस्कृति एक ऐतिहासिक संघटना है और लोकसंस्कृति का विज्ञान एक ऐतिहासिक अनुशासन है।[44] 'फोकलोर, एन्थ्रोपोलोजी एंड सोशल हिस्ट्री' नामक अपने आलेख में गणमान्य सामाजिक इतिहासकार ई.पी. थॉम्पसन ने इन तीनों पर विस्तार से प्रकाश डालते हुए इनके बीच के अन्तस्सम्बन्ध एवं अन्तःप्रक्रिया के फलाफल की व्याख्या की है। इस दौरान थौम्पसन ने यूरोपीय इतिहास में उपर्युक्त तीनों अनुशासनों की अन्विति की शक्ति व सीमा का निदर्शन करते हुए भारत में इस दिशा में पहलकदमी की सख़्त ज़रूरत पर ज़ोर दिया है।[45] पर दुर्भाग्यवश नीहार रंजन रे, सुमित सरकार एवं लाल बहादुर वर्मा आदि इतिहास चिन्तकों तथा पूरनचन्द्र जोशी, श्यामचरण दूबे एवं बद्रीनारायण जैसे गिने-चुने समाजशास्त्रियों को छोड़कर लोक संस्कृति को दूसरी ज्ञान धारणाओं से जोड़कर देखने की दिशा में अपने यहाँ कोई सार्थक पहलक़दमी दिखाई नहीं देती।

रूसी लोकसाहित्य के गहरे अध्येता व विचारक डॉ. केसरीनारायण शुक्ल ने लिखा है कि लोकसाहित्य की जनात्मकता एक ओर तो जनजीवन की अभिव्यक्ति है और दूसरी ओर वह सामूहिकता की ओर सामूहिक जीवन की भी कृति है। दूसरे शब्दों में लोक-साहित्य जनता की कृति है जो सामूहिक जीवन से प्रसूत है। यह सामूहिकता विवाह के गीतों में, दफ़नाने के शोक गीतों में तथा अन्य संस्कार आदि के गीतों में स्पष्ट हो जाती है। गीतों के साथ जुड़े हुए संस्कार और कर्म काण्ड अकारण नहीं हैं, वे सामान्य जनता के सामूहिक जीवन के महत्त्वपूर्ण क्षण भी हैं और उसे संकेतित भी करते हैं। लोक-साहित्य की सामूहिकता इस तथ्य में भी निहित है कि उसकी कृतियाँ सामूहिक रूप में रची जाती हैं जिनमें जनता के बहुत-से लोग अपनी सर्जनात्मक प्रतिभा का योग देते हैं, जिसके परिणामस्वरूप इनकी वस्तु विषय जन-जीवन और समूह में प्रवेश कर जाती है। साथ ही गायक और वाचक से श्रोता के पास जाती हुई और एक पीढ़ी से दूसरी पीढ़ी से पास पहुँचती हुई ये कृतियाँ व्यक्ति और युग के विचारों से सम्पृक्त हो जाती हैं और अन्त में सामूहिक कलात्मक कृति के रूप में प्रकट होती हैं।[46] कहना न होगा कि आधुनिक काल में पारम्परिक छन्दों में नयी सामाजिक एवं राजनीतिक अन्तर्वस्तु वाले गीतों की भी रचना हुई है, हो रही है, अनेकानेक कवियों-कलाकारों ने कजली, बिरहा, होली, परिछन, कीर्तन, बटगँवनी, पराती आदि लोक धुनों में विभिन्न समसामयिक समस्याओं तथा प्रसंगों को कलात्मकता के साथ रूपायित किया है। दूसरे शब्दों में कहें तो स्वाधीनता के बाद भारतीय गाँवों में नयी सामाजिक-राजनीतिक परिस्थितियों के मद्देनज़र जनता की चेतना में भी काफ़ी बदलाव आया है, जिसे लोक जीवन व लोक संस्कृति से जुड़े प्रतिबद्ध रचनाकारों द्वारा सार्थक अभिव्यक्ति प्रदान की गयी है। ऐसे जन गीतों की विषयवस्तु एवं रचना के उद्देश्य को रेखांकित करते हुए राजेन्द्र प्रसाद सिंह ने लिखा है कि–"आज के जनबोधी नवगीत में, जनजीवनगत मन:स्थितियों के मूर्तन की दिशा में जनसांस्कृतिक मानवीयता पेशों से प्रभावित श्रमजीवी स्वभाव, जीवनस्तर से बँधी रुचि-धारणा, विकास करती पर्व-चेतना और सबसे बढ़कर आचरित यथार्थ के आधार पर संस्कार और संघर्ष शक्ति की सक्रिय द्वन्द्वात्मकता से फलीभूत जन-जिजीविषा के विभिन्न प्ररूपों की अभिव्यक्ति हो रही है। आज मतवादों के अन्तर्विरोधी शब्द-जाल और भ्रमों से मुक्त जनबोधी नवगीत, जनसांस्कृतिक क्रान्ति के लिए सही मानसिकता का निर्माण करने की ओर अभियान में हैं।"[47] स्पष्ट ही ख़ुद राजेन्द्र प्रसाद सिंह के जनगीत जनसंस्कृति के सांगीतिक गठन की शर्त पर रचित

हैं। उदाहरण के लिए 'बधावा' की लोकधुन पर रचित उनके एक जनगीत की कुछ पंक्तियाँ दृष्टव्य हैं–

दादी जगे पराती ले, माँ हुलसे सँझवाती ले
मुसके आठों पहर बहुरिया लड़कोरी,
राम जिलाएँ भैया-भौजी की जोड़ी!
अरे, विरवा जीवे, शुभ ललना!
हाय, जिये जखीरा, शुभ ललना!

दादा पेरे गये ईख के कोल्हू में,
बापू पिसते रहे तेल की घानी में।
बोरी ढोते चचा, धनुहिया हुई कमर,
अपनी पसली हँसिया हुई जवानी में!
लहू जलाकर त्यौरी पर,
कौड़ी पाकर ड्यौढ़ी पर,
परती तोड़ी, परत न सहते सीने की,
मौसम बदले-शर्त न बदली जीने की!
अहो, बघवा गरजे, शुभ ललना!
मुँह जोरवा बरजे, शुभ ललना!

(राजेन्द्र प्रसाद सिंह : 'गजर आधी रात का', पृ. 22)

ऐसे जनगीतों से गुज़रते हुए यह स्पष्ट हो जाता है कि लोक संस्कृति की ठेठ ज़मीन पर खड़ी इन रचनाओं की चेतना परिवर्तनशील काव्य-संस्कृति से सन्दर्भित है। ग़ौरतलब है कि ऐसे लिखित साहित्य की अपेक्षा भारतीय समाज में अलिखित एवं मौखिक भाषा और साहित्य की निरन्तर प्रवाहमान धारा कई गुना ज़्यादा वेगवती रही है। कारण यह कि निरक्षरता का शिकार भारतीय बहुजन समाज अधिकतर मौखिक व वाचिक रूप में ही अतीत से लेकर आज तक अपनी प्रतिक्रियाएँ व्यक्त करता रहा है। उदाहरण के लिए उन्नीसवीं शताब्दी में भारत में हुए रेलवे के विस्तार के चलते छिन्न-भिन्न हुई ग्रामीण व्यवस्था के विरुद्ध प्रतिक्रिया को व्यक्त करते हुए भोजपुरी लोक गीत का एक अंश देखा जा सकता है।[48]

'रेलिया न बैरी, जहजिया न बैरी
इ पइसवा बैरी ना!
हमरा सैंया के बिलमावे से पइसवा बैरी ना!'

कहना न होगा कि लोक संस्कृति का सौन्दर्यशास्त्र वस्तुतः सच्चे प्रतिरोध का सौन्दर्यशास्त्र होता है। ऐसे कहने को शासक वर्ग संस्कृति की स्वतन्त्रता के बारे में ख़ूब ढोल पीटता है, लेकिन संस्कृति के विभिन्न क्षेत्रों में उसने हाकिमों और नियमों का हुजूम इकट्ठा कर रखा है। दूसरे शब्दों में कहें तो कई बार जनता एवं जनवादी संस्कृति-कर्मियों का दमन ही उसकी संस्कृति हो गयी-सी प्रतीत होती है। चूँकि संस्कृति का क्षेत्र विचारधारा से सीधे-सीधे सम्बद्ध होता है, इसलिए चाहे दार्शनिक, धार्मिक, वैज्ञानिक या राजनीतिक विचारों का सृजन हो, चाहे कला का सृजन (मौखिक या लिखित) वह सारा का सारा विचारधारात्मक सृजन होता है। यह सम्भव है कि कोई कवि, लोक कलाकार या जन-समुदाय अपनी विचारधारा को लेकर पूरी तरह सचेत न हो। पर इसके बावजूद वह जाने-अनजाने किसी-न-किसी विचारधारा से प्रेरणा व प्रभाव ग्रहण करते हुए सत्ताधारी अभिजन वर्ग की संस्कृति का प्रतिरोध कर रहा होता है। जन-समुदाय और उसकी बेहतरी के लिए संस्कृति के मोर्चे पर सक्रिय कवि कलाकार प्रायः उसी विचारधारा से जाने-अनजाने जुड़े होते हैं जहाँ से उन्हें प्रदत्त सांस्कृतिक मूल्यों की विसंगतियों के प्रतिरोध की प्रेरणा मिलती है। लेकिन उनका यह जुड़ाव यान्त्रिक न होकर द्वन्द्वात्मक होता है, जिसके चलते यदि किसी मुद्दे को लेकर उनकी विचारधारा एवं काव्यात्मक संवेदना के बीच तनाव या द्वन्द्व की स्थिति पैदा हो जाती है तो वे अपने विचारधारात्मक पूर्वाग्रह को रचनात्मकता के मार्ग का रोड़ा बनने नहीं देते। सच तो यह है कि लोकसंस्कृति की ज़मीन पर खड़े रचनाकारों में निहित स्वतःस्फूर्त चेतना उन्हें ज़्यादा ईमानदारी से शासक-शोषक वर्ग के खिलाफ़ रचनात्मक जिहाद छेड़ने की ऊर्जा देती है।

उपर्युक्त विवेचन के आलोक में भोजपुरी भाषा के एक प्रमुख लोक कलाकार भिखारी ठाकुर (1887-1971) द्वारा लोक काव्यात्मक शैली में रचित अनेकानेक नाटकों और गीतों पर आलोचनात्मक दृष्टि से विचारने पर स्पष्ट होता है कि उनमें भारतीय राष्ट्रवाद पर तत्कालीन औपनिवेशिक शक्तियों द्वारा खड़ा किये गये राजनीतिक, आर्थिक तथा सांस्कृतिक तीनों चुनौतियों के मुकाबले का माद्दा एवं चेतना मौजूद है जबकि 1920 के बाद स्वीकृत हिन्दी कविता अपने को मात्र राजनीतिक तथा सांस्कृतिक चुनौतियों की ही आलोचनात्मकता तक सीमित रखती है। भिखारी ठाकुर की कृतियाँ भारतीय ग्राम-जीवन की आर्थिक दुर्दशा की दर्दनाक गाथा हैं। पुलिस दमन, सामाजिक विसंगतियाँ, नये आर्थिक दबावों से सामाजिक

सम्बन्धों के टूटने की जितनी सूक्ष्म एवं वैज्ञानिक समझ भिखारी ठाकुर के साहित्य में मिलती है, उतनी तत्कालीन अभिजात, स्वीकृत तथा शिक्षित रचनाकारों की रचनाओं में नहीं दिखाई पड़ती। 'गवनेहरी पत्नी' को छोड़कर पति नौकरी करने विदेश चला जाता है। औपनिवेशिक आर्थिक दबाव नवविवाहिता से उसके पति का सुख छीन लेता है। वह अपने पिया को 'बिदेसिया' कहकर लांछन देती है। लोकमन में विदेश का मतलब कलकत्ता, बम्बई आदि दूरस्थ प्रेदशों से था। इस नाटक के सम्बन्ध में 'बिदेसिया' के मिथक की कई व्याख्याएँ हैं–विदेसिया वास्तव में झूठ बोलता है, आने को कह नहीं आता, धोखेबाज है, छली है, सताता है आदि-आदि। यहाँ पर बिदेसिया के मिथक के माध्यम से अंग्रेज़ी औपनिवेशिक सत्ता के विरुद्ध उपालम्भ को भी लक्षित किया जा सकता है।

भिखारी ठाकुर जैसे लोक कलाकारों के अलावा बीसवीं शताब्दी की हिन्दी कविता की मुख्यधारा के जिन गिने-चुने कवियों में लोक संस्कृति की गहरी समझ है उनमें नागार्जुन, केदारनाथ अग्रवाल, त्रिलोचन, राजेन्द्र प्रसाद सिंह, रमेश रंजक एवं गोरख पाण्डेय के नाम ख़ास तौर से उल्लेखनीय हैं। त्रिलोचन की 'चम्पा काले-काले अच्छर नहीं चीन्हती' शीर्षक कविता में काले अक्षर न पहचान सकने वाली सुन्दर ग्वाला की बेटी चम्पा का जब कवि चित्रण करता है तो इस क्रम में उसकी चम्पा का साफ़-साफ़ कहना है कि यदि ब्याह भी हुआ तो वह अपने पति को कभी कलकत्ता नहीं जाने देगी।

कलकत्ता मैं कभी न जाने दूँगी
कलकत्ते पर बजर गिरे।

(धरती, पृ. 9)

त्रिलोचन की इस कविता पर टिप्पणी करते हुए नामवर सिंह लिखते है : "मुझे याद है सन् 1941-42 के दिनों में जब त्रिलोचन यह कविता सुनाते थे तो लोग हँसते थे, गोया कोई हास्य रस की कविता हो। 'कलकत्ता मैं कभी न जाने दूँगी। कलकत्ते पर बजर गिरे' की चोट समझने वाले न थे। ...उनकी कविता में हिन्दी की पूरी परम्परा बोलती है–कबीर, तुलसी दोनों की सहज भाव से। अनायास...त्रिलोचन की कविता में साधारण जनों के बीच उठाये हुए ऐसे चरित्र बहुत आये हैं। ...त्रिलोचन साधारण के असाधारण कवि हैं।"[49] यह सर्वविदित है कि उनकी 'नगई महरा' शीर्षक सुप्रसिद्ध लम्बी कविता काव्यनायक नगई भगत के बहाने भारतीय गाँव के सबसे निचले तबके के जीवन का, गाँवों के अब भी घर के भीतर के संस्कारों का

तथा गँवार विशेषण से विभूषित लगभग भूखों मरते, दिनभर खटते जन की प्रकृत मानवीय प्रतिभा का महाकाव्यात्मक प्रसंग उठाती है।[50]

त्रिलोचन की इस काव्य परम्परा को आगे बढ़ाने में जिन रचनाकारों के विशिष्ट योगदान पर गम्भीरतापूर्वक विचारा जाना अपेक्षित है उनमें राजेन्द्र प्रसाद सिंह तथा गोरख पाण्डेय के नाम सर्वप्रमुख हैं और यह बताने की आवश्यकता नहीं है कि इन दोनों ही कवियों की रचनाओं में जातीय अस्मिता और इतिहास-बोध के सामंजस्य की चेष्टा के साथ-साथ लोक-सांस्कृतिक क्रान्तिकारी मूल्यों को नये सिरे से प्रभावी बनाने की रचनात्मक बेचैनी है।

इन सारी बातों के बावजूद हमारे समय की सच्चाई का एक दूसरा पहलू यह है कि पूँजीवाद के प्रसार तथा मुक्त बाज़ार वाली अर्थव्यवस्था के ग्लोबल विस्तार के इस युग में तमाम दूसरी चीज़ों की तरह ही संस्कृति तथा उसके विभिन्न अंग-अवयवों को भी ख़रीद-फ़रोख्त की वस्तु के रूप में घटाकर पेश किया जा रहा है। नतीजतन शेयर-बाज़ार व मुद्रा-बाज़ार की तरह ही संस्कृति-बाज़ार की अवधारणा विकसित हुई है और स्पष्ट ही इस बाज़ार में संस्कृति का वही रूप ठहर पायेगा जो उपभोक्ताओं के बीच अधिक-से-अधिक लोकप्रिय व बिकाऊ होगा। रोजर गेराउडी ने सही लिखा है कि "पूँजीवाद एक आर्थिक व्यवस्था-मात्र नहीं है। इसमें अन्तर्निहित है एक सामाजिक संरचना, एक पदानुक्रमिक सामाजिक सम्बन्ध जिसके अन्तर्गत सत्ताहीनों पर अधिकार जमाने वाले शक्तिसम्पन्न अल्पसंख्यकों का उत्पादन के साधनों पर स्वामित्व रहता है। इसमें एक राजनीतिक संरचना अन्तर्निहित है जो सामाजिक एवं आर्थिक परनिर्भरता को प्रतिबिम्बित करती है। अन्ततः यह संस्कृति एवं सभ्यता का एक संरूप है जिसमें मनुष्य बाज़ारू आवश्यकताओं, प्रतियोगिता एवं लाभ के द्वारा ढाले जाते हैं और उनके द्वारा नियोजित किये जाते हैं, जिनका पूँजी के साथ संचार-व्यवस्था के अधिकतम माध्यमों(प्रेस, प्रकाशन, फिल्में, रेडियो, टेलिविज़न, विज्ञापन आदि) पर नियन्त्रण रहता है।"[51] तात्पर्य यह कि पूँजीवादी उत्पादन-प्रक्रिया का कला, साहित्य, संस्कृति, मानवीय अन्तस्सम्बन्ध व जीवन मूल्यों पर गहरा प्रभाव पड़ता है। मार्क्स ने पूँजीवादी समाज-व्यवस्था के उत्पादन सम्बन्धों के मद्देनज़र कला, साहित्य, संस्कृति आदि की उत्पादन प्रक्रिया के दरमियान संस्कृतिकर्मियों व शब्दकर्मियों के श्रम के स्वरूप पर प्रकाश डालते हुए लिखा है कि "एक ही प्रकार का श्रम लक्ष्य की भिन्नता के मुताबिक़ कभी उत्पादक श्रम होता है तो कभी अनुत्पादक। उदाहरण के लिए मिल्टन ने जब पैराडाइज लॉस्ट

लिखा तो उसका श्रम अनुत्पादक था, पर उस समय जो लेखक प्रकाशकों के लिए बड़े पैमाने पर पुस्तकें पैदा कर रहे थे उनका श्रम उत्पादक था। मिल्टन ने 'पैराडाइज लॉस्ट' वैसे ही लिखा जैसे रेशम का कीड़ा रेशम पैदा करता है। वह उसके स्वभाव की सहज क्रिया थी। बाद में उसने उसे पाँच पाउंड में बेचा, लेकिन साहित्य के वे सर्वहारा जो अपने प्रकाशक के निर्देश पर थोकभाव से बिकाऊ माल के रूप में किताबें पैदा करते हैं, वे उत्पादक श्रमिक हैं, क्योंकि उनकी उत्पादन-प्रक्रिया पूँजी से नियन्त्रित होती है और अन्ततः पूँजी को बढ़ाने में सहायक होती है। एक गायक जब ख़ुद गाकर कुछ कमाता है तो उसका श्रम अनुत्पादक है लेकिन वही जब किसी व्यावसायिक संस्था या व्यक्ति के निर्देश पर बाज़ार के लिए गाता है तब उत्पादक श्रमिक बन जाता है।"[52]

बीसवीं शताब्दी के पाँचवें दशक में विकसित आलोचनात्मक सामाजशास्त्रीय निकाय से जुड़े विचारकों का मानना है कि पूँजीवादी समाजव्यवस्था में संस्कृति अपने सार तत्त्व को खोकर भीड़ की संस्कृति या लोकप्रिय संस्कृति के रूप में विकसित होती है और स्पष्ट ही इस लोकप्रिय संस्कृति में सर्जनात्मकता, कल्पनाशीलता व आलोचनात्मक चेतना का नितान्त अभाव होता है। इसके अस्तित्व व प्रचार-प्रसार की सारी प्रक्रिया पूँजीवादी बाजार की शक्तियों से परिचालित और नियन्त्रित होती है। लोकप्रिय संस्कृति के पीछे जो पूँजी की ज़बरदस्त ताक़त होती है उसके बल पर इसके अलमबरदारों द्वारा लोक कलाकारों व प्रतिबद्ध संस्कृतिकर्मियों को लाभ-लोभ के व्याकरण द्वारा फाँस कर लोक-संस्कृति को बाज़ारू शर्तों के मुताबिक़ अनुकूलित करने की भरपूर कोशिश की जाती है। सम्भवतः ऐसी ही स्थिति के मद्देनज़र वाल्टर बेंजामिन ने कहा होगा कि लोक-संस्कृति से भी फ़ासीवाद के ख़तरे हैं। ग़ौरतलब है कि यहाँ बेंजामिन ने प्रकारान्तर से लोक संस्कृति के नाम पर प्रचलित अन्धलोकवादी रुझान के चलते पैदा होने वाले सम्भावित ख़तरे से आगाह किया है जिसके तहत लोकमत कई बार शास्त्रमत से भी ज़्यादा दमनकारी सिद्ध होता है। ग्राम्शी के अनुसार इस सन्दर्भ में सबसे भयानक स्थिति तब पैदा होती है जब शास्त्रमत और लोक मत के बीच किसी नाजुक मामले को लेकर एकमेकता की स्थिति बन जाती है। तात्पर्य यह है कि जो सब कुछ लोक में प्रचलित एवं पॉपुलर है वह सब-का-सब लोक हित में भी हो यह आवश्यक नहीं। साथ ही एक और सवाल यह भी है कि किसी सांस्कृतिक व्यवहार विशेष के लोकप्रिय होने का दमामा आख़िर कौन पीट रहा है? इसलिए बहुत ज़रूरी है कि भीड़ की संस्कृति या लोकप्रिय

संस्कृति से लोक-संस्कृति या जन संस्कृति को अलगाया जाये। ठीक इसी प्रकार लोक साहित्य और लोकप्रिय साहित्य के बीच फ़र्क को समझना अत्यावश्यक है। साफ़ शब्दों में कहें तो लोकप्रिय साहित्य व लोकप्रिय संस्कृति सर्वग्रासी पूँजीवाद का उत्पाद है जिसके अनुकूल 'आदर्श मनुष्य' वह है जो व्यक्तित्वहीन, अमानवीकरण का शिकार, खोखला व हर तरह की जीवन्त शक्ति से शून्य हो, क्योंकि ऐसे मनुष्य को व्यवस्था अपने अनुकूल ढाल सकती है। उसकी चेतना तोड़-मरोड़कर अपनी सेवा में लगा सकती है।[53] ज़ाहिर है कि प्राय: ऐसे ही व्यक्तित्वहीन लोग पूँजीवादी समाज में उत्पादक एवं उपभोक्ता के रूप में लोकप्रिय साहित्य व संस्कृति के लक्ष्य हुआ करते हैं। अडोर्नो के शब्द उधार लेकर कहें तो इन्हीं लोगों के प्रत्यक्ष-परोक्ष सहयोग से हमारे समय में 'संस्कृति का उद्योग' फल-फूल रहा है, 'धोखे का बाज़ार' गर्म है तथा इसके उपभोक्ता वर्ग में 'छद्म चेतना' पैदा हो रही है। हमारे समय में व्याप्त इस सांस्कृतिक संकट के लिए ज़िम्मेदार प्रतिगामी ताक़तों की ओर इशारा करते हुए कवि सुधांशु कुमार मालवीय ने 'पूँजीवादी जनतन्त्र का जनगीत' शीर्षक कविता लिखी है–

'तुम हमें धीरे-धीरे मारो
थोड़ा-थोड़ा करके
इतना कि मैं सुरक्षित रहूँ
हम तुमसे कुछ नहीं कहेंगे
तुम हमें गाँव में मारो, शहर में मारो
खेत और खलिहान पर मारो
धारदार हथियार से मारो
बस ज़रा थम के मारो
थोड़ा-थोड़ा करके
हम सब भूल जायेंगे।'

(पहल 52, पृ. 120)

कहना न होगा कि हमारे समाज, देश एवं विश्व में व्याप्त तमाम संकटों के मूल में पूँजीपति वर्ग की कारगुज़ारियाँ हैं। यह वर्ग अपने निहित स्वार्थ के चलते एक ऐसी व्यवस्था का तानाबाना बुनता है जिसमें व्यक्ति स्वातन्त्र्य का ख़ूब ढोल पीटा जाता है पर व्यक्ति की जगह वस्तुएँ प्रमुख होती हैं। दूसरे शब्दों में कहें तो

पूँजीवादी समाजव्यवस्था में तमाम मानवीय गुण व मूल्य ख़रीदने और बिकने की वस्तु-मात्र समझे जाते हैं। मार्क्स ने लिखा है, "पूँजीपति वर्ग ने, जहाँ पर भी उसका पलड़ा भारी हुआ, वहाँ सभी सामन्ती, पितृसत्तात्मक और 'काव्यात्मक' सम्बन्धों का अन्त कर दिया। उसने मनुष्य को अपने 'स्वाभाविक बड़ों' के साथ बाँध रखने वाले नाना प्रकार के सामन्ती सम्बन्धों को निर्ममता से तोड़ डाला और नग्न स्वार्थ के नकद पैसे-कौड़ी के हृदय शून्य व्यवहार के सिवा मनुष्यों के बीच कोई दूसरा सम्बन्ध बाकी नहीं रहने दिया। धार्मिक श्रद्धा के स्वर्गोपम आनन्दातिरेक को, वीरोचित उत्साह और कूपमंडूकतापूर्ण भावुकता को उसने आना पाई के स्वार्थी हिसाब के बर्फ़ीले पानी में डुबो दिया है।"[54] ज़ाहिर है कि ऐसी भयानक स्थिति की मार से संस्कृति व संस्कृतिकर्मी का बच पाना मुश्किल ही नहीं, बल्कि नामुमकिन है। व्यावसायिकता के दबाव में संस्कृति बिकाऊ माल तथा बाज़ार की शर्तों पर काम करने वाले संस्कृतिकर्मी की हैसियत महज एक उत्पादक श्रमिक की होती है। वह केवल धन-प्राप्ति के लिए किताबें लिखता है, पेंटिंग्स बनाता है, संगीत की धुने बनाता है, नृत्य व अभिनय करता है। मुक्तिबोध के शब्दों में "जिस समाज में हर चीज़ ख़रीदी और बेची जाती है, जहाँ बुद्धि बिकती है और बुद्धिजीवी वर्ग बुद्धि बेचता है अपने शारीरिक अस्तित्व के लिए...जहाँ स्त्री बिकती है, श्रम बिकता है, वहाँ अन्तरात्मा भी बिकती है। ...ज़हाँ सच्चा व्यक्ति स्वातन्त्र्य अगर किसी को है तो धनिक वर्ग को है, क्योंकि वह दूसरों की स्वतन्त्रता ख़रीदकर अपनी स्वतन्त्रता बढ़ाता है और अर्थव्यवस्था, राजनीतिक व्यवस्था, शिक्षा व्यवस्था, सम्पूर्ण समाज व्यवस्था का पदाधीश बनकर प्रत्यक्षतः और अप्रत्यक्षतः स्वयं या विकृत आत्माओं द्वारा अपने प्रभाव और जीवन को स्थायी बनाता है। ..।"[55]

आज यह समझना बहुत ज़रूरी है कि राजनीतिक ही नहीं, आर्थिक उपनिवेशवाद भी होता है, जो अविकसित, अल्पविकसित, अर्द्धविकसित तथा विकासशील देशों की साधनहीन जनता को दलाल बुद्धिजीवियों की मदद से सांस्कृतिक प्रारूप विशेष के पक्ष में आकर्षक ढंग से सोचने के लिए तैयार करता है। वैचारिक उपनिवेशवाद की स्थापना में मदद करने वाले दलाल बुद्धिजीवी अपने देश की जनता को उस देश-विशेष की आर्थिक और वैज्ञानिक समृद्धि का रंगीन नक्शा दिखाते हुए, उसके मन में यह बात बिठाने की कोशिश करते हैं कि उस देश-विशेष की प्रगति का आधार वह दर्शन विशेष है, जिससे परिचित होकर उस देश की थाली में इन विदेशी उपनिवेशवाद के वैचारिक दलालों ने बहुलतावाद एवं भूमण्डलीकरण के नाम पर

संस्कृति का जो प्रादर्श परोसा है उसके दुष्परिणामस्वरूप हमारी जातीय सांस्कृतिक अस्मिता आज संकट के कगार पर खड़ी है।[56] साफ़ शब्दों में कहें तो हमारे समय में संस्कृति का जो रूप दिनानुदिन परवान चढ़ता जा रहा है वह लोकप्रिय संस्कृति है और स्पष्ट ही इसके पैरोकार लोक-संस्कृति को भी अपने रंग में रँग कर उसकी संघर्ष-चेतना को कुन्द कर देने की साजिश में संलग्न हैं। अतः विश्व बाज़ारवाद के आक्रामक प्रतिनिधियों ने सारी दुनिया में सांस्कृतिक समरूपता का जो ज़ोरदार अभियान चलाया है उससे अपनी सांस्कृतिक अस्मिता और मूल्यों की हिफ़ाज़त के पक्ष में बिना भय या लोभ के खड़े होना देश के स्वाभिमानी नागरिकों एवं संस्कृतिकर्मियों का प्राथमिक कार्यभार है।[57]

लोक-संस्कृति का गला दबाकर संस्कृति के लोकप्रिय या छिछले रूप को ही एकमात्र सांस्कृतिक विकल्प के रूप में प्रचारित-प्रसारित करने में टेलीविज़न एवं अन्य संचार माध्यमों की भूमिका को आज नज़रअन्दाज़ नहीं किया जा सकता। सच तो यह है कि पढ़ाई और परीक्षा के प्रति बढ़ती उदासीनता और लापरवाही के माहौल में टेलीविज़न पर प्रसारित किये जाने वाले कार्यक्रम बच्चों और किशोरों की जीवन-शैली को आकार देनेवाले एकमात्र सांस्कृतिक माध्यम रह गये हैं। यदि वहाँ ज़्यादातर कार्यक्रम फ़िल्मी प्रश्नोत्तरी के हों और इनाम में महँगी चीजें सामने पड़ीं हो तो एक नया ही सांस्कृतिक अनुभव बनता है। घर में बैठा बच्चा और किशोर इस दैनिक अनुभव से गुज़रता है और वह उसका स्वायत्त संसार बन जाता है। इनाम में एक से एक कीमती उपभोक्ता सामग्री प्रदान करने का भरोसा दिलाकर दर्शक को एक ऐसे ज़बर्दस्त सांस्कृतिक बाज़ार के क्षेत्र में धकेल दिया जाता है जहाँ वह एक चकित मुग्ध उपभोक्ता रह जाता है।

संस्कृति के क्षेत्र में पूँजी के बढ़ते हस्तक्षेप पर विचारते हुए सुधीर पचौरी लिखते हैं कि बड़ी पूँजी के साथ संस्कृति के सम्बन्धों का पहला सुफल तो यही है कि इससे परिचालित सांस्कृतिक अनुष्ठानों में आलोचना की भूमिका विज्ञापन से ज़्यादा नहीं होती। संस्कृति के क्षेत्र में बड़ी पूँजी का प्रवेश सबसे पहले आलोचना कर्म को हकाल कर बाहर करता है। इसे ही हर्बर्ट शिलर 'सांस्कृतिक नियन्त्रण' कहते हैं। यूरोप और अमेरिका आदि में यह अरसे से जारी है जहाँ संस्कृति का क्षेत्र मूलतः बड़ी कम्पनियों का क्षेत्र बन गया है। हिन्दुस्तान में सांस्कृतिक नियन्त्रण का यह संस्करण शुरु हो चुका है। जिन लोगों ने अब तक सांस्कृतिक कर्म की स्वतन्त्रता, स्वायत्ता को प्रायः विचारधारा या राज्य सत्ता के सन्दर्भ में देखा-परखा है

वे इस नये सांस्कृतिक तबादले के सबसे लाचार दर्शक नज़र आते हैं जो विनियम पर टिका है। डॉ. पचौरी की यह मान्यता बहसतलब है कि सांस्कृतिक बेदखली और सांस्कृतिक समीक्षा के तबादले के इस युग में आलोचना के स्वर ख़ामोश हो चले हैं और टीका-टिप्पणी की जगह एक-दूसरे के पापों के प्रति सहनशीलता आने लगी है। हम पूँजी और संस्कृति के सहमेल से पैदा होने वाले नये वातावरण में जी रहे हैं, जहाँ संस्कृति पहली बार पापबोध से मुक्त हो रही है। पापबोध से झगड़ने से जो ऊर्जा बनती थी, वह बाज़ार के प्रति समर्पण भाव में व्यक्त हो रही है। सच तो यह है कि भारत में विभिन्न भारतीय भाषाओं में प्रकाशित लघु पत्रिकाएँ और उनमें जुड़े शब्द चेतन समुदाय के अधिकांश सदस्य साहित्य कला व संस्कृति के क्षेत्र में पूँजी के बढ़ते वर्चस्व के खिलाफ़ सार्थक पहल कर रहे हैं। आये दिनों हिन्दी की अनेक लघु-पत्रिकाओं में इस मुद्दे पर जिस तरह बहस चली है और आज भी जारी है उसे देखकर यह कहना भ्रामक है कि सबने बाज़ार के आगे घुटने टेक दिए हैं। हिन्दी के वरिष्ठ आलोचक एवं प्रगतिशील विचारक डॉ. रामविलास शर्मा द्वारा के.के. बिरला फ़ाउण्डेशन के लगभग दो-तीन लाख रुपए के 'व्यास सम्मान' के अस्वीकार को इसी प्रतिरोध की एक कड़ी के रूप में रेखांकित किया जाना चाहिए। जोर देकर कहना चाहूँगा कि ऐसी प्रतिरोधात्मक पहलक़दमियों के प्रभाव की व्याप्ति भले ही कम हो, पर नगण्य नहीं है। वस्तुतः संस्कृति के क्षेत्र में बाज़ार की शक्तियों के दुर्निवार प्रवेश के दुष्परिणामस्वरूप निर्मित हो रहे सांस्कृतिक बाज़ार की शर्तों को अंगूठा दिखाकर अपने लक्ष्य की ओर अग्रसर होने की आकांक्षा रखने वाले ऐसे संस्कृतिककर्मियों की आज कमी नहीं है जिनकी निष्ठा पर सवाल खड़ा किया जा सकता है। प्रसंगवश कवि केदारनाथ सिंह की एक कविता द्रष्टव्य है जिसमें यह स्वीकारा गया है कि मुक्ति का कोई रास्ता न मिलने पर कवि ने लिखने का उपक्रम किया है–

मुक्ति का जब कोई रास्ता नहीं मिला
मैं लिखने बैठ गया हूँ
मैं लिखना चाहता हूँ, 'पेड़'
यह जानते हुए कि लिखना पेड़ हो जाना है
मैं लिखना चाहता हूँ 'पानी'
'आदमी' 'आदमी'–मैं लिखना चाहता हूँ
एक बच्चे का हाथ

एक स्त्री का चेहरा
मैं पूरी ताक़त के साथ
शब्दों को फेंकना चाहता हूँ आदमी की तरफ़
यह जानते हुए कि आदमी का कुछ नहीं होगा
मैं भरी सड़क पर सुनना चाहता हूँ वह धमाका
जो शब्द और आदमी की टक्कर से पैदा होता है
यह जानते हुए कि लिखने से कुछ नहीं होगा–
मैं लिखना चाहता हूँ।'

(प्रतिनिधि कविताएँ, पृ. 57)

थियोडोर अडार्नो से विचार-सूत्र लेकर कहें तो केदारनाथ सिंह की 'मुक्ति' शीर्षक इस कविता में शब्दकर्म को कुछ इस रूप में लिया गया है कि मौजूदा सांस्कृतिक बाज़ार में रहने के बावजूद कविता बाज़ार की सीमाओं व शर्तों का अतिक्रमण करती हुई 'मास कल्चर' की तानाशाही से मुक्त हो जाये, क्योंकि इसके अभाव में शब्दकर्म मात्र सांस्कृतिक विखण्डन का शिकार होकर अपनी वैचारिक ऊर्जा खो देने के लिए अभिशप्त होगा।

'कल्चर एंड इम्पीरियलिज़्म' नामक अपनी पुस्तक में उत्तर संरचनावादी विचारक एडवर्ड सईद की स्थापना है कि हमारे समय में साम्राज्यवाद कला व संस्कृति के क्षेत्र में लगातार अपना प्रभुत्व कायम करता जा रहा है, जिसके परिणामस्वरूप आज अविकसित व विकासशील देशों के अनेक संस्कृतिकर्मी अपने लिए मॉडल की तलाश करते हुए प्राय: पश्चिमी अवधारणाओं के जंगल में भटकते नज़र आते हैं। सईद का मानना है कि राजनीति व अर्थनीति के मोर्चे के साथ-साथ सांस्कृतिक साम्राज्यवाद का भी प्रतिरोध ज़रूरी है। ज़ाहिर है कि साम्राज्यवाद वित्तीय पूँजीवाद की चरम अवस्था है और आज यह सांस्कृतिक मोर्चे पर भी उतना ही सक्रिय है जितना की राजनैतिक व आर्थिक मोर्चे पर। डॉ. सुधीश पचौरी ने ठीक ही इंगित किया है कि राजनैतिक प्रणाली आर्थिक प्रणाली से लेकर हमारी स्वीकृत सांस्कृतिक प्रणालियाँ हमें इस साम्राज्यवादी दबाव को अनुकूलित करने की ट्रेनिंग देती हैं। इसीलिए अपनी समस्याओं के हल के लिए सिर्फ़ हमारे वित्त-मन्त्री कटोरा लेकर नहीं दौड़ते, हमारे संस्कृतिकर्मी, चिन्तक सब यूरोप या अमेरिका केन्द्रित चिन्तन के आदी हैं। जीवन में अपनी वह जगह जो साम्राज्यवाद के कायाकल्प के वक़्त हमने पाई है, उस जगह में हम अपना सांस्कृतिक आधार

नहीं खोजते। हम उन शून्यों को नहीं तलाशते जहाँ अभी पश्चिमी वर्चस्व नहीं पहुँचा है।

ग़ौरतलब है कि अपने देश में बीसवीं शताब्दी के अन्तिम दशक में उदारीकरण की नीति के तहत व्यापक हुई बाज़ारीकरण की प्रक्रिया ने अन्य क्षेत्रों के साथ-साथ संस्कृति को भी अपने प्रभाव क्षेत्र में समेट कर बड़ी तेज़ी से लोकप्रिय संस्कृति में तब्दील करना शुरू कर दिया है। इसके तहत सांस्कृतिक व्यवस्था को अर्थव्यवस्था के पूरी तरह अधीन कर उसका बड़े पैमाने पर व्यवसायीकरण किया जा रहा है जिसका एकमात्र लक्ष्य है लोकप्रिय संस्कृति के माध्यम से बहुजन समाज का हर तरह से शोषण करते हुए निहित स्वार्थ वाले चन्द महाप्रभुओं का वर्चस्व कायम रखना। पूरनचन्द्र जोशी ने इस सन्दर्भ में ठीक ही लिखा है कि पूँजीवादी समाज में 'कल्चर इण्डस्ट्री' का फैलाव और प्रभाव इसी प्रक्रिया की चरम परिणति है। पूँजीवाद और उससे जुड़े बाज़ारीकरण ने जहाँ एक ओर विश्वस्तर पर आर्थिक उपनिवेशवाद को जन्म दिया है, वहाँ इसी के जुड़वाँ भाई के रूप में सांस्कृतिक उपनिवेशवाद को भी और यह आर्थिक उपनिवेशवाद के लिए उपयोगी औपनिवेशिक मानसिकता की रचना करता है। वर्ण और वर्ग विभाजित समाज में आंतरिक औपनिवेशिकरण की आर्थिक और राजनीतिक प्रक्रियाओं को सुदृढ़ और सशक्त करने के लिए भी संस्कृति एक कारगर यन्त्र का काम करती है। 'इलेक्ट्रानिक मीडिया की संस्कृति जनता की अफ़ीम है, यह विश्व के लिए ही नहीं, वर्ग और वर्ण-विभाजित भारत के लिए भी सौ फ़ीसदी प्रासंगिक है।'[60] संस्कृति के औद्योगिकीकरण और व्यवसायीकरण से बचने के लिए कुछ सच्चे कलाकारों ने पूँजीवादी समाज-व्यवस्था के विरोध और अस्वीकार का रुख अपनाया है तो कुछ दूसरे लेखकों-कलाकारों ने कला को पतन से बचाने के लिए समाज से अलग उनके पूर्ण स्वायत्त संसार की कल्पना की है। इसी प्रक्रिया में अमूर्तन, निर्वैयक्तिकता, जटिलता, दुरुहता, गूढ़ता, रहस्यमयता आदि को श्रेष्ठ कला के अनिवार्य गुण और लोकप्रियता को दुर्गुण के रूप में प्रचारित-प्रसारित किया गया है। लोकप्रिय कला और साहित्य के बदले जटिल और दुर्बोध कला की वकालत की गयी है। इस दृष्टिकोण का चरम रूप स्पेन के विचारक आर्टेगा वाइ गेस्से के इस कथन में मिलता है कि जनता (मासेज) हमेशा आधुनिक कला का विरोध करेगी इसलिए आधुनिक कला अनिवार्यतः अलोकप्रिय होगी। यही नहीं वह लोकप्रियता की विरोधी होगी। लेकिन पूँजीवादी व्यवस्था और उसकी सांस्कृतिक परिणतियों से कला को बचाने

का यह तरीका भ्रामक है। यह कछुआ धर्म है।[61] चूँकि आज लोकप्रिय संस्कृति की व्याप्ति लगातार बढ़ती जा रही है जिसके परिणामस्वरूप संगीत, नृत्य, चित्र, फ़िल्म आदि अधिकतर कलाओं के साथ-साथ संचार माध्यम तक पूरी तरह इसकी चपेट में हैं इसलिए गेस्से द्वारा सुझाया गया रास्ता अनुपयुक्त ही नहीं अव्यावहारिक भी है। ऐसी स्थिति में बहुत ज़रूरी है कि लोकप्रिय संस्कृति के दुष्प्रभावों से अवाम को बचाने के लिए लोक-संस्कृति का कारगर इस्तेमाल किया जाये। यह सच है कि अपने देश के विभिन्न क्षेत्रों की लोक संस्कृतियाँ ही जनता के जीवन में निरन्तरता और परिवर्तन में सामंजस्य पैदा करती रही हैं। दूसरे शब्दों में कहें तो भारतीय समाज में समरसता यदि कुछ बची हुई है तो उसे बनाये रखने में इन लोक संस्कृतियों की बहुत बड़ी भूमिका रही है। इसलिए लोकप्रिय संस्कृति के मौजूद ख़तरे से अवाम को आगाह करने में लोक भाषाओं और लोक संस्कृतियों या उनसे जुड़े कला रूपों का सार्थक उपयोग किया जा सकता है। इस दृष्टि से हिन्दी कविता की मौजूदा स्थिति पर विचारने से हमारे सामने जो महत्त्वपूर्ण कवियों के नाम उभर कर आते हैं उनमें नागार्जुन, केदारनाथ अग्रवाल, त्रिलोचन, राजेन्द्र प्रसाद सिंह, रमेश रंजक, गोरख पाण्डेय आदि विशेष रूप में उल्लेखनीय हैं। राजेन्द्र प्रसाद सिंह "परिछन" की धुन पर एक खेत मजूर के विवाह के अवसर पर मालिक महाजन की अटारी ढह जाने की इच्छा व्यक्त करते हैं–

'घुटनों के नीचे हैं धोती गुलाबी
माथे अंगोछा सजीला,
कुर्ता पुराना है लेकिन केसरिया
जूता रबड़ का रंगीला।
बजा दिया तूने नगाड़ा रे दुल्हा,
ख़ूब ढोल पीटे नगरिया!
घूरे जो पीछे से मालिक महाजन,
–ढह जाये उनकी अटारी...'

(गज़र आधी रात का, पृ. 49)

लोकभाषा भोजपुरी में रचित एक गीत में गोरख पाण्डेय पूँजीवाद के इन्द्रासन को ढहा देने का सपना देखते हैं। उनका गीत पूर्वांचल के गाँवों लगभग पचास साल पहले तक भोर में बड़े-बूढ़ों द्वारा गायी जाने वाली एक लोकप्रिय 'पराती' की ज़मीन पर रचित है–

सूतल रहलीं सपन एक देखलीं सपन देखली अजगूत
अमरित फल के बाग उजाड़े राम लखन के दूत
पिया हो! शरण गह सियाराम के!
आज पवन नहीं अंगना बुहारे इन्द्र भरे नहीं पानी
लछमी सरसती धान न कूटे कहत मदोदर रानी
पिया हो! शरण गह सियाराम के!

लोक से प्राप्त इस धुन का अपने समय में रचनात्मक इस्तेमाल करते हुए गोरख पाण्डेय ने क्रान्तिकारी संघर्ष कर रहे अवाम का सपना इन शब्दों में व्यक्त किया है।

सूतल रहलीं सपन एक देखलीं
सपन मनभावन हो सखिया,
फूटलि किरनिया पुरुब असमनवा
उजर घर आँगन हो सखिया,
आँखिया के नीरवा भइल खेत सोनवा
त खेत भइल आपन हो सखिया,
गोसयाँ के लठिया मुरइआ अस तूरलीं
भागवलीं महाजन हो सखिया,
केहू नाही ऊँचा-नीच केहू के ना भय
नाहीं केहू बा भयावन हो सखिया,
मेहनती माटी चारों ओर चमकवलीं
ढहल इनरासन हो सखिया,
बइरी पइसवा के रजवा मेटवलीं
मिलल मोर साजन हो सखिया।

(जन संस्कृति मार्च, 1990, पृ. 111)

आज जबकि पूँजीवाद ने व्यावसायिक फ़िल्मों एवं मीडिया पर प्रसारित किये जाने वाले अनेकानेक लोकप्रिय धारावाहिकों के माध्यम से सेक्स, उन्मुक्त भोग व हिंसा का अपना सौन्दर्यशास्त्र लगभग विकसित कर लिया है तथा उसे बड़े पैमाने पर प्रचारित प्रसारित कर हमारे सामने विसंस्कृतिकरण की चुनौती पैदा कर दी है तब सवाल उठना स्वाभाविक है कि इससे आख़िर कैसे निपटा जाये। आज़ादी के बाद वित्त निगम की सहायता से तथा कई बार कुछ लोगों के व्यक्तिगत उत्साह व प्रयास से ख़ास तौर से फ़िल्म निर्माण के क्षेत्र में लोकप्रिय फ़ार्मूले से हटकर श्रेष्ठ निर्माण

के प्रयास हुए हैं। इस सन्दर्भ में सत्यजित राय, श्याम बेनेगल, गोविन्द निहलानी, उत्पल दत्त, मृणाल सेन, बासु चटर्जी एवं प्रकाश झा जैसे कुछ निर्माता-निर्देशकों के नाम विशेष रूप से रेखांकनीय हैं। पर फ़िल्म निर्माण के क्षेत्र में आज भी वर्चस्व उन लोगों का है जो हमारे समाज की विभिन्न विस्फोटक वास्तविकताओं को लेकर 'यशवन्त', 'हिन्दुस्तानी' एवं 'मृत्युदाता' जैसी फैंटेसी रचकर उनका घनघोर व्यावसायिक इस्तेमाल कर रहे हैं। इसके ठीक विपरीत स्थिति साहित्य-सृजन के क्षेत्र में दिखाई देती है। कवियों व कवयित्रियों के बहुतेरे व्यावसायिक सम्मेलनों व मंचों तथा 'डार्क हॉर्स' जैसे लोकप्रिय उपन्यासों के प्रकाशन के बावजूद आज भी साहित्य की मुख्यधारा इस प्रवृति से बची हुई है। किन्तु, किसी व्यक्ति का केवल बीमार न होना और स्वस्थ होना बिलकुल अलग-अलग स्थितियाँ हैं। ऐसे में लोक-संवेदना, लोक-धुन, लोक-भाषा व कुल मिलाकर लोक संस्कृति की ज़मीन से जुड़े बिना हमारे समय के शब्दकर्मी लोकप्रिय संस्कृति का मुकाबला कदापि नहीं कर सकते।

सन्दर्भ

1. सोशल साइन्टिस्ट, पृ. 165
2. आर.एच. टाउनी : द एक्वीसिटिव सोसाइटी, 1921
3. वाद विवाद संवाद, पृ. 47
4. वही, पृ. 48
5. परिवर्तन और विकास के सांस्कृतिक आयाम, पृ. 101
6. वही, पृ. 90
7. विजेन्द्रः कृति ओर, अंक-5 जुलाई-सितम्बर 97, पृ. 5
8. हंस-अक्तूबर 1997, पृ. 6
9. हंस-नवम्बर 1997, पृ. 7
10. मार्क्स और पिछड़े हुए समाज, पृ. 43
11. प्राचीन भारत की संस्कृति और सभ्यता, पृ. 28
12. सापेक्ष-12, पृ. 35
13. विश्व प्रपंच(नागरी प्रचारिणी सभा, काशी(सन् 1920), पृ. 12
14. चिन्तामणि-द्वितीय भाग, पृ. 122
15. रस मीमांसा, पृ. 5
16. भ्रमरगीत सार-भूमिका, पृ. 48

17. हिन्दी साहित्य का इतिहास, पृ. 1
18. चिन्तामणि-प्रथम भाग, पृ. 208
19. वही, पृ. 216
20. वही, पृ. 51
21. मुक्तिबोध रचनावली भाग-4, पृ. 298
22. अशोक के फूल, पृ. 68
23. सापेक्ष-12, पृ. 12
24. ई.एम.एस. नम्बूदरीबाद : कला, साहित्य और संस्कृति
25. मुक्तिबोध रचनावली भाग-5, पृ. 292
26. नयी कविता का आत्म-संघर्ष
27. जाति, वर्ग और व्यवसाय, पृ. 39-45
28. आधुनिक भारत में जातिवाद तथा अन्य निबन्ध, पृ. 68
29. भारत का इतिहास, पृ. 29
30. मार्क्स और पिछड़े हुए समाज, पृ. 206
31. कथन, मई-जून 1982, पृ. 47
32. भारतीय चिन्तन परम्परा, पृ. 76
33. आधुनिक भारत में जातिवाद तथा अन्य निबन्ध, पृ. 8
34. भारत का इतिहास, पृ. 31
35. कथन-जून 1982, पृ. 51
36. आन्द्रे बेतेल : कास्ट, क्लास एंड पावर, पृ. 190
37. दीपांकर गुप्ता : कास्ट : इन्फ्रास्ट्रक्टर एंड सुपर स्ट्रक्चर, इकॉनामिक एंड पोलिटिकल वीकली, दिसम्बर,1981
38. जनपद वर्ष 1, अंक 1, पृ. 65
39. सापेक्ष, दिसम्बर 1986, पृ. 125
40. वही, पृ. 126
41. लोक संस्कृति और इतिहास, पृ. 12
42. बद्रीनारायण : लोक संस्कृति और इतिहास
43. पीटर बर्क : पॉपुलर कल्चर इन अर्ली मेडिवल यूरोप, पृ. 15
44. थ्योरी एंड हिस्ट्री ऑफ़ फॉकलोर, पृ. 3
45. इण्डियन हिस्टोरिकल रिव्यू, वाल्यूम दो-जनवरी,1977, पृ. 2

46. डॉ. केसरीनारायण शुक्ल-रूसी लोक साहित्य
47. गजर आधी रात का : (भूमिका) जनबोध, पृ. 4
48. बद्रीनारायण : लोक संस्कृति और इतिहास, पृ. 35
49. नामवर सिंह : विपक्ष-3, जनवरी, 1988, पृ. 216
50. सोमदत्त : पूर्वग्रह-अंक 64, पृ. 99
51. दि अल्टरनेटिव फ्यूचर, पृ. 35
52. मार्क्सिज़्म एंड आर्ट, पृ. 75
53. अडोल्फ सांकेज वास्केज : आर्ट एंड सोसायटी, पृ. 243
54. कम्युनिस्ट पार्टी का घोषणा पत्र, पृ. 19
55. मुक्तिबोध रचनावली-भाग-5, पृ. 178
56. परिवेश-24, पृ. 41
57. वही-27, पृ. 178
58. वही-27, पृ. 140
59. सुधीर पचौरी : भूमण्डलीकरण के लिए नया शास्त्र चाहिए, परिवेश-27, पृ. 154
60. पूरनचन्द्र जोशी : हंस, अक्तूबर 1997, पृ. 67
61. मैनेजर पाण्डेय : साहित्य के समाजशास्त्र की भूमिका, पृ. 313

लोकप्रिय हिन्दी कविता : अन्तःप्रकृति एवं नियामक तत्त्व

गजानन माधव मुक्तिबोध ने लिखा है कि "किसी भी साहित्य को तीन प्रकार से देखा जाना चाहिए। एक तो, वह किन स्रोतों से उद्गत होता है। अर्थात् किन वास्तविकताओं के परिणामस्वरूप वह साहित्य उत्पन्न हुआ है। दूसरे, उसका कलात्मक प्रभाव क्या है और तीसरे, उसकी अन्तःप्रकृति-रूपरचना कैसी है। इस तीसरे प्रश्न को बिना पहले प्रश्न से मिलाये, हम दूसरे सवाल का जवाब ही नहीं दे सकते।"

"अड़चन तो यह है कि जिन-जिन जीवन-पक्षों की वास्तविकता से साहित्य उत्पन्न होता है, उनका वास्तविक चित्रण कलाकार कर ही रहा हो, यह निश्चित नहीं होता। यथार्थ के प्रति बहुत बार न केवल अयथार्थ दृष्टिकोण दिखाई देता है, वरन् यथार्थ को उपस्थित करने का तरीका काल्पनिक तथा फैण्टेसी प्रधान भी हो सकता है। इसका फल यह होता है कि यथार्थ अपनी विकृतावस्था में उपस्थित होता है। इतना कि बहुत बार उसे पहचानना भी मुश्किल हो जाता है।

उस पर वृथा दार्शनिक, अति-मनौवैज्ञानिकता, अस्पष्ट प्रतीक विधान तथा अर्थहीन भावुकता के आवरण पर आवरण चढ़ाए जाते हैं। लेखक उन साहित्य-तत्त्वों को जनता से बहुत दूर ले जाता है।

अपनी विश्व-दृष्टि, जीवन-मूल्य तथा परम्परागत विचार तथा अभिरुचि आदि के कारण यथार्थ को उसके परम्पर-सम्बन्धों में ग्रहण करने की क्षमता भी लेखक में घटती या बढ़ती रहती है। इसलिए आलोचक का यह कर्त्तव्य हो जाता है कि वह स्वयं उस यथार्थ को, लेखक से भी ज़्यादा समझे और उस यथार्थ के सम्बन्ध में लेखक जो कुछ कहता है उसे प्रामाणिक न मान ले। आलोचक के लिए लेखक का व्यक्तित्व, यथार्थ प्रस्तुत करने की उसकी पद्धति, तथा उसके तत्सम्बन्धित भाव-

विचार और अन्ततः वह यथार्थ जिसको प्रस्तुत किया गया है–उन सबका वैज्ञानिक चित्र उपस्थित करते हुए यह देखना ज़रूरी हो जाता है कि उसके साहित्य के मूल स्रोत क्या हैं। उसकी क्षमताओं का मूल उद्गम क्या है तथा उसकी सीमाएँ किन मूल कारणों से निष्पन्न हुई हैं।"[1]

कहना न होगा कि मुक्तिबोध के इस लम्बे उद्धरण में साहित्य की समाजशास्त्रीय व्याख्या के ऐसे कई सूत्र विद्यमान हैं जो गम्भीर कलात्मक साहित्य ही नहीं, बल्कि लोकप्रिय साहित्य के विवेचन-विश्लेषण में भी सहायक सिद्ध हो सकते हैं।

साहित्य की लोकप्रियता को लेकर विचार करने वाले चिन्तकों में सर्वप्रथम लेविन एल. शूकिंग का नाम उल्लेखनीय है, जिन्होंने 'साहित्यिक अभिरुचि का समाजशास्त्र'(1931) नामक अपने ग्रन्थ में साहित्येतिहास लेखन के दौरान पाठकीय अभिरुचि के विश्लेषण की ज़रूरत पर बल देते हुए लिखा था कि 'साहित्य के इतिहास के सामने मुख्य सवाल यह होना चाहिए कि किसी समय में एक राष्ट्र या जाति के विभिन्न वर्गों के लोगों के बीच कौन-सा साहित्य लोकप्रिय था और उसकी लोकप्रियता के क्या कारण थे।' इस मुद्दे पर गम्भीरतापूर्वक विचारते हुए उन्होंने जिन तीन बिन्दुओं को दृष्टिपथ में रखना ज़रूरी समझा है, वे हैं युग की बौद्धिक चेतना, पाठक समुदाय में परिवर्तन और पाठक वर्ग के विस्तार से साहित्य के स्वरूप में परिवर्तन। ग़ौरतलब है कि शूकिंग ने पाठकों की रूचि में तब्दीली के ऐतिहासिक एवं सामाजिक कारणों की पड़ताल करने के साथ ही इसे नियन्त्रित और अनुकूलित करने वाली ताकतों की भूमिका तथा उनके महत्त्व को भी रेखांकित किया है। उनका मानना है कि इतिहास के किसी कालखण्ड विशेष में साहित्यिक रचनात्मकता की अभिरुचि तभी बदलती है जबकि तद्युगीन समाज में कोई-न-कोई संघर्ष का कारण पूरे समाज की सक्रियता को अपनी ओर आकृष्ट कर रहा होता है। शूकिंग के मुताबिक़ सामाजिक संरचना में जो तबका वर्चस्व की स्थिति में होता है, प्रायः वही साहित्यिक रुचि का निर्माता, परिष्कार करने वाला तथा रक्षक भी होता है। ऐसे में यह स्वाभाविक है कि सामाजिक संरचना के हाशिये पर की ज़िन्दगी जीने वाले लोगों द्वारा उपर्युक्त बनी-बनायी रचनात्मक अभिरुचि को सहर्ष स्वीकार कर लेने के बजाय उसका विरोध किया जाये। सम्भवतः इसी कारण कलात्मक साहित्य एवं लोकप्रिय-साहित्य के बीच एक हद तक सर्जनात्मक तनाव विद्यमान होता है।

हिन्दी साहित्येतिहास लेखन के क्रम में आचार्य रामचन्द्र शुक्ल ने भी अपने तईं साहित्य की लोकप्रियता से जुड़े मुद्दे पर प्रकाश डाला है। साहित्यिक कृतियों

की लोकप्रियता को लोक भावना की अभिव्यक्ति के रूप में रेखांकित करते हुए वे लिखते हैं कि 'प्रसिद्धि भी किसी काल की लोक प्रवृत्ति की प्रतिध्वनि है।'[2] इसी क्रम में शुक्ल जी ने साहित्य के विकास में पाठकों की अभिरुचि की भूमिका को व्याख्यायित करते हुए लिखा है कि "हिन्दी साहित्य का विवेचन करने में यह बात ध्यान में रखनी होगी कि किसी विशेष समय में लोगों में रुचि विशेष का संचार और पोषण किधर से और किस प्रकार हुआ।"[3] कहना न होगा कि शुक्ल जी के ऊपर उद्धृत दोनों ही वक्तव्यों में साहित्यिक कृतियों के पाठकीय अभिग्रहण की प्रक्रिया को महत्त्व प्रदान किया गया है। किन्तु, यहाँ ध्यातव्य है कि उन्होंने जिन रचनाओं के मद्देनज़र अपनी बात कही है उन्हें समाजशास्त्रीय अर्थ में लोकप्रिय साहित्य के अन्तर्गत शुमार नहीं किया जा सकता। कारण यह है कि जिस ऐतिहासिक काल खण्ड के सन्दर्भ में शुक्ल जी ने साहित्यिक कृतियों की प्रसिद्धि को रेखांकित किया है उस समय न तो भारत में पूँजीवाद का विकास हो पाया था और न ही काव्य-रचना तथा उसके प्रचार-प्रसार के क्षेत्र में व्यावसायिकता का प्रवेश हुआ था। सच तो यह है कि शुक्ल जी ने साहित्य की सामाजिकता के संधान क्रम में जिस अर्थ में रचनाओं की प्रसिद्धि की चर्चा की है उसे 'लोकप्रिय' के बजाय ग्राम्शी से शब्द उधार लेकर 'नेशनल पॉपुलर' कहना ज़्यादा समीचीन प्रतीत होता है। एक अन्य सन्दर्भ में साहित्य की लोकप्रियता के सकारात्मक पक्ष को उद्घाटित करते हुए ग्राम्शी ने स्पष्ट लिखा है कि ऐतिहासिक विकास के एक ख़ास दौर में किसी देश की की जनता की आकांक्षाओं को सम्पूर्णता के साथ अभिव्यक्ति प्रदान करने की वजह से ही कोई साहित्य लोकप्रिय होता–"Question of how or why literature is popular. Beauty is not enough. What is required is an intellectual and moral content which is the elaborate and complete expression of the most profound aspirations of a determinate public, of the nation people in a certain phase of its historical development."[4] (यह सवाल कि साहित्य कैसे और क्यों लोकप्रिय है। ख़ूबसूरती ही काफ़ी नहीं है, जिस चीज़ की आवश्यकता है वह एक बौद्धिक और नैतिक सामग्री है जो अपने ऐतिहासिक विकास के एक निश्चित चरण में राष्ट्र के लोगों की, एक दृढ़ निश्चयी जनता की सबसे गहरी आकांक्षाओं की विस्तृत और पूर्ण अभिव्यक्ति है।)

इस दृष्टि से यदि विचारें तो स्पष्ट होगा कि मैथिलीशरण गुप्त की 'भारत-भारती', माखनलाल चतुर्वेदी की 'पुष्प की अभिलाषा' तथा दिनकर रचित 'परशुराम

की प्रतीक्षा' जैसी अनेकानेक रचनाएँ 'पॉपुलिस्ट' नहीं, बल्कि 'नेशनल पॉपुलर' काव्य की कोटि में परिगणित किये जाने योग्य हैं।

यह सर्वविदित है कि गुप्त जी की भारत-भारती ने बींसवीं शताब्दी के आरम्भिक चरण में देश के अनन्त पाठकों को एकबारगी झकझोर दिया था। यह कविता पुस्तक मैथिलीशरण जी की काव्यात्मक क्षमता की ओर संकेत करती हो या न करती हो, देश और समाज के बारे में उनकी गहरी चिन्ता का प्रमाण अवश्य देती है। इस चिन्ता में देश की संस्कृति, राजनीति, अर्थव्यवस्था और सामाजिक संरचना की समझ शामिल है। ज़ाहिर है कि गुप्त जी के काव्य में उपर्युक्त मुद्दे को लेकर उनकी समझ की अपनी ऐतिहासिक सीमा है जिसके चलते 'भारत-भारती' में वे अपने देश के अतीत विशेषतया हिन्दू अतीत का गौरव गान करते हैं, वर्तमान में हो गये उसके अध:पतन का विवरण पेश करते हैं और फिर भविष्य की सम्भावनाएँ उकेरते हैं। किन्तु आगे चलकर उनका स्वर यथार्थ और आदर्श के परस्पर अनुस्यूत जटिल रूप को उभारता है और वह हिन्दू आदर्श से मानवीय आदर्श की ओर उन्मुख होता है।[5] दूसरे शब्दों में कहें तो हिन्दू पात्रों से गुज़रने के बावजूद उनका स्वर विभिन्न राष्ट्रीय, सामाजिक और अखिल मानवीय प्रश्नों से टकराता है। चूँकि गुप्तजी का मानववाद जीवन्त परिवेश में रुपायित होने वाला एक ऐसा वस्तुवाद था जो अपने समय के मूर्त्त राष्ट्रीय और सामाजिक सन्दर्भ में रूप ले रहा था इसलिए उस युग में उनकी काव्यकृतियाँ अत्यन्त लोकप्रिय हुईं। कवि के रूप में उनकी अपार लोकप्रियता का एक और महत्त्वपूर्ण कारण था काव्य भाषा, जो अपनी प्रकृति में गद्यात्मक एवं स्वदेशी थी और जिसका एक विशिष्ट सौन्दर्य भी था। ख़ुद मैथिलीशरणजी के ही शब्दों में 'हाथ कते हाथ बुने खादी का सौन्दर्य।' किन्तु, कविता में इस भाषा की सबसे बड़ी सीमा है इकहरापन जो वस्तुत: कवि के भाव-बोध और चिन्तन के इकहरेपन का सूचक है।[6]

नामवर सिंह ने प्रगतिशील काव्यधारा में निहित अन्ध-लोकवादी रुझान के ख़तरे की ओर संकेत करते हुए जो मुद्दे उठाए हैं उनमें भी कहीं-न-कहीं उपर्युक्त इकहरेपन की ओर संकेत किया गया है। उनके मुताबिक़ सुगम और लोकप्रिय रूप-प्रकार के प्रति प्रगतिशील कवियों व लेखकों का आग्रह वस्तुत: अन्ध-लोकवाद का ही एक रूप है। इस आग्रह का परिणाम है परम्परागत चिरपरिचित रूपों और भाषा की स्वीकृति। दुरूहता और जटिलता इस दृष्टि के लिए दुश्मन हैं और प्रयोग की दिशा में उठाया जाने वाला एक भी कदम सन्दिग्ध है। धारणा यह है कि जनता के

लिए लिखे जाने वाले साहित्य को सुगम और सपाट ही होना चाहिए। स्पष्टत: यह जनता को नीची नज़र से देखने का फल है। जनता को मूर्ख समझने वाले 'ज्ञानी' जनवादी ही इस तरह सोचते हैं। इन लोगों की नज़र में साहित्य का काम सिर्फ़ भावोत्तेज़ना है। ये लोग साहित्य को अपनी गूढ़ राजनीति का लोकप्रिय साधन समझते हैं। उनके विचार से साहित्य वास्तविकता के किसी नये पहलू को उजागर करने के लिए नहीं होता। फलत: यह आग्रह ऊपर से नेक इरादे वाला दिखाई देते हुए भी व्यवहार में प्राय: ऐसे प्रचारात्मक साहित्य के निर्माण को बढ़ावा देता है जो रचना नहीं, बल्कि अनुवाद होता है। वामपन्थी लेखन में यह आग्रह प्राय: सर्जनात्मक प्रतिभाओं को दूर धकेल देता है। क़ायदे से यह साहित्य राजनीतिक क्रान्ति के लिए भी विशेष उपयोगी नहीं होता, क्योंकि यह एक तरह का शार्टकट-आसान रास्ता है। इससे थोड़ी देर के लिए मजमा तो लगाया जा सकता है, किन्तु जनता को वर्गचेतना के फ़ौलादी संकल्प में ढालना कठिन है।[7]

इस सन्दर्भ में 8 फरवरी, 1942 को येनान की कला-गोष्ठी में दिए गये माओत्से-तुंग के एक व्याख्यान की चर्चा प्रासंगिक होगी जिसमें उन्होंने स्पष्ट कहा था कि सस्ती लोकप्रियता एवं प्रचाराग्रह के तहत किये जाने वाले 'घिसे पिटे पार्टी लेखन का विरोध करो।' इसी गोष्ठी में माओ ने जनता को दहशत में डालने वाले लेखकों की आलोचना करते हुए लूशुन को उद्धृत किया था, जिनकी स्पष्ट धारणा थी कि 'गाली-गलौज करने और धमकियाँ देने को संघर्ष करना हरगिज़ नहीं कहा जा सकता।' इस व्याख्यान में अन्तत : लूशुन के द्वारा निरुपित लेखन के जिन आठ नियमों से कुछ पर विचारा गया था, वे सूत्र रूप में इस प्रकार हैं–1. सभी वस्तुओं पर सूक्ष्म रूप से ध्यान दें, उनका अधिकाधिक निरीक्षण करें और नाकाफ़ी निरीक्षण की स्थिति में न लिखें। 2. जब कहने को कुछ न हो तो बलात् न लिखें। 3. लिखित सामग्री को दो बार ज़रूर दुहराएँ। 4. ऐसे नये शब्द और विशेषण न गढ़ें, जिन्हें आप ही समझें।

ग़ौरतलब है कि इनके अलावा अन्य नियम भी हैं जो वस्तुत: साहित्य-सृजन की नयी आचार संहिता प्रस्तुत करते हैं और स्पष्ट ही यह आचार संहिता कलात्मक या ग़म्भीर साहित्य के लेखकों के लिए जितनी ज़रूरी है उतनी ही वामपन्थी रुझान की लोकप्रिय कविताओं के स्वरूप तथा अन्त:प्रकृति को समझने में भी सहायक है।

जब तथाकथित अत्यानुधिक एवं वामपन्थी रुझान के कवि लोकप्रियता के आत्यन्तिक आग्रह के चलते कविता के नाम पर 'प्रोपेगन्डा लिटरेचर' का उत्पादन

करने लग जाते हैं तो इस रोग का पहला लक्षण उनकी काव्यभाषा के स्तर पर प्रकट होता है। डॉ. नामवर सिंह के शब्दों में इन कविताओं के भाषा सम्बन्धी ऊँचे प्रयोगों की बुलेटिन तो बहुत बिकती है, लेकिन असर नहीं दिखता। अपने रहनुमा आलोचकों की सलाह से और शायद इन बुलेटिनों की देखा-देखी भी बहुत से जनवादी कवियों ने अपनी भाषा सम्बन्धी लापरवाही छोड़कर यही रास्ता अपनाया है। इस रास्ते में उन्हें दाद भी मिलने लगी है। गरज़ कि इस समय हिन्दी कविता की रचना और आलोचना का सामान्य वातावरण प्राय: चमत्कार-पसन्द है। सिनेमा में जो हवा 'बाक्स ऑफिस हिट' की है वही कविता जगत में चौंकाने की कला(शॉट टेक्नीक) बनकर छा रही है। नया कवि अच्छी तरह देख रहा है कि पाठक और आलोचक को चौंकाकर ही अपनी ओर आकृष्ट किया जा सकता है, उसे रसमग्न करके नहीं। इधर आलोचक और पाठक भी समूची कविता पर राय न देकर उसके एकाध नये शब्द, नये प्रतीक या और नहीं तो नयी धुन पर ही 'वाह-वाह' करते हैं।

"आज की ज्यादातर कविताओं को सुखण्डी मार गयी है और जो रसीली लगती हैं, वे भी दरअसल हमारे ऐन्द्रिय संवेदनाओं को ही झनझना कर रह जाती है। रस-ग्राहिणी चेतना को वे छू तक नहीं पाती, इसलिए विश्लेषण-शक्ति की कमी के कारण अनेक पाठक उनके पहले प्रभाव को ही 'रस' मान लेते हैं।"[8]

लोकप्रिय कविता के स्वरूप पर विचार करते हुए मैनेजर पाण्डेय ने ठीक ही उस व्यापक भ्रम की ओर इंगित किया है जिसके चलते कई बार लोग यह मान लेते हैं कि लोक-साहित्य, लोक कथाओं और लोकप्रिय कलारूपों को अपनाने से ही कोई रचना लोकप्रिय हो जाती है। वास्तव में लोक-साहित्य और लोककला में सब कुछ सदैव प्रगतिशील ही नहीं होता। लोक-साहित्य और लोकप्रिय कला रूप भी कई बार शासक-वर्ग की विचारधारा की अभिव्यक्ति के माध्यम बन जाते हैं। जब जनता की सांस्कृतिक चेतना शासक-वर्ग की विचारधारा के प्रभाव में होती है तो लोक-साहित्य और लोककलाओं में भी यह प्रभाव प्रकट होता है। शासक-वर्ग अपने विचारों और जीवन-मूल्यों को शाश्वत और सार्वभौम विचारों और जीवन-मूल्यों के रूप में प्रचारित करता है और इस प्रचार का शिकार जनता भी होती है। लोक-साहित्य और लोक-कलाओं में व्यक्त अन्तर्वस्तु का बिना विवेकपूर्ण मूल्यांकन किये उनके रूप को यथावत् स्वीकार करना उचित नहीं है। अन्तर्वस्तु को छोड़कर केवल रूप पर ध्यान देना रूपवाद के जाल में फँसना है। अत: लोक-साहित्य, लोककथा और लोक प्रचलित कलारूपों को विवेकपूर्ण मूल्यांकन करने के बाद ही स्वीकारना

या स्वीकार करना उपयोगी होगा।[9] उपर्युक्त स्थापना की पुष्टि के लिए यहाँ एक उदाहरण द्रष्टव्य है जो भोजपुरी भाषा में आपातकाल के दरमियान तब काफ़ी लोकप्रिय था जब सरकार द्वारा जबरन नसबन्दी कार्यक्रम चलाया जा रहा था–

हमार सजनी हो हमार सजनी
नसबन्दी कराव हो हमार सजनी।'

किन्तु, इसी तथ्य का एक दूसरा पहलू हमें वहाँ दिखाई पड़ता है जहाँ कि लोक कलारूपों के सार्थक इस्तेमाल से हमारे समय की काव्य-धारा अत्यन्त समृद्ध हुई है। इस समृद्धि का एक रूप यदि जनवादी कविता एवं जनबोधी नवगीत या जनगीतों में दृष्टिगोचर होता है तो दूसरा रूप लोक संवेदना से जुड़े कवियों की तरल अन्त:प्रकृति की अभिव्यक्ति में साफ़ झलकता है। सच तो यह है कि आज के जनबोधी नवगीतों में जनजीवनगत मन:स्थितियों के मूर्त्तन की दिशा में जनसांस्कृतिक मानवीयता, पेशों से प्रभावित श्रमजीवी स्वभाव, जीवन के स्तर से बँधी रुचि-धारणा, विकास करती पर्वचेतना और सबसे बढ़कर आचरित यथार्थ के आधार पर संस्कार और संघर्ष-शक्ति की सक्रिय द्वन्द्वात्मकता से फलीभूत जन-जिजीविषा के विभिन्न प्ररूपों की अभिव्यक्ति हो रही है। उदाहरण के लिए राजेन्द्र प्रसाद सिंह द्वारा लोक कलारूपों का रचनात्मक उपयोग करते हुए रचित भूस्वामियों के लठैतों के हाथों मारे गये किसी 'मज़ूर के काका' की मौत का बदला लेने वाले एक कुनबे का 'खंजरी-गीत' द्रष्टव्य है जो रचना लम्बे अरसे तक 'जनसंस्कृति मंच' के अनेकानेक कार्यक्रमों में अत्यन्त लोकप्रिय रहा है–

आग पसीने की थी! कहाँ-कहाँ छिपी!
–दिपी-दिपी तुलसी-चौरे में!
देहरी बँधी सूनी आँखें काकी की,
जिनका काजल काका के लहू से धुला,
अँगनई-झुकी टहकी माँग वह बहू की,
सिन्दूर-रंग जलते खलिहान में खुला!
राख कमीनों की थी कहाँ-कहाँ उड़ी!
–दिखी-दिखी कुक्कुर-कौरे में!

अपनी अगुआई तो कहाँ-कहाँ दबी
उठी-उठी नयके छौरे में

हाथ-पाँव हम जिनके
उनसे क्यों डरें?
–एका हो, निबटे चौड़े में!"[10]

इसी प्रकार सन्थाली के एक लोकगीत पर आधारित ठाकुर प्रसाद सिंह की रचनाएँ देखी जा सकती हैं जिससे गुज़रते हुए हिन्दी काव्य की लोकशक्ति एवं लोक-संवेग से जुड़ाव की सार्थकता समझने की ज़रूरत का तीव्र अहसास होता है–

1.
सखि, कहाँ जाऊँ रे,
मोको कहाँ ठाऊँ रे?
आधा मन घरे मोरा
आधा मन बाहिरे
आधा मन लगा मोरा
कुँवारे के साँवरे
सखि, कहाँ जाऊँ रे
मोको कहाँ ठाऊँ रे?[11]

2.
पाँच जोड़ बाँसुरी
बासन्ती रात के विह्वल पल आख़िरी
पर्वत के पार से बजाते तुम बाँसुरी
पाँच जोड़ बाँसुरी
वंशी स्वर उमड़-घुमड़ रो रहा
मन उठ चलने को हो रहा
धीरज की गाँठ खुली लो लेकिन
आधे अंचरा पर पिय सो रहा
मन मेरा तोड़ रहा पाँसुरी
पाँच जोड़ बाँसुरी।[12]

3.
जंगल में आग लपट है झर-झर
राजा की डब-डब है पोखर

जल जाऊँ
डूब मरूँ
कैसे यह विरह तरूँ
दिन-दिन भर
रात-रात
बजता है मादल।[13]

जब 1979 में 'वंशी और मादल' नामक संग्रह के रूप में ऐसे कई गीत प्रकाशित हुए तो पाठकों ने बड़े ज़ोर शोर से इनका स्वागत किया। तब इन गीतों के पाठकीय अभिग्रहण की प्रक्रिया एवं उसके फलाफल पर प्रकाश डालते हुए कवि केदारनाथ सिंह ने सही लिखा था कि "ये गीत नयी कविता के अभ्यस्त पाठकों का केवल स्वाद-परिवर्तन ही नहीं करते बल्कि अपने स्वत:स्फूर्त शैली-विधान के द्वारा उन्हें अनुभूति और अभिव्यंजना के उन आदिम स्रोतों तक ले जाते हैं, जहाँ कविता पहले-पहल शुरू हुई थी।"

किन्तु, इस लोकप्रिय काव्य-संग्रह को लेकर हिन्दी साहित्य जगत में एक जमाने में जो विवाद उठ खड़ा हुआ था उस पर एक नज़र डालने से कलात्मक साहित्य एवं लोक साहित्य के बीच अनिवार्य एवं स्वस्थ अन्त:सम्बन्ध के बजाय इस कृति के कारण एक भ्रम फैलता नज़र आता है।

उल्लेखनीय है कि कवि ठाकुर प्रसाद सिंह ने 'वंशी और मादल' के गीतों को पुस्तकाकार प्रकाशित करवाने के पूर्व पत्र-पत्रिकाओं में सन्थाली लोकगीतों के अनुवाद के तौर पर प्रकाशित करवाया था। परन्तु जब ये गीत पुस्तककार छपे तो भूमिका लिखते हुए उन्होंने सारे गीतों के लिए मौलिक रचनाएँ होने का ज़बरदस्ती भरा दावा पेश कर दिया। ठाकुर प्रसाद सिंह की युक्ति-संगति अगर सही थी कि–'इन गीतों को मैंने श्रोताओं और पाठकों की सुविधा के लिए बार-बार सन्थाली गीतों का अनुवाद कहा है, वस्तुत: मैंने अनुवाद किये भी नहीं थे। सन्थाली गीतों के ताप से मैंने अपनी कविता का परिष्कार किया था'[14] तब स्वाभाविक था कि अपनी ऐसी मौलिक कविताओं के प्रति ममत्व के तकाज़े पर 'प्रतीक' में उनका विरोध-पत्र प्रकाशित होता, जिसके मार्च, 1952 अंक में बतौर सम्पादक अज्ञेय ने उनके चार सन्थाली गीत प्रकाशित कर अनुवादक की हैसियत से उनका नाम छापा था तथा मूल गीतों की संवेदना और स्वर-लिपि तक वही रखने की प्रशंसा करते हुए लिखा था–'सन्थाली गीतों के अनुवाद देवधर विद्यापीठ के अध्यक्ष ठाकुर प्रसाद सिंह ने

किये हैं। उन्होंने अनुवाद में मूल गीतों की संवेदना को ताज़ा कर दिया है। स्वर-लिपि भी लगभग वही रखी है।'[15]

कहना न होगा कि अज्ञेय की ऊपर उद्धृत पंक्तियों से स्वत: सिद्ध होता है कि बतौर सम्पादक 'प्रतीक' वे मूल सन्थाली गीतों के शब्द और स्वर से अनूदित रचना का मिलान करके ही उक्त निष्कर्ष पर पहुँच सके थे। यदि ठाकुर प्रसाद सिंह का दावा सच होता है तो 1953 ई. के अप्रैल में अपने ही सम्पादन में प्रस्तुत पत्रिका 'गोधूलि' में देवेन्द्र सत्यार्थी के लेख में उद्धृत अपने गीतों की तारीफ़ सन्थाली गीतों के सफल अनुवाद के रूप में छपने नहीं देते–'श्री ठाकुर प्रसाद सिंह द्वारा अनूदित इस प्रकार के कुछ और सन्थाली लोकगीत भी इधर प्रकाशित हुए हैं। इन अनुवादों में बड़ी ताज़गी है। मुझे लगता है कि इनमें हिन्दी कविता का नया वातायन खुल रहा है।'[16]

यहाँ ध्यातव्य है कि 1982 ई. में प्रकाशित संकलन 'नवगीत दशक-1' में श्री ठाकुर प्रसाद सिंह ने अपने लेखकीय वक्तव्य में देवेन्द्र सत्यार्थी की उक्ति को ही थोड़ा परिवर्तित कर अज्ञेय की उक्ति के रूप में प्रचारित करते हुए लिखा था कि-'जहाँ तक मेरे गीतों का सम्बन्ध है, सन् 1951 में पहली बार मेरे कुछ गीत प्रकाश में आये, तब उनमें श्री अज्ञेय को हिन्दी कविता के नये वातायन खुलते दीख पड़े थे।'[17]

इस विवाद के मद्देनज़र यह कहना अनुपयुक्त नहीं होगा कि कवि ठाकुर प्रसाद सिंह ने जिन सन्थाली गीतों के ताप से अपनी रचनाओं का परिष्कार किया यदि उनका प्रकाशन भी 'वंशी और मादल' के साथ ही हो गया होता तो आज तक यह भी जाँचा-परखा जा चुका होता कि उनका दावा किस हद तक सही है।

कवियों द्वारा सस्ती लोकप्रियता के चक्कर में पड़ कर काव्य-सृजन के महत् उद्देश्य को ही दरगुज़र कर देने जैसी अनेकानेक दुर्घटनाएँ गम्भीर व कलात्मक साहित्य के क्षेत्र में कम नहीं हैं। और, स्पष्ट ही इस क्रम में कथाकारों की ही तरह कवियों ने भी कई बार काम-संवेदनात्मक कल्पना का आडम्बर खड़ा किया है। उदाहरण के लिए ज्ञानपीठ जैसे प्रतिष्ठित साहित्यिक पुरस्कार से सम्मानित काव्यकृति 'उर्वशी' की संक्षिप्त चर्चा प्रासंगिक होगी जिसे व्यंग्य से मुक्तिबोध ने एक 'विलक्षण' काव्य कहा है। उनके मुताबिक़ दैहिक काम संवेदनाओं की परिपूर्ति में परमतत्त्व के साक्षात्कार का प्रयत्न ही इस विलक्षणता को जन्म देता है। कृत्रिम मनोविज्ञान ही इस विलक्षणता का प्राण है। ...उसमें एक दुर्निवार कामुक अहं ने अस्वाभाविक ढंग से आध्यात्मिक मुकुट पहनने की कोशिश की है। ...यह मनोवैज्ञानिक कृत्रिमता कामानुभवों के आधार पर ज़बरदस्ती उत्तेजित की गयी उस

कल्पना-क्रिया से प्रकट होती है कि जिस कल्पना क्रिया द्वारा कामस्पन्दनों को अत्यन्त बृहद् और गहन रूप दिया गया है, आकाश-पाताल एक किया गया है। ..काम-संवेदनाएँ वस्तुतः ऐकान्तिक, व्यक्तिगत और निजी विषय हैं। ..तब तो और भी निजी ऐकान्तिक और आत्मीय, जब कि स्त्री और पुरुष उन पर बातचीत करते हों। ऐसी स्थिति में उनमें आडम्बर नहीं होता। किन्तु पुरुरवा और उर्वशी की बातचीत में ऐसा शब्दाडम्बर है कि मानो शब्द-सुख द्वारा, ध्वनि-सुख द्वारा, अवचेतन वासनाओं की तृप्ति की जा रही हो।

"....उर्वशी में कोई रोमांटिक उन्मेष, शृंगार की ताज़गी तथा स्फूर्ति नहीं है। इसके विपरीत, उसमें फूलों का सड़ापन है।"[18]

....पर मैं बाधक नहीं बनूँगी रहो भूमि या नभ में
वक्षस्थल पर इसी भाँति मेरा कपोल रहने दो
कसे रहो बस इसी तरह उर पीड़क आलिंगन में
और जलाते रहो अधर पुट को कठोर चुम्बन से।

इस तरह की काव्य-प्रवृत्ति को अपने वर्ग-हित में प्रोत्साहित करने वाली नियामक शक्तियों को बेनकाब करते हुए मुक्तिबोध ने लिखा है कि "सांस्कृतिक क्षेत्र में सर्वाधिक प्रभावशाली वर्ग, यदि वह शासक वर्ग से सम्बन्धित हो, तो वह अपनी रचनाओं द्वारा ऐसी भाव-धाराओं और मनोवृत्तियों का प्रचार चाहता है, जिनसे व्यक्ति-मन अधिकाधिक निजबद्ध होता जाये, और विषमता ग्रस्त समाज की बुनियाद की ओर उसका ध्यान न जा सके। काम-संवेदनाओं के घेरे में व्यक्ति चेतना सीमित कर देने से उक्त उद्देश्य खूब पूरा होता है।"[19] ज़ाहिर है कि हिन्दी काव्य-सृजन के क्षेत्र में केवल दिनकर इस प्रवृत्ति के अकेले उदाहरण नहीं हैं। 'वर्ग-भावना सटीक' शीर्षक कविता में जब अज्ञेय लिखते हैं–

हम लोगों का एकमात्र श्रम है-सुरति श्रम
उस अन्त्यज का एकमात्र सुख है-मैथुन सुख।

–तो प्रकारान्तर से यहाँ भी अन्तर्वस्तु के स्तर पर काम-संवेदनाओं के घेरे में व्यक्ति चेतना को सीमित कर देने वाली पश्चगामी प्रवृत्ति दृष्टिगोचर होती है। आज यह बताना ज़रूरी नहीं है कि सुविधाभोगी वर्ग का श्रम न तो कभी 'सुरति श्रम' मात्र रहा है और न ही दुनिया के किसी हिस्से में आज वैसे रह गया है। ठीक यही

बात समाज के निम्नतम वर्ग के सन्दर्भ में भी सौ फ़ीसदी सही है। सच तो यह है कि गम्भीर एवं कलात्मक कविता के क्षेत्र में रचनाकार की वैचारिक उलझनों तथा 'पॉपुलिस्ट एप्रोच' के कारण ही ऐसी भ्रमोत्पादक काव्यपंक्तियाँ दिखाई पड़ती हैं।

कवियों के 'पॉपुलिस्ट एप्रोच' का अन्य ज़बरदस्त पहलू हमें वहाँ दिखाई पड़ता है जहाँ कि कविता के माध्यम से राष्ट्रीयता के नाम पर पाठकों में मिथ्या चेतना पैदा करने की चेष्टा की जाती है। ज़ाहिर है कि स्वतन्त्रता के पहले अंग्रेज़ों या विदेशी साम्राज्यवादियों से लड़ना ही राष्ट्रीयता नहीं थी, वह सब भी राष्ट्रीय था जो हमारी इस लड़ाई को कमज़ोर करता था। ग़रीबी, पिछड़ापन और बीमारियों से लड़ना भी राष्ट्रीय धर्म था और अशिक्षा, अन्धविश्वास, धार्मिक रुढ़ियाँ, छूआछूत, नारी-दासता, ऊँच-नीच सभी के खिलाफ़ लड़ना राष्ट्रीयता और स्वतन्त्रता संग्राम का हिस्सा था। अर्थात् साम्राज्यवादी अंग्रेज़ों ने अपनी सुरक्षा और सुविधा के लिए जिन सामन्तों और सामन्तशाही को पाल-पोसकर बनाये रखा–उनसे लड़ना भी राष्ट्रीय मुक्ति-संघर्ष ही था। ....राष्ट्रीय गौरवगान, युद्ध का संकल्प और सैनिकों का अभिनन्दन, विजय का विश्वास और देश के भौगोलिक सौन्दर्य पर मुग्ध उच्छ्वास, यह सब राष्ट्रीयता का एक बहुत छोटा मुखड़ा था।[20] स्पष्ट ही तब जिन कवियों के 'अन्त:करण का आयतन' अत्यन्त संक्षिप्त था, वे उपर्युक्त इसी छोटे मुखड़े को ही अपने सृजन की मुख्य धुरी मान बैठे थे। उल्लेखनीय है कि अतिरिक्त लोकप्रियता के आग्रह तथा कलात्मक संयम के अभाव के चलते राष्ट्रीयता को इकहरे रूप में चित्रित करनेवाले कवियों में और तो और राष्ट्रकवि मैथिलीशरण गुप्त भी शामिल रहे हैं। उदाहरण के लिए उनकी 'ध्वजवन्दना' शीर्षक प्रसिद्ध कविता की संक्षिप्त चर्चा प्रासंगिक होगी जो 15 अगस्त, 1947 से सम्बद्ध है। 'ध्वज-वन्दना' शुरू होती है 'निज विजय पताका फहरे' से। कविता में एक-एक कर राष्ट्र-ध्वज का पूरा हुलिया बयान किया गया है, क्योंकि 'हमें विजय का सूत्र मिला है इसी चक्र के द्वारा।' कविता में 'सूत्र' और 'चक्र' का श्लेष द्रष्टव्य है। फिर उस 'चक्र' को 'सुदर्शन' भी कहा गया है। पूरी कविता ऐसे अनेक आलंकारिक चमत्कारों से भरी पड़ी है। छन्द पर दृष्टि डालें तो लगता है कि ध्वज से अधिक ध्यान 'फहरे' के तुकों पर है। अकारादि क्रम से जिस प्रकार 'फहरे' के बाद घहरे, ठहरे, छहरे और थहरे को जमाया गया है, वह राष्ट्रकवि का अपना वैशिष्ट्य है। निस्सन्देह इसमें राष्ट्रीयता के साथ विश्व-भावना की भी व्यापकता है, अपनी स्वतन्त्रता के साथ सबके मुक्तिमन्त्र पाने की कामना भी की गयी है और 'सब समान भागी जीवन के' कहकर साम्य का भी महान् आदर्श

दोहराया गया है। (जिसके कारण यह समाजशास्त्रीय अर्थों में लोकप्रिय कविता नहीं है!) किन्तु कुल मिलाकर कविता? 'विजयी विश्व तिरंगा प्यारा। झण्डा ऊँचा रहे हमारा' सीधी सपाट, अनलंकृत और अत्यन्त साधारण होते हुए भी इस काव्यात्मक ध्वजवन्दना से कहीं अधिक ओजपूर्ण और प्रभावशाली प्रतीत होती है–बावजूद अपने अन्ध राष्ट्र प्रेम के।[21]

ग़ौरतलब है कि तथाकथित राष्ट्रीयतावादी एवं अन्धराष्ट्रवादी कविताओं की लोकप्रियता का सबसे महत्त्वपूर्ण कारण यह कि ऐसी रचनाएँ पाठकों एवं श्रोताओं को वर्तमान की जटिलताओं तथा मुश्किलात से रू-ब-रू कराने के बजाय उन्हें अतीत की गौरवमयी सुरक्षित शरणस्थली में ले जाती हैं जहाँ वे तत्काल विश्रान्ति का अनुभव करते हैं। स्पष्ट ही इस प्रकार की कविताओं में राष्ट्रीय एवं सांस्कृतिक गरिमा की ऐतिहासिक तथा पुनरुत्थानवादी गौरवगाथा की अधिकता होती है तथा इनके पाठक एवं श्रोता वर्तमान से पलायन कर तथा अतीत की सुखद स्मृतियों में डूबकर क्षणिक तोष प्राप्त करते हैं। स्पष्ट ही ऐसी कविताएँ तब सबसे ज़्यादा लिखी जाती हैं जब देश बाहरी आक्रमण से जूझ रहा होता है। किन्तु, ऐसी स्थिति में काव्य-क्षेत्र में कई बार घोर प्रतिक्रियावादी प्रवृत्तियों के आत्यन्तिक उभार की वजह से राष्ट्रीयतावाद उस सीमा का अतिक्रमण करने लग जाता है जिसे पार करने पर कविता का स्वर राष्ट्रीयतावाद के बजाय फ़ासिस्टवाद से ज़्यादा नज़दीक पहुँच जाता है। उदाहरण के लिए भारत-पाक युद्ध के दरमियान रचित श्री छैल बिहारी वाजपेयी की युद्धोन्मादी कविता का एक अंश द्रष्टव्य है।

'जब तक लाहौर कराची से गिर जाता सब्ज निशान नहीं
जब तक भुट्टो का भाल काट, होती कृतार्थ कृपाण नहीं
जब तक दुनिया के नक़्शे से मिट जाता पाकिस्तान नहीं,
तब तक स्वदेश की सेना का लौटेगा एक जवान नहीं।'

इसी प्रकार उदय प्रताप सिंह नामक कवि द्वारा रचित एक तथाकथित राष्ट्रीय चेतना की कविता का एक अंश देखा जा सकता है जिसमें पाकिस्तान द्वारा धर्म के नाम पर कश्मीर का दावा पेश करने का विरोध किया गया है–

'कश्मीर अगर हम दें भी दें तो ताजमहल माँगोगे तुम
सहगल के स्वरों में ग़ालिब का अन्दाज़-ए-बयाँ माँगोगे तुम।'

ज़ाहिर है कि कविता के नाम पर लिखी गयी ऐसी अनेकानेक उक्तियों में वस्तुत: कविता के बजाय महज सपाटबयानी होती है लेकिन एक ख़ास ऐतिहासिक सन्दर्भ में ये उक्तियाँ काफ़ी लोकप्रिय हुईं, जैसे कि कवि शम्भुरत्न मिश्र 'हिमांशु' द्वारा पाकिस्तानी शासक याहिया ख़ान को लिख यह ख़ुला खत—

ख़ान साहब! तुम भी अपने हो, जनम से भारती हो,
यह अलग की बात, बदअक्ल और शरारती हो।

हिन्दी में बड़े पैमाने पर राष्ट्रवादी लोकप्रिय कविता लिखने वालों में जहाँ पुरानी पीढ़ी के सोहनलाल द्विवेदी, दिनकर, नेपाली, मनोरंजन प्रसाद सिंह, श्यामनारायण पाण्डेय आदि के नाम उल्लेखनीय हैं, वहीं नयी पीढ़ी के कवियों में बाल कवि बैरागी, बेकल उत्साही, बसीर अहमद मयूख, देवी प्रसाद राही, बालस्वरूप राही, पारसनाथ भ्रमर, सोम ठाकुर, देवराज दिनेश, राधेश्याम प्रगल्भ, रामावतार चेतन, तारा प्रकाश जोशी, दामोदर स्वरूप विद्रोही, दीप नारायण शुक्ल, बजेन्द्र अवस्थी जैसे अनेकानेक कवि शामिल हैं। कुछेक अपवादों को छोड़कर इन कवियों की रचनाओं में सम्यक आलोचनात्मक विवेक के बग़ैर ही राष्ट्र के प्राचीन गौरव का महिमामंडन तथा युद्ध के दरमियान शत्रु राष्ट्रों की तुच्छता, सांस्कृतिक हीनता आदि को बढ़ा-चढ़ाकर व्यक्त किया जाता रहा है। दूसरे शब्दों में कहें तो दिनकर, नेपाली आदि गिने-चुने कवियों की कुछ कविताओं तथा कृतियों को छोड़कर ज़्यादातर इन तथाकथित राष्ट्रीयतावादी कविताओं में आलोचनात्मक चेतना का बिल्कुल अभाव है। फलत: ऐसी कविताओं में देशप्रेम को लेकर अतिशय भावुकता की एकांगी अभिव्यक्ति हुई है जिसका साफ़ असर इनकी अन्त:प्रकृति व रूप-रचना पर भी देखा जा सकता है। सच तो यह है कि रूप के स्तर पर ऐसी कविताओं में सार्थक एवं उपयुक्त शब्दों में ध्वनि गुणों के बजाय तुकबन्दी का व्यामोह दिखाई देता है। चूँकि तुकान्त पंक्तियाँ पाठकों एवं श्रोताओं की स्मृति में आसानी से उतर जाती हैं इसलिए वे लोकप्रियता के मंज़िल पर आसानी से पहुँच जाती हैं। श्यामलाल गुप्त 'पार्षद' रचित 'विजयी विश्व तिरंगा प्यारा झण्डा ऊँचा रहे हमारा' इसका बेहतर उदाहरण है जिस झण्डा गीत को 1938 के कांग्रेस अधिवेशन में स्वीकार किया गया था। इसी प्रकार चीन से युद्ध के बाद कवि प्रदीप रचित 'ऐ मेरे वतन के लोगों ज़रा आँख में भर लो पानी/जो शहीद हुए हैं उनकी ज़रा याद करो क़ुर्बानी' की लोकप्रियता स्वयंसिद्ध है।

इसी छन्दगत अनुशासन और तुकबन्दी से लगातार दूरी बनाये रखने की वजह से आज भी अधिकतर मुक्त छन्द की श्रेष्ठ कविताएँ भी जनमानस में अपने लिए कोई जगह नहीं बना पा रही हैं। किन्तु इन सारी बातों के बावजूद आलोचनात्मक विवेक रूपी मेरुदण्ड के अभाव में कुछ अपवादों को छोड़कर अधिकांश तथाकथित राष्ट्रवादी कविताओं का कोई स्थायी साहित्यिक महत्त्व नहीं होता। एक ख़ास समय में लोकप्रियता की दृष्टि से गम्भीर साहित्य को बहुत पीछे छोड़ जाने वाली कविताओं का प्रभाव कालान्तर में क्षरित हो जाता है और अन्ततः उनकी प्रासंगिकता पर प्रश्नचिह्न लग जाता है। साफ़ शब्दों में कहें तो आज पूरे देश में व्याप्त भ्रष्टाचार, महँगाई, भुखमरी, बुद्धिजीवियों तथा किसानों द्वारा की जा रही आत्महत्याएँ, हिंसा, सांप्रदायिकता एवं जातिवाद और घर-घर में फूटती दहेज की लपटों को नज़रअन्दाज कर राष्ट्र की प्राकृतिक सुषमा एवं गौरवमय अतीत को राष्ट्रीयतावादी कविता के नाम पर शब्दबद्ध करना हास्यास्पद ही नहीं, बल्कि अश्लील भी है। राष्ट्रीयता को लेकर आलोचनात्मक चेतना-सम्पन्न कवि का सृजन कैसे हो, इसका उदाहरण है रघुवीर सहाय की 'अधिनायक' शीर्षक सुप्रसिद्ध कविता–

राष्ट्रगीत में भला कौन वह
भारत भाग्य विधाता है
फटा सुथन्ना पहने जिसका
गुन हरचरना गाता है।
मखमल टमटम बल्लम तुरही
पगड़ी छत्र चँवर के साथ
तोप छुड़ाकर ढोल बजाकर
जय-जय कौन कराता है।
पूरब-पच्छिम से आते हैं
नंगे-बूचे नरकंकाल
सिंहासन पर बैठा, उनके
तमगे कौन लगाता है।
कौन-कौन है वह जन-गण-मन
अधिनायक वह महाबली
डरा हुआ मन बेमन जिसका
बाजा रोज़ बजाता है।

(प्रतिनिधि कविताएँ, पृ. 46)

इस सन्दर्भ में अन्तिम बात यह कि आज के कवि के लिए बहुत ज़रूरी है कि वह औपनिवेशिक विकृतियों और सामन्ती प्रवृत्तियों के आधारों पर चोट करते हुए राष्ट्रीय गौरव की पुरानी ख़ुमारियों से उबकर अपने समय के मुताबिक़ राष्ट्रीयता के नये स्वरूप की पहचान कर उसे लोककला रूपों के माध्यम से व्यक्त करे। स्पष्ट ही नागार्जुन, केदारनाथ अग्रवाल एवं त्रिलोचन जैसे प्रतिबद्ध जन कवियों के यहाँ ऐसी रचनात्मक कोशिशें सफल हुई हैं। भारत की मौजूदा संसदीय जनतान्त्रिक प्रणाली की बखिया उधेड़ते हुए नागार्जुन द्वारा रचित एक कविता के अंश द्रष्टव्य हैं जिसमें रचना के स्तर पर हिन्दी क्षेत्र में प्रचलित एक लोक शैली का सार्थक इस्तेमाल किया गया है।

चना ज़ोर गरम प्यारे
मैं लाया मज़ेदार चना जोर गरम!
चना खाएँ कांग्रेसी लोग
कि जिनमें दुनियाभर के रोग
साधते सत्त-अहिंसा-योग
लगाते फिर भी सब कुछ भोग
पहनते हैं खद्दर का चोग
नहीं है देस-कोस का सोग
राज से ना हो जाये वियोग
इसी से फैलाते हैं फोग
वोट पाने का है उद्योग
भिड़ाते हैं छल-बल का जोग
वतन को बना दिया बाज़ार
प्रजा को छोड़ दिया मझधार
चना जोर गरम...
वोट देना तुम उनके नाम
कि वे ही हैं इसके हक़दार
आम पब्लिक के सेवादार
चना जोर गरम प्यारे, मैं लाया मज़ेदार
चना जोर गरम!

(इस गुब्बारे की छाया में, पृ. 79)

टी.एस. इलियट का मानना है कि प्रत्येक देश और जाति की अपनी रचनात्मक मनोवृत्ति के साथ ही एक ख़ास तरह की आलोचनात्मक मनोवृत्ति भी होती है।[22] किन्तु, रचनात्मक एवं आलोचनात्मक मनोवृत्तियों के बीच पारम्पारिक विभाजक दृष्टि से अलग हटकर विचारने से स्पष्ट होता है कि जहाँ श्रेष्ठ आलोचना की प्रकृति प्रायः रचनात्मक होती है वहीं महान रचनात्मक कृतियाँ भी किसी-ना-किसी रूप में पाठक की आलोचनात्मक चेतना के विकास में अवश्य सहायक होती हैं। यही वह ज़रूरी ऊर्जा है जिसके अभाव में कोई कविता कला के आसन्न से च्युत होकर लोकप्रिय कविता की कोटि में शुमार होती है। आलोचनात्मक चेतना के विकास का अर्थ है : जनता में अपने समय तथा समाज में घटित हो रही विभिन्न सामाजिक, आर्थिक, राजनीतिक एवं सांस्कृतिक प्रक्रियाओं के तमाम पहलुओं की वस्तुनिष्ठ समझ का विकास। इस दृष्टि से हिन्दी काव्य परिदृश्य पर विचारने से स्पष्ट होता है कि जो कविताएँ अन्तर्वस्तु की दृष्टि से जनता की आलोचनात्मक चेतना के विकास में सहायक हो सकती हैं, वे रूपगत जटिलता के चलते आम पाठक तक सम्प्रेषित ही नहीं हो पा रही हैं और जिस तरह की कविताएँ आम पाठकों के बीच लोकप्रिय हैं, उनमें ऐसी क्षमता प्रायः नहीं है। वस्तुतः कविता और ख़ासतौर से गम्भीर एवं कलात्मक कविता के सन्दर्भ में यह एक बहुत ही बड़ा संकट है जिसके कई आयाम हैं। सच तो यह है कि आज की श्रेष्ठ कही जाने वाली कविताओं के पाठकों का दायरा लगातार सिमटता चला जा रहा है और कुल मिलाकर उसमें कविगण, लघु पत्रिकाओं के सम्पादक तथा कविता के आलोचक ही रह गये हैं। ऐसे में सबसे ज़्यादा हैरानी की बात यह है कि हमारे समय के अधिकतर बड़े कवि आलोचकों से प्रशंसा पाने तथा साहित्यिक पुरस्कारों के लिए ज़्यादा चिन्तित दिखाई देते हैं। दूसरी बात यह है कि हमारे समय में जिस प्रकार केवल भावपूर्ण गद्य को गम्भीर कविता के नाम पर परोसा जा रहा है उसके दुष्परिणामस्वरूप 'मानवता की मातृभाषा' कही जाने वाली यह विधा अपनी स्वाभाविकता एवं प्रभावान्विति खोती जा रही है। आलोकधन्वा इस कटु यथार्थ को स्वीकारते हुए लिखते हैं–

मैं क्यों नहीं लिख पाता हूँ वैसी कविता
जैसे बच्चों की नींद होती है
ख्वाब होता है।
पके हुए जामुन का रंग होता है
मैं वैसी कविता क्यों नहीं लिख पाता।

जैसे माँ के नंगे शरीर में नये पुआल की महक होती है
जैसे बाँस के जंगल में हिरण के पसीने की गन्ध होती है
खरगोश के कान होते हैं
और ग्रीष्म के बीहड़ एकान्त में
नीले जल-पक्षियों का मिथुन होता है।

गौरतलब है कि भाषिक अभिव्यक्ति का बुनियादी रूप होने के बावजूद कविता केवल शब्द-विधान नहीं है। वह भाव, अनुभूति, छन्द, लय, प्रवाह आदि का जीवन्त एवं संगतिपूर्ण कलात्मक संयोजन है। स्पष्ट ही इनमें सापेक्षिक दृष्टि से भावपक्ष सर्वाधिक महत्त्वपूर्ण होता है, क्योंकि भाव के प्रबल आवेग से युक्त कविता कलात्मकता के मानदण्डों पर पूर्णतः खरी उतर सकने के बावजूद तिरस्कृत नहीं की जा सकती। कहना न होगा कि भाव की तीव्रता अनुभूति की गहराई पर आश्रित होती है और यह अनुभूति ही कवि की माँ होती है जिसमें वह रमण करता है–

तुम मेरी हो और मैं तुम्हारा इष्ट देवता हूँ
और कवि हूँ
तुम मुझे जन्म देती हो
और मेरे साथ रमण करती हो।

–राजकमल चौधरी

किन्तु, इन सारी बातों के बावजूद यह सच है कि हमारे समय में कविता के नाम पर लिखी जा रहीं भावपूर्ण गद्यपंक्तियाँ एक सीमा से आगे न तो बढ़ सकती हैं और ना ही बढ़ पा रही हैं। ऐसे लेखन का अपना महत्त्व हो सकता है और एक नवीन विधा के रूप में इसकी अलग पहचान भी बन सकती है, पर इसे कविता के नाम पर पुरस्कृत करना वस्तुतः कविता की अपनी स्वाभाविक एवं संरचनात्मक मौलिकता पर हमला बोलना है जो कि इस विधा के अस्तित्व और इसकी निजी विशेषता के साथ घोर अन्याय है। अतः यह कहना अनुपयुक्त न होगा कि हमारे समय की कविता से औसत पाठकों के अपरिचय का एक महत्त्वपूर्ण कारण है कवियों द्वारा छन्दमुक्त गद्यात्मक कविता में भाषा, सुर, ताल, लय, छन्द, तुक एवं संगीत के नितान्त अमूर्त्त समन्वय और सामंजस्य की अस्वाभाविक कोशिश। प्रसंगवश 'कवियों का कवि' के रूप में विख्यात शमशेर बहादुर सिंह द्वारा इस मुद्दे को लेकर दिए गये तर्क पर दृष्टिपात करना उपयुक्त होगा। शमशेर ने लिखा है कि "प्रगतिशील रचनाधर्मिता से

आज के तकाज़ों को लेकर मेरे मन में जो सवाल अक्सर उठता है, वह सीधे-सीधे यह है : प्रगतिशील रचनाकार कवि विशेषतः किसके लिए लिख रहा है? उत्तर तो सब यही देंगे–जनता के लिए। मगर किस जनता के लिए? रचनाओं के आधार पर विश्लेषण करता हूँ तो साफ़ नज़र आता है: सब लोग वस्तुतः अपने परिचित जैसे समानधर्मा साहित्यकारों के लिए लिखते हैं। 'जनता' इसका केवल अपना सीमित परिवेश ही है और यह जनता कोई बड़ी व्यापक जनता भी नहीं (मैं केवल कविताओं तक अपने को सीमित रख रहा हूँ)। शब्दों में उस विशाल जनता का आवाहन हुआ करे। उससे कोई फ़र्क नहीं पड़ता।"

अगर वास्तव में व्यापक जनता, मध्यवर्ग, मज़दूर-किसान जनता, सबके लिए लिखने का उद्देश्य प्रमुख है तो पहले जानना होगा कि उस व्यापक जनता की भाषा क्या है, उनके मुहावरे, तेवर और अन्दाज़ क्या हैं, कैसे हैं। कैसे छन्द-प्रवाह, किस प्रकार की लय या पद-योजना उस भाषा के लिए सहज स्वाभाविक होगी और मुख्य बात यह होगी कि जनता अपनी विशिष्ट समस्याओं को स्वाभावतः किस ढंग से व्यक्त करती है। क्या उसका प्रयोग हमारे लिए अनिवार्य अथवा आवश्यक नहीं? हमारे मुक्त छन्द प्रायः स्टेटमेंट ही होकर रह जाते हैं, कविता नहीं बन पाते, और प्रायः पत्रकारीय या साहित्यिक आधुनिक गद्य के टुकड़े मात्र रहते हैं। केवल हम उन्हें कविता कहने के आदी हो गये हैं।

दूसरी, मेरी मान्यता है कि यह मुक्तछन्द का रूप जो इस क़दर आम हो गया है, वास्तव में हिन्दी खड़ी बोली भाषा की काव्य प्रकृति-अर्थात हमारे व्यापक समूह की सहज आन्तरिक आकांक्षाओं के अनुकूल नहीं पड़तीं। यह काव्यरूप आज भी विघटनशील ह्रासोन्मुख नागर सभ्यता के पत्र-पत्रिकाओं द्वारा प्रकाशित-प्रचारित फ्रेम में फिट होकर रह गया। तिस पर भी यह आज की ज़रूरतों के लिए असफल सिद्ध हुआ है। आज खड़ी बोली हिन्दी कविता की परवाह वास्तव में कितने लोग करते है : यानी आम साधारण जनता में? यह कुल मिलाकर विशेष सर्किल की ही चीज़ हो रही है। आम आदमी को इसमें विशेष कुछ नहीं मिलता। यानी ऐसा कुछ नहीं, जैसा कि बड़े क्लासिक कवियों में पाया जाता है। [23]

कहना न होगा कि कवि शमशेर के ऊपर उद्धृत इस लम्बे वक्तव्य में समकालीन कविता की एक दुखती रग पर उँगली रखी गयी है जिससे रू-ब-रू हुए बिना हम अपने समय की कलात्मक एवं गम्भीर कही जाने वाली कविताओं की अलोकप्रियता के कारणों की छानबीन नहीं कर सकते जिसकी वजह से वह गैप पैदा होता है, जिसे भरने का अनुकूल अवसर पाकर बड़े पैमाने पर लोकप्रिय साहित्य का उत्पादन

होता है। ज़ाहिर है कि हाल के दशकों में कविता के सन्दर्भ में मंचीय कवियों ने इसका जमकर फ़ायदा उठाया है। आजकल कवि सम्मेलनों एवं कवयित्री सम्मेलनों से लोकप्रिय कविता के उत्पादकों को जो आय होती है उसकी तुलना में आज हिन्दी के किसी भी बड़े कवि को कविता पुस्तक से मिलने वाली रायल्टी की राशि नगण्य ही मानी जायेगी। ग्राम्शी के शब्द उधार लें तो ऐसी रचनाएँ 'नेशनल पॉपुलर' नहीं, बल्कि 'पॉपुलिस्ट एप्रोच' वाली होती हैं जिनके उत्पादकों का एकमात्र लक्ष्य अधिकाधिक धन कमाना होता है। दूसरे शब्दों में कहें तो ऐसे कवि काव्य-सृजन के बजाय कविता का व्यवसाय करते हैं जिसमें मानवीय उपस्थिति के लिए कोई अवकाश नहीं होता।

इस मुद्दे पर यदि व्यापक सन्दर्भ में विचारें तो स्पष्ट होगा कि जीवन के हर क्षेत्र में व्यावसायिकता के बढ़ते दबाव के इस युग में पुस्तक-प्रकाशन के लिए अपने रुपयों की होली खेल सकने वाले गिने-चुने समर्थ लेखकों को छोड़कर ज़्यादातर लेखक किसी-न-किसी रूप में व्यावसायिक अनुकूलन झेलने के लिए अभिशप्त हैं। प्रसंगवश हिन्दी के एक बड़े प्रकाशक द्वारा कवि राजेन्द्र प्रसाद सिंह को भेजे एक पत्र का एक अंश द्रष्टव्य है जिसमें साफ़ शब्दों में व्यावसायिकता को 'डिफ़ेन्ड' किया गया है–"मेरी अपनी सहानुभूति, एबनार्मल, साइकोसोमेटिक, ऑटो सजेशन से भरपूर किसी कृति के प्रति स्वाभावतः नहीं है। फिर आपने नॉन-कमर्शियल का विशेषण भी दिया है। कृति जब छपेगी और विक्रयार्थ बाज़ार में पहुँचेगी तो खुद-ब-खुद कमर्शियल हो जायेगी। सच्चाई की बात तो यह है कि आप कोई कृति लिखकर उसे विक्रयार्थ छपी हुई देखना चाहते हैं, तो धन्धा करते हैं और जब मैं किसी कृति को छापकर प्रकाशित करता हूँ तो मैं भी इसी धन्धे में हूँ। यदि उस धन्धे के प्रति वितृष्णा और घृणा का भाव लेकर आपने किसी कृति का सृजन किया है तो क्या होगा?"[24]

यहाँ ग़ौर करने की बात यह है कि प्रकाशक जहाँ काव्य-कृति या किसी पुस्तक का व्यवसाय करता है वहीं लोकप्रिय साहित्य के उत्पादक या मंचीय कवि साहित्य या कविता मात्र को व्यावसायिक बना डालते हैं। इस सन्दर्भ में एक और विचारणीय बात यह है कि क्या व्यावसायिकता का असर साहित्य की तमाम विधाओं पर एक-सा होता है?

कविता को आज की केन्द्रीय विधा तथा कहानी को सबसे लोकप्रिय विधा के रूप में रेखांकित करते हुए मैनेजर पाण्डेय का कहना है कि कहानी और कविता में

एक फ़र्क तो है ही कि कहानी आज के ज़माने में, इस ज़माने को व्यक्त तो करती है पर साथ ही आज के ज़माने की विकृतियों का शिकार होने की जितनी सम्भावना कहानी में है, उतनी कविता में नहीं है। एक ख़ास सीमा के बाद आप कविता को बिगाड़ नहीं सकते पर कहानी को व्यावसायिक बनाने की सम्भावनाएँ बहुत हैं। इसलिए कहानी लोकप्रिय विधा है। ...पर मुझे अब तक यह मानने में कठिनाई है कि वह सबसे केन्द्रीय विधा है और उसका कारण यह है कि व्यावसायिक होने की सम्भावना और व्यावसायिकता के ख़तरे सबसे अधिक कहानी के साथ जुड़े हैं।

यह ठीक है कि कथा, कहानी का अर्थ विस्तार बहुत दूर तक पहुँचता है, पर केन्द्रीय विधा का निर्णय इतने मात्र से नहीं होता कि अनेक विधाओं में कौन-सी विधा ज़्यादा महत्त्वपूर्ण है? केन्द्रीय विधा का निर्णय असल में इस बात से होता है कि कौन-सी विधा अपने समय में, अपने समय और समाज की जटिलताओं को व्यक्त करने वाली महत्त्वपूर्ण और मुख्य विधा है। इसी के साथ यह भी सच है कि कई बार एक महत्त्वपूर्ण रचनाकार किसी बहुत हाशिये की विधा में आकर भी उसको केन्द्र में ला देता है।

किन्तु, मंचीय कविता को दृष्टिपथ में रखकर व्यावसायिकता के मुद्दे पर यदि विचार किया जाये तो स्पष्ट होगा कि मंचीय कविता की अपेक्षा कहानी में व्यावसायिकता उतनी अधिक सम्भावित नहीं है। इस सन्दर्भ में मैनेजर पाण्डेय के मत का खण्डन करते हुए राजेन्द्र यादव ने सही लिखा है कि कहानी की व्यवसायिकता जहाँ फ़िल्म वग़ैरा में जाकर वल्गराइज होती है वहाँ कविता तो कविता के ही क्षेत्र में वल्गराइज हो जाती है और उस समय अपना बचाव एक एलिट क़िस्म की कविता से करने की कोशिश होती है जो स्पष्ट ही सीमित वर्ग की आपसी चीज़ बनकर रह जाती है।[25] इसके साथ ही यह भी ध्यातव्य है कि कविता में जब कभी दुस्साहसिकता, कल्पना की उड़ान तथा नवाचार की प्रवृत्ति शिथिल हुई है, व्यंजना एवं अन्तर्ध्वनियाँ विपन्न हुई हैं तथा गहरी आन्तरिकता और कठिन आत्मसंघर्ष से साक्ष्य में कमी आयी है, तो कविता बेहद इकहरी और अख़बारी बनने के लिए अभिशप्त हुई है। स्पष्ट ही ऐसी कविताओं में वस्तु की नहीं, विषय की प्रमुखता होती है।

हिन्दी कविता के मौजूदा पॉपुलर, पॉपुलिस्ट एवं एलिट, तीनों काव्य परिदृश्यों पर अलग-अलग कारणों से व्याप्त निराशाजनक स्थिति में नागार्जुन की कविताएँ बरबस हमारा ध्यान आकृष्ट करती हैं। उल्लेखनीय है कि उनकी कविताएँ परम्परा

से मान्य मात्र काव्यात्मक उपकरणों तक सीमित न रहकर तमाम दूसरे साहित्यिक रूपों से सारतत्त्व ग्रहण कर रचित हैं। इनमें कथात्मकता, तुकबन्दी, लयात्मकता, मिश्रित छन्द-समाहार आदि के साथ-साथ ख़ास तौर से नाटकीय संरचना रेखांकन के योग्य हैं जिसे इलियट ने कविता के तीन स्वरों में तीसरा और सर्वाधिक समर्थ स्वर माना है। नाटकीय बातचीत को विभिन्न छन्दों में समायोजित करने तथा जनभाषा के क़रीब होने के बावजूद नागार्जुन की अधिकांश कविताएँ संवेदनात्मक वस्तु के सन्दर्भ में जनता की बोलचाल की भाषा का सपाट अंकन होने के बजाय उसके सर्जनात्मक उपयोग की सार्थक मिसाल हैं। अवाम को जनतान्त्रिक-सामाजिक-राजनीतिक यथार्थ के सीधे अनुभव तथा वस्तुस्थिति की सही आलोचनात्मक समझ से जोड़ने वाली उनकी एक कविता की कुछ पंक्तियाँ द्रष्टव्य हैं जो सन् 1985 के संसदीय आम चुनाव में तथाकथित भारी बहुमत से कांग्रेस पार्टी की विजय के परिणामस्वरूप उसे तत्कालीन नेतृत्व की सम्भावित कारगुज़ारियों को लेकर रचित हैं। कविता में एक वृद्धा जब डॉक्टर से अपने बच्चे का सिर गुब्बारे की तरह फूलते चले जाने पर चिन्ता व्यक्त करती हुई बार-बार कहती है कि 'जाने क्या तो रोग ढुक गया', तो इस पुनरावृत्ति द्वारा प्रकारान्तर से तत्कालीन कांग्रेसी नेतृत्व के प्रति कवि की तीव्र घृणा को अभिव्यक्ति मिली है। बच्चे की बीमारी का कारण बताते हुए डॉक्टर साहब कहते हैं–

'सुन री माई, सुन री माई!
यह प्रचण्ड बहुमत ही सचमुच
तेरे शिशु का महारोग है
ये ही इसको ले डूबेगा
नहीं काम का रहने देगा
यह प्रचण्ड बहुमत ही
–इसको ले डूबेगा
यही गले का ढोल बनेगा
इस गुब्बारे की छाया में
तस्कर मेला जमा करेगा
मत-पत्रों का यह अति-वर्षण
प्रजातन्त्र की पीर हरेगा
कौन करेगा, कौन भरेगा

अगला युग ही बतलायेगा।
जाओ, जाओ सोहर गाओ
दिल्ली पहुँचो, नेक-जोग की जुगत भिड़ाओ
राज-तिलक होने वाला है
जो भी छींके वह साला है
जाओ, जाओ दिल्ली पहुँचो
थाप पड़ गयी, ढोलक गूँजे
रस बरसे री, रस बरसे...

(इस गुब्बारे की छाया में, पृ. 16)

ऐसी कविताओं से गुज़रते हुए यह ध्यान रखना ज़रूरी है कि इनमें घृणा जनतान्त्रिक प्रक्रिया से नहीं बल्कि तथाकथित जनतन्त्रवादियों की राजनीतिक तिकड़मों से है। वस्तुतः इस कविता के मूल में क्रोध और करुणा का तनाव है जिसके साथ परिहास वृत्ति का सर्जनात्मक संयोग नागार्जुन काव्य का अपना वैशिष्ट्य है।

इसी प्रकार दुष्यन्त कुमार की ग़ज़लें लोकप्रियता की कसौटी पर खरी उतरने के बावजूद गम्भीर कविता का उदाहरण सिद्ध होती हैं:

हो गयी है पीर पर्वत-सी पिघलनी चाहिए,
इस हिमालय से कोई गंगा निकलनी चाहिए
मेरे सीने में नहीं तो तेरे सीने में सही
हो कहीं भी आग लेकिन आग जलनी चाहिए

अशोक वाजपेयी ने लिखा है कि जैसे हम अपनी बहुत सारी उलझनें परिवार के सदस्यों के लिए अनावश्यक मानते हैं, वैसे ही भाषा और पाठक के लिए हो सकना चाहिए। इसका अर्थ यह नहीं होगा कि हम सच्चाई छिपाने लगे और तथाकथित लोकप्रिय कवियों की तरह मन बहलाने वाले लुभावने झूठों या अर्धसत्यों का लवाजमा खड़ा करें : हर हालत में साहित्य तभी तक सार्थक और ज़रूरी है जब तक वह हमें सच्चाई समझने, पहचानने और बदलने के नज़दीक ले जाता हो।[27]

लोकप्रिय कविता वाजपेयी जी के लिए 'दो कौड़ी की भावुक घटिया कविता' है जो साहित्य में महत्त्वपूर्ण नहीं है। उनके शब्दों में 'ऐसे अनेक कवि मच्छरों की तरह आते-जाते रहते हैं, जो बड़े लोकप्रिय होते हैं पर साहित्य में उनका कोई नाम

भी नहीं लेता, और जो महत्त्वपूर्ण कवि हैं उनको सुनने ज़्यादा लोग जमा नहीं होते। कविता को मनुष्य का स्थाई प्रजातन्त्र मानते हुए उन्होंने लिखा है कि उनकी सारी लड़ाई इतिहास में मनुष्य को एक-सा बनाये देने वाली शक्तियों के विरुद्ध एक तरह की छापामार लड़ाई है। कविता इसलिए भी मनुष्य का एकमात्र स्थायी प्रजातन्त्र है, क्योंकि वह मनुष्य के अस्तित्व की बहुलता को अपना मूल आधार मानती है और उसे किसी क़ीमत पर तजने को तैयार नहीं है, आप उसे सुनने और पढ़ने को तैयार हों या ना हों। एलियट की एक उक्ति–'दोज़ हू सिट इन द स्टाई ऑफ़ सेल्फ-कंटेंटमेंट मीनिंग डेथ' का हवाला देते हुए उन्होंने लिखा है कि जो लोग सन्तुष्टि के इस सुअरबाड़े में नहीं बैठे हैं, उनके लिए ही कविता का कोई अर्थ होना चाहिए।[28]

लोकप्रिय कविता के व्यापक अभिग्रहण की प्रक्रिया एवं उसके कारणों पर प्रकाश डालते हुए अशोक वाजपेई कहते हैं कि आजकल कविता के समझ में न आने की बात तो कही जाती है पर यह नहीं पहचाना जा सका है कि आज संचार एवं संप्रेषण के विभिन्न माध्यमों से धिरे होने के चलते लोगों की समझ भी लगभग मौलिक रूप से बदल गयी है। ये माध्यम सभी ऐसे हैं जो अपना सन्देश बिना ग्राहक की ओर से किसी विशेष प्रयत्न के सम्प्रेषित कर देते हैं। दिमाग़ या व्यक्तित्व की कोई मेहनत, मुठभेड़, उलझन या उत्तेज़ना ऐसी समझ के लिए ज़रूरी नहीं है। ऐसे माध्यमों में अख़बार और फ़िल्मी गीत दो ऐसे हैं जो भाषा का इस्तेमाल करते हैं और चूँके कविता भी भाषा का संयोजन है, उराकी समझ को उन्होंने बहुत व्यापक रूप से प्रभावित किया। दोनों ही, कविता के मुक़ाबले अधिक व्यापक और लोकप्रिय माध्यम हैं। अगर कविता भाषा में किसी हद तक सच्चाई और सुन्दरता की भूख को तृप्त करती है तो अलग-अलग ये भी यही करने में लगे हैं : अख़बार की खबरें हमें तथ्यों की सूचना देती हैं और फ़िल्मी गीत एक लुभावने संसार में होने का रूमानी एहसास। ज़ाहिर है, दोनों ऐसा बहुत कामचलाऊ ढंग से करते हैं : उनके प्रभाव में बनी समझ या मानसिकता भी काम चलाऊ होती है और अपने लिए अन्ततः कामचलाऊ कला की ही माँग भी करती है। वाजपेई जी ने सही लिखा है कि ख़बर और फ़िल्मी गीत का संगठन एंटीक्लाईमैक्टिकल होता है, क्योंकि उनके आरम्भ में ही मूल तथ्य स्पष्ट दिया होता है और बाद में उनका सिर्फ़ ब्योरा भर होता है। यह आकस्मिक नहीं है कि कवि सम्मेलनों आदि में जो कविता लोकप्रिय हुई है वह मुख्यतः ऐसी कविता है जो अपने संगठन मिजाज़ और उद्देश्यों में ख़बर या फ़िल्मी गीत जैसी ही है। इसलिए जब कविता के समझ में ना आने की शिकायत की जाती

है तो उसका आशय यह होता है कि वह उस तरह समझ में नहीं आती जैसे सुबह पढ़ी-सुनी ख़बर या मीडिया पर अहर्निश गूँजते गीत समझ में आते हैं। कविता के समझ में ना आ पाने का यह अर्थ कदापि नहीं हो सकता कि वह वैसे समझ में नहीं आती, जैसे कबीर या निराला समझ में आते हैं क्योंकि यह तय है कि कामचलाऊ मानसिकता के रहते कोई भी व्यस्क उत्तरदायी कविता समझ में नहीं आयेगी।[29]

प्रसंगवश सवाल उठना स्वाभाविक है कि क्या कविता के सन्दर्भ में क्लिष्टता या दुरूहता एक मिथ है। क्या शिष्ट साहित्य कई बार अनेकानेक कारणों से इतना दुरूह नहीं बन जाता कि उसके अभिग्रहण की प्रक्रिया बाधित होने लगती है और इसका नाजायज़ फ़ायदा लोकप्रिय साहित्य के उत्पादक उठाते हैं? इसी से जुड़ा एक और मुद्दा यह भी है कि आज काव्य-क्षेत्र में दुरूहता किन कारणों से पैदा होती है? सच तो यह है कि वर्तमान युग-जीवन में व्यापक स्तर पर घटित होने वाले यथार्थ के अनुभव की प्रतिक्रिया के स्पष्ट ही दो ध्रुव बन गये हैं, जिसका परिणाम है खण्डित संवेदनीयता। हम पाते हैं कि यथार्थ के अनुभूत-पक्ष और उसके चिन्तन-पक्ष में एक गहरी खाई बन गयी है। यथार्थ के अनुभव की इस ध्रुवाभिमुखता तथा उनके बीच परस्पर वैषम्य के अनेक रूपों के उदाहरण इधर की कविताओं में देखने को मिल जायेंगे। ये दो ध्रुव एक साथ समानान्तर गतियों में कवि-मानस को प्रभावित करते से लगते हैं। ऐसी स्थिति में लिखी जाने वाली अधिकांश कविताएँ काव्यानुभूति का एक सम्पूर्ण संघटित प्रभाव नहीं उत्पन्न कर पातीं। कभी-कभी ये दोनों एक में गड्ड-मड्ड हो जाते हैं, तब कविता दुरूहता का एक अच्छा ख़ासा नमूना बन जाती है। कभी ऐसा भी होता है कि ये दोनों ध्रुव परस्पर एक-दूसरे पर हावी होना चाहते हैं। ऐसी स्थिति में या तो कविता अमूर्त्तन की ओर झुकती है या फिर एक आवेश जनित बौखलाहट के रूप में व्यक्त होती है। प्रत्येक स्थिति में एक प्रकार का स्नायविक तनाव कविता में दिखायी पड़ता है।[30]

एक उदाहरण दृष्टव्य है–

निश्चल जल पर
घिरा कोहरा
बीच खड़ा टापू
सगुन दिवस का
विचारता-सा मौन!

–शमशेर

कहना ना होगा कि इस स्नायविक तनाव से ग्रस्त कविता का व्यापक पाठकीय-अभिग्रहण सम्भव नहीं हो पाता। कवि सम्मेलनों के मंच पर भी यह फ्लॉप सिद्ध होती है। इसलिए आजकल ज़्यादातर गम्भीर साहित्य लिखने वाले कवि मंच पर काव्यपाठ करने से बचते हैं। इसके दुष्परिणामस्वरूप आज लोकप्रिय कवियों-गीतकारों ने कवि सम्मेलनों के मंच को लगभग 'हाईजैक'-सा कर लिया है और इसके चलते कवि सम्मेलनों का स्तर बहुत गिरा है। चुटकुलेबाजों की बन आयी है और फूहड़ता ने मंच पर पैर जमा लिए हैं। इस सन्दर्भ में नागार्जुन का स्पष्ट कहना है कि "चार-छै कविताओं के सेट में कवि पूरे हिन्दुस्तान के मंचों पर घूमता रहता है। अब स्थिति यह है कि अच्छे कवि 'कवि सम्मेलन' में जम नहीं सकते। तुक्कड़ और नकलची कवियों ने कविता और कवि सम्मेलन दोनों की प्रतिष्ठा कम की है। एक समय था जब माखनलाल चतुर्वेदी, दिनकर की आग भरी वाणी मंचों पर गूँजती थी। सुभद्रा कुमारी चौहान, भवानी प्रसाद मिश्र और शिवमंगल सिंह सुमन जनता को बाँध लेते थे। ज़रूरत है जनता साहित्य सुने और कवि-सम्मेलन कविता के संस्कार विकसित करें। अब तो अच्छे कवि, कवि-सम्मेलन में जाते ही नहीं, उन्हें जाना चाहिए।[31]

ऐसे में सवाल उठता है कि आख़िर 'कह काका कवि हास्य-व्यंग जो पीते डटके/रहती सदा बहार बुढ़ापा पास न फटके' या 'किस-किस हकीम के पास जायें आँखों में घुसकर चाट जायें/मिल जाये प्रेम से पगा हुआ गुलकन्द तुम्हारी आँखों में'[32] जैसी भोंडी तुकबन्दियों द्वारा हास्य-व्यंग्य के नाम पर जनता की रुचि को भ्रष्ट करने वाले इन कविता के व्यवसायियों के कारण मंच पर जो अपसंस्कृति पनप रही है उसका मुक़ाबला कैसे किया जाये? स्पष्ट ही इसके लिए ख़ुद को गम्भीर साहित्यकार कहने और कहलाने में गौरव अनुभव करने वाले कवियों को 'कछुआ धर्म' छोड़कर मंच पर जाना ही होगा।

प्रसंगवश मनोहर श्याम जोशी से भेंटवार्ता में नागार्जुन का वह कथन दृष्टव्य है जिसमें उन्होंने मंच पर अपनी सफलता का रहस्य उद्घाटित करते हुए कहा है–"कवि सम्मेलनों में बहुत जमते हैं हम, समझ गये ना? बड़े-बड़े को, तुम्हारा, क्या कहते हैं हूटकर दिया जाता है। हम कभी हूट नहीं हुए। हर तरह का माल रहता है हमारे पास। यह नहीं जमेगा, वह जमेगा। बहुत विकट काम है कवि-सम्मेलनों में कविता सुनाना। काका-मामा सब की छुट्टी कर देते हैं हम कवि-सम्मेलनों में। समझ गये ना! पहले पब्लिक की पसन्द की चीज़ सुनाते हैं फिर अपनी।"

डॉ. विजय बहादुर सिंह ने उनके बारे में लिखा है कि नागार्जुन के साथ विलक्षणता यह है कि दूर से अति सामान्य और बौड़म दिखते हैं। बेहद अकलात्मक, निपट देहाती और गँवार से। बड़े-बड़े कवि-सम्मेलनों में आप उन्हें मंच पर देख लें तो लगेगा कि यह कोई तमाशबीन नहीं तो और क्या है? चुटकी बजा-बजाकर नाच रहा है। सारे लोग या तो हँस रहे हैं या सकते में आ गये हैं और अच्छे-अच्छे मंच के कवियों को पसीना छूट गया है। जिसे मजमा जुटाना कहते हैं, नागार्जुन अपने काव्य-पाठ से वह सहज ही कर डालते हैं। पर एक दूसरा छोर भी है जब पण्डित मण्डली के बीच होते हैं। अत्यन्त गम्भीर और तन्मयकारी किन्तु सचेत काव्य-पाठ। लोक और शास्त्र की समान सिद्धि हमारे समय में सिर्फ़ उन्हीं के पास है।

आचार्य हजारी प्रसाद द्विवेदी ने 'कविता का भविष्य' विषय पर विचारते हुए जहाँ एक ओर यह स्वीकारा है कि लोकप्रियता की दृष्टि से बीसवीं सदी के शुरुआती दौर तक साहित्य क्षेत्र में कवि का कोई प्रतिद्वंदी नहीं था, वहीं दूसरी ओर उन्होंने इस सन्दर्भ में आगे चलकर हुए परिवर्तनों के मूल में तीन प्रधान कारणों को चिह्नित किया है। एक, छापे की मशीन ने कविता को मन ही मन पढ़ने की चीज़ बना दिया है; दो, उसमें की अलंकारिकता का आकर्षण शिथिल कर दिया है; तीन, सहृदय को श्रोता की अपेक्षा दृष्टा बना दिया है। इसी प्रकार अज्ञेय भी कहते हैं कि कविता की वाचिक स्थिति और मुद्रित स्थिति में भेद के चलते उसके सम्प्रेषण की प्रक्रिया भी अवश्य प्रभावित होती है और सम्प्रेषण की प्रणालियों का यह मौलिक रूपान्तर कवि और उसके भावक के सम्बन्ध का मौलिक रूपान्तर है, जिसके कारण काव्य का स्वरूप बदल जाता है।

उपर्युक्त स्थिति के मद्देनज़र आज की हिन्दी कविता पर नज़र दौड़ाने से स्पष्ट होता है कि अनेकानेक कवियों ने मुद्रित वस्तु के रूप में प्राप्त काव्य ढांचे में अपनी तईं ऐसा कुछ जोड़ने का प्रयास अवश्य किया है जिनके चलते उनकी रचनाओं को नितान्त सरलीकृत अर्थ में ही मुद्रित वस्तु-मात्र कहा जा सकता है। नागार्जुन की आरम्भिक कविताओं के साथ-साथ जीवन के अन्तिम चरण में रचित उनकी कविताओं के विन्यास में जो प्रवाह है, रघुवीर सहाय के काव्य में पाठ की जो ख़ास आन्तरिक लय है और राजेन्द्र प्रसाद सिंह, धूमिल, आलोक धन्वा, गोरख पाण्डे की कविता में यथार्थ के प्रतिबन्ध के बजाय जो पारदर्शी सम्प्रेषण है तथा बिम्बात्मक प्रतीकों और प्रतीकात्मक बिम्बों के साथ-साथ स्वचेतन भाषा प्रयोग करते हुए अपनी सृजनात्मक क्षमताओं को बार-बार रखने का साहस है, वह सब वस्तुतः कविता को

मुद्रित वस्तु मात्र के रूप में घटाकर देखने के आग्रही जनों के लिए एक रचनात्मक उत्तर की तरह है। स्पष्ट ही ये कभी किसी भी तरह से लोकप्रिय नहीं कहे जा सकते।

डॉ. परमानन्द श्रीवास्तव ने सही लिखा है कि सभ्यता के जटिल रूपों के साथ कवि कर्म कठिन होता गया है, यह एक ऐतिहासिक सच है, वास्तविकता है। इस जटिलता को कम करने के उत्साह में या जटिल वास्तविकता को न समझ पाने के कारण भी सतही लोकप्रियता की गिरफ़्त में आ जाने का ख़तरा है। पर ऐसे मतिमन्द कवियों को लोकप्रिय होने से कौन रोक सकता है। समस्या कविता को एक चुनौती-भरे सार्थक अभिव्यक्ति-माध्यम के रूप में विकसित करने वाले कवियों की है जो इस वास्तविकता की अनदेखी नहीं कर सकते कि विशिष्टतावाद के इस दौर में लोक साधारण से सामंजस्य कठिन होता जा रहा है, दूसरी ओर विशिष्टतावाद के प्रतिरोध के लिए इस सामंजस्य की ज़रूरत पहले से भी अधिक है। आज की महत्त्वपूर्ण सार्थक कविता लोकप्रिय होगी तो लोकप्रियता का औसत अर्थ बदलकर, लोकप्रियता का कठिन मार्ग या आदर्श चुनकर।[33] प्रसंगवश आर्नल्ड हाउजर का कथन द्रष्टव्य है कि आज समस्या कला को अवाम की वर्तमान चेतना के लायक बनाने की नहीं है बल्कि जनता की चेतना को अधिक-से-अधिक उन्नत और व्यापक बनाने की है। कला को मुट्ठी भर लोगों के एकाधिकार से मुक्त करने के लिए उसका सरलीकरण आवश्यक नहीं है, आवश्यकता है जनचेतना की सौन्दर्यबोधीय क्षमता को विकसित करने की। चूँकि सांस्कृतिक एकाधिकार का आधार आर्थिक और सामाजिक है, इसलिए उससे आर्थिक एवं सामाजिक मोर्चे पर संघर्ष ज़रूरी है।[34]

अन्ततः रघुवीर सहाय की एक कविता को उद्धृत करना प्रासंगिक होगा जिससे गुज़रते हुए हिन्दी कविता के मौजूदा हालात के मद्देनज़र एक कवि द्वारा अपने लेखन के औचित्य को लेकर किये जाने वाले ईमानदार आत्ममन्थन की पीड़ाजनक प्रक्रिया से हमारा साक्षात्कार होता है–

'सन्नाटा छा जाय जब कविता सुना कर उठूँ
वाह-वाह वाले निराश हो घर जायें
घर जाकर मेरी कविता सुनें जैसी उन्हें याद रह जाय
वैसी सही, कोई हरज नहीं...
अगर एक दो शब्द वे अपने मन से जोड़ भी दें
कोई हर्ज नहीं, मगर उन्हें लगने लगे घटक शब्द

कहीं ग़लत जुड़ गया और वे सोचते रह जायें
देर तक देर तक क्या है वह :
और जब याद आ जाये तो उसको निकाल दें
मेरी कविता से
फिर लम्बी सांस सन्तोष की लें।
उधर सभाकक्ष में कोई
दोहराता हो बार-बार कभी अपनी पंक्तियाँ।'

–रघुवीर सहाय

इस ईमानदार अभिव्यक्ति में निहित वह गतिशील सृजनात्मक तनाव ख़ासतौर से रेखांकन के योग्य है जिसके चलते कोई कला न केवल अपने प्रति सच्ची बनती है, बल्कि भावक से भी सक्रिय साझेदारी की अपेक्षा करती है और स्पष्ट ही इसके बग़ैर कविता की सृजन-प्रक्रिया से लेकर अभिग्रहण प्रक्रिया तक का वृत्त पूरा नहीं होता।

सन्दर्भ

1. मुक्तिबोध रचनावली-भाग-4, पृ. 229
2. हिन्दी साहित्य का इतिहास, पृ. 1
3. वही, पृ. (प्रथम संस्करण का वक्तव्य)
4. आर्ट एंड सोसाइटी, पृ. 270
5. मैथिलीशरण गुप्त : एक मूल्यांकन, पृ. 44
6. वही, पृ. 97
7. वाद विवाद संवाद, पृ. 85
8. नामवर सिंह आजकल, स्वर्ण जयन्ती अंक–1994, पृ.111
9. सापेक्ष, दिसम्बर-1986, पृ. 12
10. गजर आधी रात का, पृ. 37
11. वंशी और मादल,पृ. 15
12. वही, 9
13. वही, 55
14. वही
15. नवगीत का विकास और मौज़ूदा बहस, पृ. 104 पर उद्धृत

16. वही, पृ. 105 पर उद्धृत
17. नवगीत दशक-1, पृ. 119 पर 'दृष्टिबोध' शीर्षक से ठाकुर प्रसाद सिंह का वक्तव्य।
18. मुक्तिबोध रचनावली, भाग-5, पृ. 465
19. वही, पृ. 465
20. राजेन्द्र यादव : अनपढ़ बनाये रखने की साजिश, पृ. 27
21. नामवर सिंह : कविता के नये प्रतिमान, पृ. 64
22. सेक्रेड वुड, पृ. 47
23. उन्नयन-17, पृ.149
24. राजेन्द्र प्रसाद सिंह को प्राप्त राधाकृष्ण प्रकाशन का एक पत्र,'साहित्य की पारिस्थिकी', पृ. 36
25. वसुधा, अंक 33-34, मार्च 1996, पृ. 27
26. मैनेजर पाण्डेय, वर्तमान साहित्य, सितम्बर 1996, पृ. 6
27. कुछ पूर्वग्रह, पृ. 67
28. वही
29. अशोक वाजपेयी, पूर्वग्रह, सितम्बर 1974, पृ. 32
30. मलयज : कविता से साक्षात्कार, पृ. 109
31. सापेक्ष-34, पृ. 281
32. अबीर-गुलाल, 1988-89, पृ. 4 पर संकलित 'काका हास्य रस की ग़ज़ल')
33. शब्द और मनुष्य, पृ. 204
34. दि सोशल हिस्ट्री ऑफ़ आर्ट, भाग–4, पृ. 259

'रश्मिरथी' की लोकप्रियता का समाजशास्त्र

रामधारी सिंह 'दिनकर' भारतीय स्वाधीनता संग्राम एवं हिन्दी नवजागरण की उपज होने के साथ ही इनसे जुड़े मूल्यों का विकास करनेवाले कवि-आलोचक हैं। वे अपने युगानुरूप नयी संस्कृति के निर्माता कवि तथा भारतीय संस्कृति की मीमांसा करने वाले विचारक भी हैं। उनकी अधिकांश कविताएँ स्वाधीनता संग्राम के दौरान घटित व्यापक सामाजिक-राजनीतिक आलोड़न की उपज हैं। चूँकि अंग्रेज़ी राज से भारत की आज़ादी के लिए जो आन्दोलन चलाया जा रहा था उसका चरित्र साम्राज्यवाद-विरोधी होने के साथ ही सामन्तवाद-विरोधी भी था, इसलिए 15 अगस्त, 1947 को स्वतन्त्रता प्राप्ति के बावजूद सामन्ती-पुरोहिती गठजोड़ के तहत भारत में हज़ारों साल से चली आ रही वर्ण व्यवस्था के नाम पर समाज के एक बड़े उत्पादक तबके को जन्म के आधार पर जीवन की न्यूनतम सुविधाओं एवं सामाजिक सम्मान से वंचित रखने की प्रतिगामी प्रवृत्ति के विरुद्ध जंग ख़त्म नहीं हुई।

कहने की ज़रूरत नहीं कि सामन्तवाद की कोख से उत्पन्न धार्मिक-सामाजिक विकृतियों के खिलाफ़ भारतीय नवजागरण के अनेकानेक पुरोधाओं ने जो आवाज़ उठाई थी उनका स्वर विद्रोही और समतावादी था। समाज के सबसे निचले पायदान पर खड़े भारतीय स्त्री-पुरुष को आर्थिक एवं सामाजिक न्याय दिलाने, उसे शिक्षित और सुसंस्कृत करने के लिए विवेकानन्द, राजा राममोहन राय, ईश्वरचन्द्र विद्यासागर, ज्योतिबा फुले, सावित्रीबाई फुले, वीरेशलिंगम पन्तलु, भारतेन्दु, चन्द्रिका प्रसाद जिज्ञासु सरीखे समाज सुधारकों एवं लेखकों ने जो बिगुल फूँका था उसकी प्रतिध्वनि गाँधी, नेहरू, पटेल, मौलाना आज़ाद, पेरियार, लोहिया, अम्बेडकर सरीखे बड़े राजनेताओं के व्याख्यानों और लेखन में सुनाई पड़ती रही. स्वातन्त्र्यपूर्व तथा स्वातन्त्र्योत्तर भारत में ऊँच-नीच की जड़ खोदने के इन महापुरुषों के भागीरथ प्रयास

के साथ ही विभिन्न राजनीतिक दलों के कार्यक्रमों और अनेक सामाजिक संगठनों द्वारा चलाये जानेवाले सामाजिक समानता के आन्दोलन का जिन प्रमुख भारतीय साहित्यकारों ने अपनी कालजयी कलाकृतियों के माध्यम से मुखर समर्थन किया उनमें दिनकर और उनका कथाकाव्य 'रश्मिरथी'(1952) उल्लेखनीय है।

'रश्मिरथी' के प्रथम पृष्ठ पर कवि ने महाभारत के एक सुप्रसिद्ध श्लोक का उल्लेख किया है, जिसमें मनुष्य को जन्मना श्रेष्ठ मानने के बजाय महाभारतकार ने कर्ण के माध्यम से पौरुष या गुण के आधार पर मनुष्य की श्रेष्ठता का प्रतिपादन किया है–

सूतो वा सूतपुत्रो वा ये वा को वा भवाम्यहम
दैवायत्तं कुले जन्म मदायत्तं तु पौरुषम।

(मैं चाहे सूत हूँ या सूतपुत्र अथवा कोई और किसी कुल-विशेष में जन्म लेना तो दैव के अधीन है, लेकिन मेरे पास जो पौरुष है उसे मैंने अर्जित किया है)

दिनकर जी ने 'रश्मिरथी' की भूमिका इस कृति को रचने के कारणों का खुलासा करते हुए स्पष्ट लिखा है– "इस काव्य का आरम्भ मैंने 16 फरवरी 1950 को किया था। उस समय मुझे केवल इतना ही पता था कि प्रयाग के यशस्वी साहित्यकार पं. लक्ष्मीनारायण जी मिश्र कर्ण पर एक महाकाव्य की रचना कर रहे हैं। किन्तु, 'रश्मिरथी' के पूरा होते-होते कर्णचरित पर कई नूतन काव्य निकल गये. यह युग दलितों और उपेक्षितों के उद्धार का युग है। अतएव, यह बहुत स्वाभाविक है कि राष्ट्र-भारती के जागरूक कवियों का ध्यान उस चरित की ओर जाय जो हज़ारों वर्षों से हमारे सामने उपेक्षित एवं कलंकित मानवता का मूक प्रतीक बनकर सामने खड़ा है। ..कर्ण-चरित के उद्धार की चिन्ता इस बात का प्रमाण है कि हमारे समाज में मानवीय गुणों की पहचान बढ़ने वाली है। कुल और जाति का अहंकार विदा हो रहा है। आगे, मनुष्य केवल उसी पद का अधिकारी होगा जो उसकी अपनी सामर्थ्य से सूचित होता है, उस पद का नहीं, जो उसके माता-पिता या वंश की देन है। इसी प्रकार व्यक्ति अपने निजी गुणों के कारण जिस पद का अधिकारी है, वह उसे मिलकर रहेगा, यहाँ तक कि उसके माता-पिता के दोष भी इसमें कोई बाधा नहीं डाल सकेंगे। कर्ण-चरित का उद्धार, एक तरह से, नयी मानवता की स्थापना का ही प्रयास है और मुझे सन्तोष है कि इस प्रयास में मैं अकेला नहीं, अपने सुयोग्य सहधर्मियों के साथ हूँ।"

'रश्मिरथी' में भी कवि ने कर्ण के मुख से कहलवाया है–

मैं उनका आदर्श, कहीं जो व्यथा न खोल सकेंगे,
पूछेगा जग, किन्तु पिता का नाम न बोल सकेंगे;
जिनका निखिल विश्व में कोई कहीं न अपना होगा,
मन में लिए उमंग जिन्हें चिरकाल कलपना होगा।

इस कृति की भूमिका में कवि ने मैथिलीशरण गुप्त को याद करते हुए कथा-काव्य के महत्त्व और उसकी रचना में आनेवाली दुश्वारियों को रेखांकित किया है। दिनकर का कहना है कि जिन देशों की रचनाशीलता से उनके ज़माने के बहुत सारे हिन्दी कवि प्रेरित हैं वहाँ कथा-काव्य, प्रबन्ध-काव्य आदि की जगह उपन्यास ने ले ली है।

याद आते हैं जार्ज लुकाच, जिनका कहना है कि सामन्ती समाज की सामूहिकता के नष्ट हो जाने के बाद जो समाज अस्तित्व में आया है वह व्यक्ति-चेतना सम्पन्न है और उसके सामूहिक अवचेतन की अभिव्यक्ति प्रबन्ध-काव्य के बजाय उपन्यास के माध्यम से बेहतर ढंग से हो सकती है। एक साहित्य-विधा के तौर पर महाकाव्य के स्वभाव को बच्चे की तरह सरल और उपन्यास को जटिल बताते हुए लुकाच ने 'उपन्यास का सिद्धान्त' पुस्तक में 'रूपों के इतिहास दर्शन की समस्याएँ' अध्याय के अन्तर्गत विस्तार से बतलाया है कि कैसे सामाजिक-आर्थिक परिवर्तन के फलस्वरूप मानवीय सम्बन्ध में बदलाव की वजह से उपन्यास कालान्तर में महाकाव्य का स्थानापन्न हो गया।

दिनकर की साहित्यिक-सांस्कृतिक एवं सामाजिक आलोचना इस बात का गवाह है कि 'रश्मिरथी' के कवि की नज़र पूरी दुनिया के सामाजिक-सांस्कृतिक परिवेश पर थी, पर वे अपने देश की साहित्य-परम्परा और भारतीय समाज में साहित्य के अभिग्रहण की प्रक्रिया को नज़रअन्दाज़ करके केवल पश्चिम की नकल पर कथा-काव्य के सृजन को बिलकुल स्थगित करने के पक्ष में नहीं थे. उन्होंने लिखा है : "परम्परा केवल मुख्य वही नहीं है जिसकी रचना बाहर हो रही है, कुछ वह भी प्रधान है जो हमें अपने पुरखों से विरासत के रूप में मिली है, जो निखिल भूमंडल के साहित्य के बीच हमारे अपने साहित्य की विशेषता है और जिसके भीतर से हम अपने हृदय को अपनी जाति के हृदय के साथ आसानी से मिला सकते हैं।"

इसके बाद अपने समय के रचनाकारों द्वारा कथा-काव्य न लिखने के कारणों का खुलासा और उसके परिणाम का उल्लेख करते हुए उनका कहना है कि

"कलाकारों की रूचि जो कथा-काव्य की ओर नहीं जा रही है, उसका भी कारण है और वह यह कि विशिष्टीकरण की प्रक्रिया में महीन होते-होते कविता केवल चित्र-चिन्तन और विरल संगीत के धरातल पर जा अटकी है और जहाँ भी स्थूलता एवं वर्णन के संकट में फँसने का भय है, उस ओर कवि-कल्पना जाना नहीं चाहती. लेकिन, स्थूलता और वर्णन के संकट का मुकाबिला किये बिना कथा-काव्य लिखने वाले का काम नहीं चल सकता। कथा कहने में, अक्सर, ऐसी परिस्थितियाँ आकर मौजूद हो जाती हैं जिनका वर्णन करना तो ज़रूरी होता है, मगर, वर्णन काव्यात्मकता में व्याघात डाले बिना निभ नहीं सकता। रामचरितमानस, साकेत और कामायनी के कमजोर स्थल इस बात के प्रमाण हैं।"

दिलचस्प है कि दिनकर जी ने कवित्व का उत्कर्ष रचने को दायें हाथ का और आख्यान के निर्वाह के लिए वर्णन-चित्रण आदि करने को बायें हाथ का काम बताते हुए लिखा है कि 'रश्मिरथी' की रचना का आरम्भ बायें हाथ से हुआ है और आवश्यकतानुसार अनेक बार कलम बायें से दाहिने और दाहिने से बायें हाथ में आती-जाती रही है। इस क्रम में रचनाकार की मुश्किलों की चर्चा करते हुए उन्होंने स्पष्ट लिखा है कि "कथा-काव्य की रचना, आदि से अन्त तक, केवल दाहिने हाथ के भरोसे नहीं की जा सकती। जब मन ऊबने लगता है और प्रतिभा आगे बढ़ने से इनकार कर देती है तो हमारा उपेक्षित बायाँ हाथ हमारी सहायता को आगे बढ़ता है।" उन्होंने स्वीकार किया है कि इस क्रम में रचनाकार बेपर्द होने लगता है जिसे ढँकने के लिए उसे अनेक प्रकार के कौशल से काम लेना पड़ता है।

'रश्मिरथी' की भूमिका में सहज ढंग से कवि ने जिन बातों का ज़िक्र किया है उनका सम्बन्ध कविता के सृजन से लेकर उसके अभिग्रहण तक की प्रक्रिया में पैदा होने वाली उन दुश्वारियों से भी है जिनकी चर्चा लोकप्रिय साहित्य के समाजशास्त्र के सन्दर्भ में की जाती है। विषयान्तर का ख़तरा मोल लेते हुए कहना बहुत ज़रूरी है कि हमारे समय में हिन्दी कविता के अभिग्रहण और उसकी लोकप्रियता में आयी भारी कमी के अनेक कारणों में एक महत्त्वपूर्ण कारण हिन्दी कवियों द्वारा पश्चिम की नकल और फ़ैशन के तहत अपनी रचनात्मक ज़मीन से ख़ुद बेदखल हो जाना है। याद रहे कि पन्त ने 'पल्लव' की भूमिका में कविता को 'प्राणों का संगीत' और छन्द को 'हृत्कम्पन' कहा था। जिन निराला ने हिन्दी में मुक्त छन्द का जमकर इस्तेमाल किया उनका छन्दों पर पूरा अधिकार था और वे मुक्त छन्द लिखने के पूर्व छन्द में काफ़ी-कुछ रच चुके थे, इसलिए उनके मुक्तछन्द में भी काव्य की लय है

जो पाठक से वाचन की कला की अपेक्षा रखती है। साहित्य जगत में अत्याधुनिक कहलाने की कवियों की महत्त्वाकांक्षा के तहत आख्यान-मुक्त और छन्द-मुक्त कविता रचने की ज़िद के कारण हिन्दी कविता का दायरा लगातार सिमटता गया है और कुछेक अपवादों को छोड़कर लगातार ऐसी अनेक कविताएँ लिखी जा रही हैं जिनमें काव्य तो काव्य, गद्य की लय तक ग़ायब है। नतीजतन, अब कवियों, कविता के चुनिन्दा आलोचकों और कुछ विद्याव्यसनी अध्यापकों एवं विद्यार्थियों को छोड़कर कविता संग्रह ज़्यादातर पुस्तकालयों की शोभा बढ़ा रहे हैं। यदि हिन्दी कविता की मौजूदा स्थिति की तुलना हिन्दी की सगोतिया उर्दू कविता से की जाय तो स्थिति बिलकुल भिन्न नज़र आती है। अव्वल से उर्दू के कवियों ने ग़ज़ल और नज़्म की अपनी ज़मीन आज तक नहीं छोड़ी और जब वे आज़ाद नज़्म भी लिखते हैं तो बोलचाल की भाषा की रवानी आज़ाद नज़्म को जीवन्त बनाये रखती है। हिन्दी कविता में ऐसे उदाहरण कम हैं। कुछ साहित्येतर कारणों को छोड़कर हिन्दी में मैथिलीशरण गुप्त, दिनकर आदि राष्ट्रीय-सांस्कृतिक काव्यधारा के रचनाकारों को मिली अपार लोकप्रियता का एक बड़ा कारण अपनी साहित्य-परम्परा में गहरे धँसकर युगानुरूप कुछ नया रचने का उपक्रम है।

मैनेजर पाण्डेय ने लिखा है कि "कविता सचमुच समाजशास्त्रीय आलोचना के लिए एक टेढ़ी खीर है। बड़ा-से-बड़ा साहित्यिक समाजशास्त्री भी कविता से मुठभेड़ से बचता है, क्योंकि ऐसी मुठभेड़ के दौरान कविता और समाजशास्त्रीय आलोचना में से कभी एक और कभी-कभी दोनों की दुर्गति होती दिखाई देती है। (साहित्य और समाजशास्त्रीय दृष्टि, पृ. 240)।

कहने की आवश्यकता नहीं कि मैथिलीशरण गुप्त या दिनकर सरीखे रचनाकारों और ख़ास तौर से 'रश्मिरथी' के समाजशास्त्रीय अध्ययन-विश्लेषण के बजाय कुछेक अपवादों को छोड़कर यह बात छायावाद, प्रयोगवाद, नयी कविता आदि के कवियों की अनेक कविताओं साथ ही प्रगतिशील कहे जाने वाले शमशेर और कलावादियों की कविता के सन्दर्भ में ज़्यादा सही है। वजह यह कि 'रश्मिरथी' जैसे कथा-काव्य में भाषा अपने सर्जनात्मक उत्कर्ष पर जहाँ पहुँचती है वहाँ भी अमूर्तन से काम नहीं लिया गया है। यह सही है कि मोटे तौर पर ओज एवं प्रसाद गुण वाली इस कृति के सृजन में प्रसंगोचित एवं पात्रोचित काव्यभाषा की महत्त्वपूर्ण भूमिका है, पर इससे ज़्यादा वहाँ वाग्मिता (रेटोरिक) से भरपूर छन्दों के संयोजन का सौन्दर्य है जिसे अरस्तू एवं लोंजाइनस ने कविता की एक बड़ी ख़ूबी माना है।

कविता में वाग्मिता की भूमिका पर प्रकाश डालते हुए अमेरिकी आलोचक जोनाथन कूलर ने लिखा है कि “Poetry is closely allied to rhetoric—the study of the persuasive and expressive resources of language. Poetry is language that makes abundant use of figures of speech and language. In literary theory, a poem is both a structure made of words (a text) and an event (an act of the poet, an experience (भाषा के प्रेरक और अभिव्यंजक संसाधनों के अध्ययन के क्रम में हम कविता को वाग्मिता से आत्यन्तिक रूप से जुड़ा पाते हैं। कविता वह भाषा है जो भाषण और भाषा के आंकड़ों का प्रचुर उपयोग करती है। साहित्यिक सिद्धान्त में, कविता एक ऐसी संरचना है जो शब्दों (पाठ) और एक घटना (कवि-कर्म, पाठक का एक अनुभव और साहित्येतिहास की एक घटना) दोनों का संयोजन होती है)

कवि दिनकर और उनकी 'रश्मिरथी' के प्रसंग में यह बात बहुत दूर तक सही है। इस कृति से गुज़रते हुए एक-एक करके जो चरित्र उभरते हैं वे महाभारत से भिन्न प्रकारान्तर से केन्द्रीय पात्र कर्ण के शील को संवलित करते हैं और जो सुसम्बद्ध कथा प्राप्त होती है या परिवेश का जो प्रभावकारी चित्र मूर्तिमान होता है, वह सब संवाद बोलने वाले पात्र की वाग्मिता के बल पर सम्भव हो पाया है। इस काव्य-कृति के तमाम प्रमुख मार्मिक प्रसंगों का भाषिक विश्लेषण करने पर कथ्य का जो सौष्ठव उजागर होता है उसका भी वाग्मिता से गहरा रिश्ता है। यह बात दिनकर की 'उर्वशी' समेत तमाम रचनाओं में देखी जा सकती है। एक अर्थ में दिनकर एक संवादधर्मी कवि हैं। उनकी कविता में संवाद की लय है।

हिन्दी में आधुनिकतावाद के शलाका पुरुष अज्ञेय को दिनकर के कवि में नयी रचना-स्थिति की पहचान का अभाव खटकता रहा है, जो कि उनके अनुसार एक सफल कवि होने की बुनियादी शर्त है। अज्ञेय का यह भी कहना है कि दिनकर न केवल एक असफल कवि है, बल्कि पारिभाषिक अर्थ में एक अनाधुनिक कवि भी हैं। उनके अनुसार चूँकि कविता और उसके श्रोता के बीच पारम्परिक सम्बन्ध सूत्र विच्छिन्न हो चुका है और श्रोता का स्थान पाठक ने ले लिया है, इसलिए सुनने या सुनाने योग्य रचित कविता बदले हुए समय में उतनी प्रासंगिक नहीं रह गयी है जितनी कि वह एक ज़माने में हुआ करती थी। इसके अलावा चूँकि कविता अब केवल आस्वादन के बजाय आलोचनात्मक मूल्यांकन की दरकार रखती है और कविता रचने वाला कवि और कविता पढ़ने वाला पाठक, दोनों ही अकेला इस सांस्कृतिक प्रक्रिया में भागीदारी करता है, इसलिए इस परिवर्तित सामाजिक-

सांस्कृतिक वातावरण में दिनकर की कविता का अभिग्रहण पहले की तरह असम्भव है। अज्ञेय का यह भी मानना है कि कविता में अन्तर्पाठीयता (इंटरटेक्स्चुअलिटी) होती है, क्योंकि वह पहले की किसी अन्य कविता से निकलती है।

कहने की ज़रूरत नहीं कि दिनकर सरीखे कवियों की कविता समाजशास्त्रीय अर्थ में एक संस्था के रूप में 'कवि-सम्मेलन' का पतन या खात्मे के बावजूद एक बड़े पाठक समुदाय से प्रशंसित रही है। हिन्दी में आज भी ऐसे हजारों लोग मिल जायेंगे जिन्हें दिनकर की बहुत सारी कविताएँ याद हैं और यह कविता को सुनकर नहीं, पढ़कर सम्भव हुआ है। इसलिए अज्ञेय का यह कहना मुनासिब नहीं है कि आधुनिक युग में काव्य के प्रसंग में श्रोता की जगह पाठक के केन्द्रीय स्थान प्राप्त कर लेने की वजह से दिनकर की कविता अब प्रासंगिक नहीं रह गयी है।

अज्ञेय की 'कविता से कविता निकलने' की बात भी अयुक्तियुक्त है। हिन्दी कविता के इतिहास में यह रीतिकाव्य को छोड़कर और कहीं शायद ही लागू हो। सार्त्र ने लिखा है कि 'लेखक को सृजन-क्षमता केवल ज्ञान या प्रतिभा नहीं, बल्कि उसके समाज से मिलती है'। दुनिया की प्राय: वे ही कविताएँ मनुष्य के हृदय को स्पन्दित कर पाने में समर्थ देखी गयी हैं जो जीवन-जगत के घात-प्रतिघात को प्रतिध्वनित करती हैं। इनमें भी वे कविताएँ ज़्यादा प्रभावकारी होती हैं जिनके रचनाकार ख़ुद किसी परिवर्तनकामी आन्दोलन में भागीदार होते हैं। यह सच है कि अच्छे कवि के लिए केवल सिर्फ़ 'एक्टिविस्ट' होने के बजाय साहित्य परम्परा का सम्यक ज्ञान अत्यावश्यक होता है, पर इतिहास-बोध से विच्छिन्न और अपने समय-समाज की हलचलों से बेख़बर केवल सुपठित कवि अच्छी कविता का सृजन करे, यह हरदम सम्भव नहीं हैं। अज्ञेय ने दिनकर के काव्य-गुणों की तारीफ़ करते हुए उन्हें एक सफल आधुनिक कवि के बजाय लोकप्रिय कवि माना है।

सवाल उठता है कि क्या लोकप्रियता आधुनिक कला को ऊँचे आसन से च्युत करने वाला तत्त्व है। सचाई यह है कि लोकप्रियता श्रेष्ठ कला का विरोधी नहीं, बल्कि एक अनिवार्य गुण है। हिन्दी में सन्त-भक्त कवियों की रचनाएँ इसका प्रमाण हैं। उनमें मनुष्य की मध्ययुगीन जन्मना श्रेष्ठत्व या द्विज श्रेठत्व जैसी मान्यता की जगह गुण के आधार पर मनुष्य के अच्छे-बुरे होने की जो पुरजोर वकालत की गयी है वह प्रकारान्तर से आधुनिकता का एक महत्त्वपूर्ण लक्षण है। इसके अलावा गहन अनुभूति और गम्भीर चिन्तन को लोक में प्रचलित सहज भाषा, अभिव्यक्ति-पद्धति एवं गायन-वादन की शैली में रच देने के कारण वह लोकप्रिय कला का भी बेहतर उदाहरण है।

दिनकर की भी तमन्ना थी कि वे रिल्के की संवेदना और चिन्तन को तुलसीदास की शैली में रच सकें। छायावादियों की लिंग वक्रता, वचन वक्रता तथा प्रयोगवादियों की ऊहापोह उत्पन्न करने वाली अभिव्यक्ति से भिन्न 'सच्चाई की पहचान की पानी साफ़ रहे' को आदर्श मानने और भाषा की सफ़ाई पर बल देने के कारण उनकी कविता सामान्य पढ़े-लिखे लोगों तक भी आसानी से सम्प्रेषित हो जाती है। इसके अलावा वाल्मीकि, व्यास, भवभूति, कालिदास, तुलसीदास, रवीन्द्रनाथ एवं इक़बाल की कविता तथा ख़ासतौर पर 'रामचरितमानस' से उनका गहरा लगाव था। इसीलिए उनकी कविता में मिथकीय चरित्रों की भरमार है, पर वे अपनी कविता में इन चरित्रों से जुड़े आख्यानों को दुहराने के बजाय इनको अपने समय की ज्वलन्त समस्याओं से मुठभेड़ करते हुए दिखाते हैं। उदाहरण के लिए भारत में और ख़ासतौर से हिन्दी क्षेत्र में जातिवाद एक बहुत बड़ी सामाजिक विकृति है और चुनावी राजनीति के कारण यह आज भी फल फूल रही है। 'रश्मिरथी' में जब कर्ण से उसकी जाति पूछी जाती है तो कवि ने कर्ण का उत्तर इन शब्दों में रचा है–

अर्जुन से लड़ना हो तो मत गहो सभा में मौन,
नाम-धाम कुछ कहो, बताओ कि तुम जाति हो कौन?

जाति! हाय री जाति!' कर्ण का हृदय क्षोभ से डोला,
कुपित सूर्य की ओर देख वह वीर क्रोध से बोला
जाति-जाति रटते, जिनकी पूँजी केवल पाखण्ड,
मैं क्या जानूँ जाति? जाति हैं ये मेरे भुजदण्ड।

ऊपर सिर पर कनक-छत्र, भीतर काले-के-काले,
शरमाते हैं नहीं जगत में जाति पूछनेवाले।
सूतपुत्र हूँ मैं, लेकिन थे पिता पार्थ के कौन?
साहस हो तो कहो, ग्लानि से रह जाओ मत मौन।

मस्तक ऊँचा किये, जाति का नाम लिये चलते हो,
पर, अधर्ममय शोषण के बल से सुख में पलते हो।
अधम जातियों से थर-थर काँपते तुम्हारे प्राण,
छल से माँग लिया करते हो अँगूठे का दान।

एक सामाजिक विकृति के रूप में जातिवाद की समस्या की तह में जाकर 'संस्कृति के चार अध्याय' में दिनकर ने डॉ. भीमराव आम्बेडकर को उद्धृत करते

हुए लिखा है : "धर्मशास्त्रों में जाति और वर्ण का प्रयोग समानार्थक है और उसका आधार बीज-क्षेत्र-विचार ही ठहरता है। डॉ. आम्बेडकर ने शोधपूर्वक यह मत प्रतिपादित किया है कि वेदों से यह प्रमाणित नहीं होता कि आर्यों का रंग दासों के रंग से भिन्न था। वर्ण का निर्धारण पहले व्यवसाय, स्वभाव, संस्कृति आदि के आधार पर ही था। पीछे जातिवाद के प्रकट होने पर वर्ण का आधार भी बीज-क्षेत्र-विचार हो गया। ...शायद, डॉ. आम्बेडकर की यह स्थापना गलत नहीं है कि शूद्र उसी भाण्डार के हैं, जिसकी मुख्य शाखा क्षत्रिय जाति के रूप में विकसित हुई...प्रत्येक जाति को, सदा के लिए, किन्हीं ख़ास धन्धों से बाँध देने का रिवाज वैदिक युग के बाद प्रचलित हुआ, जिसका स्पष्टतम उल्लेख मनुस्मृति में मिलता है–

वरं स्वधर्मों विगुणों, न पारक्य: स्वनुष्ठित:
परधर्मेण जीवन हि सद्य: पतति जातित:।

...कृष्ण-द्वैपायन व्यास की माता सत्यवती धीवर-जाति की थीं, किन्तु, व्यास क्षत्रिय और ब्राह्मण, सबके पूजनीय थे। इसी प्रकार, जाबाला का पुत्र सत्यकाम ब्रह्मविद्या का अधिकारी ब्राह्मण समझा गया, यद्यपि, जाबाला इतना भी नहीं जानती थी कि सत्यकाम किस पुरुष के संसर्ग से जनमा था।" ('संस्कृति के चार अध्याय', पृ. 44)

कहना न होगा कि आर्ष ग्रन्थों में रामायण और महाभारत सर्वप्रमुख हैं। श्री अरविन्द भारत में रामायण से नैतिक सभ्यता और महाभारत से बौद्धिक सभ्यता का उद्‌भव मानते हैं। इन दोनों महाग्रन्थों में 'महाभारत' की संरचना रामायण के बजाय कहीं ज़्यादा जटिल है, जो कुरुक्षेत्र में हुए भीषण युद्ध के वर्णन के बावजूद अहिंसा को परम धर्म घोषित करता है। इसीलिए भारत में हर युग के विचारक, रचनाकार और व्याख्याकार अपने-अपने युग की आवश्यकताओं के तहत किसी ख़ास नज़रिए से इसके विविध प्रसंगों में से कुछ को चुनकर पुनरर्चित करने या उनकी व्याख्या करने की कोशिश करते रहे हैं।

सुप्रसिद्ध समाजवैज्ञानिक सुदीप्त कविराज का कहना है कि महाभारत एक ऐसा महाख्यान है जिसका मर्म-स्थल द्रौपदी है। वही इस आख्यान की अग्नि प्रज्वलित रखती है। प्रोफ़ेसर कविराज के शब्दों में "वह एक दीपशिखा की तरह जलती रहती है, और जब कथा में वह अविश्वसनीय मोड़ आता है कि युधिष्ठिर उसे द्यूत-क्रीड़ा में दाँव पर लगा देते हैं तो वह फिर उसी रौद्र ज्वाला में परिणत हो जाती है। जुआ

लगभग नरबलि की तरह होता है–अगर पासा गलत पड़ जाये तो मनुष्य विनिमय की वस्तु में बदल जाता है। अन्ततोगत्वा यह द्रौपदी की अग्नि है जो वन को जलाकर राख कर देती है।"(समालोचन)

महाभारत के एक श्लोक में कहा गया है कि 'अनीति के मार्ग पर चलने वाला एक समय तक समृद्धि का जीवन व्यतीत कर सकता है, वह अपने शत्रुओं पर भारी पड़ सकता है, लेकिन अन्ततः वह समूल नष्ट हो जाता है।' इस हवाले से 'महाभारत' को सही मायने में एक 'धर्मग्रन्थ' बताते हुए सुदीप्त कविराज लिखते हैं कि "यह महाकाव्य इस सूत्र में विश्वास करता है कि न्याय की लघुतर सेनाओं को अच्छाई से भले ही कोई ठोस रसद न मिलती हो, परन्तु उसमें एक शब्दातीत शक्ति होती है जो संघर्ष की तमाम भयावहता के बाद भी इस उम्मीद को ज़िंदा रखती है कि अन्ततः सत्य ही विजयी होगा। इस अर्थ में कुरुक्षेत्र का युद्ध गहरे संकट-काल के समय अच्छाई के लिए लड़े जा रहे युद्ध का रूपक बनकर उभरता है। अच्छाई की शक्तियाँ हाशिये पर ठेल दी गयी हैं, लेकिन उन्हें अपने भीतर यह विश्वास जागृत करना होगा कि जब भी वास्तविक युद्ध लड़ा जायेगा तो विजय का मानपत्र उन्हीं के नाम लिखा जायेगा। पर्याप्त और अपर्याप्त की इस शब्द-क्रीड़ा को, जिसमें नैतिक परीक्षण के समय असीमित भी आवश्यक से कम पड़ जाता है, अन्याय की शक्ति पर गूढ़ कटाक्ष करने वाले इस पद के बिना नहीं समझा जा सकता।" (वही)

विदित है कि हमारे समय की महाश्वेता देवी और प्रतिभा राय समेत अनेक स्त्रीवादी रचनाकारों ने भी द्रौपदी को अपनी रचनाओं में पुनर्जीवित किया है जो स्वतन्त्र विश्लेषण की माँग करता है।

इनसे भिन्न जब रवीन्द्रनाथ और दिनकर की महाभारत से रचनात्मक मुठभेड़ हुई तो इन रचनाकारों ने द्रौपदी के बजाय कर्ण को केन्द्रीय महत्त्व देते हुए पुराने प्रसंग को पुनर्रचित किया। टैगोर के यहाँ 'महाभारत' के 'उद्योग पर्व' की सामग्री को 'कर्ण-कुन्ती संवाद' के रूप में पुनर्रचित करने के दौरान एक अबोध बालिका की व्यथा और अनजाने में उससे हुई गलती का आजीवन दुष्परिणाम भुगतने को अभिशप्त कर्ण की मनोदशा को अभिव्यक्ति मिली है। किशोरावस्था में कुन्ती को मालूम नहीं था कि जिस बिन माँगे वरदान से उसे नवाज़ा गया है, वह उसके लिए अभिशाप बन सकता है। इसी प्रकार वर्णाश्रम धर्म में पगी सामन्ती व्यवस्था में कर्ण आजीवन अज्ञातकुलशील जीवन जीने के लिए अभिशप्त रहा और राजपुत्रों के बीच वह सम्मान उसे नहीं मिला जिसका वह अधिकारी था।

कुरुक्षेत्र में युद्ध के औपचारिक आरम्भ के पहले सन्ध्या समय जाह्नवी नदी के तट पर अस्ताचलगामी सूर्य के ध्यान में मग्न रवीन्द्रनाथ का कर्ण जब कुन्ती से अपनी पहचान और उससे मिलने आने का उद्देश्य बताने को कहता है तो यह प्रश्न सुनकर कुन्ती अत्यन्त भावुक हो जाती है और तमाम तरह की शर्म-हया त्यागकर उसे अपनी पहचान बताती हुई कर्ण के वजूद का राज़ खोलने के बाद उससे युद्ध में कौरवों का साथ छोड़कर पाण्डवो से मिल जाने की याचना करती है।

जन्म के बाद माता द्वारा परित्याग को लेकर शिकायती लहजे में विनम्रतापूर्वक कुछ कहने के बाद रवीन्द्रनाथ का कर्ण माता कुन्ती से दृढ़ स्वर में निवेदन करता है कि युद्ध में पाण्डवों की विजय अवश्यंभावी है, बावजूद इसके उसे कौरव-शिविर में ही रहना चाहिए। साथ ही, रवीन्द्रनाथ की कविता में कर्ण माता कुन्ती से युद्ध के दौरान 'विजय की लालसा, यश अथवा राज्य-प्राप्ति की इच्छा के तहत वीरता के मार्ग से ख़ुद के विचलित न होने' के लिए आशीर्वाद माँगता है।

'रश्मिरथी' में कर्ण से मिलने जाने के पूर्व कुन्ती का असमंजस विस्तार से वर्णित हुआ है। जाहिर है कि महाभारत की कथा के मद्देनज़र कुन्ती को किसी भी तर्क से आत्यन्तिक वासना से परिचालित होकर गर्भ धारण करने का दोषी ठहराना असम्भव है। किन्तु, अपने समय-समाज में प्रचलित एक विशेष प्रकार की नैतिकता से अनुकूलित स्त्री के मन में इस मुद्दे को लेकर ऊहापोह स्वाभाविक है–

यदि कहूँ युधिष्ठिर से यह मलिन कहानी,
गल कर रह जायेगा वह भावुक ज्ञानी।
तो चलूँ कर्ण से ही मिलकर बात करूँ मैं
सामने उसी के अन्तर खोल धरूँ मैं ।

लेकिन कैसे उसके सम्मुख जाऊँगी?
किस तरह उसे अपना मुख दिखलाऊँगी?
माँगता विकल हो वस्तु आज जो मन है
बीता विरुद्ध उसके समग्र जीवन है।

क्या समाधान होगा दुष्कृति के कर्म का?
उत्तर दूँगी क्या, निज आचरण विषम का?
किस तरह कहूँगी-पुत्र! गोद में आ तू,
इस जननी पाषाणी का हृदय जुड़ा तू?

दिनकर की कविता में कर्ण और कुन्ती के बीच संवाद बहुत लम्बा है जिसमें आक्रोश और करुणा के बीच तनाव के तहत जगह-जगह कवित्व का उत्कर्ष दिखाई पड़ता है। जाहिर है कि अपराध न तो कुन्ती ने किया था और न ही कर्ण ने, पर दोनों को आजीवन जो यातना भोगनी पड़ी उसे शब्दों में बाँधना असम्भव है। वस्तुत: माता-पुत्र की विडम्बना की जड़ें उस युग की नैतिक मान्यताओं की विसंगतियों में गड़ी पड़ी हैं जिनसे आधुनिक मनुष्य भी पूरी तरह निजात नहीं पा सका है। आज भी पूरी दुनिया और ख़ासकर भारत में अविवाहित स्त्री यदि सन्तान को जन्म देती है तो उसका अपना जीवन और सन्तान का लालन-पालन या आगे का जीवन हरदम सवालों के घेरे में रहता है। कर्ण के जन्म के प्रसंग में 'महाभारत' को कर्ण की दीर्घ मृत्यु की कथा' बताते हुए रवीन्द्रनाथ इसे उसकी 'सामाजिक मृत्यु' कहते हैं।

'रश्मिरथी' में कुन्ती से बातचीत के दौरान कर्ण युद्ध में पहले केवल अर्जुन का वध करने और शेष चारों भाइयों को न मारने की बात करता है, पर कुन्ती की दशा देखकर उसका हृदय विदीर्ण हो जाता है और वह पाँचों पाण्डवों में से किसी को नहीं मारने का वचन देने के साथ ही दुर्योधन के विजयी होने पर अन्तत: सबकुछ छोडकर कुन्ती के पास लौट आने के लिए राजी हो जाता है। वह बार-बार कहता है कि किसी व्यक्ति या समूह की विजय-पराजय के बजाय वह पददलितों के अधिकार के लिए युद्ध का हामी है–

जग में जो भी निर्दलित, प्रताड़ित जन हैं,
जो भी विहीन हैं, निन्दित हैं, निर्धन हैं,
यह कर्ण उन्हीं का सखा, बन्धु, सहचर है
विधि के विरूद्ध ही उसका रहा समर है।

आमतौर पर माना जाता है कि इतिहास प्रसंग पैदा करता है और बड़ा-से-बड़ा कवि इतिहास-प्रक्रिया से बाहर जाकर सृजन नहीं कर सकता। बावजूद इसके, बकौल अक्तोवियो पाज़, 'कविता एक ऐसी विधा है जो इतिहास-प्रक्रिया से होती हुई प्राय: उसका अतिक्रमण करती है।' 'रश्मिरथी' में कर्ण का यह कथन वस्तुत: कवि के सामाजिक सरोकार को अभिव्यक्त करता है। जिस प्रकार महाभारतकार व्यास महाख्यान रचने के दौरान यथासमय आख्यान के भीतर-बाहर आवाजाही करते हुए कथा का सूत्र किसी एक पात्र को नहीं सौंपते उसी प्रकार दिनकर के यहाँ भी विभिन्न प्रसंगों के धारा-प्रवाह वर्णन के क्रम में सृजनात्मकता की डोर प्राय: एक से दूसरे हाथ में आती-जाती रहती है।

कुल मिलाकर सुविख्यात आख्यानों पर आधारित काव्य-सृजन में नवाचार, कथ्य के अनुरूप उपयुक्त मात्रिक छन्दों का ज़रूरत के मुताबिक़ इस्तेमाल, भाषा की सफ़ाई, अद्‌भुत सम्प्रेषण-कला, संवाद की लय तथा अपने समय-समाज के ज्वलन्त प्रश्नों से दो-चार होकर व्यापक जन समुदाय की आत्मा की प्रतिध्वनि को पुनर्रचित करने के कारण केवल 'रश्मिरथी' ही नहीं, बल्कि दिनकर-काव्य का बहुलांश आज भी हिन्दी जानने-समझने वालों के कण्ठ में सम्भवत: सबसे ज़्यादा बसता है। वे आज भी एक ज़िन्दा कवि हैं और उनकी कविता आनेवाली नस्लों के दिल-ओ-दिमाग़ को भी झकझोरती रहेगी।

आचार्य नलिन विलोचन शर्मा ने दिनकर की कविता को 'विचारों का संगीत' कहा है। इस स्थापना में वजन है, क्योंकि दिनकर की काव्यकृतियों के साथ ही वैचारिक ग्रन्थों में भी अनेकानेक सूक्तियाँ मिलती हैं : 'मित्रता बड़ा अनमोल रतन, क्या इसे तौल सकता है धन', 'पापी कौन मनुज से उसका न्याय चुराने वाला', 'शान्ति नहीं तब तक जब तक सुख भाग न नर का सम हो', 'ऊँच नीच का भेद न माने वही श्रेष्ठ ज्ञानी है', 'तेज़स्वी सम्मान खोजते नहीं गोत्र बतला के', 'मूल जानना बड़ा कठिन है नदियों का, वीरों का', 'सच है, विपत्ति जब आती है, कायर को ही दहलाती है', 'जाति-जाति का शोर मचाते केवल कायर क्रूर', 'परशु और तप, ये दोनों वीरों के ही होते शृंगार', 'जब नाश मनुज पर छाता है, पहले विवेक मर जाता है', 'सरस्वती की जवानी कविता है और बुढ़ापा दर्शन', 'उगती सभ्यता के कवि भावनाशील और बुझती सभ्यता के कवि बुद्धि पीड़ित होते हैं', 'जातियाँ जब थकती हैं, तब उनका ध्यान रचना से हटकर आलोचना पर चला जाता है', 'आदर्श मनुष्य शरीर से दैत्य और मन से महात्मा होता है', 'बिना आत्मखण्डन किये सत्य का सेवन चल नहीं सकता', 'प्रेम स्वत:स्फूर्त भावना है और विवाह एक कठोर कर्तव्य', 'युद्ध राजनीति की उस अवस्था को कहते हैं, जब वह लोहू से लाल हो उठती है और शान्ति राजनीति का वह रूप है, जब वह कण्ठी माला और चन्दन से विभूषित रहती है।' ऐसी हजारों सूक्तियाँ उनकी कृतियों में भरी पड़ी हैं, जो उनकी रचनाओं के लोकप्रिय होने की एक बड़ी वजह है। अपनी कविता और गद्य में अंग्रेज़ी मुहावरे का हिन्दी में उल्था करके कलाकारी से जगह-जगह पिरो देनेवाले रचनाकारों की सिद्धान्त बघारने वाली रचनाएँ आम पाठक के बीच क़तई लोकप्रिय नहीं हो सकतीं

अन्तोनियो ग्राम्शी ने साहित्य की जिन तीन श्रेणियों का उल्लेख किया है उसके तहत दिनकर की 'उर्वशी' यदि अभिजन-काव्य (एलिट पोएट्री) है, तो, 'रश्मिरथी' समेत उनकी अधिकतर कविता पुस्तकें 'राष्ट्रीय लोकप्रिय'(नेशनल पोपुलर) कविता का श्रेष्ठ उदाहरण हैं। ग्राम्शी का कहना है कि जब किसी देश के साहित्य में 'राष्ट्रीय लोकप्रिय साहित्य' की कमी होने लगती है तब उस शून्य को सस्ता लोकप्रिय साहित्य (पॉपुलर लिटरेचर) आकर भरने लग जाता है।

हमारे समय की विडम्बना है कि कुछेक अपवादों को छोड़कर जनपक्षधर काव्य-वस्तु भी अभिजन कविता के शिल्प में रची जा रही है और अरुण कमल, अष्टभुजा शुक्ल सरीखे गिनेचुने कुछ कवियों की चन्द कविताओं को छोड़कर 'राष्ट्रीय लोकप्रिय कविता' का सृजन न के बराबर हो रहा है। यह आकस्मिक नहीं है कि इस शून्य को विचारधारात्मक कट्टरता के तहत सामाजिक यथार्थ की अभिव्यक्ति के नाम पर कविता में अग्निवृष्टि करने वाले कवि भर रहे हैं। प्रसंगवश याद आते हैं ग्राम्शी, जिनका कहना है कि "कलाकार के समक्ष एक निर्दिष्ट परिदृश्य अवश्य होता है, पर वह किसी राजनीतिकर्मी की तुलना में कम नपातुला होता है। इसलिए वह कम कट्टर होता है।"

यह सही है कि आज गुप्त जी, माखनलाल चतुर्वेदी, बालकृष्ण शर्मा नवीन, सुभद्रा कुमारी चौहान, दिनकर, गोपाल सिंह नेपाली की तरह काव्य-सृजन न तो सम्भव है, न ही ज़रूरी। पर हिन्दी कविता और उसके सम्भावित पाठकों के हित में हमारे कवियों को यथासम्भव कोई-न-कोई बीच का रास्ता ढूँढ़ने की कोशिश अवश्य करनी चाहिए। जिस प्रकार गणितीय समस्याएँ हल करने के कुछ निर्धारित शर्तें हुआ करती हैं उसी प्रकार कविता की लोकप्रियता के लिए बुनियादी शर्त सम्प्रेषणीयता है, जो तभी सम्भव है जब जनता की भाषा का आवश्यकतानुसार परिष्कार करके उसमें जनता के बीच प्रचलित मुहावरे के माध्यम से आम आदमी की आशा-आकांक्षा का सार्थक मूर्तन सम्भव हो सके। दिनकर की कविता इस कसौटी पर खरी उतरती है, इसलिए लोकप्रिय है।

अरुण कमल की कविता का समाजशास्त्र

'कश्चिद् वाचं रचयितुमलं श्रोतुमेवादऽपरस्तां
कल्याणी ते मतिरुभयथा विस्मयं नस्तनोति ।
नह्योकस्मिन्नतिशयवतां सन्निपातो गुणानां
मेक: सूते कनकमुपलस्तत्परीक्षा क्षमोद्ऽन्य: ।।'

–राजशेखर: 'काव्यमीमांसा'

('कोई ऐसा होता है, जिसमें काव्य-सृजन की क्षमता होती है। कोई ऐसा भी होता है, जिसमें कविता सुनने की क्षमता होती है। तुम्हारी कल्याणमयी बुद्धि दोनों में समर्थ है, इसलिए हमें चकित कर देती है। एक में इतने सारे गुणों का सन्निपात नहीं हो सकता। एक पत्थर होता है जो सोने को जन्म देता है और दूसरा पत्थर उस सोने की परीक्षा करने में सक्षम होता है। गरज़ कि तुम ऐसे दुर्लभ पाषाण हो, जो कंचन होने के साथ ही कसौटी भी हो।')

"कविता में कथित से अधिक महत्त्वपूर्ण होता है अभिप्रेत। एकतारे का बजता हुआ तांत यदि कथित है तो उसका कम्पन अभिप्रेत या व्यंजित। कवि भी स्वर को पकड़ता है और पाठक को भी चाहिए कि वह उस स्वर को पकड़े। प्रत्येक भाव-दशा का अपना संगीत, अपनी लय, यानी अपना स्वर होता है। इस स्वर का अंकन, पुनर्लेपन, पुनर्रेखन–यही तो कविता का सम्पूर्ण चक्र है, कवि से पाठक तक. ...कविता हमें तब दुरूह मालूम पड़ती है जब हम उसकी स्वर-लिपि को ठीक-ठीक नहीं पढ़ पाते.कविता की स्वर-लिपि ही उसका वास्तविक या आभ्यान्तरिक पाठ है।"

–अरुण कमल: 'गोलमेज़', पृ.213

आचार्य राजशेखर की कृति 'काव्यमीमांसा' में मौजूद ऊपर उद्धृत श्लोक के बारे में माना जाता है कि इसे कविकुलगुरु कालिदास ने किसी ऐसे कवि की प्रतिभा पर

रीझकर लिखा था, जो सुकवि होने के साथ-साथ एक विद्वान काव्य-मर्मज्ञ भी था। कहना न होगा कि यह बात एक हद तक हिन्दी के जिन गिनेचुने कवि-आलोचकों पर लागू होती है उनमें अरुण कमल भी एक हैं।

काव्यास्वाद के साथ ही रचनात्मक अभिप्राय एवं प्रभाव की दृष्टि से अरुण कमल की रचना-रसोई वैविध्यपूर्ण है। इसमें एक से बढ़कर एक ऐसी कविताएँ मौजूद हैं जिनमें गत पचास वर्षों में भारतीय समाज के बदलते यथार्थ को कविता की ज़मीन पर पुनर्रचित किया गया है। उनके अब तक प्रकाशित सात कविता-संग्रहों ('अपनी केवल धार', 'सबूत', 'नये इलाक़े में', 'पुतली में संसार', 'योगफल', 'मैं वो शंख महाशंख', 'रंगसाज की रसोई') में आयी रचनाएँ भारतीय समाज के सामूहिक अवचेतन में समय-समय पर उठने-गिरनेवाली भाव-तरंगों से निर्मित आधुनिक मनुष्य की अनुभूति की संरचना का एक ऐसा सौन्दर्यबोधात्मक ख़ाका पेश करती हैं जिनकी समाजशास्त्रीय प्रामाणिकता स्वयंसिद्ध है। कहना यह है कि रचना-क्रम में सौन्दर्यबोध पर बल देने के बावजूद ये कविताएँ इतिहास-चेतना से लैस होने के कारण समाजशास्त्रीय दृष्टि से भी प्रमाणिक हैं। कवि के शब्दों में "एक आवाज़ जो लोरी है और प्रभातफेरी भी।" ('रंगसाज की रसोई', पृ. 7)

वस्तुत: अरुण कमल के सौन्दर्यबोध का दायरा इतना बड़ा है कि उसमें अमूमन उदात्त माने जानेवाले सौन्दर्य-तत्त्व के अलावा सदियों से व्यवस्था का नरक भोगने को अभिशप्त मनुष्य के जीवन की 'कुरूपता का सौन्दर्यशास्त्र' ('एस्थेटिक्स ऑफ़ अग्लिनेस') भी यथोचित स्थान पा सका है। कुरूपता को बुराई या अन्य नकारात्मक शब्दों के ज़रिए निर्मित पारम्परिक निन्दापरक अवधारणाओं में घटाकर देखे बग़ैर कवि ने उसे सौन्दर्य की प्रचलित धारणाओं के निषेध के तौर पर अनेक कविताओं में चित्रित किया है :

देखो हत्यारों को मिलता राजपाट सम्मान...
...प्रजातन्त्र का महामहोत्सव छप्पनविध पकवान
जिसके मुँह में कौर माँस का उसको मगही पान। (सबूत)

गौरतलब है कि सुस्वादु भोजन के बाद उत्तम कोटि का पान खाने से लाल हुए ओठों के सौन्दर्य-वर्णन से हमारा साहित्य भरा पड़ा है। यह एक प्रकार का अभिजन-सौन्दर्यबोध है, जिसके तहत माना जाता रहा है कि जो सद्पात्र नहीं है उसके मुँह में पान की लाली शोभायमान नहीं होती। विद्यापति की नायिका के शब्दों में 'बानर मुह कि सोभय पान'। इससे विलग कवि अरुण कमल के लिए रात-दिन

हाड़तोड़ किसानी-मजूरी करते कामगारों का ख़ून जिनके मुँह में लगा है, उनको 'मगही पान' चबाते देखना एक अश्लील दृश्य से रूबरू होना है। कविता की इन पंक्तियों से गुज़रते हुए याद आ सकते हैं इम्बर्तो इको, जिनका कहना है कि हमारे ज़माने में सुन्दरता और कुरूपता के बीच का अन्तर अतीत की तुलना में कम स्पष्ट है। कहना यह है कि जो चीज़ समाज के वर्चस्वशाली तबके के लिए सुन्दर, भव्य और सौन्दर्यबोध के स्तर पर स्वीकार्य है, वही अपनी प्रतिबद्धता एवं सामाजिक सरोकार के तहत कवि को अश्लील लग रही है और बहुत खल रही है। एडोर्नो के सौन्दर्यशास्त्रीय सिद्धान्त में बतलाया गया है कि कैसे शास्त्रीय सौन्दर्यशास्त्र सामाजिक बहिष्कार के साथ अपने सम्बन्धों के कारण कुरूपता को दबाता है, जबकि आधुनिक कवि कुरूपता को पूँजीवादी समाजिक संरचना की तर्कसंगति के विरोध के रूप में ग्रहण करता है।

अरुण कमल अपने समय में प्रचलित जातिगत एवं जेंडरगत भेदभाव के साथ ही ज़िन्दगी जीने के लिए न्यूनतम सुविधाओं की कमी झेल रहे जन-समुदाय के जीवन का चित्रण करते हुए सामन्तवादी अवशेष के साथ ही वृद्ध-पूँजीवाद के अबाध प्रसार के लिए अपनाए जाने वाले हथकंडे के विरुद्ध कला के स्तर पर कड़ा प्रतिरोध दर्ज़ करते हैं। 'रंगसाज की रसोई' कविता संग्रह की 'एक बुलडोजर की गाथा' कविता में हमारे समय में क़ानून के अनुपालन के नाम पर संविधान और न्याय-व्यवस्था को धता बताते हुए 'बुलडोज़र न्याय' का 'नंगा नाच' चित्रित करने के बाद इसके ख़िलाफ़ प्रतिरोध करनेवाले निहत्थे नागरिकों के सामने बुलडोज़र चलाने या चलवाने वालों की पराजय का विवरण देते हुए कहा गया है :

अपने राज में मैंने कितने ही घर ढाहे
उजाड़े झोंपड़े बस्तियाँ मदरसे खानकाह...

अक्सर सोचता कोई मेरे आगे खड़ा क्यों नहीं होता
दस लोग भी सामने डट जाते तो मेरा लोहा काँच बन जाता
एक वीरांगना खड़ी हो गयी थी निहत्थे एक बार
और मुझे रुकना पड़ा था असहाय
पीछे मुड़ना मैं जानता नहीं पर मुझे लौटना पड़ा

अब चारों तरफ़ घनी रिहाइश है इतने इतने घर परिवार
और मैं बच्चों के खेल का मैदान हूँ

उसी बस्ती के बीच अंटका अजूबा,
वो ज़माना बीत गया वो हुक्मरान मर गए अपने ही भार से दब कर
काश मैं मिट्टी की गाड़ी होता ! ('रंगसाज की रसोई', पृ.66)

साहित्य का समाजशास्त्र इस बात पर बल देता है कि श्रेष्ठ रचना में चित्रण के स्तर पर यथातथ्यता और मूल्यनिर्णय की दृष्टि से प्रतिबद्धता होती है। विवेच्य कविता की कई विशेषताओं में से यह भी एक विशेषता है। ग्राम्शी के शब्दों में कहें तो यह वास्तविक चेतना के बजाय संभाव्य चेतना की कविता है, जिसमें क़ानून और व्यवस्था बनाए रखने के नाम पर हाल के दिनों में जिन लोगों के ऊपर अन्याय का क़हर बरपा किया गया है, उन दमित-पीड़ित लोगों पर लिखते हुए रचना में उनकी विजय का सपना देखा-दिखाया गया है।

कदाचित अपने रचना-कर्म का अहम मक़सद बयान करते हुए अरुण कमल ने लिखा है कि "कविता निर्बलों का बल है। कविता उसका पक्ष है जिसका कोई नहीं, जो सबसे कमजोर, सबसे असहाय है, जिस पर बाक़ी सबका बोझ है।" (गोलमेज़, पृ.213)

आज यह अलग से बताने की आवश्यकता नहीं है कि बुलडोजर चलाकर समाज के किस तबके के 'झोंपड़े बस्तियाँ मदरसे खानकाह' आदि उजाड़ दिए गए। इस सन्दर्भ में मध्यप्रदेश के राजगढ़ जिले के एक पूर्व पार्षद की बहुत चर्चा हुई जिनका घर किसी स्त्री द्वारा यौन हिंसा का झूठा आरोप लगाए जाने के बाद सरकारी फ़रमान के तहत बुलडोज़र से गिरा दिया गया था, पर बाद में न्यायलय ने उन्हें निर्दोष करार दिया।

इस कविता में फैज़ की सुप्रसिद्ध नज़्म '...जब ज़ुल्म-ओ-सितम के कोह-ए-गिराँ रुई की तरह उड़ जायेंगे...' की तर्ज़ पर रचित 'वो ज़माना बीत गया वो हुक्मरान मर गये अपने ही भार से दब कर' पंक्ति से गुज़रते हुए पवित्र बाइबिल में आये एक वचन के साथ ही महर्षि अरविन्द की 'बाघ और हिरण' कविता की उन पंक्तियों की बेसाख्ता याद आती है जिसमें कहा गया है कि एक दिन आयेगा जब ताकतवर लोगों का उनकी ही ताकत से विनाश हो जायेगा और मारे गये लोग हत्यारे से बच जायेंगे :

But a day may yet come when the tiger crouches and leaps no more in the dangerous heart of the forest, As the mammoth shakes no more the plains of Asia;

Still then shall the beautiful wild deer drink from the coolness of great pools in the leaves' shadow.

The mighty perish in their might;
The slain survive the slayer.

कहने की ज़रूरत नहीं कि यह एक ऐसा मानवीय सपना है जिसे इस धरती पर साकार करने के लिए न्यायप्रिय लोगों को अभी लम्बी लड़ाई लड़नी है।

संसार प्रसिद्ध टेनिस खिलाड़ी बोरिस बेकर की ज़िन्दगी में आये उतार-चढ़ाव से प्रेरणा पाकर रचित 'खेल' कविता का लहज़ा दार्शनिक है। इसमें एक ओर महान खिलाड़ी बोरिस बेकर के जीवन की त्रासदी का मार्मिक चित्रण है, तो दूसरी ओर उस हादसे के बहाने इनसान की ज़िन्दगी के हासिल की शिनाख्त भी है।

विदित है कि बोरिस बेकर मात्र 17 साल की उम्र में विंबलडन चैंपियनशिप में अन्तरराष्ट्रीय टेनिस परिदृश्य पर छा गये थे और अपने करियर के दौरान टेनिस में उन्होंने 49 एकल और 15 युगल खिताब जीते थे। बाद में वे विभिन्न व्यावसायिक उपक्रमों में शामिल हुए। उन्होंने टीवी कमेंटेटर के रूप में भी काम किया और 2013 से 2016 तक उन्होंने नोवाक जोकोविच नामक अंतरराष्ट्रीय खिलाड़ी को कोचिंग दी, जिन्होंने उस दौरान छह ग्रैंड स्लैम खिताब जीते।

किन्तु, बोरिस बेकर को अनेक क़ानूनी मामलों का सामना करना पड़ा, जिनमें कर-चोरी का मामला बेहद संगीन था। उन्होंने इंग्लैंड में दिवालियापन के लिए आवेदन किया, लेकिन उन पर सम्पत्ति और ऋण छिपाने का आरोप लगा जो सन 2022 में सिद्ध हो गया और उन्हें दो साल और छह महीने की जेल की सज़ा हुई। हालाँकि, बेकर को केवल आठ महीने की सज़ा के बाद रिहा कर दिया गया और वे अपने गृह देश जर्मनी लौट आये।

अपनी रिहाई के बाद बी.बी.सी. से बात करते हुए उन्होंने कहा था कि "जो कोई भी कहता है कि जेल का जीवन कठिन नहीं है, मैं सोचता हूँ कि वह झूठ बोल रहा है...यह बहुत ही क्रूर था...जो आप फ़िल्मों में देखते हैं, जो आपने कहानियों में सुना है यह उससे बहुत अलग अनुभव है। कैदियों को जीवित रहने के लिए हर दिन लड़ना पड़ता है। एक प्रसिद्ध टेनिस खिलाड़ी होने का जेल में कोई मतलब नहीं है, जहाँ मैं हत्यारों, ड्रग डीलरों, बलात्कारियों, तस्करों, ख़तरनाक अपराधियों से घिरा हुआ था। उन्होंने यह भी कहा कि "कारावास ने मुझे विनम्र बनाया है...इसने मुझे एक मजबूत और बेहतर इनसान बनाया है।"

'खेल' कविता में इस महान खिलाड़ी की गिरफ़्तारी के बाद उसके जेल में बिताए दिनों की व्यथा-कथा बयान करते हुए अरुण कमल लिखते हैं :

तब उसने जाना कि कैसी है दुनिया और कैसे-कैसे लोग-पेशेवर हत्यारे, दरिन्दे,
भाड़े के ख़ूनी, खूँखार नशेड़ी
और यह भी कि कोई अचानक तुम्हें मार सकता है बेवजह
और यह भी कि ऐसे भी लोग होंगे जो तुम्हें बचा लेंगे दौड़कर

कविता के अंत में ग़ालिब के 'बाज़ीचा-ए-अतफ़ाल है दुनिया मिरे आगे' की तरह मानव जीवन समेत तमाम दुनियावी गतिविधियों को एक खेल बताया गया है :

ज़िन्दगी के खेल में कोई हार जीत नहीं होती
तुम बस अपनी दौड़ दौड़ते हो जितना दौड़ सको-
अचानक मिट्टी धँसेगी और तुम गिरोगे भहराकर

इतना ही नहीं, परामर्श की मुद्रा में मानव-जीवन जीने की कला बयान करते हुए कवि कहता है :

दुनिया को सिर्फ़ ऐसे ही नहीं देखो जैसे पहली बार देख रहे हो
दुनिया को ऐसे भी देखो जैसे आख़िरी बार देख रहे हो–
टपकती हुई शहद की बूँद जीभ पर लोक लो। (पृ.16)

कविता की अन्तिम पंक्ति में बौद्ध जातक कथा की रचनात्मक अंतर्ध्वनि सुनाई पड़ती है जिसमें एक दृष्टान्त के सहारे जीवन-सत्य का विलक्षण शैली में साक्षात्कार कराया गया है :

"जंगल में अचानक बाघ को देखते ही कोई आदमी घबराकर अँधे कुएँ में कूद पड़ा और दीवार से लगी एक मजबूत टहनी से लटक गया। बहरहाल, उसकी जान बच गयी। अब कुएँ के जगत पर बैठा बाघ उसे बाहर निकलते ही खा जायेगा और कुएँ की तल में उसे एक बड़ा ज़हरीला नाग दिखाई दे रहा है जो उसे डँसने के लिए तैयार बैठा है। उस आदमी की मुश्किल यह है कि वह इस स्थिति से निज़ात कैसे पाये। क्या खाए, क्या पिए, करे तो क्या करे ? किन्तु,उसी कुएँ की दीवार पर मधुमक्खी का छत्ता है, जिससे कभी-कभार शहद की बूँद टपकती है, जिसे चाटकर वह आदमी किसी तरह ज़िन्दा है।"

इस रचना में 'कल तक सब कुछ था आज कुछ भी नहीं /हर क़दम पर चल रही है मौत उल्टे पाँव' जैसी पंक्ति से गुज़रते हुए याद आते हैं ग़ालिब, जिन्होंने जीवन की अनिश्चितता को रेखांकित करने के क्रम में ख़ुद को सम्बोधित करते हुए

कहा है कि हमें अपने वुजूद के धोखे में नहीं आना चाहिए क्योंकि ये पूरी कायनात सिर्फ़ नज़र का धोखा है :

हस्ती के मत फ़रेब में आ जाइयो 'असद'
आलम तमाम हल्क़ा-ए-दाम–ए-ख़याल है।

दुनिया-भर के पुराने-नये साहित्य में महान काव्यशास्त्रियों के साथ ही ख़ुद कवियों द्वारा चिन्तनपरक गद्य के अलावा कविता में भी कविता को बार-बार परिभाषित करने की चेष्टा होती रही है। संस्कृत काव्यशास्त्र में भरतमुनि से लेकर पंडितराज जगन्नाथ तक, अंग्रेज़ी में चौसर, शेक्सपीयर से लेकर 'लिरिकल बैलेड्स' की भूमिका और एलियट की बहुचर्चित पुस्तकों तक, हिन्दी में रामचन्द्र शुक्ल के 'कविता क्या है' शीर्षक विनिबन्ध लेकर दिनकर जी द्वारा 'छायावाद का मेनिफेस्टो' कही गयी 'पल्लव' की भूमिका, जयशंकर प्रसाद की 'काव्य और कला तथा अन्य निबन्ध' पुस्तिका, निराला की 'प्रबन्ध पद्म' पुस्तिका, नामवर सिंह की 'कविता के नए प्रतिमान' और अरुण कमल की 'कविता और समय' जैसी पुस्तकों में कविता को परिभाषित करनेवाले अनेक महत्त्वपूर्ण सूत्र विद्यमान हैं। पर मार्क्स द्वारा 'मानवता की मातृभाषा' कही गयी इस विधा को लेकर संसार के तमाम बड़े कवियों ने अपनी रचना में ऐसा बहुत कुछ लिखा है जिसे आलोचना की भाषा में कहना शायद नामुमकिन है। उदाहरण के लिए धूमिल जब कविता को 'भाषा में आदमी होने की तमीज़' कहते हैं तो पाठक के मन-मस्तिष्क में एक कौंध पैदा होती हैं। इसी प्रकार अरुण कमल भी कविता को 'हाँफते हुए आदमी की ताली' बताते हुए बरसात के समय अपने छोटे बच्चे को गोद में लिए एक ऐसे बुजुर्ग का चित्र खींचते हैं जो रास्ते में साँप के भय से ताली बजाते हुए तेज़ क़दमों से चलता हुआ हाँफ रहा है।

'रंगसाज की रसोई' संग्रह की 'सुराग' कविता पर विचार करते हुए याद आते हैं निर्मल वर्मा जिन्होंने लेखक को आत्मा का जासूस कहा है। कोई कवि इस जासूसी के क्रम में वस्तुस्थिति का जो विवरण कविता में पेश करता है वह उस ज़माने में लिखी समाजविज्ञान की पुस्तकों में एक तो दर्ज़ नहीं हो पाता और अगर कहीं आंकड़े की शक्ल में दर्ज़ होता भी है तो वह आम आदमी की सुषुप्त संवेदना के जगाने में प्राय: समर्थ नहीं होता है। इस सन्दर्भ में मागरिट हार्कनेस को लिखे पत्र में बालज़ाक के उपन्यास की प्रशंसा करते हुए एंगल्स के एक बहुउद्धृत कथन को याद करना प्रासंगिक होगा जिसमें कहा गया है : "ला कॉमेडी ह्यूमेन" में हमें फ्रांसीसी

समाज का, विशेषकर पेरिस के सामाजिक जीवन का सबसे शानदार यथार्थवादी इतिहास मिलता है...बालज़ाक ने फ्रांसीसी समाज का सम्पूर्ण इतिहास अपने लेखन में इस क़दर समाहित किया है कि मैंने उससे आर्थिक मामले में भी उस अवधि के सभी कथित इतिहासकारों, अर्थशास्त्रियों और सांख्यिकीविदों से अधिक सीखा है।"

फैज़ अहमद फैज़ की 'कहीं नहीं है कहीं भी नहीं लहू का सुराग़।' का विस्तार करती हुई रचित अरुण कमल की 'सुराग़' कविता भी प्रकारांतर से अपने तईं इसी हक़ीक़त की ओर इशारा करती है :

सब कुछ धुल जाए छुट जाएँ सारे दाग
इतिहास समाजशास्त्र ज्योतिष विज्ञान धर्मशास्त्र
जब दे दें दगा
कहीं से कोई ख़बर नहीं
पूछताछ की सारी खिड़कियाँ बंद...
...जब कहीं कोई उम्मीद नहीं
तब कविता के पन्ने खोलो शीर्ण,और रक्खो शलाका...
सब मिलेंगे वहाँ...
हर जन्म हर मृत्यु हर प्रणय पंजिका–
इस ज़िन्दगी इस मौत इस ख़ून का गवाह चश्मदीद
आँसू की पहली बूँद ख़ून का आख़िरी क़तरा अन्तिम खोखली साँस ! (पृ.11)

वाल्टर बेन्यामिन ने कवि-कर्म को अपने समय की सक्रिय बराबरी में लाने के लिए जिस 'तात्कालिक भाषा' के रचनात्मक इस्तेमाल की वकालत की है उसे उनके ही शब्दों में "किताबों की सार्वभौमिक शक्ल के बजाए सक्रिय समाजों में अपने प्रभावों के अनुकूल छद्म-रहित रूपाकारों में पालना-पोसना होता है–पर्चों में, छोटे-छोटे अख़बारी लेखों में और नारों की तख्तियों में." बेन्यामिन के अनुसार ऐसा करना इसलिए ज़रूरी है क्योंकि "सच्ची साहित्यिक गतिविधियाँ केवल साहित्यिक ढाँचे से प्रेरणा ग्रहण नहीं कर सकतीं। वह तो उसकी जीवंतता-रहित अभिव्यक्ति मात्र हैं। साहित्य का महत्त्वपूर्ण प्रभाव सिर्फ़ लेखन और कर्म-कर्म और लेखन की नियमित अदला-बदली से ही सम्भव है।"

हिन्दी में बहुत पहले रामचन्द्र शुक्ल पर मोनोग्राफ़ तैयार करते हुए कवि-आलोचक मलयज ने अपनी मनोवांछित कविता की तस्वीर पेश करते हुए लिखा था: "भाषा के भीतर जो अनुभूति है, भाषा के बाहर वही कर्म है। कविता इन दोनों

की संधि पर है। कविता सच्ची बनती है भाषा के भीतर की अनुभूति से और बड़ी बनती है भाषा के बाहर के कर्म से। बौने जीवन से बड़ी कविता नहीं पैदा होती। पर जीवन बौना कर्म की असिद्धि से नहीं, कर्म-क्षेत्र की विविधता का अनुसंधान न करने से बनता है।"

कहना यह है कि कवि के जीवनानुभवों का दायरा जितना बड़ा होगा, उसकी काव्यानुभूति में उतनी ही व्यापकता और गहराई होगी। अपने एक वक्तव्य में अरुण कमल कहते हैं कि "कविता सम्पूर्ण जीवन की कविता हो, ऐसा ही मैंने सोचा और चाहा। भाषा भी एक तरह की नहीं, सब तरह की हो–मेरे भिक्षा-पात्र में हर घर का अन्न हो।"

'रंगसाज की रसोई' संग्रह में उन विषयों पर अनेक कविताएँ हैं जिन्हें पारम्परिक रूप में अक्सर कविता का विषय नहीं माना जाता रहा है। ऐसी कविताएँ कवि के व्यापक जीवनानुभव के साथ ही उनके गहरे सामाजिक सरोकार का पता देती हैं। 'आज रात वह कहाँ सोएगा' कविता में कवि मूसलाधार बारिश वाली रात में सड़क या मैदान जैसी सार्वजनिक जगहों पर सोने वाले बेघर लोगों की संभावित दुर्दशा से चिंतित है:

अपना बिस्तर काँख में दबाए
सोच रहा होगा
आज वह कहाँ सोएगा

सब अपने घरों में बंद
बल्ब की धूप में
आवाज़ें आ रही हैं
खाने की झगड़ने की
कोई औरत की, खिलखिलाने की
खामोशी बत्तियाँ बुझने की
आज वह कहाँ सोएगा। (पृ.28)

विदित है कि दुनिया-भर में लोगों के बेघर होने की समस्या अत्यन्त विकट है और सत्ताधारी वर्ग से साठगांठ के आधार पर पनपते क्रोनी कैपिटलिज्म के इस दौर में यह लगातार विकराल होती जा रही है। वस्तुत: बेघर होना आवास के मानव-अधिकार का सबसे बड़ा उल्लंघन है और बेघर लोग, विशेष रूप से बेघर महिलाएँ,

सबसे अधिक पीड़ित और भेदभाव का शिकार हैं। वजह यह कि बेघर स्त्रियों और बच्चों को प्राय: यौन हिंसा झेलनी पड़ती है। छेड़छाड़ के अलावा अपनी बेटियों की सुरक्षा के लिए स्त्रियों का रातों की नींद हराम करना आम बात है। ग़रीबी, असुरक्षा, कुपोषण आदि से त्रस्त सड़क पर रहने वाले अधिकतर बच्चे भी यौन हिंसा समेत तरह-तरह के दुर्व्यवहार का शिकार होने के साथ ही अक्सर स्कूल जाने में असमर्थ होते हैं। स्पष्ट ही बेघर लोग प्राय: सरकारी स्वास्थ्य सुविधाओं एवं अन्य जन-कल्याणकारी योजनाओं के लाभ से भी वंचित रह जाते हैं।

सन 2011 की जनगणना के अनुसार, भारत में 1.7 मिलियन से अधिक बेघर लोग हैं, जिनमें से लगभग दो-तिहाई शहरी क्षेत्रों में स्थित हैं। कुछ स्वयंसेवी संगठनों का कहना है कि यह आंकडा वास्तविकता पर आधारित नहीं है। उनका अनुमान है कि शहरी भारत की कम से कम एक प्रतिशत आबादी बेघर है। इस आधार पर यह अनुमान लगाया जा सकता है कि शहरी बेघरों की आबादी कम से कम 30 लाख है। भारत में सड़क पर रहने वाले बच्चों की संख्या भी दुनिया में सबरो अधिक है, लेकिन उनकी संख्या पर कोई आधिकारिक डेटा या उनकी विशेष ज़रूरतों और समस्याओं का समाधान करने के लिए उपयुक्त कल्याणकारी योजनाएँ सिरे से ग़ायब हैं। इस साल अगर जनगणना होती है तो सम्भव है कि कुछ और ठोस तथ्य सामने आयें।

'इस दु:स्वप्न का कोई अंत नहीं' ('नो एण्ड टू दिस नाईटमेयर') शीर्षक से 'द हिन्दू' में प्रकाशित अलीशा दत्त की दिल दहलाने वाली रिपोर्ट बताती है कि दिल्ली में बैलून बेचकर रोजाना डेढ़ से दो सौ रूपये कमाने वाला परिवार एक ख़स्ताहाल 'रात्रि आश्रय' (नाईट शेल्टर) में रहने को मजबूर है, जहाँ गर्मी, सर्दी, वर्षा आदि से बचाव के साथ ही शौचालय का कोई सही इंतज़ाम नहीं है और उन्हें तरह-तरह की बीमारियों से ग्रस्त भिखाड़ियों, नशेड़ियों और छोटे अपराधियों से अपने बच्चों की सुरक्षा की चिन्ता सताती रहती है।

'बेघर होना' या 'घरविहीनता' एक विश्वव्यापी समस्या है और विकासशील कहे जाने वाले देशों के साथ ही विकसित देशों में भी ख़ून जमा देनेवाली सर्दी और बर्फ़बारी में सड़क किनारे ज़िन्दगी गुज़ारने के लिए अभिशप्त लोगों की कमी नहीं है। ऐसे में अरुण कमल की तरह वहाँ भी माया एंजेलो समेत अनेक रचनाकारों ने इस मुद्दे पर कविताएँ लिखी हैं। 'घरविहीनों के मित्र' ('फ्रेंड्स ऑफ़ होमलेस') नामक स्वयंसेवी संगठन के संस्थापक जैकब फोल्गेर सेना में भर्ती होने के पहले ख़ुद लगभग अठारह साल की आयु तक बेघर रहे। 'हालाँकि मैं चाहता हूँ' शीर्षक कविता में वे लिखते हैं :

मुझे बस यही बैग मिला है
फटा हुआ और बहुत घिसा हुआ
मेरे अपने कहने के लिए मोज़ों की एक जोड़ी
मेरे सिर छुपाने के लिए भी जगह नहीं है।

अपना खाना खरीदने के लिए भीख मांगो
कोई कांटा या चाकू नहीं, यार यह कच्चा है !
काश मुझे पता होता कि मैं क्या कर सकता हूँ

लोग बढ़िया बिज़नेस सूट पहनकर गुज़र रहे हैं
मानो मैं यहाँ हूँ ही नहीं
'मैं एक आदमी हूँ!' मैं चिल्लाना चाहता हूँ
इस जीवन को उजागर करना कठिन है।

कोई नौकरी नहीं है
इसलिए मैं बैठकर बेहतर चीज़ों की उम्मीद करता हूँ
मैं अपना फटा हुआ थैला व्यवस्थित करता हूँ
दुखी न होने के लिए चाहे कुछ भी करना पड़े।

सूरज डूब रहा है, रात हो गई है
मेरी लड़ाई अभी शुरू हुई है
मैं प्रार्थना करता हूँ कि इसके पूरा होने से पहले मैं रुकूँगा नहीं
हालाँकि मैं चाहता हूँ कि मेरा जीवन ख़त्म हो जाए।

(अनुवाद: रवि रंजन)

'आज रात वह कहाँ सोएगा' से भिन्न भावभूमि पर रचित 'निष्कासन' कविता मजाज़ की 'शहर की रात और मैं नाशाद-ओ-नाकारा फिरूँ' नज़्म के साथ ही केदारनाथ सिंह की 'जाना' कविता की याद दिलाती है :

निकलो बाहर, उसने ढकेलते हुए कहा और
किवाड़ भिड़ा लिए।
रात थी ठंड और शीत से भारी, सड़कें खाली, खिड़कियाँ बंद

कहाँ जाऊँगा अनजान शहर में इस रात
खड़ा रहा कुछ देर देखता रहा वह दरवाज़ा जो अभी तक
मेरी ओट था अँधेरे ठण्डे अनजान संसार में;

अचानक मेरे लिए कोई जगह नहीं संसार में
मैं गिर पड़ा हूँ पृथ्वी से छूटकर असीम
हिम अन्धकार में
मेरा जीना मेरा मरना सब दूसरों का खेल
मैं उखड़ा हुआ दाँत मैं अनचाहा गर्भपात
इतना घना कुहासा इतना अन्धकार
रात का वो पहर जब सबसे ज़्यादा होती है रात...
और मैंने मौत का पहला स्वाद चखा–
उस सूखे कुएँ के पास बस याद रह गयी है जल की
और एक नागिन का ज़हर ! (पृ.18)

कविता की अंतर्वस्तु संकेत देती है कि यहाँ मामला रात में सोने की जगह तलाशते किसी बेघर आदमी के भटकने से अलग क़िस्म का है। 'निष्कासन' के पहले जिस घर में कविता का 'मैं' रह रहा था, वह उसके लिए वस्तुत: घर के बजाए मकान था। कहना यह है जहाँ रात में कोई किसी को 'निकलो बाहर' कहते हुए धक्का देकर किवाड़ बंद कर लेता हो वह क़त्तई घर नहीं कहा जा सकता है। गौरतलब है कि जो निकालने वाला है–वह स्त्री-पुरुष में से कोई हो सकता है। इस कविता का 'मैं' भी स्थिति-विशेष में पुरुष या स्त्री में से कोई भी हो सकता है। यह अलग बात है कि 'निष्कासन' कविता में 'मैं' के लिए जिन क्रिया पदों का इस्तेमाल हुआ है और कविता के अंत में जिस तरह 'सूखे कुएँ के पास...नागिन का ज़हर' की याद का उल्लेख किया गया है,उससे 'निष्कासन' के 'मैं' के पुरुष होने को लेकर कोई संशय नहीं रह जाता। यहाँ जिस नागिन के ज़हर की याद का उल्लेख है वह निराला की 'कंठ लगी उरगी' से नितान्त भिन्न एवं विपरीत है।

यह सच है कि पितृसत्तात्मक समाज में सदियों से स्त्रियों के साथ होने वाली यौन हिंसा और तरह तरह की मानसिक एवं शारीरिक प्रताड़ना दुर्भाग्यवश हमारे समय में 'निर्भया क़ानून' के बावजूद और अधिक वीभत्स एवं विकृत रूप में घटित हो रही है। पर इसके साथ ही सचाई का एक दूसरा पहलू भी मीडिया के माध्यम

से कभी-कभार सामने आता है जिससे पता चलता है कि इस तथाकथित उत्तर-आधुनिक युग में सभ्य एवं सम्भ्रान्त दिखाई देने वाले स्त्री-पुरुष के बीच सम्बन्धों की गतिकी में आये अकल्पनीय परिवर्तन से परिवार नामक संस्था धीरे-धीरे अप्रासंगिक होती जा रही है। सच तो यह है कि 'जाना' अगर, बकौल केदारनाथ सिंह,'सबसे खौफ़नाक क्रिया है', तो घर से निकालने या निकाले जाने वाले के जेंडर से निरपेक्ष होकर कहा जा सकता है कि 'निष्कासन' कविता 'जाना' से कहीं ज़्यादा भयावह पारिवारिक माहौल की ओर संकेत करती है। इस रचना में 'मेरा जीना मेरा मरना सब दूसरों का खेल/मैं उखड़ा हुआ दाँत मैं अनचाहा गर्भपात' पंक्ति में व्यक्त जीवन की निरर्थकता के मद्देनज़र अनायास ग़ालिब की याद आती है :

उग रहा है दर-ओ-दीवार पे सब्ज़ा 'ग़ालिब'
हम बयाबां में हैं और घर में बहार आयी है।

'रंगसाज की रसोई' की कविताओं से गुज़रते हुए हमें कुछ ऐसी कविताएँ मिलती हैं जिनमें बाह्य जगत के बजाय मनुष्य के अंतर्जगत की धीमी अनुगूँज सुनाई पडती है। इन कविताओं का स्वर अरुण कमल की पूर्ववर्ती कविताओं से भिन्न एवं विशिष्ट है। इनमें कवि ने मानव-मन के गह्वर में होने वाले उस आर्तनाद को वाणी दी है जिसकी प्रतिध्वनि हमें संस्कृत-प्राकृत समेत दुनिया की तमाम भाषाओं में काव्य-सृजन करनेवाले अनेक बड़े कवियों के यहाँ सुनाई पड़ती है। ये कविताएँ अपनी परम्परा से गहरे जुड़कर उसे आगे बढ़ाती हैं :

फूल लाया हूँ बेलपत्र और धतूरे की दुंदुभी आशुतोष
तेरा ही मास है मासों में श्रेष्ठ
खोल दो जटा पी लूँ नहा ले सूखी देह
माँ पार्वती शक्ति दें
देख सकूँ चतुर्दिक फैलता कंठ का नील
वन्दे जगत: पितरौ (पृ.111)

इस कविता में 'रघुवंशम्' के मंगलाचरण के रूप में अनुष्टुप छंद में रचित सुप्रसिद्ध श्लोक की स्पष्ट प्रतिध्वनि सुनाई पड़ती है :

वागर्थाविव सम्पृक्तौ वागर्थप्रतिपत्तये।
जगत: पितरौ वन्दे पार्वतीपरमेश्वरौ।।

सवाल है कि इक्कीसवीं सदी के हमारे हिन्दी कवि को कालिदास से जुड़ना क्यों ज़रूरी लगा और उसने इस श्लोक में क्या कुछ नया जोड़ा है। इसका उत्तर पाने के लिए हमें इस कविता की वैधानिक एवं भाषिक संरचना में गोताखोरी करने की ज़हमत उठानी होगी। कालिदास वाणी और अर्थ की सिद्धि के निमित्त वाणी और अर्थ की तरह सम्पृक्त पार्वती एवं शिव की वन्दना करते हैं। कहना न होगा कि कोई भी गम्भीर कवि पर्याप्त प्रतिभा का धनी होने के बावजूद जीवनपर्यन्त वाणी और अर्थ की सिद्धि के लिए ही भारतीय काव्यशास्त्र में बहुविध विवेचित 'व्युत्पत्ति' और 'अभ्यास' की ओर प्रवृत्त रहता है। जो लोग ख़ुद को सिद्ध कवि मानकर मनमाना लेखन करते हैं उनकी कविता में भाषिक स्खलन देखने को मिलता है, जो प्रकारान्तर से रचनाकार के नैतिक स्खलन का परिचायक होता है।

अरुण कमल द्वारा इस कविता में प्रयुक्त भगवान शिव के हज़ार नामों में से एक 'आशुतोष' शब्द भी सोद्‌देश्य है, क्योंकि इसका अर्थ है जिसे आसानी से सन्तुष्ट किया जा सके। आशुतोष को प्रसन्न करने के लिए वैष्णव मंदिरों में चढ़ाए जाने वाले 'छप्पन भोग' या शाक्त पूजा-पद्धति में दी जाने वाली पशु-बलि के बजाए जलाभिषेक के साथ बेलपत्र और धतूरा पर्याप्त है। गोस्वामी तुलसीदास भी 'रामचरितमानस के 'अयोध्याकाण्ड' में यथास्थान 'शिव' के लिए 'आशुतोष' शब्द का प्रयोग करते हुए याचना करते हैं कि आप शीघ्र प्रसन्न होनेवाले और मुँहमाँगा दे डालने वाले हैं। इसलिए मुझे अपना दीन सेवक जानकर मेरे दु:ख को दूर कीजिए:

आसुतोष तुम अवढर दानी । आरति हरहु दीन जनु जानी ।।

विवेच्य कविता में 'खोल दो जटा पी लूँ नहा ले सूखी देह' अरुण कमल की मौलिक उद्‌भावना है। शिव की बंधी जटा वाला रूप ही कवियों के लिए काम्य रहा है, क्योंकि जटा तब खुलती है जब वे तांडव करते हैं और उससे विनाश होता है। महाकवि विद्यापति की पार्वती जब शिव से नृत्य करने का अनुरोध करती हैं तो शिव उनके अनुरोध को प्यार से टालने के लिए कहते हैं कि जटा खुलने से जब गंगा छलकने लगेंगी तो उस सहस्त्रमुखी धार को समेटना असम्भव होगा :

जटासँ छिलकत गंगा भूमि भरि पाटत हे॥
होएत सहस मुखी धार समेटलो नहीं जाएत हे॥

इस पद के अंत में विद्यापति कहते हैं कि पार्वती की बात का मान रखते हुए शिव ने अन्ततः नृत्य तो किया पर दुनिया को संभावित ख़तरे से बचा भी लिया।

अरुण कमल की कविता में 'देख सकूँ चतुर्दिक फैलते कंठ का नील' भी उनकी मौलिक उद्‌भावना है। रामायण, महाभारत आदि से लेकर 'शिवमहिम्न स्त्रोत', 'भागवत महापुराण' और 'रामचरितमानस' आदि में शिव को बारम्बार नीलकंठ कहा गया है। श्रीमद्‌भागवत के चौथे अध्याय में–'तत्पहेमनिकायाभं शितिकण्ठं त्रिलोचनम्' कहकर भगवान शिव के नीलकंठ वाले सौम्य रूप का वर्णन किया गया है। अरुण कमल की कल्पना एक हद तक 'शिवमहिम्न स्त्रोत' में आए एक छंद से कुछ-कुछ मेल खाती प्रतीत होती है जिसमें शिव की यह कहते हुए प्रशंसा की गयी है कि जब समुद्र से भयावह कालकूट विष प्रकट हुआ और असमय ही सृष्टि के विनाश के ख़तरे से सब भयभीत हो गये तब शिव ने संसार के रक्षार्थ विषपान किया जिसके प्रभाव से उनका कंठ नीला पड़ गया जिससे उनकी शोभा में वृद्धि हुई, क्योंकि कल्याण का कार्य सुन्दर ही होता है :

'...स कल्माष: कण्ठे तव न कुरुते न श्रियमहो
विकारोऽपि श्लाघ्यो भवन-भय-भंग-व्यसनिन:॥'

विवेच्य कविता में 'चतुर्दिक फैलते कंठ का नील' देखने की कवि की इच्छा वस्तुत: उसके सौन्दर्यबोध की व्यापकता का परिचायक है जिसके मूल में वह क्रांतिकारी अवधारणा बद्धमूल है कि दुनिया की बेहतरी के लिए उठाया जाने वाला हर ज़ोखिम सुन्दर होता है।

प्रसंगवश उल्लेखनीय है कि हज़ारों साल पहले शिव की आराधना करते हुए आदि शंकराचार्य (700-750 सी.ई) द्वारा 'शार्दूलविक्रीडितम्' में रचित एक छंद हमारे समय के कवियों के लिए आज भी एक रचनात्मक चुनौती की तरह है, जिसमें कहा गया है कि "आप ही मेरी आत्मा हैं, गिरिजा मेरी बुद्धि हैं, मेरे प्राण आपके अनुचर हैं, मेरा शरीर आपका निवासस्थान है, मेरी निद्रा आपकी समाधि है, मेरा चलना-फिरना आपकी परिक्रमा है, मेरी सारी वाणी और शब्द आपके ही स्तोत्र हैं। हे शम्भू ! मैं जो भी कर्म करता हूँ, वह सब आपकी ही पूजा है" :

आत्मा त्वं गिरिजा मति: सहचरा: प्राणा: शरीरं गृहम्
पूजा ते विषयोपभोगरचना निद्रा समाधिस्थिति:।
संचार: पदयो: प्रदक्षिणविधि: स्तोत्राणि सर्वा गिरो
यद्यत् कर्म करोमि तत्तदखिलं शम्भो तवाराधनम् ॥

'रंगसाज की रसोई' में 'एक भक्त के निवेदन' जैसी कुछ और कविताएँ हैं जो प्रार्थना के शिल्प में रचित होने के बावजूद आधुनिक मनुष्य की निरीहता के साथ ही उसके दृढ़ संकल्प को व्यक्त करती हैं। भक्ति संवेदना की ज़मीन पर रचित इन गद्य-कविताओं को मध्यकालीन भक्तिकाव्य के साथ ही निराला की 'अर्चना', 'आराधना' आदि संग्रहों में आये गीतों की भावभूमि से आसानी से अलगाया जा सकता है। पर इन सारी रचनाओं में अंत:सलिला की तरह वह मौन और विनम्रता मौजूद है जो किसी भी रूप में अंधधार्मिकता, अंधश्रद्धा एवं धार्मिक उन्माद को मनुष्य के पास फटकने नहीं देता। याद आते हैं रूमी, जिनका कहना है कि "मौन ही ईश्वर की प्रथम भाषा है, बाकी सब स्तरहीन अनुवाद है।" (Silence is the language of god, all else is poor translation.) इसी मौन-मुद्रा में रचित एक गद्य-कविता में यमुना के तट पर सूरदास की कुटी ढूँढ़ते हुए कवि को जब एक सौध और बहुत पहले सूख चुका एक बहुत पुराना कुआँ मिलता है तो उसका कहना है :

"कविता का कुआँ कभी नहीं सूखता। कविता का कुआँ हमेशा जल से भरा रहता है, झमकता जल और श्याम घन। जितना बड़ा कवि उतना भरा गहरा कुआँ; उतनी ही अधिक नदियों का जल अन्दर ही अन्दर आ आ कर जुटता, दुनियाँ भर की नदियाँ झरने।" (पृ.98)

प्रकारान्तर से यहाँ श्रेष्ठ सृजन की प्रक्रिया को संश्लिष्ट शैली में बयान करते हुए संकेत किया जा रहा है कि बड़े रचनाकार की भावभूमि और विचारभूमि संसार-भर के काव्य-स्रोतों और वैचारिकता से रचनात्मक ऊर्जा ग्रहण करती है। यह अरुण कमल की विनम्रता है जब वे कहते हैं कि उस विराट रचना-स्रोत से यथोचित ग्रहण करने के लिए जिस रचनात्मक सामर्थ्य की ज़रूरत होती है, वह [illegible] मात्रा में नहीं है :

"पर डोरी तो चाहिए और डोल और प्रभु डोरी ही हमेशा कम पड़ जाती है, और मेरी बाहें भी तो छोटी है।" (पृ.98)

इसी प्रकार कवि कुलगुरू को याद करते हुए 'क्व सूर्यप्रभवो वंशः क्व चाल्पविषया मतिः। तितीर्षुर्दुस्तरं मोहादुडुपेनास्मि सागरम्।।' (कहाँ तो सूर्यवंश/रघुकुल और कहाँ अल्पज्ञान वाली मेरी बुद्धि। फिर भी मैं मोहवश उसका उसी प्रकार वर्णन करना चाहता हूँ जैसे कोई छोटी डोंगी से दुस्तर समुद्र को पार करना चाहता हो।) की तर्ज़ पर अरुण कमल लिखते हैं :

"इतने प्रान्तरों पर्वतों नदी समुद्रों की गंध आती है रह रह और उन उँगलियों के उष्ण दाब हैं शेष। मैं कितना अक्षम, निर्बल अल्पमति हूँ प्रभु। (पृ.109)

मध्यकाल में तुलसीदास ने विनम्रतावश कहा था कि "मैं न तो कवि हूँ, न वाक्य रचना में ही कुशल हूँ, मैं तो सब कलाओं तथा सब विद्याओं से रहित हूँ।" आज कोई आधुनिक कवि यदि अपनी विनम्रता व्यक्त करने के लिए कबीर, जायसी, सूर या तुलसी के लहज़े का इस्तेमाल करने की कोशिश करेगा तो वह दिखावे की विनम्रता मानी जाएगी। इसलिए अरुण कमल ने 'मैं बालक बहियन को छोटो' वाले चुटीले अंदाज़ में अपनी बात रखी है।

'रंगसाज की रसोई' में अरुण कमल के कवि-व्यक्तित्व में दिखाई दे रही स्थितप्रज्ञता और विलक्षण औदात्य का अंत:साक्ष्य प्रस्तुत करने में समर्थ अनेक कविताओं से गुज़रते हुए हेगेल के एक कथन की याद आती है जिसमें कहा गया है कि वस्तुस्थिति की सही समझ घटनाओं के घटित होने के बाद ही प्राप्त की जा सकती है, जैसे दिन के अंत में अंधेरा होने पर ज्ञान की देवी का वाहन उल्लू उड़ान भरता है। ("The owl of Minerva spreads its wings only with the falling of the dusk")

इस संग्रह की कुछ कविताओं में श्रम के सौन्दर्य की महिमा का गुणगान करते हुए आधुनिक युग में बौद्धिक श्रम एवं शारीरिक श्रम के बीच भेद करनेवाले उस मध्यवर्गीय नज़रिए का प्रत्याख्यान मिलता है, जो क़लम को कुदाल से श्रेष्ठ मानकर चलता है :

ईंट जोड़नेवाले मिस्त्री
बोलते जाते हैं जोर-जोर लगातार
ईंट उछालते लोकते जमाते
वैशाख के रौद्र में;

एक किशोरी कसीदाकारी कर रही है
दोनों होंठ दबाए खामोश
बस एक सूई एक धागे की ध्वनि में
पल्ले की ओट

मेरा काम दोनों ही जैसा है एक साथ
मैं दोनों ही हूँ एक वक़्त
मिस्त्री और किशोरी। (पृ. 78)

ऊपर उद्धृत कविता से गुज़रते हुए याद आते हैं केदारनाथ अग्रवाल जिनकी श्रमिकों पर लिखी कविताओं में शारीरिक श्रम एवं बौद्धिक श्रम के बीच विभाजक रेखा को नकारते हुए कहा गया है :

छोटे हाथ सबेरा होते लाल कमल से खिल उठते हैं
करनी करने को उत्सुक हो धूप हवा में हिल उठते हैं

छोटे हाथ गुनी ज्ञानी हैं मौलिक ग्रंथों को रचते हैं
मानव की सुन्दरतम कृतियाँ मानव को अर्पित करते हैं।

केदार जी की ऐसी कविताओं के आधार पर कुछ बड़े आलोचकों ने उनमें श्रम का सौंदर्यशास्त्र खोज निकाला है। हालाँकि वह अपने बीज रूप में कबीर, रैदास आदि कारीगर वर्ग से आनेवाले संत-भक्त कवियों के यहाँ भी विद्यमान है। अरुण कमल की 'काम' शीर्षक ऊपर उद्धृत कविता में कवि को एक ऐसे शब्द-श्रमिक के रूप में चित्रित किया गया है जो कठोर श्रम भी सौन्दर्य-नियमों के तहत करता है।

निराला, मुक्तिबोध एवं त्रिलोचन की प्रगीतात्मक शिल्प में रचित छोटी कविताओं का स्मरण कराती अरुण कमल की 'पुकार' कविता किसी लोभ या सम्मोहन के वशीभूत अपने लोगों के साहचर्य से भटककर दूर चले जाने की संभावित स्थिति में मनुष्य के अंतर्मन में होने वाले आर्तनाद को अनसुना न कर देने का निवेदन इन शब्दों में व्यंजित करती है :

आवाज़ मेरी डूबती सी दूर से आती लगे जब
तब समझना घिर गया हूँ
भटक अपने यूथ से वन में बहुत भीतर
या ले गयी है लहर कोई लोभ देती दूर
अपने क्रोड़ में

दिनरात घुटती छटपटाती देह
पीस अंतिम साँस तुमको टेरती जब

चुप न रहना बंद कर लेना न द्वार
बोलना तुम भी निकल बाहर सुनूँ या न सुनूँ ! (पृ.79)

साहित्य में अंतर्वस्तु एवं रूप के परस्पर सम्बन्ध पर चली बहस में हस्तक्षेप करते हुए कभी जार्ज लुकाच ने लिखा था कि साहित्य का रूप वस्तुत: उसकी थिराई हुई अंतर्वस्तु होता है। इससे विलग ख़ास तौर से कविता के क्षेत्र में हमें कुछ ऐसे विलक्षण उदाहरण मिलते हैं जिनमें, बकौल हर्बर्ट मारकुस, रचना की अंतर्वस्तु ही रूप में तत्त्वान्तरित हो जाती है। इस स्थिति में एक से बढ़कर एक ढली-ढलाई कविता का सृजन सम्भव होता है। इस दृष्टि से अरुण कमल की 'पुकार' के साथ ही 'उर्वर प्रदेश और 'दोस्त' सरीखी अनेक कविताएँ बेसाख्ता याद आती हैं। उनकी 'दोस्त' कविता का मर्म समझने में नरोत्तमदास रचित 'सुदामा चरित' का उनका विवेचन-विश्लेषण बहुत दूर तक हमारी मदद करता है।

इटालो केल्विनो की एक रचना में जब मुख्य पात्र शहर आता है तो उसे यह देखकर ताज्जुब होता है कि यहाँ कोई पैदल नहीं चलता। वस्तुत: पैदल चलना मनुष्य की स्वाभाविक क्षमता का परिचायक है जिसका इस्तेमाल न करने पर धीरे-धीरे आदमी पैदल चलने लायक नहीं रह जाता। रोजा लक्ज़मबर्ग के लिए रचित 'गरुड़' शीर्षक कविता में अरुण कमल ठहरे हुए जड़ लोगों को जब 'कूड़े के ढेर से बढ़ते पड़े पड़े' कहकर दुत्कारते हैं, तो गतिशील एवं परिवर्तनकामी जनता के प्रति उनका रुख साफ़ दिखाई पड़ता है। वजह यह कि ठहरा हुआ जीवन जीने को अभिशप्त जन-समुदाय अपने पाँवों में पड़ी बेड़ियों का अनुभव नहीं कर पाता। यह ठीक उसी तरह है जैसे कि चुपचाप अन्याय झेलने का अभ्यस्त आदमी प्रतिकार में आवाज़ नहीं उठा पाता :

रोजा को अच्छे लगते थे वे लोग
जो पैदल चल सकें बहुत दूर
नापसन्द थे ठहरे हुए लोग
कूड़े के ढेर से बढ़ते पड़े पड़े

इसके बाद कैफ़ी आज़मी की 'सब उठो, मैं भी उठूँ, तुम भी उठो, तुम भी उठो' की तर्ज़ पर लोगों का आह्वान करते हुए कवि समाज में घर कर चुकी गुलामी की अनेकानेक संरचनाओं से मुक्ति के लिए लोगों को, बगैर यह जाने कि 'कहाँ किधर कौन सा रास्ता है', किसी यूथपति की तरह चलते रहने की सलाह देता है। वजह यह

कि “हर रास्ता कहीं न कहीं जाता है बनता जाता है नया रास्ता/ऐसा कोई अन्धकार नहीं जिसमें प्रकाश नहीं।”

प्रसंगवश अल्बेयर कामू की ‘अतिथि’ कहानी की याद न आए, यह नामुमकिन है। कहानी में एक फ्रांसीसी-अल्जीरियन शिक्षक को अरब गुलाम के रखवाले के रूप में चित्रित किया गया है जो मन ही मन चाहता है कि वह गुलाम उसके संरक्षण से भागकर मुक्त हो जाये। रात बीतने के बाद वह उसे खाना आदि मुहैया करवाता है और दो-तीन रास्ता दिखाते हुए कहता है कि यह उसकी इच्छा पर है कि वह या तो गुलाम बना रहे या अपनी सुरक्षा के हित में वहाँ से भाग निकले। कामू की कहानी में वह गुलाम स्वतंत्रता के ख़तरे उठाने के बजाय दासता का चुनाव है।

अरुण कमल की ‘गरुड़’ कविता में आह्वान की मुद्रा में दासता को चुपचाप स्वीकार कर लेने वाली मानसिक जड़ता का प्रतिपक्ष रचा गया है :

चलो चलें हम भी
चलोगे तब जानोगे पांवों की बेड़ियाँ
बोलो बोलो, वो जो कोई नहीं बोलता
तब जानोगे कितना मुश्किल है बोलना-
...चलो चलते चलो
यह मत पूछो कहाँ किधर कौन सा है रास्ता..

गरुड़ आज कितना भी नीचे क्यों न उड़े
गरुड़ ही उड़ सकता है सबसे ऊँचा। (‘रंगसाज की रसोई’, पृ. 64)

काव्य-सृजन की प्रक्रिया के बारे में कहा जाता है कि रचनाकार के रूप में कवि की ज़िम्मेदारी परम्परा में प्रशिक्षित होना, भाषा में डूब जाना, अभिव्यक्ति की संभावनाओं के प्रति जीवन्त होना, शिल्प के प्रति सजग होना, जन-जीवन से जुड़ाव और निरन्तर रचनारत रहना है। एक बनती हुई कविता अक्सर अपने बारे में एक असंगत भविष्यवाणी से कुछ अधिक होती है, जो कवि की संवेदना के साथ दुनिया में अपना अस्तित्व ग्रहण करती है. इस संग्रह की ‘रंगसाज की रसोई’ एक ऐसी ही कविता है,जिसमें कला की रचना-प्रक्रिया को ख़ूबसूरती के साथ चित्रित किया गया है।

श्रेष्ठ कविता का समाजशास्त्रीय परिप्रेक्ष्य प्रच्छन्न होता है और उसकी अर्थबहुलता प्राय: बहुसन्दर्भ-मुखर होती है। याद आते हैं फ्रेडरिक जेम्सन, जिनके

अनुसार बहुसन्दर्भ-मुखर पाठों की अर्थबहुलता किसी आलोचक की आकस्मिक सूझ के बजाए पाठ और परिप्रेक्ष्य के बीच मौजूद गहरी नातेदारी की क्रमबद्ध पहचान का नतीज़ा होती है। इस दृष्टि से विवेच्य संग्रह की 'जिसने सहस्त्र चन्द्रमा देखे', 'वह बाज़ार ठठेरों का था', 'लुप्त जीवन की खोज में' के साथ ही कई गद्य-कविताएँ बार-बार पढ़े जाने की माँग करती हैं।

प्राय: हर श्रेष्ठ कविता अपने आप में पूरी तरह से सम्पूर्ण होती है। इसे व्याख्या या विद्वत्तापूर्ण आलोचना द्वारा शत-प्रतिशत समझाया नहीं जा सकता है, चाहे आलोचक कितना भी साहित्यशास्त्रीय ज्ञान के उत्तुंग शिखर पर बैठे होने का दावा क्यों न करे। बावजूद इसके, आलोचकीय अर्थमीमांसा या व्याख्या-विश्लेषण के दौरान कई बार काव्यार्थ की ऐसी परतें भी खुलती हैं जिनसे कभी-कभार कवि भी अनजान हुआ करते हैं। इतना ही नहीं,कविता की नई व्याख्या देशकाल में परिवर्तन के साथ ख़ुद भी प्रकट हो सकती है, जिसे कविता का उत्तर-जीवन कहा जाता है। नामवर सिंह ने इस तथ्य की ओर इंगित करते हुए लिखा है: "कविता में मूल पाठ जैसी कोई चीज़ नहीं होती, यहाँ से वहाँ तक व्याख्या ही व्याख्या है। कोई सर्जनात्मक कृति इसीलिए कृति है कि वह स्थिर वस्तु नहीं है, जड़ पदार्थ नहीं है। पढ़ने की प्रक्रिया में ही काव्यकृतियाँ अर्थ ग्रहण करती हैं और सार्थक होती हैं। इस प्रक्रिया में कभी-कभी मूल पाठ इतना बदल जाता है कि मूल पाठ का पता लगाना भी कठिन होता है...सृजन से ग्रहण तक सम्प्रेषण की समग्र प्रक्रिया में काव्यकृति निरन्तर उपजती है और उपजाई जाती है। यह 'उपज' ही उसका जीवन है। किसी कृति को जड़ पाठ से मुक्त करना ही उसकी प्रासंगिकता है। (वाद विवाद संवाद, पृ. 71)

कविताएँ स्वभावत: संवेदनशील मनुष्य को ज़िन्दगी जीने में मदद करती हैं। सच तो यह है कि जब दुखी आदमी को दुनिया में कोई काम नहीं आता तब विद्यापति, कबीर, रैदास, जायसी, सूर, तुलसी सरीखे किसी सिद्ध कवि की प्रार्थना के शिल्प में रचित कोई काव्यपंक्ति उसे ढाढ़स बँधाती है। आधुनिकता के तमाम दावे के बावजूद विद्यापति का 'कखन हरब दु:ख मोर हे भोलानाथ' गीत गाने और सुनने वाले लोगों की आज भी कमी नहीं है। इक्कीसवीं सदी में भक्तिकाव्य की अपार लोकप्रियता के साथ ही कृत्रिम मेधा वाले हमारे युग में अरुण कमल सरीखे यथार्थवादी कवि द्वारा ईश्वर से संवाद करते हुए काव्य-सृजन की ओर प्रवृत्त होना इसका एक बड़ा प्रमाण है। इससे भिन्न परिवर्तनकामी भावबोध के तहत रचित कोई

यथार्थवादी कविता भी विपरीत स्थितियों में हमें संघर्ष जारी रखने की प्रेरणा देती है और यह अलग से बतलाना ज़रूरी नहीं है कि अरुण कमल के यहाँ ऐसी असंख्य कविताएँ मौजूद हैं।

हमारे इस बड़बोले समय में अरुण कमल की कविता हजारों फेसबुकीय मित्रों के बीच मित्रहीन जीवन जीने को अभिशप्त हँसते हुए अकेलेपन की यातना झेलते खुशहाल कहे जानेवाले मध्यवर्ग की बेचैनी के साथ ही वर्ण, जाति, वर्ग और जेंडर के तहत भेदभाव के अलावा न्यूनतम सुविधाओं से वंचित भयानक आर्थिक तंगी से जूझते निम्नवर्ग को गुलामी की संरचना से मुक्ति के लिए उकसाने वाला एक संजीदा तहज़ीबी दस्तावेज़ है।

फेसबुकीय कविता का समाजशास्त्र

हमारा समय सोशल मीडिया के विस्फ़ोट का समय है, जिसमें कविता के सम्भावित आकार-प्रकार की दृष्टि से फेसबुक सबसे लोकप्रिय माध्यम सिद्ध हुआ है। इसके तहत कवियों-लेखकों को अपनी कविताओं के सद्यः प्रकाशन या पत्रिकाओं में प्रकाशित कविताओं के प्रचार-प्रसार की आज अकल्पनीय सुविधा प्राप्त है। संक्षिप्त आलोचनात्मक टिप्पणियों को छोड़कर फेसबुक साहित्य की अन्य विधाओं जैसे- नाटक, कहानी या ख़ासतौर से उपन्यास के वृहद आकार के मद्देनज़र उसके सद्यः प्रकाशन में बहुत उपयोगी सिद्ध नहीं हो सकता। महाकाव्य, खण्डकाव्य आदि का युग समाप्त हो जाने के बाद कहानी-उपन्यास आदि की तरह कोई कविता क़तई लम्बी नहीं होती।

हम जानते हैं कि हिन्दी के कुछ समर्थ कवियों के कविता-संग्रह उनके जीते जी न छप सके। कुछ के छपे भी तो ऐसे प्रकाशनों से छपे जिनका दायरा बहुत सीमित था और पुस्तक के प्रकाशन से लेकर विक्रय तक के बाज़ार के समीकरण की न तो उनमें समझ थी और न ही उसका लाभ ले पाने की उनमें आर्थिक सामर्थ्य थी। इसकी वजह से कुछ बड़े कवियों की श्रेष्ठ रचनाएँ भी लम्बे समय तक उपेक्षित रहीं। 'अँधेरे में' जैसी महान कविता के रचनाकर गजानन माधव मुक्तिबोध के बारे में विदित है कि उनका पहला काव्य-संग्रह 'चाँद का मुँह टेढ़ा है' मरणोपरान्त प्रकाशित हो पाया था। प्रकाशन की दिक़्क़त तो प्रेमचन्द और निराला को भी थी, पर उन लेखकों ने एक हद तक बीच का रास्ता निकाल लिया था।

चूँकि अपने फेसबुक पेज़ का पीर, बावर्ची, भिश्ती सबकुछ कवि ही होता है, इसलिए वह अपने विवेक से जो चाहे, फेसबुक वाल पर पोस्ट कर सकता है। यदि साहित्य-संसार में कवि की साख है या वह अपने पद-प्रतिष्ठा के कारण जनसम्पर्क कायम करने में समर्थ है, तो उसे अच्छी तादाद में कविता के पाठक और प्रशंसक

भी प्राय: मिल ही जाते हैं। यह अलग बात है कि उनमें कितने पाठक पूरी कविता पढ़ने के बाद 'लाइक' या पसन्द को क्लिक करते हैं और कितने 'लाइक' करके या अतिसंक्षेप में 'बहुत अच्छी कविता' सरीखी टिप्पणी लिखकर आगे बढ़ जाते हैं, यह अनुमान का विषय है।

एक काल्पनिक सवाल उठाया जा सकता है कि अगर मुक्तिबोध के ज़माने में फेसबुक होता और 'अँधेरे में' कविता उनके फेसबुक पेज़ पर 'पोस्ट' की जाती तो क्या तब उसे विद्वान आलोचकों, अध्ययनशील विद्यार्थियों एवं विद्याव्यसनी अध्यापकों की उतनी ही आलोचनात्मक प्रशंसा या परिशंसा प्राप्त होती जितनी कि 'चाँद का मुँह टेढ़ा है' के प्रकाशन के बाद उसे मिली। इस सवाल का उत्तर 'हाँ' में देना मुश्किल है। वजह यह कि एक तो श्रेष्ठ साहित्य का प्रचार नहीं, धीरे-धीरे प्रसार होता है जिसमें विद्वान एवं सहृदय आलोचकों के सारस्वत योगदान की महती भूमिका होती है। राजशेखर ने 'काव्यमीमांसा' में उस कवि को भाग्यशाली बताया है जिसे "काव्य-रचना के परिश्रम को समझने वाला ऐसा विद्वान-आलोचक प्राप्त हो जाता है, जो शब्दों की रचना-विधि का भली-भाँति विवेचन करता है, सूक्तियों-अनोखी सूझों से आह्लादित होता है, काव्य के सघन रसामृत का पान करता है और रचना के गूढ़ तात्पर्य को ढूँढ़ निकालता है।"

सच तो यह है कि अगर आज भी 'अँधेरे में' सरीखी कोई गुरुगम्भीर कविता फेसबुक पर पोस्ट की जाये तो उसके पाठक विरले होंगे, कारण यह कि हर माध्यम की अपनी शक्ति और सीमा के साथ ही एक ख़ास तरह की प्रकृति हुआ करती है।

कई दशक पूर्व मार्शल मैक्लुहान ने 'मीडियम इज़ द मेसेज : ऐन इन्वेण्टरी ऑफ़ इफेक्ट्स' पुस्तक में बताया था कि किस तरह से मीडिया मानवीय संवेदनाओं का विस्तार करता है। वह हमें भौतिकता में जकड़ देता है, लेकिन हमारी दुनिया को देखने की हमारी क्षमता को इस हद तक बढ़ा देता है कि उनके बिना यह असम्भव है। वे लिखते हैं कि एक सन्देश का रूप उस तरीके को निर्धारित करता है जिसमें उस सन्देश का अभिग्रहण होता है। मैक्लुहान ने तर्क दिया था कि कम्प्यूटर समेत आधुनिक इलेक्ट्रॉनिक संचार के दूरगामी समाजशास्त्रीय, सौन्दर्यशास्त्रीय और दार्शनिक परिणाम होंगे। यह परिणाम वास्तव में हमारे दुनिया को अनुभव करने के तरीक़ों को बदलने की हद तक प्रभावशाली होंगे।

युवाल नोआ हरारी ने अपने एक भाषण में एक सोशल मीडिया प्लेटफ़ार्म के तौर पर फेसबुक के अप्रासंगिक होने की बात कही है। वे व्यंग्य में इसे फेसबुक का बूढ़ा होना कहते हैं। उनका मानना है कि फेसबुक पर सक्रिय बहुत सारे लोगों की अजीब-ओ-गरीब हरकतों से लगता है मानों यह दिनानुदिन कुण्ठित लोगों द्वारा एक-दूसरे पर कीचड़ उछालकर अपने अहं के विकृत तुष्टिकरण में सहायक मंच बनता जा रहा है। जबकि इस पर सक्रिय लोगों से उम्मीद थी कि वे सामुदायिक दिशानिर्देश का पालन करते हुए परस्पर मानवीय सम्बन्ध को सुदृढ़ बनाने में योगदान देंगे, पर कालान्तर में यह एक अनियन्त्रित मंच बनता चला जा रहा है।

फेसबुक पर सक्रिय अनेक कवि भी ख़ुद को जबरन क्रान्तिकारी सिद्ध करने के लिए विचित्र कविताएँ पोस्ट करके रातोंरात चर्चित हो जाना चाहते हैं।

कहना यह है कि फेसबुक एक ऐसा माध्यम है जिसका फॉर्म किसी बहुअर्थी व्याख्या-सापेक्ष गुरुगम्भीर कविता के सफल एवं सार्थक सांस्कृतिक सम्प्रेषण के अनुकूल नहीं है। यही बात आलोचनात्मक टिप्पणी के सन्दर्भ में भी सच है। दूसरे शब्दों में कहें तो दिनकर की 'कलम! आज उनकी जय बोल' कविता को भले ही फेसबुक पर सराहने वाले पाठक मिल जायें, पर कविता की लोकप्रियता के लिए ज़रूरी कसौटी पर बहुत हद तक ख़रा उतरने के बावजूद 'कुरुक्षेत्र' या 'रश्मिरथी' को पढ़ने-गुनने वाले पाठकों का वहाँ मिलना मुश्किल है।

हमारे समय में कुछ कवियों-कवयित्रियों ने फेसबुक पर धमाल मचा रखा है। उनके द्वारा पोस्ट की गयी कुछेक कविताएँ ही सार्थक हैं, ज़्यादातर तात्कालिक स्फुरण पैदा करने वाली हैं। इन कविताओं पर लिखी जाने वाली टिप्पणी तो और भी दिलचस्प हैं। अधिकतर टिप्पणियों में ऐसी कविताओं को 'न भूतो न भविष्यति' या ऐतिहासिक-क्रान्तिकारी संवेदना का वाहक बताते हुए टिप्पणी करते हुए 'अवाक', 'नि:शब्द', 'अद्‌भुत' जैसे अल्पांग वाक्यों का प्रयोग किया जाता है तो कई बार इन पर कुछ दीर्घ और गम्भीर टिप्पणियाँ भी देखी जाती हैं जो कवि या कवयित्री को नाराज़ करने के लिए पर्याप्त होती हैं। उदाहरण के लिए हाल में विवाहेतर सम्बन्ध पर लिखी जोशना बनर्जी आडवानी नामक एक कवयित्री की कविता देखी जा सकती है–

पति का हाथ पकड़कर प्रेमिका को
सौंप आयी एक पत्नी
बोली पकड़ो, यह अब तुम्हारा हुआ

इसे गैस, बीपी, कोलेस्ट्रोल, डायबिटिज़ और बवासीर है
फलाँ फलाँ दवाइयाँ हैं, समय से देना
खाने में नमक ज़्यादा हो तो थाली फ़ेंक देता है, तुम ख़्याल रखना
हर रात पीठ दिखाकर सोता है,
पूरी रात खर्राटे भरता है और गैस छोड़ता है,
सुबह उठते ही फ़ोन पे लगता है और रात में सोने से पहले तक फ़ोन नहीं छोड़ता
तुमसे ही तो प्रेम-प्रेम खेलता है
थककर फ़ोन ही इसे छोड़कर बिस्तर पर गिर जाता है
तुम एडजस्ट कर लेना
कर ही लोगी
तुम्हारी वॉट्सऐप चैट पढ़ी मैंने
तुमने लिखा था आइ लव यू
तो लव शव में तो क्या खर्राटे, क्या गैस
नाक के बाल जिस ट्रिमर से काटता है, उसे समय पर चार्ज करती रहना
तलवों की मालिश रोज़ करना, वरना नींद नहीं आयेगी इसे

गाली देने में पीएच.डी. की है इसने
तुम्हें शायद न बके दो-एक महीने
पर जब बके तो गर्दन नीचे करके सुन लेना वरना तो तुम्हें
मार भी सकता है
ले जाओ इसे
इसे तुम जीत चुकी हो

परन्तु सेक्स करने से पहले प्रोटेक्शन रख लेना, तीन बार अलग-अलग औरतों के साथ अलग-अलग होटलों में पाया गया है

बहादुर हो तुम, ठीक आदमी चुना तुमने

तुम्हें जो हार तोहफ़े में दिया है, उसे मेरे पिता ने कर्ज़ लेकर बनवाया था,
तुम पहनना, बेच न देना, पिता स्वर्ग से तुम्हें भी आशीष देंगे

पत्नियाँ अब क्लेश नहीं कर रहीं
रोना, पीटना, मन्नत, धागे कुछ नहीं कर रहीं

एक्सट्रा मैरिटल अफ़ेयर के पता चलते ही प्रेमिकाओं को सौंप कर आ रही हैं
कोई कह रहा था 'वैसी' औरतों को प्रेमिका नहीं कहते, उनके लिए कुछ और शब्द है।
क्या शब्द है वो? उसका पहले पुल्लिंग वर्ज़न तो बनाओ!

जोशना बनर्जी की इस कविता को लेकर फेसबुक पर जो हंगामा बरपा उसमें इसके पक्ष और विपक्ष में अनेक टिप्पणियाँ की गयीं। टिप्पणी करने वाले स्त्री और पुरुष कवियों में ज़्यादातर ने कोई सार्थक बात नहीं की।

उदाहरण के लिए एक कवयित्री ने लिखा–

पत्नियो!
इतने ज़ुल्मी पति को पुलिस के हवाले करो
प्रेमिका के हवाले क्यों कर रही हो?

किन्तु, कृष्ण कल्पित सरीखे कुछ कवियों-आलोचकों ने इस पर दाखिल-खारिज़ से भिन्न धरातल पर खड़े होकर सन्तुलित टिप्पणी की।

कृष्ण कल्पित ने लिखा : "दिल्ली की फेमिनिस्टों ने आगरा की कवयित्री की उस कविता को ख़ारिज़ कर दिया है, जिसने हंगामा बरपा रखा है। उनका कहना है कि ये पितृसत्तात्मक सोच की स्त्रीविरोधी कविता है। यह कविता नहीं, कथित कविता है।

यह प्रसंग प्रसिद्ध है कि कबीर अपनी पत्नी को मूसलाधार बारिश की अन्धेरी रात में उसके प्रेमी तक छोड़कर आते हैं । इतने समय बाद अब एक अधेड़ पत्नी अपने जर्जर, कामुक और विलासी पति को उसकी प्रेमिका के पास छोड़कर आती है।

कितनी शताब्दियों बाद एक हिन्दी कवयित्री ने काशी के जुलाहे का कर्ज़ चुकाया है!

यह कथित कविता प्रकाशित होते ही वायरल हो गयी। जैसे फेसबुक की सताई हुई स्त्रियों को अपनी मुक्ति का नया मार्ग मिल गया हो। स्त्रियाँ ही नहीं लम्पट पुरुष भी इस कविता पर टूट पड़े। शेयर करने लगे, पाठ करने लगे।

यह विषय नया नहीं है। कई फ़िल्में इस पर बन चुकी हैं। बांग्ला में पुनश्च और बॉलीवुड में गृहप्रवेश और बीवी नंबर वन इत्यादि। हमारे मित्र और लेखक अनुवादक नीलाभ की मृत्यु पर भी ग़ुस्से में इसी तरह की एक कथित फूहड़ कविता लिखी गयी थी।

क्या यह कविता है? कविता ग़ुस्से में नहीं लिखी जा सकती, नफ़रत से भी नहीं लिखी जा सकती। कविता विद्रूप की रचना कर सकती, पर स्वयं विद्रूप नहीं हो सकती। फूहड़ता का विरोध सलीके से किया जाता है। ख़ुद फूहड़ बन कर नहीं। कविता और गाली में फ़र्क होता है। कविता क्रोध से नहीं, करुणा से बनती है। करुणा साहितसार!

जोशना बनर्जी अच्छी कवयित्री हैं। उनकी तत्समयुक्त छायावादी भाषा का मैं कायल हूँ। यह शायद बांग्ला भाषा की देन है। उनका पहला कविता संग्रह 'सुधानपूर्णा' पढ़ कर मैं हैरान रह गया था। स्वतन्त्र स्त्री की अनेक छवियाँ यहाँ झिलमिलाती हैं। उनका दूसरा संग्रह 'अम्बुधि में पसरा है आकाश' की कविताएँ भी मेरी बात की ताईद ही करती हैं।

इस कथित कविता की भाषा जोशना बनर्जी की नहीं लगती। स्फटिक। एक फाँक है। जैसे किसी पनघट पर पनिहारनें अथवा मछली बाज़ार में कुंजड़िनें एक दूसरे को गालियों से नवाज़ रही हों। कविता में गालियों का उपयोग वर्जित नहीं है लेकिन इसे बहुत सन्तुलन से साधना पड़ता है–

बेअसर है फ़िराक़ की गाली
उसकी गाली फ़कीर की गाली!

एक कवयित्री का कहना है कि इतने बिगड़े हुए विषयभ्रष्ट पति को प्रेमिका को नहीं, पुलिस को सौंपना चाहिए। यह भी ज़्यादती है। उस बीमार पति को पुलिस थाने नहीं, किसी अच्छे अस्पताल ले जाने की ज़रूरत है।

और, ऐसी सहनशील और क्रूर भारतीय पत्नी को किसी मनोचिकित्सक के पास ले जाने की ज़रूरत है!

इस कथित वायरल कविता का केवल एक ही लाभ दिखाई दे रहा है कि अब पाठक जोशना बनर्जी की उन कविताओं तक शायद पहुँच सकें, जो हिन्दी कविता के परिसर में एक नया सुगन्धित झोंका है। जोशना बनर्जी निसन्देह हिन्दी कविता की नयी विश्वसनीय आवाज़ है।

कवि कल्पित से भिन्न इस कविता पर कड़ी टिप्पणी करते हुए मदन केसरी ने लिखा है–"जोशना बनर्जी की वह कविता आज मैंने पढ़ी, जिसने हिन्दी साहित्य का तापमान अकस्मात बढ़ा दिया है। समकालीन स्त्री-विमर्श और विवाहेतर सम्बन्धों के विषय पर एक सार्थक हस्तक्षेप के बजाय, कविता महज एक सनसनी पैदा करती

है। कविता एक पत्नी की निराशा और उसके पति की प्रेमिका के प्रति उपहासात्मक विदाई को व्यक्त करती है, जिसमें एक महिला अपने पति की कमजोरियों और आदतों का उल्लेख कर उसे उसकी प्रेमिका को सौंप देती है। हालाँकि, कविता का स्वर और शैली उसे साहित्यिक दृष्टि से कमजोर बनाते हैं।

विवाहेतर सम्बन्धों पर सवाल उठाना या उनकी आलोचना करना निस्सन्देह एक महत्त्वपूर्ण विषय है, परन्तु इस कविता में जिस प्रकार से इसे प्रस्तुत किया गया है, वह मात्र एक गल्प है। कविता की पंक्तियाँ एक अवास्तविक चित्रण प्रस्तुत करती हैं, जो केवल विवाद उत्पन्न करने का प्रयास प्रतीत होता है। इसके पीछे छिपा उद्देश्य जैसे समाज के स्त्री-पुरुष सम्बन्धों पर कोई गहरा संवाद स्थापित करने की बजाय मात्र ध्यान आकर्षित करना लगता है। इस तरह के प्रयास अक्सर साहित्य में केवल क्षणिक चर्चा को जन्म देते हैं, उनके पीछे न कोई गहराई होती है और न ही कोई सार्थक विमर्श।

यह कविता जिस विवाद का केन्द्र बनी है, वह भी उतना ही सतही है जितनी स्वयं कविता। फेसबुक पर चली बहस कविता के कथ्य की ओट में एक पुरुषवादी मानसिकता से जनित आग्रह को दर्शा रही थी। यह सत्य है कि हर पुरुष, जिसमें जाहिर है साहित्यकार भी शामिल है, परस्त्री की कामना से भरा होता है, मगर सामाजिक मर्यादा और सीमाओं के कारण प्राय: व्यक्त नहीं कर पाता। कविता पर बहस में, पुरुष साहित्यकारों के जितने तर्क थे, वे एक अतृप्त इच्छा से जनमी कुण्ठा को दर्शाते थे। साहित्यिक भाषावली की चासनी में लपेटे, वे तिक्त कुण्ठा की अभिव्यक्ति थे। और कुछ पुरुषसत्तात्मक मानसिकता से उपजे लाठीमार कुतर्क।

जोशना बनर्जी की कविता पढ़ते हुए मेरी स्मृति में बार-बार एक घटना कौंध रही थी, जब पेरिस शहर के बीच चौराहे पर कुछ 'सेलिब्रिटीज़' ने अपनी ब्रेज़ियर्स उतारी थीं। वे रातोंरात पेरिस के कहवाघरों में चर्चा का केन्द्र बन गयी थीं।"

दिलचस्प है कि इस कविता की प्रतिक्रिया में एक कवि ने पति द्वारा विवाहेतर सम्बन्ध बनानेवाले पत्नी को कोसते हुए एक कवितानुमा प्रतिक्रिया लिखी–

पत्नी का हाथ पकड़ कर उसकी प्रेमी को सौंप आया एक पति
बोला पकड़ो, सँभालो, यह अब तुम्हारी हुई
इसे गैस, बीपी, कोलेस्ट्रॉल, डॉयबिटीज़ और बावासीर है
फलाँ फलाँ दवाइयाँ है, समय से देना
मीनोपॉज से गुज़र रही है अचानक रातों को एसी 16 डिग्री कर देती है,
तुम ख़्याल रखना

हर रात पीठ दिखाकर सोती है,
पूरी रात खर्राटे भरती है और गैस छोड़ती है,
सुबह उठते ही फ़ोन पे लगती है और रात मे सोने से पहले
तक फ़ोन नहीं छोड़ती
तुमसे ही तो प्रेम-प्रेम खेलती है
थककर फ़ोन ही इसे छोड़कर बिस्तर पर गिर जाता है
तुम एडजस्ट कर लेना
कर ही लोगे
तुम्हारी वॉट्सऐप चैट पढ़ी मैंने
तुमने लिखा था आइ लव यू
तो लव शव में तो क्या खर्राटे, क्या गैस

बग़ल के बाल जिस ट्रिमर से साफ़ करती है, उसे समय पर
चार्ज करते रहना
तलवों की मालिश रोज़ करना, वरना नींद नहीं आयेगी इसे
झगड़ने में पीएचडी की है इसने
तुम्हें शायद न झगड़े दो-एक महीने
पर जब झगड़े तो गर्दन नीचे करके सुन लेना वरना तो
तुम्हें नोंच भी सकती है
ले जाओ इसे
इसे तुम जीत चुके हो
परन्तु सेक्स करने से पहले प्रोटेक्शन रख लेना, इसे तीन बार तीन अलग-
अलग प्रेमियों के
साथ में पाया गया है
बहादुर हो तुम, ठीक औरत चुनी तुमने
तुम्हें जो पेंडेंट तोहफ़े में दिया है, उसे मैंने ने पिता से पैसे चुराकर ब
नवाया था,
तुम पहनना, बेच न देना, पिता स्वर्ग से तुम्हें भी आशीष देंगे
पति अब ख़ून नहीं कर रहे
मारना पीटना, धमकाना, कोर्ट कचहरी कुछ नहीं कर रहे

एक्सट्रा मैरिटल अफ़ेयर के पता चलते ही प्रेमियों को सौंप कर आ रहे हैं
कोई कह रहा था 'वैसे' मर्दों को प्रेमी नहीं कहते, उनके लिए कुछ और शब्द है। (रण्डीबाज़?)
क्या शब्द है वो? उसका पहले स्त्री वर्ज़न तो बनाओ
बनाओ पहले स्त्री वर्ज़न और बताओ 'वैसी' यानी तुम्हारी तरह के औरतों को क्या कहते हैं?

फेसबुक पर बेतरतीब निरर्थक तुकबन्दियाँ करने वाले तथाकथित कवियों की भरमार है। सम्भव है ऐसी कवितानुमा अभिव्यक्तियाँ कविसम्मेलन में मंच पर अभिनय की मुद्रा में पढ़ी जाने पर तालियाँ बटोरती हो, पर इनका पाठकों या श्रोताओं के सांस्कृतिक बोध के उन्नयन में रत्ती-भर योगदान नहीं है–

नारी तेरी दशा आज भी बेहाल है
कुण्डलियों पर खेलता आज का समाज है
एक बात सौ टके की है
तुझसे रिश्ते सारे जुड़ जाते हैं
पर ये रिश्ते तुझे न अपनाते हैं
हाँ नारी तेरी दशा आज भी बेहाल है।

–शालिनीदेव सिंह

हास्यास्पद है कि ऐसी हजारों फालतू कवितानुमा पंक्तियों को लगातार फेसबुक पर पोस्ट करने वाला एक प्रकाशक ख़ुद को "आधुनिक युग के समानान्तर क़दमताल करनेवाला लोकप्रिय संचार प्रकाशक" घोषित करता है।

फेसबुक पर प्रकाशित कविताओं की रूप रचना पर यदि विचारें तो स्पष्ट होगा कि इन कविताओं के रूप ने उनकी अन्तर्वस्तु को रूपायित करने के साथ ही रूपान्तरित भी किया है। एक ही मुद्दे पर रचित कला की श्रेणी में परिगणित किये जाने योग्य सुरुचिपूर्ण कविता और लोकप्रिय कविता की रूप रचना भिन्न होती है। सच तो यह है कि श्रेष्ठ कविता संसार में व्याप्त तमाम तरह की गुलामी की संरचनाओं से मनुष्य की मुक्ति के उद्देश्य को लेकर रची जाती है। इसलिए उसका रचनाकार विषय का चुनाव और उसकी रूप रचना में प्रयोग तो करता है, मनमानी नहीं। इसके ठीक विपरीत लोकप्रिय कविता का उत्पादन करने वाला तथाकथित कवि प्राय: उन मुद्दों पर कविता लिखता है जो ख़बर में हुआ करते हैं। वह हत्या,

लूट, यौन हिंसा, चुनाव में गड़बड़ी की आशंका, चुनावी राजनीति में हार-जीत, विवाहेतर प्रेम, राष्ट्रप्रेम, देशभक्ति, भारत-पाक युद्ध, आतंकवाद आदि विषयों पर इसलिए लिखता है क्योंकि इनसे जुड़ी ख़बरें लोगों के बीच आम हुआ करती हैं।

अकेले भारत-पाकिस्तान युद्ध को लेकर हिन्दी में सैकड़ों लोकप्रिय कविताएँ लिखी गयी हैं जिनमें शान्ति के बजाय युद्ध का महिमा मंडन मिलता है–

हम डरते नहीं बमों से , विस्फ़ोटक जलपोतों से,
हम डरते है, ताशकन्द शिमला जैसे समझौतों से।
सियार भेड़ियों से डर सकती, सिंहों की औलाद नहीं,
भरतवंश के इस पानी की है तुमको पहचान नहीं।
ऐटम बम बनाकर के तुम किस्मत पे फूल गये,
65, 71 और 99 के युद्धों को शायद भूल गये।
तुम याद करो अब्दुल हामिद ने पेटेंट टैंक जला डाला,
हिन्दुस्तानी नेटों ने अमेरिकी जेट जला डाला।
तुम याद करो गाज़ी का बेड़ा झटके में ही डुबा दिया,
ढाका के जनरल नियाज़ी को दूध छठी का पिला दिया।
तुम याद करो 90000 उन बन्दी पाक जवानो को,
तुम याद करो शिमला समझौता, इन्दिरा के अहसानों को।
पाकिस्तान ये कान खोलकर सुन ले
कि अब की जंग छिड़ी तो
सुन ले, नामो निशान नहीं होगा...।
कश्मीर तो होगा, लेकिन पाकिस्तान नहीं होगा...।
लाल कर दिया तुमने लहू से, श्रीनगर की घाटी को,
किस गफ़लत पे छेड़ रहे तुम सोई रही हल्दीघाटी को।
ज़हर पिलाकर मज़हब का इन कश्मीरी परवानो को,
भय और लालच दिखलाकर तुम भेज रहे नादानों को।
खुले प्रशिक्षण खुले शस्त्र है, खुली हुई शैतानी है,
सारी दुनिया जान चुकी ये हरकत पाकिस्तानी है।
बहुत हो चुकी मक्कारी बस बहुत हो चुका हस्तक्षेप,

समझा दो उनको, वरना भभक उठेगा पूरा देश।
देश अगर हो गया खड़ा तो त्राहि-त्राहि मच जायेगी,
पाकिस्तान के हर कोने में महाप्रलय आ जायेगी।
क्या होगा अंजाम तुम्हे इसका अनुमान नहीं होगा,
कश्मीर तो होगा, लेकिन पाकिस्तान नहीं होगा...।
ये आवाज़ ये ऐटम बम और हिम्मत कौन दिखाएगा,
इन्हें चलाने को क्या बोलो बाप तुम्हारा आयेगा...।
अब तू चिन्ता मत कर चेहरे का खोल बदल देंगे,
इतिहास की क्या हस्ती है पूरा भूगोल बदल देंगे।
धारा हर मोड़ बदलकर लाहौर से गुजरेगी गंगा,
इस्लामाबाद की छाती पर लहराएगा तिरंगा झण्डा।
रावलपिण्डी और कराची तक सब कुछ ख़ाक हो जायेगा,
सिन्धु नदी के आर-पार पूरा भारत हो जायेगा।
फिर सदियों-सदियों तक जिन्ना जैसा शैतान नहीं होगा,
कश्मीर तो होगा, लेकिन पाकिस्तान नहीं होगा...।
कश्मीर तो होगा, लेकिन पाकिस्तान नहीं होगा...।

इस अत्यन्त आक्रामक तथाकथित राष्ट्रवादी कविता के मुक़ाबले पूर्व-प्रधानमन्त्री श्री अटल बिहारी वाजपेयी रचित कविता को रखकर देखने पर लोकप्रिय कविता के अन्तर्गत स्तर-भेद दिखाई पड़ता है–

एक नहीं दो नहीं करो बीसों समझौते,
पर स्वतन्त्र भारत का मस्तक नहीं झुकेगा।

अगणित बलिदानों से अर्जित यह स्वतन्त्रता,
अश्रु स्वेद शोणित से सिंचित यह स्वतन्त्रता।
त्याग तेज़ तपबल से रक्षित यह स्वतन्त्रता,
दुःखी मनुजता के हित अर्पित यह स्वतन्त्रता।
इसे मिटाने की साज़िश करने वालों से कह दो,
चिनगारी का खेल बुरा होता है

औरों के घर आग लगाने का जो सपना,
वो अपने ही घर में सदा खरा होता है।

अपने ही हाथों तुम अपनी कब्र ना खोदो,
अपने पैरों आप कुल्हाड़ी नहीं चलाओ।
ओ नादान पड़ोसी अपनी आँखें खोलो,
आज़ादी अनमोल ना इसका मोल लगाओ।
पर तुम क्या जानो आज़ादी क्या होती है?
तुम्हें मुफ़्त में मिली न क़ीमत गयी चुकाई।
अंग्रेज़ों के बल पर दो टुकड़े पाये हैं,
माँ को खण्डित करते तुमको लाज ना आयी?

अमरीकी शस्त्रों से अपनी आज़ादी को
दुनिया में कायम रख लोगे, यह मत समझो।
दस बीस अरब डालर लेकर आने वाली बरबादी से
तुम बच लोगे यह मत समझो।
धमकी, जिहाद के नारों से, हथियारों से
कश्मीर कभी हथिया लोगे यह मत समझो।
हमलों से, अत्याचारों से, संहारों से
भारत का शीश झुका लोगे यह मत समझो।

जब तक गंगा में धार, सिन्धु में ज्वार,
अग्नि में जलन, सूर्य में तपन शेष,
स्वातन्त्र्य समर की वेदी पर अर्पित होंगे
अगणित जीवन यौवन अशेष।

अमरीका क्या संसार भले ही हो विरुद्ध,
काश्मीर पर भारत का सर नहीं झुकेगा
एक नहीं दो नहीं करो बीसों समझौते,
पर स्वतन्त्र भारत का निश्चय नहीं रुकेगा।

अल्लहड़ बीकानेरी नामक हास्य कवि ने आम चुनाव को लेकर नेताओं के प्रति जनता के असन्तोष को अपने काव्य का विषय बनाते हुए हास्य शैली में उसे अभिव्यक्त किया है–

जो बुढ्ढे खूसट नेता हैं
उनको खड्डे में जाने दो
बस एक बार, बस एक बार
मुझको सरकार बनाने दो।

मेरे भाषण के डण्डे से
भागेगा भूत गरीबी का
मेरे वक़्तव्य सुनें तो झगड़ा
मिटे मियाँ और बीवी का

मेरे आश्वासन के टानिक का
एक डोज़ मिल जाये अगर
चन्दगी राम को करे चित्त
पेशेण्ट पुरानी टी बी का

मरियल सी जनता को मीठे
वादों का जूस पिलाने दो।
बस एक बार, बस एक बार
मुझको सरकार बनाने दो।

इन कविताओं की शैली पर यदि विचारें तो अधिकतर कवियों ने उद्‌बोधनात्मक शैली का इस्तेमाल किया है। कथ्यगत एवं भाषिक सरलता इन्हें सहज संप्रेषणीय बनाती है जो कि इनकी लोकप्रियता का एक बड़ा कारण है। इससे कविता में प्राय: सरलीकरण की स्थिति पैदा होती है। कुल मिलाकर लोकप्रिय कविता का एक रूढ़िगत ढाँचा हुआ करता है जिसे मंच से सुनने-समझने या फेसबुक पर पोस्ट किये जाने पर उन्हें पढ़ने में पाठक को कोई बौद्धिक श्रम नहीं करना पड़ता।

प्रेम कविता के नाम पर फेसबुक पर जो कविताएँ पोस्ट की जाती हैं उनकी स्थिति और भी नाज़ुक है। इनमें लय और तुक मिलाकर कुछ बेतरतीब तरीक़े से

लिख दिया जाता है। उदाहरण के लिए एक कवयित्री ने 'राजकमल' शीर्षक कविता में अपने मुँह मिया मिट्ठू बनने के अन्दाज़ में लिखा है–

मेरी वेदना को समझने के लिए
आप में संवेदना होनी चाहिए।

मेरे मौन को आकार देने के लिए
आपको निराकार होना चाहिए।

मेरे प्रेम में पड़ने के लिए आपको
मेरे परिवेश से प्रेम करना चाहिए।

अगर आपको बरसात से प्रेम है
तो कीचड़ से नहीं चिढ़ना चाहिए।

क्योंकि, कीचड़ में ही तो कमल खिलता है
और, मैं राजकमल हूँ।

इसी प्रकार 'कवि कुम्भ' द्वारा फेसबुक पर पोस्ट एक कवितानुमा अभिव्यक्ति में कहा गया है–

'उम्र भर निभायेंगे साथ ऐसा मुझे भरम हुआ
एक रिश्ता उम्मीद से शुरू होकर अफ़सोस पर ख़त्म हुआ।

कहने की ज़रूरत नहीं कि ऐसी सैकड़ों तथाकथित कविताओं से गुज़रने में जो समय की बर्बादी होती है वह अन्ततः पाठक के लिए अफ़सोसनाक हुआ करता है।

व्यक्तिगत पसन्द-नापसन्द और वैचारिक कट्टरता के तहत कविता के नाम पर गाली-गलौज करते हुए एक ही साँस में व्यापारियों से लेकर ईश्वर तक को कोसने वाले तथाकथित कवि कविसम्मेलनों के मंच के साथ ही फेसबुक पर भी बड़ी संख्या में मौजूद हैं, जिनके कुकवित्व को आड़े हाथों लेते हुए राकेश मिश्र और कृष्ण कल्पित जैसे गम्भीर कवियों ने फेसबुक पर कविताएँ लिखी हैं।

बेशुमार गालियाँ थीं
उस युवा कवि की कविता में
....

उसकी हर गाली दहाड़ पर
आशीष बरस रहा था
पुलकित मंच से
अपमान और आक्रोश से
व्याप्त हुआ दिग-दिगन्त
शहर से भागे सभी सेठ-साहूकार-सन्त
अद्‌भुत रोमांच में पढ़ा गया युवा कवि का सम्मान पत्र
इस तरह पूर्ण हुआ अहिंसक कवि की याद में आयोजित
कविता पाठ का वह सत्र।

—राकेश मिश्र

एक हाथ में कलम हमारे
दूजे में पिस्तौल
नये ज़माने के लेखक हैं
दरवाज़ा तो खोल

—कृष्ण कल्पित

कुल मिलाकर कहना यह है कि फेसबुक छपी अधिकतर कविताओं में स्त्री-मुक्ति,धर्मनिरपेक्षता, जनपक्षधरता,राष्ट्रप्रेम आदि के नाम पर चौंकाऊ और उत्तेजक बयानबाज़ी देखने को मिलती है। वस्तुत: ये कवितानुमा अभिव्यक्तियाँ या तो कोरी बयानबाजी हुआ करती हैं या क्रान्तिकारी कविता की शक्ल में प्रतिक्रियावादी बयान. सच तो यह है कि हिन्दी के अनेक गम्भीर कहे जाने वाले कवियों के यहाँ भी ऐसी बयानबाज़ी देखी जाती है।

हाल में हिन्दी की एक महत्त्वपूर्ण साहित्यिक मासिक पत्रिका के सम्पादक ने जब समकालीन कविता विशेषांक प्रकाशित करने का एलान किया तो उन्हें छोटे-बड़े अनेक गम्भीर माने जाने वाले कवियों की सैकड़ों कविताएँ प्राप्त हुईं,लेकिन उनमें ज़्यादातर में कवित्व के बजाय बयानबाज़ी की भरमार थी। सम्पादक ने फेसबुक पर लिखा है:

"कविता विशेषांक के लिए आयी अनेक कविताओं में सिर्फ वक्तव्य है,कविता नहीं है। ज़्यादातर कवियों का सरोकार न समय से है और न समाज से लोक दुर्लभ अफ़सोस।"

याद आते हैं मैनेजर पाण्डेय, जिन्होंने राजकिशोर द्वारा सम्पादित 'दूसरा शनिवार' के किसी अंक में समकालीन कविता पर कड़ी टिप्पणी करते हुए लिखा

था कि और जो कुछ हो समकालीन कविता दिलचस्प नहीं रह गयी है। सवाल है कि किसी समय की कविता या कोई ख़ास कविता क्यों और कैसे दिलचस्प कविता बनती है। इसका एक उत्तर है कि जब कवि बिना किसी पूर्वग्रह के जनभाषा का आवश्यकतानुसार परिष्कार करके आम लोगों के जीवन से उठाये मुहावरों, बिम्बों-प्रतीकों आदि के माध्यम से जनता के विभिन्न तबकों से जुड़े मुद्दे को अवबोध के स्तर पर रूपायित करता है तो इससे कविता के दिलचस्प बनने की सम्भावना पैदा होती है। आधुनिक कवियों में निराला,दिनकर,नागार्जुन आदि कवियों की रचनाएँ इस बात को पुष्ट करती हैं।

इनसे विलग शमशेर, मुक्तिबोध सरीखे कवि हैं जो जनजीवन से गहरे जुड़कर यथार्थ का रूपायन तो करते हैं,पर नागार्जुन की तरह उनके यहाँ जनभाषा का प्रयोग नहीं मिलता। बावजूद इसके इन कवियों की रचनाएँ कम दिलचस्प नहीं हैं। अपनी एक कविता में मुक्तिबोध जनज़ुड़ाव की बात करते हैं–

वेदना में हम विचारों की
गुंथे तुमसे, बिंधे तुमसे
व आवेष्टित परस्पर हो गये
कर्मण्य क्षिप्रा तीर पर
कोई न थे हम तुम्हारे किन्तु सहचर हो गये
चाहे जलधि,पर्वत,हज़ारों मील की दूरी
हमारे बीच में आ जाय
फिर भी मानसिक अदृश्य सूत्रों से
हमारी आत्माएँ परस्पर बात करती हैं।

यही बात अज्ञेय की बहुत सारी कविताओं के बारे में भी कही जा सकती है जिनमें मध्यवर्ग या उच्चमध्यवर्ग के जीवन की आशा-आकांक्षाओं का सार्थक मूर्तन हुआ है। जिस प्रकार नागार्जुन से भिन्न जनभाषा रचित न होने के बावजूद 'अधेरे में' एक श्रेष्ठ कविता है उसी प्रकार जनवाद के विपरीत ध्रुव खड़े होकर अज्ञेय ने 'असाध्य वीणा' जैसी महान कविता की रचना की है जिसके महत्त्व को अभिजन काव्य कहकर झुठलाने की कोशिश आलोचकीय अपरिपक्वता ही कही जायेगी।

वस्तुत: फेसबुक पर छपी कविताओं में सारी कविताओं को प्रचलित अर्थ में 'फेसबुकीय कविता' कहना ठीक नहीं है। वजह यह कि वहाँ पर कभी-कभार कुछ

गम्भीर कवियों की सान्द्र अनुभूति से समृद्ध बहुअर्थी विचारोत्तेज़क कविताएँ भी छपती हैं–

पेड़ों के लिए लिखी कविता-
काग़ज़ तक पहुँचती है,
पेड़ों तक नहीं।

शोषितों के लिए लिखी कविता-
गोष्ठियों तक पहुँचती है,
शोषितों तक नहीं।

ईश्वर के लिए लिखी कविता,
फ़साद तक पहुँचती है,
ईश्वर तक नहीं।

प्रेयस के लिए लिखी कविता,
ईश्वर तक पहुँचती है,
प्रेयस तक नहीं।

–बाबुषा कोहली

फेसबुक पर उपलब्ध कविताओं में से कुछ के रचनाकार कभी-कभार डिजिटल पठन के अभ्यस्त पाठकों के एक बड़े समुदाय के लिए अपने कविता-संग्रहों में प्रकाशित किसी कविता को भी फेसबुक या अन्य सोशल मीडिया पर पोस्ट कर दिया करते हैं। सच तो यह है कि सोशल मीडिया कविता की शक्ल में हमारे सामने जितनी सामग्री उपलब्द्ध कराता है,वह सब का सब पठनीय नहीं है। कवयित्री बाबुषा कोहली ने लिखा है कि "सोशल मीडिया का इस्तेमाल अगर आप अकेलेपन से निजात पाने के लिए नहीं, कुछ सुरुचिपूर्ण पढ़ने-लिखने के लिए करें, सीमित समय के लिए करें, तो सम्भवत: आप इसके गुण-ग्राहक बन सकेंगे। पर एक विचारहीन स्क्रोलिंग, जिसमें आपका चयन शामिल नहीं है, जो सामने पड़ जा रहा है, देख ले रहे हैं; इससे भला क्या मिलता है? क्या हमारा स्वयं पर इतना भी अधिकार नहीं कि हम सामग्री का चुनाव करें?"

कहना यह है कि सोशल मीडिया पर सक्रिय पाठक से अपनी सुरुचि के अनुरूप पाठ्य सामग्री का चयन अपेक्षित है ताकि वह 'सार सार को गहि रहे' की सिखावन के तहत सार्थक रचनाओं से रू-ब-रू हो सके।

फेसबुक पर छपने वाली अनेक कविताओं के साथ समस्या यह है कि वे तात्कालिक घटनाओं की आवेगशील त्वरित प्रतिक्रिया-भर होती हैं। इसके शिकार कुछ गम्भीर कहे जाने वाले कवि भी हैं जिनकी कविता 'इंस्टेंट पोएट्री' का नमूना बनकर रह जाती हैं। उदाहरण के लिए गणेश चतुर्थी के मौक़े पर भारत के मुख्य न्यायाधीश के आवास पर हुई पूजा में आमन्त्रित कुछ गणमान्य लोगों के अलावा प्रधानमंत्री की भागीदारी से कवि पंकज चतुर्वेदी को हिन्दुस्तान के अवाम को समुचित न्याय न मिलने की चिन्ता सताने लगी और उन्होंने आनन फ़ानन में फेसबुक पर दो कविताएँ पोस्ट कर दीं–

(i) *कोई पूजा भी*
डरा सकती है
जब आरोपी और न्यायमूर्ति
मिलकर कर रहे हों
मैं काग़ज़-क़लम रख देता हूँ
मुझसे कुछ सोचा
और लिखा नहीं जाता
सिवा इसके
कि मेरे देश में
रात अब
वास्तव में रात है
और मैं जानता हूँ
अन्याय को
जो होकर रहेगा

(ii) *डरा हुआ न्यायाधीश*
न्याय नहीं करता
भय भरता है
अवाम में

इसी प्रकार हाल में कोलकाता के एक बड़े अस्पताल में प्रशिक्षु महिला डॉक्टर के साथ हुई यौन हिंसा के बाद उनकी हत्या को लेकर फेसबुकी कवियों ने न जाने कितनी काविताएँ पोस्ट की हैं, जिनमें सृजनात्मकता नाम की कोई चीज़ नहीं है। वस्तुतः सर्जनात्मकता की दृष्टि से इस मुद्दे पर 'द हिन्दू' जैसे समाचारपत्र का

सम्पादकीय और उसमें प्रकाशित कई आलेख 'अभया' शीर्षक उन कविताओं से बेहतर हैं।

फेसबुक पर कुछ ऐसी कविताएँ भी पोस्ट की जाती हैं जिनमें नागार्जुन की तरह लोकप्रिय कविता के शिल्प का इस्तेमाल करते हुए कवि अपने समय में साहित्य-संस्कृति के क्षेत्र में सक्रिय कुछ जुगाड़ू लोगों की बखिया उधेड़कर रख देता है–

जोगाड़ी
जिधर देखते लाभ है भारी
उधर उधर ही चले जोगाड़ी।
कन्धे पर झोला लटकाये
और मुँह में पान सुपारी।
नये दौर के घोड़े हैं ये
कभी पिछाड़ी कभी अगाड़ी।
अपने को विद्वान् समझते
बाकी को समझे अनुचारी।
कोई हुकूमत हो या राजा
सबसे निभती उनकी यारी।
नाप जोख में परांगत हैं
अव्वल दर्जे के पटवारी।
जो बांधता उनका सट्टा
उनकी गाते महिमा न्यारी।
वही बोलते वही हैं सुनते
सभा में ऊंघते हैं दरबारी।
छलक रहें हैं मय के प्याले
रात हो गयी कितनी प्यारी।
जो भी उनको नहीं बुलाता
उन्हें हैं देते जी भर गारी।
... ...

–स्वप्निल श्रीवास्तव

फेसबुक पर लिखी एक अन्य कविता में कवि ने पुरस्कार पाने और किसी संस्था से 'कवि-रत्न' सरीखी उपाधियाँ हड़पने के लिए जोड़तोड़ करने वाले कवियों को आड़े हाथों लिया है–

उपाधियाँ!
मूर्खों को खोज लेती हैं
वे विद्वत समाज में खद्योत
की तरह चमकने लगते हैं
हत्यारों की गोली को बेगुनाहों
का पता चल जाता है
और वे अपना ट्रेगर दबा देते हैं
राजनेता तो भटकती हुई आत्मा है
वे जानते है कि उन्हें किस पार्टी के
गर्भ से पैदा होना है
वे अपनी महत्त्वकांक्षा के लिये
नियोग प्रथा का भी सहारा
ले लेते हैं
पुरस्कार नहीं, कवि पुरस्कार को
खोज लेते हैं
वे चयनकर्ताओ को संस्तुति के लिये
बाध्य कर देते हैं
बड़े हठीले होते हैं ये कवि
उन्हें पता होता है कि
किस मार्ग से चलकर उन्हें
अभीष्ट की प्राप्ति होनी है
अच्छे कवि कविता के लिये
अच्छे शब्दों की तलाश में
होते हैं
बुरे कवि किसी-न-किसी
ख़िताब के जोगाड़ लगे रहते हैं।

–स्वप्निल श्रीवास्तव

ऐसी कविताओं से विलग अशोक वाजपेयी की एक गम्भीर कविता का समाजशास्त्रीय विश्लेषण प्रस्तुत है जो फेसबुक समेत कुछ सोशल मीडिया प्लेटफार्म पर ऑनलाइन उपलब्द्ध है–

कोई नहीं जानता कि
कितने दिन और बचे हैं?
चोंच में दाने दबाए
अपने घोसले की ओर
उड़ती चिड़िया कब सुस्ताने बैठ जायेगी
बिजली के एक तार पर और
आह्लाद से झूलकर छू लेगी दूसरा तार भी।
वनखंडी में
आहिस्ता-आहिस्ता एक पगडंडी पार करता
कीड़ा आ जायेगा
सूखी लकड़ियाँ बीनती
बुढ़िया की फटी चप्पल के तले।
रेल के इंजन से निकलती
चिनगारी तेज़ हवा में उड़कर
चिपक जायेगी
एक डाल पर बैठी प्रसन्न तितली से।
कोई नहीं जानता कि
कितना समय और बचा है
प्रतीक्षा करने का
कि प्रेम आयेगा एक पैकेट में डाक से,
कि थोड़ी देर और बाकी है
कटहल का अचार खाने लायक होने में,
कि पृथ्वी को फिर एक बार
हरा होने और आकाश को फिर दयालु और
उसे फिर विगलित होने में
अभी थोड़ा-सा समय और है।
दस्तक होगी दरवाज़े पर
और वह कहेगी कि
चलो, तुम्हारा समय हो चुका।
कोई नहीं जानता कि

कितना समय और बचा है,
मेरा या तुम्हारा।
वह आयेगी –
जैसे आती है धूप
जैसे बरसता है मेघ
जैसे खिलखिलाती है
एक नन्ही बच्ची
जैसे अँधेरे में भयातुर होता है
खाली घर।
वह आयेगी जरूर,
पर उसके आने के लिए
कितने दिन और बचे है
कोई नहीं जानता।

'कितने दिन और बचे हैं?' कविता से गुज़रते हुए दिमाग़ में अनायास अज्ञेय की एक पंक्ति कौंधती है : 'साहित्य का निर्माण, मानो जीवित मृत्यु का आह्वान है।' इस कविता के बरअक्स केदारनाथ अग्रवाल की एक रचना को रखकर पढ़ने पर सम्भव है कि पहली नज़र में अशोक जी की कविता एक निराशावादी रचना प्रतीत हो–

हम न रहेंगे
तब भी तो ये खेत रहेंगे
इन खेतों पर घन घहराते शेष रहेंगे
जीवन देते
प्यास बुझाते
माटी को मदमस्त बनाते
श्याम बदरिया के लहराते केश रहेंगे।

–केदारनाथ अग्रवाल

किन्तु, कविता की सतही संरचना के बजाय इसकी गहन संरचना में गोताखोरी करने के लिए मूल पाठ से बार-बार गुज़रते हुए हमारा भ्रम दूर हो जाता है और हम एक ऐसे काव्यनायक को अपने सामने पाते हैं जो मृत्युभय से मुक्त है,जिसने जीवन को भरपूर जिया है और मनोनुकूल कुछ सार्थक काम भी किये हैं।

जाहिर है कि अस्तित्ववाद से प्रभावित कविताओं एवं कथासाहित्य में मृत्युबोध एक अनिवार्य तत्त्व के रूप में कहीं न कहीं अवश्य मौजूद देखा गया है। इस वजह से उन रचनाओं को पढ़ने पर कोई भी संवेदनशील पाठक तत्काल अवसाद से थोड़ा बहुत ग्रस्त हुए बिना नहीं रहता। सार्त्र का विश्वविख्यात उपन्यास 'नॉसिया' और हिन्दी में राजकमल चौधरी की 'मुक्तिप्रसंग' समेत कई रचनाकारों की ऐसी कृतियाँ मिलती हैं।

यह अलग बात है कि वे कविताएँ भी अन्ततः 'दर्द का हद से गुजरना है दवा हो जाना' के अन्दाज़ में हमें अवसाद से मुक्त करके सामान्य मनोभूमि पर ला खड़ा करती हैं।

इस कविता की ख़ासियत यह है कि इसमें कोई ऐसा बिम्ब नहीं है जो पाठक के मन में नकारात्मक भाव पैदा करे। बिजली के एक तार पर सुस्ताने बैठी चिड़िया का आह्लाद से दूसरा तार छूकर लटक जाना इसका एक बेहतर उदाहरण है।

कवि को सम्भवतः कहना यह है कि इस भौतिक शरीर का आज न कल समाप्त होना जब तय है तो क्यों रो-पीटकर मरने के बजाय न सम्भावित भविष्य को सहज मन से प्रसन्नता के साथ स्वीकार कर लिया जाय।

स्पष्ट ही मनुष्य को अपनी कम या ज़्यादा उम्र के बावजूद जीवन के अन्त का पता नहीं होता और यह ठीक भी है।

महर्षि व्यास ने महाभारत में युधिष्ठिर के मुख से कहलवाया है कि दुनिया में लोगों की रोज मृत्यु हो रही है, पर सबसे बड़ा आश्चर्य यह है कि जो जीवित हैं वे मृत्युभय से मुक्त हैं। श्रीमद्भागवत महापुराण में तो यहाँ तक कहा गया है कि यदि मनुष्य को उसकी आयु का पता चल जाय तो वह पूरा जीवन मृत्युभय से ग्रस्त रहेगा। इसलिए गीता में लिखित–'जास्तस्य हि ध्रुवो मृत्युर्ध्रुवं जन्म मृतस्य च' को जानते हुए भी बेहतर है कि मनुष्य सहज भाव से अपनी शक्ति एवं सीमा में मनुष्यता के हक़ में काम करता रहे।

यह कविता भी उसी पुराने पर शाश्वत प्रश्न से टकराती हुई अपने पाठक को सहज स्वाभाविक जीवन की महिमा का एहसास कराकर जीवन के अन्त को डाक द्वारा कहीं से पैकेट में आये हुए प्रेमपूर्ण उपहार की तरह खुश होकर स्वीकार करने की अहमियत बताती है।

कविता के बीच में प्रसन्न तितली का चिनगारी से नष्ट हो जाना भी इसकी ओर इंगित करता है।

अन्तिम हिस्से में खाली घर की भयातुरता के उल्लेख के बावजूद जीवन के अवश्यमेव अन्त को धूप और बादल के खिलने तथा बरसने के लिए आने, छोटी बच्ची के खिलखिलाने आदि के रूप में देखना कवि की संवेदनशीलता और ज़िंदादिली का साक्ष्य है, जिसमें ग़ालिब की 'एक मर्ग-ए-ना-गहानी और है' की लापरवाही भी मौजूद है।

वस्तुतः यह धार्मिक हुए बगैर साहित्य में आध्यात्मिकता के पुनर्वास को सम्भव करती एक दार्शनिक कविता है:

'कितने दिन और बचे हैं' कविता के साथ अशोक जी की 'विदा' कविता को मिलाकर एक साथ पढ़ने पर पाठकीय अभिग्रहण का वृत्त पूरा होता है–

तुम चले जाओगे
पर थोड़ा-सा यहाँ भी रह जाओगे
जैसे रह जाती है
पहली बारिश के बाद
हवा में धरती की सोंधी-सी गन्ध...

तुम चले जाओगे
पर मेरे पास
रह जायेगी
प्रार्थना की तरह पवित्र
और अदम्य
तुम्हारी उपस्थिति,
छन्द की तरह गूँजता
तुम्हारे पास होने का अहसास...

'विदा' कविता से गुज़रते हुए मालिक मुहम्मद जायसी के 'पद्मावत' की एक पंक्ति की याद न आये, यह मुमकिन नहीं : *धनि जो पुरुख जग कीरत जासू । फूल मरै पर मरै बासू।।*

राकेश मिश्र की फेसबुक पर छपी 'दुःख' कविता सरल-सहज तो है, पर सपाट नहीं, इसलिए गम्भीर विश्लेषण की माँग करती है। फेसबुक पर छपने के बावजूद यह प्रचलित अर्थों में 'फेसबुकीय कविता' नहीं है। यह कविता उनके काव्य-संग्रह 'शब्दों का देश' में शामिल है:

दुःख
प्रार्थना में जुड़े हाथों से निःसृत होकर
सींचता है आँखों की रेत
दुख
जब पोषित करता है
अपना ही उद्गम
तब बहुत निर्दोष होता है।

आधुनिक युग में सुख और दुख को जीवन रूपी सरिता के दो कूल के रूप चित्रित करती हुई न जाने कितनी अच्छी-बुरी कविताएँ रची गयी हैं।

महर्षि व्यास ने महाभारत में बताया है कि जिस व्यक्ति पर कोई कर्ज़ नहीं है, वह सुखी है।

महाभारत का सार कहे जानेवाले ग्रन्थ श्रीमद्भवतगीता में कहा गया है कि मनुष्य को सुख और दुःख, दोनों ही स्थितियों से प्रभावित नहीं होना चाहिए- 'सुखदुःखे समे कृत्वा लाभालाभौ जयाजयौ।'

'सुख दुख के मधुर मिलन से/यह जीवन हो परिपूरन' की सदिच्छा व्यक्त करने वाले मोहनलाल महतो 'वियोगी' और गीत को 'सुख-दुख की भावावेगमयी अवस्था-विशेष' से जोड़कर देखने वाली महादेवी वर्मा समेत अनेकानेक हिन्दी कवियों ने अपने अपने अन्दाज़ में सुख-दुख को कविता का विषय बनाया है।

किन्तु, कविता में दुख की सत्तामीमांसा (Ontology) को पुनर्रचित करने की रचनात्मक कोशिश आदिकवि महर्षि वाल्मीकि कृत रामायण से शुरू होती है।

क्रौंचवध के सन्दर्भ में उनके विख्यात अनुष्टुप से हम परिचित हैं जिसके बारे में ध्वन्यालोककार आनन्दवर्धन ने शोक के ही श्लोक बन जाने की बात कही है: 'शोक: श्लोकत्वमागत:।'

'रामायण' में वाल्मीकि के राम दुखी होकर कहते हैं कि राज्य गया, सीता गयीं और पिता का मित्र जटायु मारा गया। मेरा दुर्भाग्य ऐसा है जो अग्नि को भी जला दे।

जाहिर है कि यह दुःख भवभूति के यहाँ उत्कर्ष को प्राप्त करता है–'अपि ग्रावा रोदित्यपि गलति वज्रस्य हृदयम।'

हिन्दी के भक्त कवियों के यहाँ भी दुख का स्वरूप 'अंटोलॉजिकल' है।

याद रहे कि 'दुखिया दास कबीर' के दुख पर आचार्य हजारी प्रसाद द्विवेदी और ख़ास तौर से नामवर सिंह ने विस्तार से लिखा है और महाकवि जायसी के

दुख पर शुक्ल जी और विजयदेवनारायण साही ने। 'आख़िरी क़लाम' में जायसी कहते हैं–

सुखभा सोचि एक दुख मानौं। ओहि बिनु जिवन मरन कै जानौं। ।

'सूरसागर' की चाहे जितनी दार्शनिक व आध्यात्मिक व्याख्या की गयी हो, पर है वह दुख का सागर ही, जहाँ तात्कालिक सुख भले कहीं कहीं दिख जाये पर स्थायी सुख की कोई गुंजाइश नहीं है–'*लोचनजल कागद मसि मिलि कै ह्वै गइ स्याम स्याम की पाती।*'

गोस्वामी तुलसीदास ने तो संसार में व्याप्त विडम्बना की ओर संकेत करते हुए लिखा है कि ईश्वर की मौजूदगी के बावजूद लोग दुखी हैं–

अस प्रभु अछत हृदयँ अबिकारी। सकल जीव जग दीन दुखारी। ।

छायावादी कवियों का दुख भी सत्तामीमांसामूलक है। वे स्वप्न चाहे कितना भी सुनहरा देखें पर अन्ततः दुख से ही उनको रचनात्मक ऊर्जा मिलती है। 'वियोगी होगा पहला कवि/आह से उपजा होगा गान' कहकर वाल्मीकि की याद दिलानेवाले पन्त हों, 'किसी हृदय का यह विषाद है' की बात करने वाले प्रसाद हों, 'दुख ही जीवन की कथा रही/क्या कहूँ आज जो नहीं कही' लिखने वाले निराला हों या 'मैं नीर भरी दु:ख की बदली' लिखने वाली महादेवी–सबके सब कवियों की रचनात्मकता सुख के बजाय दुख से ही परिचालित है।

दु:ख को संसार का सर्वोपरि यथार्थ बताती हुई महादेवी वर्मा लिखती हैं : "दु:ख मेरे निकट जीवन का ऐसा काव्य है, जो सारे संसार को एक सूत्र में बाँधने की क्षमता रखता है। हमारे असंख्य सुख हमें चाहे मनुष्यता की पहली सीढ़ी तक भी न पहुँचा सकें, किन्तु हमारा एक बूँद आँसू भी जीवन को अधिक मधुर अधिक उर्वर बनाये बिना नहीं गिर सकता।"

प्रयोगवाद और नयी कविता के दौर में दुख को एक नया दार्शनिक आयाम प्राप्त हुआ। अज्ञेय की एक सुविख्यात कविता से भी हम सब परिचित हैं–

दु:ख सबको माँजता है
और-
स्वयं चाहे मुक्ति देना वह न जाने, किन्तु-
जिनको माँजता है
उन्हें यह सीख देता है कि सबको मुक्त रखें।

कुल मिलाकर कहना यह है कि हिन्दी समेत तमाम भाषाओं के रचनाकारों के लिए सुख के बजाय दुख ही सर्जनात्मकता का स्रोत रहा है। आदिकवि वाल्मीकि से लेकर हमारे समय के उल्लेखनीय कवियों की उत्कृष्ट रचनाओं में सुख के बजाय दुःख लगभग एक स्थायी भाव के रूप में मौजूद रहा है और प्रेमचन्द के शब्दों में कहें तो हमारे तमाम रचनाकार ग़म की कहानी को मज़ा ले-लेकर कहते रहे हैं।

इस संक्षिप्त पृष्ठभूमि के मद्देनज़र यदि दुःख को नये कोण से पुनर्रचित करती 'दुःख' शीर्षक से रचित विवेच्य कविता पर विचार करें तो मनुष्य की अनुभूति की कुछ ऐसी संरचनाओं का पता चलता है जिनकी अन्तर्वस्तु और रूप में नवीनता है।

इस कविता के आरम्भ में करबद्ध होकर प्रार्थना कर रहे काव्यनायक का बिम्ब है, जिसकी आँखों से अश्रुजल प्रवाहित हो रहा है। कविता की विशेषता यह है कि इसमें रुदन या आँसू का कहीं कोई ज़िक्र नहीं है। आचार्य हजारी प्रसाद द्विवेदी ने विभिन्न सन्दर्भों में जिस 'गलदश्रु भावुकता' पदबन्ध का इस्तेमाल किया है, उसकी यहाँ कोई गुंजाइश नहीं है। यहाँ अश्रु तब प्रवाहित हो रहा है जब मनुष्य प्रार्थना कर रहा है, क्योंकि सच्चे आस्तिक को प्रार्थना करते समय अपने दुर्गुणों और कमजोरियों की याद पहले आती है और इनसे मुक्ति के लिए आराध्य को याद करते हुए उसका हृदय आर्तनाद करने लगता है।

मार्क्स ने जब धर्म को अफीम के साथ ही 'पीड़ित प्राणियों की आह और हृदयहीन दुनिया का हृदय' कहा था तो वे एक तथ्य की ओर ध्यान दिला रहे थे जिसके तहत लगातार व्यवस्था का नरक भोगते मनुष्य के संवेदनहीन और अमानवीकरण का शिकार हो जाने की पूरी सम्भावना होती है और इससे बचने में कई बार धार्मिक संवेदना उसकी मदद करती है। पिछड़े समाज में प्राय: यह देखा जा सकता है कि जब आदमी को कहीं न्याय नहीं मिलता तो वह ईश्वर को याद करता हुआ कह उठता है कि 'भगवान् के घर में देर है, अँधेर नहीं'। तात्पर्य यह कि धर्म और ईश्वर जहाँ एक ओर मनुष्य को अन्धभक्त या नियतिवादी बनाते हैं वहीं दूसरी ओर उसे धर्म, जाति, जेंडर, आर्थिक असमानता आदि अनेकानेक विसंगतियों से ग्रस्त समाज में अवसादग्रस्त होकर आत्महत्या कर लेने से बचने में सहायक भी सिद्ध होते हैं। चेखव की सुप्रसिद्ध 'दुःख' कहानी में दुखी तांगेवाला जैसे अन्ततः घोड़े के सामने पुत्रशोक व्यक्त करता है, वैसे ही विचारधारात्मक और

प्रचण्ड बौद्धिकता से रहित आम आदमी मन्दिर, मस्जिद, गिरजाघर या गुरुद्वारे में जाकर प्रार्थना के शिल्प में अपने दु:ख से आराध्य को अवगत कराकर हल्का महसूस करता है।

किसी भी धर्म की प्रार्थना क़त्तई साम्प्रदायिक नहीं होती। सच तो यह है कि साम्प्रदायिक राजनीति में उन्माद चाहे जितना हो, कवित्व नहीं होता। प्रार्थना चूँकि सीधे हृदय से नि:सृत होती इसलिए उसमे एक विशेष प्रकार की रागात्मकता हुआ करती है। प्रार्थना शास्त्रीय संगीत से जुड़े बड़े गायकों के दीक्षित कण्ठ से ही नहीं, लोककण्ठ से भी फूटती है और कई बार लोककण्ठ से फूटी हुई प्रार्थना ज़्यादा मार्मिक होती है। उदाहरण के लिए आस्था का महापर्व कहे जाने वाले 'छठ पर्व' के दौरान अस्त और उदित होते भगवान भास्कर को तरह-तरह से याद करते हुए जो लोकगीत गाये जाते हैं, उनमें निहित मार्मिकता का जवाब नहीं है।

राकेश मिश्र की इस कविता में प्रार्थनारत उन लोगों की बात की जा रही है जिनकी आँखें विभिन्न प्रकार की असहनीय जीवनस्थितियों से जूझते और अन्तत: परास्त हो जाने की वजह से रोते-रोते लगभग सूखती जा रही हैं। 'आँखों की रेत' स्पष्ट ही एक व्यंजक प्रयोग है जिसे नम करते हैं आँसू, जो प्रार्थना करते हुए प्रवाहित होते हैं। कहने की ज़रुरत नहीं है कि प्रार्थी का दु:ख ही प्रार्थना करते समय अश्रुपात की असली वजह होता है। कवि के द्वारा 'सींचना' क्रिया का इस्तेमाल भी मानीखेज़ है। वस्तुत: यह दुखी आदमी के अश्रुपात को मनुष्य के भीतर की मनुष्यता को बरकरार रखने की प्रक्रिया के रूप में देखने का सुफल है।

अश्रु का उद्गमस्थल है आँखें और जब सूखती आँखों को स्वस्थ और सक्रिय रखने के लिए खुद ही अश्रु की दरकार पड़ने लगे तो यह स्थिति चिन्ताजनक मानी जाती है। नेत्रचिकित्सा में तो आँखों को नम रखने लिए बजाप्ता दवा डालने का प्रावधान है।

किन्तु, यहाँ समस्या आज के मनुष्य की छीजती जा रही संवेदना और दूसरों के दु:ख से द्रवित न होने की संवेदनहीनता है।

कवि को सम्भवत: कहना यह है कि प्रार्थनारत मनुष्य का दु:ख जब रुदन की शक्ल अख्तियार कर लेता है तो वह आदमी को बेहतर इन्सान बनाता है जिसमें दोष की गुंजाइश कम बचती है। वृत्ताकार शिल्प में साधारण शब्दों से रचित आर्द्र अन्तर्वस्तु वाली यह असाधारण कविता औपनिषदिक सूत्रबद्ध सघन पंक्तियों की याद दिलाती है।

राकेश मिश्र की 'भूलना' कविता भी फेसबुक पर छपने के पूर्व 'शब्दों का देश' संग्रह में शामिल है। यह कविता भी गहन समजशास्त्रीय विश्लेषण की माँग करती है–

मैं
भूल गया
तुमको
जैसे
शाम भूल जाती है
दिन
नाव भूल जाती है
मुसाफ़िर
लहरें भूल जाती हैं
हवा
तर्क भूल जाता है
तकलीफ।

–राकेश मिश्र–'शब्दों का देश' कविता संग्रह से

'भूलना' एक मनोदैहिक (साइकोसोमेटिक) प्रक्रिया है। इसका सम्बन्ध मन से भी है और शरीर से भी। अक्सर जब किन्हीं कारणों से चित्त अशान्त हो या शरीर रुग्ण, तो हम ज़रूरी बातें भी याद नहीं रख पाते। इस बाबत एक और मसला यह कि ज़्यादातर लोग सद्व्यवहार को तो भूल जाते है, पर दुर्व्यवहार को कदापि नहीं। जबकि बुरी बातें भुला देना इन्सान के अपने हित में है। राजमोहन गांधी ने 'रिवेंज एंड रिकोंसिलिएशन:कुरुक्षेत्रा टू करगिल' पुस्तक में भारत-पाक सम्बन्ध के हवाले से लिखा है कि पुरानी अदावतों को भुला देने में ही दोनों मुल्कों का भला है।

सुप्रसिद्ध ब्रिटिश दार्शनिक एवं लेखक सी.इ.एम. जोड ने 'विस्मृति' पर विचार करते हुए लिखा है कि जीवन में हम प्राय: उन्हीं चीज़ों को भूलते हैं जो असुविधाजनक होती हैं और जिन्हें हम किसी मजबूरी के तहत याद रखने के लिए बाध्य होते हैं। इस सन्दर्भ में उन्होंने अनेक उदाहरण दिए हैं जिनमें चिकित्सकों द्वारा मरीजों को नाश्ते या खाने के पहले या बाद दवा लेने के निर्देश का ख़ास तौर से उल्लेख है।

एक दूसरी दुखद स्थिति भी हुआ करती है जहाँ मनुष्य स्मृतिभ्रंश का शिकार होकर कई बार अपना नाम तक भूल जाता है। महापण्डित राहुल सांकृत्यायन समेत अनेक महापुरुषों के सन्दर्भ में इसे घटित होता हुआ सुना गया है।

सुप्रसिद्ध भाषाशास्त्री प्रोफ़ेसर गणेश नारायण देवी की 'आफ्टर अम्नेजिया', प्रोफ़ेसर आशीष नन्दी की सुविख्यात पुस्तक 'इंटिमेट एनिमी' और हिन्दी में अनूदित तथा प्रोफ़ेसर मैनेजर पाण्डेय द्वारा सम्पादित-प्रकाशित सखाराम गणेश देउस्कर की 'देस की बात' पुस्तक के 'सम्मोहन चित्त विजय' अध्याय के अन्तर्गत विस्तार से उपनिवेशवादी दौर में भारत में जातीय स्मृति के लोप की प्रक्रिया के ऐतिहासिक-सामाजिक एवं राजनीतिक कारणों की पड़ताल की गयी है।

इनसे विलग कला-साहित्य में विस्मृति को देखने-परखने का नज़रिया भिन्न रहा है।

स्मरणीय है कि विलियम जोन्स समेत अनेकानेक प्राच्यविद्याविद (ओरिएण्टलिस्ट) कहे जाने वाले विद्वानों द्वारा जब संस्कृत साहित्य अंग्रेज़ी एवं विदेशी भाषाओं में अनूदित होकर पश्चिम में पहुँचा तो कुछ लोगों ने कालिदास कृत 'अभिज्ञानशाकुन्तलम्' का हवाला देते हुए लगभग फ़तवा जारी करना शुरू कर दिया था कि भारत भुलक्कड़ों का देश है जहाँ ठोस प्रमाण प्रस्तुत किये जाने के बाद 'अभिज्ञान' होने तक लोग, और तो और, अपनी प्रेमिका तक को भूल जाते हैं। जबकि सच्चाई यह है कि कालिदास की वह रचना विस्मृति की पीड़ा और स्मृति के उल्लास का आख्यान है।

इस सन्दर्भ में 'कविकुलगुरु' का एक छन्द स्मरणीय है–

रम्याणि वीक्ष्य मधुरांश्च निशम्य शब्दान्
पर्युत्सुकीमवति यत्सुखितोऽपि जन्तुः।
तच्चेतसा स्मरति नूनमबोधपूर्वं
भावस्थिराणि जन्मांतरसौहृदानि।।

हिन्दी के कृती कवि एवं विद्वान श्री वियोगी हरि ने इस छन्द का बहुत ही सुन्दर पद्यानुवाद किया है–

लखि कैं सुन्दर वस्तु अरु मधुर गीत सुनि कोई।
सुखिया जनहूके हियें उत्कण्ठा यदि होई।।
कारन ताकौ जानिये सुधि प्रगटी है आयी।
जन्मान्तर के सखन की जो मन रही समायी।।

इस ख़ूबसूरत छन्द को यहाँ उद्धृत करने का उद्देश्य कालिदास की उस अन्तर्दृष्टि को रेखांकित करना है जिसके तहत महाकवि ने प्रेम में भूले-भटके संवेदनशील धीरललित नायक दुष्यन्त द्वारा पहले कभी सुने गये मधुर संगीत को दुबारा सुनने के बाद उसके अवचेतन में सुषुप्त शकुन्तला की स्मृति को सम्भव बताते हुए उसे 'जन्मान्तर सौहार्द' के तौर पर लक्षित किया है। सच तो यह है कि मानवीय सम्बन्धों में 'भूलना' एक मिथ है। वजह यह कि हम बारम्बार जिसे भूलने-भुलाने की बात करते हैं, उसे प्रकारान्तर से शिद्दत के साथ याद कर रहे होते हैं–

एक मुद्दत से तिरी याद भी आयी न हमें
और हम भूल गये हों तुझे ऐसा भी नहीं।

–फ़िराक गोरखपुरी

इसी प्रकार मिर्ज़ा ग़ालिब प्रेम की प्रक्रिया में मर्माहत होकर प्रिय को भूलने या भुलाने के बजाय दिल पर लगी उस गहरी भावनात्मक चोट का स्मरण करते हैं जिसके कारण पैदा हुई पीड़ा या ख़लिश प्रेम के एहसास को ज़िन्दा रखे हुए है। उनके शब्दों में इश्क़ के दौरान दिल पर लगी चोट उस तीर की तरह है जिसे घाव में से आधा खींचकर छोड़ दिया गया हो। यदि तीर जिगर के पार हो गया होता तो जीवनलीला के साथ ही प्रेम का दंश भी समाप्त हो जाता–

कोई मेरे दिल से पूछे तिरे तीर-ए-नीम-कश को
ये ख़लिश कहाँ से होती जो जिगर के पार होता।

इस संक्षिप्त भूमिका के पेश-ए-नज़र कवि राकेश मिश्र की 'भूलना' कविता पर विचार करते हुए सबसे मानीखेज़ बात है कि यह रचना प्रिया को भूलने की लाख कोशिश के बावजूद उसे न भूल पाने की टीस झेलते एक संवेदनशील मनुष्य की मर्मान्तक पीड़ा को वाणी देती है।

कविता में काव्यनायक द्वारा प्रिया को भूलने की प्रक्रिया को मुख्यत: जिन चार दृष्टान्तों से पुष्ट किया गया है, वे हैं–शाम का दिन को भूल जाना, नाव का मुसाफिर को भूल जाना, लहरों का हवा को भूल जाना और अन्तत: तर्क द्वारा तकलीफ़ को भूल जाना।

कवि ने यहाँ प्रकारान्तर से गहन मानवीय सम्बन्धों में 'भूलना' का प्रत्याख्यान रचते हुए 'जो बीत गयी सो बात गयी' से भिन्न अन्दाज़ में रूपायित करने के दौरान

जो पहला उदाहरण दिया है उसे इस रूप में भी देखा जा सकता है कि शाम वस्तुत: सुबह से आरम्भ होने वाले दिन के व्यतीत हो जाने से भले ही उदास हो, पर वह सुबह होने का इन्तज़ार करती है। वजह यह कि अगर सुबह न हो, दिन न हो तो शाम या रात भी न होगी।

अगली पंक्ति में नाव का ज़िक्र है जो एक निर्जीव वाहन है और जिसे कोई नाविक खेता है। किन्तु, कवि की आत्यन्तिक संवेदनशीलता उसे सजीव रूप में देख और दिखा रही है। कहा यह जा रहा है कि जीवित माने जाने वाले यात्री भले उसे नदी पार करने का एक साधन मानकर अपने दिल में कोई जगह न दें, पर नाव और प्रकारान्तर से उसके खेवैया के दिल में उनके लिए जगह है। इसलिए यात्री भले नाव को भुला दें, पर नाव उन्हें कतई भुला नहीं सकती। दूसरे शब्दों में यहाँ 'इस्तेमाल करो और फेंको' या 'यूज़ एंड थ्रो' का प्रतिपक्ष रचते हुए कवि द्वारा प्रकारान्तर से उपभोक्ता संस्कृति के झण्डाबरदारों को प्रश्नांकित किया जा रहा है।

विदित है कि लहरों का अस्तित्व हवा की गति पर निर्भर करता है। लहरें चाहे भवभूति की 'जाग्रत जाह्नवी' की हों, जयशंकर प्रसाद की 'लघु-लघु लोल लहर' हों या समन्दर में उठनेवाली तीव्र और फेनिल लहरें हों। उनका हवा को भुलाना वस्तुत: भुलाने के बजाय उसको याद करना ही है, क्योंकि हवा के न बहने पर लहरों का अस्तित्व समाप्त हो जाना तय है। कवि ने अन्तिम दृष्टान्त तर्क से तकलीफ़ को भुला देने का दिया है। किन्तु, ज्ञान पर आधारित तार्किक विश्लेषण से दु:ख-तकलीफ़ के कारणों की समझ भले पैदा हो जाये, जीवन में उसकी अवस्थिति समाप्त नहीं हो जाती। कबीर कहते हैं–

देह धरे को दण्ड है सब काहू को होय
ज्ञानी भोगे ज्ञान सो मूरख भोगे रोय।

यह सही है कि मनुष्य अपने दु:ख-तकलीफ़ के ऐतिहासक-सामाजिक व मनोवैज्ञानिक कारणों की मीमांसा करने पर तात्कालिक रूप से हल्का महसूस करता है, क्योंकि कई बार उसे प्रतीत होता है कि जिस दु:ख को भोगने के लिए वह अभिशप्त है, उससे मुक्ति अकेले सम्भव नहीं है। याद आ सकते हैं मुक्तिबोध जिन्होंने 'चकमक की चिंगारियाँ' कविता में लिखा है–

जन-संग-ऊष्मा के
बिना, व्यक्तित्व के स्तर जुड़ नहीं सकते!

प्रयासी प्रेरणा के स्त्रोत,
सक्रिय वेदना की ज्योति,
सब साहाय्य उनसे लो।
तुम्हारी मुक्ति उनके प्रेम से होगी।

....

कि अपनी मुक्ति के रास्ते
अकेले में नहीं मिलते।

जेंडर के नज़रिए से 'भूलना' कविता पर दृष्टिपात करने पर लीविस की शब्दावली का इस्तेमाल करते हुए कहें तो ऐसा प्रतीत हो रहा है कि इस कविता में शाम, लहरें और नाव वस्तुतः मानवीय सम्बन्धों के परिप्रेक्ष्य में स्त्री का पक्ष और तर्क पुरुष के पक्ष को व्यक्त करता है। स्पष्ट ही कविता में स्त्री पक्ष को उदाहृत करनेवाला 'प्रोटोगोनिस्ट' पुरुष है। सम्भव है कि कोई स्त्री कवि अगर 'भूलना' जैसी कविता लिखे, तो उसकी वैधानिक एवं भाषिक संरचना भिन्न होगी।

कुल मिलाकर इस अनोखी प्रेम कविता में पसोपेश की स्थिति है। एलेन टेट से शब्द उधार लेकर कहें तो कविता की संरचना में शुरू से लेकर अन्त तक एक रचनात्मक तनाव मौजूद है। वजह यह कि इसमें यदि एक ओर विस्मृति की पीड़ा को चीन्हने की चाह है तो साथ ही सुखद स्मृति के एहसास का एहतराम भी।

ग़ालिब कहते हैं–

'इश्क़ पर ज़ोर नहीं है ये वो आतिश 'ग़ालिब'
कि लगाये न लगे और बुझाए न बने।'

रेमंड विलियम्स ने साहित्य के समाजशास्त्रीय विश्लेषण के दौरान रचनाकारों की 'अनुभूति की संरचना' को कालविशेष के सामाजिक चरित्र का द्योतक बताते हुए लिखा है कि कालविशेष के साहित्य से उस समय की लोकप्रिय अनुभूति की संरचना के सम्बन्धों की खोज ज़रूरी है। रेमंड विलियम्स महत्त्वपूर्ण रचनाओं के साथ-साथ लोकप्रिय रचनाओं की अनुभूति की संरचना के विश्लेषण पर बल देते हैं।

फेसबुक पर छपी रंजना मिश्र की 'अपना होना' कविता से गुज़रते हुए एक भिन्न 'अनुभूति की संरचना' सामने आती है–

एक दुःख
मेरे भीतर बैठा है

एक खामोशी

उसे स्वर देती है

मैं

इनके बीच

अपना होना तलाशती हूँ।

(पत्थर समय की सीढ़ियाँ, पृ. 151)

इस गहन भावबोध की कविता में कवि द्वारा संकेतित दुःख और खामोशी के बीच के गहरे रिश्ते पर किसी भी सजग पाठक की नज़र जायेगी। दुखी होने पर आदमी स्वभावत: रोता-गाता तो है, पर जिन लोगों का व्यक्तित्व अन्तर्मुखी हुआ करता है, वे प्राय: चुप हो जाते हैं।

याद आते आते हैं धूमिल, जिन्होंने भिन्न सन्दर्भ में लिखा है–

इनकार से भरी हुई एक चीख़

और 'एक समझदार चुप'

दोनों का मतलब एक है–

भविष्य गढ़ने में, 'चुप' और 'चीख'

अपनी-अपनी जगह एक ही किस्म से

अपना-अपना फ़र्ज अदा करते हैं।' (मोचीराम)

स्त्री-कवि द्वारा रचित इस कविता में जिस 'ख़ामोशी' को दुःख के समानुपात में रखकर देखा गया है उसके अपने मनोवैज्ञानिक ही नहीं, बल्कि ऐतिहासिक और समाजशास्त्रीय कारण भी हैं।

हेलेन सिक्सू ने कहा है कि स्त्री का बोलना अपने आप में राजनीति है। किन्तु, सदियों से पितृसत्ता की बर्बरता झेल रही स्त्रियों में यदि अनेक चीख-चिल्लाकर या रो-गाकर अपना प्रतिरोध दर्ज करती हैं तो कुछ ऐसी स्त्रियाँ भी हैं, जो ख़ामोश रहकर खून के घूँट पीती हुई बगैर कुछ कहे प्रदत्त स्थिति से अपनी असहमति व्यक्त करती रहती हैं।

स्पष्ट ही यह तभी सम्भव होता है जब स्त्री सुशिक्षित और भद्र हो। यह ऐतिहासिक विकास का नियम है कि भद्रता को कमजोरी मान बैठने के आदी तथाकथित सभ्य लोग यदि इस ख़ामोशी के भीतर छिपे ज्वालामुखी को जानबूझकर न समझने की भूल करते चले जायेंगे तो एक न एक दिन लावा फूटना तय है जो

सभ्यता और संस्कृति की खाल ओढ़कर स्त्री के प्रति भेदभावपूर्ण नज़रिए के तहत अमानुषिक व्यवहार करनेवालों को जलाकर राख कर देगा।

कविता में 'खामोशी उसे स्वर देती है' और 'अपना होना तलाशती हूँ' सरीखी पंक्तियों पर गौर करने से लगता है कि तत्काल काष्ठमौन धारण किये स्त्री वस्तुतः चुप रहकर शक्ति संचित कर रही है, अपने व्यक्तित्व को स्त्री मुक्ति के लिए लड़े जाने वाले सम्भावित दूरगामी संघर्ष के लिए सबकी नज़र बचाकर तैयार कर रही है। समाज में जेंडर आधारित भेदभाव से पैदा हुए दुःख के अन्त के लिए जब एक निर्णायक मुठभेड़ होगी, तो उसके परिणामस्वरूप पितृसत्ता अन्ततः ध्वस्त हो जायेगी और सम्भव है कि सबकुछ उलटपुलट जाये। जायसी के शब्दों में कहें तो–'कोऊ न रहा बस रही कहानी।'

कवि की 'फिर वही दुःख' कविता के तेवर में तनाव की तीव्रता का तरंगदैर्घ्य (वेवलेंथ) ऊपर उधृत रचना से भिन्न है–

वह
कोई क्षण ही तो होता है
जब दुःख दबे पाँव द्वार खटखटाता है
भविष्य में
फिर वही दुःख
हम सुख में तलाशते हैं।

(पत्थर समय की सीढ़ियाँ, पृ. 41)

गौरतलब है कि इस कविता से गुज़रते हुए जहाँ एक ओर फैज़ की 'दर्द आयेगा दबे पाँव लिए सुर्ख चिराग़' की बेसाख्ता याद आती है, वहीं दूसरी ओर भारतीय पुरागाथाओं एवं आर्ष काव्य में अनेकविध चित्रित उन प्रसंगों का स्मरण भी होता है जिनमें वर्णित है कि कैसे सुखी जीवन व्यतीत करते हुए मनुष्य अपने दुःख के दिनों को जब याद करता है तो उसकी आँखें नम हो जाती हैं और दुखानुभूति प्रकारान्तर से उसे और मानवीय बनाती है।

उदाहरण के लिए भवभूति कृत 'उत्तररामचरितम्' में वर्णित एक मार्मिक प्रसंग का स्मरण शायद 'फिर वही दुःख' कविता के मूल भाव को समझने में सहायक हो जिसमें बताया गया है कि लक्ष्मण ने सीता के मनोविनोद के लिए राम के पूर्व-जीवन पर एक चित्रकार से चित्रपट तैयार करवाया है, जिसे वे दिखाने आते हैं। राम और सीता एक-एककर चित्र देखते हुए कोई-न-कोई टिप्पणी करते जा रहे हैं। विश्वामित्र

से जृम्भक अस्त्र प्राप्त करने के दृश्य से शुरू होकर विवाह के अवसर पर मिथिला के चित्रों को देखते हुए जब वे अयोध्या के प्रसंगों पर पहुँचते हैं तो अश्रुपूर्ण नेत्रों से राम उन दिनों की याद करते हैं जब पिता जीवित थे, नया-नया विवाह हुआ था, माताएँ सुख-सुविधा के लिए चिन्तित रहती थीं। 'कैसे तो बीत गये वे दिन!'

जीवत्सु तातपादेषु नूतने दारसंग्रहे।
मातृभिश्चिंत्यमानानां ते हि नो दिवसा गताः॥

'दुःख' शीर्षक से हाल में फेसबुक पर प्रकाशित कविता में दुःख में सर्जनात्मक सम्भावनाओं को तलाशते हुए एक स्त्री-कवि ने लिखा है–

जब-जब सोचा,
मैं उसे सभी रूपों में
जानती हूँ,
वह मुझे मिला
अप्रत्याशित,
अनपेक्षित,
किसी एकदम नये रूप में।
दुःख भी चकित करता है
प्यार की तरह,
किसी नये विचार की तरह।
दुःख भी जीवन के
पुनराविष्कार के लिए
प्रेरित करता है।

ऑक्टवियो पॉज़ ने 'द बो एन्ड द लायर' पुस्तक में लिखा है कि श्रेष्ठ कविता विवरण (एक्सप्लेनेशन) के बजाय विस्मय (एस्क्लेमेशन) से जन्म लेती है। पॉज़ ने भले ही यह बात रोमांटिक कविताओं को समझने-समझाने के क्रम में कही हो, पर यह एक सीमा तक किसी भी अच्छी कविता पर लागू होती है।

दूसरी बात यह कि किसी रचनाकार की हर रचना में निहित सर्जनात्मकता को विचार में घटाकर देखना रचना के साथ गैर-रचनात्मक व्यवहार करना होगा।

इस कविता पर विचारधारात्मक आग्रह को परे रखकर विचार करने पर ऐसा लगता है कि कवि ने दुख को भिन्न और विशिष्ट ढंग से महसूस करते हुए हिन्दी कविता की उस परम्परा को नवीन आयाम दिया है जिसके तहत दुख मनुष्य की

जिजीविषा को केवल नष्ट करने के बजाय कई बार ज़िन्दगी को नये सिरे से समझने और समस्याओं का सामना करने में ईंधन बन जाता है।

कहना न होगा कि कबीर के यहाँ जब काव्यनायक को सुख और दुख दोनों मिलते हैं तो वह सुख को अपने घर जाने को कहकर दुख का वरण करना बेहतर समझता है–

कबिरा सुख कूं जाय था आगे मिलिया दुख
जाहूं सुख घर आपने मैं अरु मेरा दुख।

मानव जीवन में अगर केवल सुख ही सुख हो तो सुख का स्वाद भी अक्सर बेमज़ा हो जाता है और हम गत्वरता से महरूम हो जाते हैं। इसके विपरीत दुख मनुष्य के सामने जो चुनौतियाँ पेश करता है उससे जीवन में गति का संचार होता है और वह कर्मठ बनता है।

केदारनाथ अग्रवाल के शब्दों में वह फ़ौलाद बनकर उभरता है और आवश्यकता पड़ने पर गोली की तरह चलते देखा जाता है–

मैंने उसको जब जब देखा
लोहा देखा
लोहे जैसा तपते देखा
गलते देखा
ढलते देखा
मैंने उसको गोली जैसा चलते देखा।'

विवेच्य कविता में दुख का प्यार की तरह 'अनपेक्षित' व 'अप्रत्याशित' रूप में आना और ख़ास तौर से किसी सर्जनात्मक मस्तिष्क में विचार की तरह कौंधना अज्ञेय की 'दुख सबको माँजता है/चाहे मुक्ति देना वह न जाने/किन्तु जिनको माँजता है/उन्हें यह सीख देता है/की सबको मुक्त रखें' की अभिजन दार्शनिकता से भिन्न एवं विपरीत जीवन के खुरदुरे यथार्थ की ठोस ज़मीन से पैदा हुए दुख से सम्बन्धित है, जिसकी पृष्ठभूमि में कवि का वह चिन्तन है जो रचना में अवधारणा की कीमत पर अवबोध को प्राथमिक नहीं मानता। कविता में दुख का 'किसी नये विचार की तरह' आना इसी ओर संकेत करता है। दूसरे शब्दों में, कवि ने अवधारणा एवं अवबोध के बीच द्विभाजकता को खारिज़ करते हुए दोनों को सृजन के लिए महत्त्वपूर्ण माना है।

वस्तुतः कोई भी श्रेष्ठ कविता अवधारणा (कन्सेप्शन) को अवबोध (परसेप्शन) में तत्त्वांतरित करके उसे इन्द्रियगोचर रूप देकर रची तो जाती है, पर आगे किसी न किसी काव्यांश के माध्यम से वह अवबोध से अवधारणा तक की यात्रा अवश्य तय करती है।

भारतीय काव्यशास्त्र में इसे ही आचार्य कुंतक ने संवेदना और वैचारिकता के बीच 'परस्पर-स्पर्धि समभाव' कहा है।

विवेच्य कविता मात्राभेद और गुणभेद से कुंतक द्वारा 'वक्रोक्तिजीवित' में बहुविध विवेचित इस समभाव का एक बेहतर सृजनात्मक उदाहरण है।

इसे अगर एलेन टेट द्वारा प्रवर्तित 'तनाव सिद्धान्त' (टेंशन इन पोएट्री) के नज़रिए से देखें तो स्पष्ट ही यह रचना वैचारिकता से अपनी यात्रा शुरू करती है। कविता के आरम्भ में 'जब जब सोचा/मैं उसे सभी रूपों में/ जानती हूँ' पंक्ति इसका स्पष्ट संकेत करती है। किन्तु, इसके ठीक बाद जिन दो शब्दों-अप्रत्याशित और अनपेक्षित-का प्रयोग किया गया है वे पाठक को उस मनोदशा में ले जाते हैं जहाँ अक्ल काम करना बन्द कर देती है और आदमी भौंचक्का हो जाता है।

कविता में इस किंकर्तव्यविमूढ़ता की वजह बतायी गयी है–अप्रत्याशित रूप में मिल गये प्यार के कोमल एहसास की तरह जीवन में दुख का अनपेक्षित पदार्पण, जो मनुष्य को आश्चर्य में डाल देने में सक्षम है।

इसके बाद दुख से प्राप्त अनुभव में निहित सर्जनात्मक सम्भावना को रेखांकित करती हुई कवि ने उसका मुकाबला करते हुए जीवन का नया अर्थ ढूँढ़ने में सहायक हो सकने की जो बात कही है, वह दुख को नये सिरे से परिभाषित करने की रचनात्मक कोशिश है।

कुल मिलाकर यह कविता दुख के बारे में अपवादस्वरूप कुछ बड़े रचनाकारों को छोड़कर हिन्दी कवियों द्वारा एक बनी बनायी धारणा का प्रत्याख्यान करती हुई ग़ालिब की याद दिलाती है, जिन्होंने लिखा है कि जिसके पास दृष्टि है उसके लिए आफ़त और बदकिस्मती के तूफान भी पाठशाला की तरह होते हैं और लहरों के थपेड़े शागिर्द के गालों पर पड़ने वाले उस्ताद के चाँटों की तर–

अहले-बीनिश को है तूफ़ाने-हवादिस मकतब
लतमा-ए मौज कम अज़ सीली-ए उस्ताद नहीं।

अनामिका की 'एक पोस्टकार्ड अनन्त' कविता में दु:ख शब्द का इस्तेमाल किये बगैर स्त्री के दु:ख को जिस अन्दाज़ में व्यक्त किया गया है वह उनकी रचनात्मकता का उत्कर्ष है–

यह बालू जो मेरी आँखों में है
शायद उस तट का पता जानती है
जिस पर हम गले-मिले
मिल लेंगे कभी एक दिन ऐसे
जैसे कि दुविधा के मारे हुए मन में
मिलते हैं निश्चय अनिश्चय।

इन पंक्तियों से गुज़रते हुए याद आती है महाकवि जायसी की पदमावती, जो अपनी हमजोली सखियों से व्यथा-कथा बखानती हुई कहती है मैं वहाँ जा रही हूँ जहाँ से पति की आज्ञा के बिना लौटकर मिलना शायद असम्भव हो–

मिलहु सखी हम तहवाँ जाहीं। जहाँ जाई फिर आवन नाहीं। ।

... ...

कन्त चलाई का करौं आयसु जाई न मेंटि।
पुनि हम मिलहिं कि ना मिलहिं लेहु सहेली भेंटि।।

स्त्री-जीवन के दुःख को अनामिका ने जहाँ अमूर्तन शैली में पुनर्रचित किया है वहाँ वह रचनात्मक ज़रूरत के तहत है। वजह यह कि हमारे समय में यथार्थ का स्वरूप लगातार इतना परिवर्तित होता जा रहा है कि उसे कविता में मूर्त विवरणों में बाँधना असम्भव है। कवयित्री ने दुःख सहते-सहते आँखों में आँसू सूख जाने की हृदय विदारक स्थिति को आँखों में बालू के माध्यम से व्यंजित किया है। बावजूद इसके सकारात्मक एवं नकारात्मक, दोनों ही स्थितियों में निराशा के बजाय उम्मीद की किरण बची हुई है।

कविता में 'दुविधा के मारे मन में मिलते हैं निश्चय-अनिश्चय' एक बेहद व्यंजक प्रयोग है। यह सृजन के दौरान तनी हुई रस्सी पर चलने के रचनात्मक कौशल की तरह है।

फेसबुक पर प्रकाशित कविताओं में दुःख की कुछेक नायाब अभिव्यक्तियों में एक जाबिर हुसैन की रचना भी उल्लेखनीय है जो अपने मुल्क में नाबालिग बाच्चियों के साथ हो रही यौन हिंसा को अन्तर्वस्तु बनाकर रचित है–

फ़रिश्तों
आना कभी जमीं पर
तो अर्ज़े ख़ाकी पे
खूं में लथपथ

मेरी परी को
बड़े अदब से
तुम्हारे रब का
सलाम कहना!

इस तरह की बर्बरता पर आनन-फ़ानन में कविता लिखकर मुफ़्त का यश लूटने को बेचैन कवियों की अनेकानेक रचनाओं से विलग गहरी आस्तिकता की कोख से निष्पन्न यह रचना मनुष्य मात्र और ख़ास तौर से मासूम बच्चियों के प्रति हमारे दिल-ओ-दिमाग़ में नये सिरे से संवेदना जगाने में समर्थ है। शास्त्रीय भाषा में कहें तो यह क्लासिकल उदासी भरी गायन-योग्य शब्द संरचना है।

कुल मिलाकर कहना यह है कि आदिकवि वाल्मीकि से लेकर हमारे समय के उल्लेखनीय कवियों की उत्कृष्ट रचनाओं में सुख के बजाय दुःख लगभग एक स्थायी भाव के रूप में मौजूद रहा है और प्रेमचन्द के शब्दों में कहें तो हमारे तमाम रचनाकार ग़म की कहानी को मज़ा ले–लेकर कहते रहे हैं।

फेसबुक और अन्य सोशल मीडिया पर उपलब्ध्द विनोद पदरज की 'पत्नी के लिए' कविता और विचारणीय है जो उनके कविता संग्रह में भी मौजूद है–

चालीस बरस पहले आयी थी तुम मेरे पास
चालीस बरस पहले
स्त्री होने के कारण ही
यह लगभग मूलोच्छेदन था एक कम वय वल्लरी का
जो सम्मुख अवलम्ब देख
बेतरह लिपट गयी
फिर हमने साथ-साथ जिया एक काल-खण्ड
झेलीं लूएँ प्रचण्ड
अन्धड़ उपलाघात तड़ित प्रहार
पूस में पाले की मार
तीक्ष्ण कुठारों के वार पर वार पर वार
पर नहीं मानी हार
किया जीवन सत्कार
जब जब बारिशें आयीं धीमी झूमतीं

हम भीगे बाहर भीतर
और जब-जब प्रगट हुआ ऋतुराज
कुसुमशर चाप धर
जीर्ण पत्र सब झरे सिहरकर
तीतियाँ फूटीं
हम पुनर्नवा हुए–खिले-खिलखिलाये
अपनी ही गन्ध में डूबे उतराये
अब जब गत हुआ यौवन का उन्माद
चालीस बरस बाद
मैं पहली बार जुबान से कहता हूँ
मैं तुम्हें प्यार करता हूँ
पर यह कौन है
जो रह-रह हमारा द्वार खटकाता है
शायद मृत्यु
प्रिय तुम ठहरो
मैं देखता हूँ

–विनोद पदरज

उत्तररामचरितम' में कहा गया है:
अद्वैतं सुखदुःखयोरनुगतं सर्वास्वस्थासु यत्
विश्रामो हृदयस्य यत्र जरसा यस्मिन्नहार्यो रसः।
कालेनावरणात्ययात्परिणते यत्प्रेमसारेस्थितं
भद्रं तस्य सुमानुषस्य कथमप्येकं हि तत्प्राथ्यर्ते ॥1:39॥

("जो दाम्पत्य सुख और दुःख में समान रहता है, सभी स्थितियों में साथ देता है, जिसमें मन को विश्राम मिलता है, इसमें निहित अनुराग वृद्धावस्था द्वारा भगाया नहीं जाता,जो समय बीतने के साथ लज्जा-संकोच आदि आवरण के हटने से परिपक्व होकर अपने प्रेमोत्कर्ष में स्थित होता है, उसका यह कल्याणकारी सारतत्त्व सर्वथा वरेण्य है।")

मेरी अल्प समझ में इस पाठ का विखण्डन करने पर प्रकारान्तर से एक अर्थध्वनि यह भी निकलती है कि दाम्पत्य सम्बन्ध में उपर्युक्त बिन्दुओं में से ज़्यादातर के अभाव की स्थिति में वह वरेण्य के बजाय यथाशीघ्र त्याज्य है।

बहरहाल, भारतीय कविता के इतिहास में शृंगार रस को सुप्रतिष्ठ 'रस राजत्व' के आसन से च्युत कर करुण रस को प्रतिष्ठित करने वाले महाकवि भवभूति के दाम्पत्य-विषयक इस उदात्त मन्तव्य का स्मरण करते हुए पूरी दुनिया में अनेकानेक कारणों से टूटते-बिखरते दाम्पत्य सम्बन्ध के मद्देनज़र हमारे समय के एक उल्लेखनीय कवि विनोद पदरज की 'पत्नी के लिए' कविता से गुजरना अपने आप में एक मार्मिक अनुभव है, जो कवि केदारनाथ अग्रवाल के 'जमुन जल तुम' या 'हे मेरी तुम' सरीखे कविता संग्रहों की सृजन-परम्परा में कविता की वैधानिक एवं भाषिक संरचना की दृष्टि कुछ नया जोड़ती है।

'पत्नी के लिए' रची गयी विनोद पदरज की कविता वस्तुतः एक श्रेष्ठ प्रेम कविता है जो कई बार दाम्पत्य प्रेम की सीमाओं का अतिक्रमण करती हुई शुद्ध मानवीय प्रेम की कविता प्रतीत होती है, जिसका दायरा दाम्पत्य प्रेम के साथ ही उससे इतर स्त्री-पुरुष के बीच सच्चा प्रेम भी हो सकता है। बावजूद इसके, कवि विनोद पदरज के यहाँ तथाकथित 'जैनेन्द्रीय प्रेम' (घर में पत्नी, मन में प्रेमिका) की कोई गुंजाइश नहीं दिखती।

केदारनाथ अग्रवाल की प्रेम कविताओं को रामविलास शर्मा ने दाम्पत्य प्रेम की कविता के तौर पर रेखांकित किया है, पर केदार जी की अनेक कविताओं की अन्तर्वस्तु केवल 'पत्नी-प्रेम' के बजाय स्त्री-पुरुष के बीच का गहन उदात्त प्रेम है जिसे कालिदास 'जन्मान्तर सौहार्द' कहते हैं।

विवेच्य कविता अन्तरपाठीयता के नज़रिये से विस्तृत विश्लेषण की माँग करती है, क्योंकि इसमें भवभूति के साथ ही कालिदास से लेकर निराला तक की पूरी काव्य-परम्परा की अनुगूँज सुनाई पड़ रही है। इस कविता में प्रयुक्त 'पुनर्नवा' शब्द कवि विनोद पदरज का कालिदास और उपन्यासकार आचार्य हजारी प्रसाद द्विवेदी के साथ सम्बन्ध-सूत्र निर्मित करता प्रतीत होता है। रेमंड विलियम्स की शब्दावली में पुनर्नवा इस रचना का 'बीज शब्द' (की वर्ड) है।

इस श्रेष्ठ रचना से गुज़रते हुए गुरुवर आचार्य जानकीवल्लभ शास्त्री के श्रीमुख से सुने एक श्लोक की याद आ रही है, जो भानुदत्त की रसमञ्जरी का मङ्गल श्लोक है–

आत्मीयं चरणं दधाति पुरतो निम्नोन्नतायां भुवि
स्वीयेनैव करेण कर्षति तरोः पुष्पं श्रमाशंकया
तल्पे किं च मृगत्वचाभिरचिते निद्राति भागैर्निजै-
रंतःप्रेमभरालसां प्रियतमामङ्गेदधानो हरः ॥1॥

(शिव कैलास पर्वत पर विचरण करते हुए ऊँचीनीची ज़मीन को पहले दायें पैर से टटोलते हैं तब बायां पैर रखते हैं, पार्वती के जूड़े में लगाने के लिए केवल दाहिने हाथ से फूल तोड़ते हैं ताकि भूलवश कोई काँटा बायें हाथ में न गड़ जाये, बिछावन के नाम पर केवल पत्थर पर बिछा मृगछाला है। इसलिए वे रात भर केवल दाहिनी ओर करवट लेकर सोते हैं ताकि बायें अंग को कोई कष्ट न हो। अपने बायें अंग में प्रियतमा को धारण करनेवाले शिव आप का कल्याण करें।)

उपसंहार

विजयदेव नारायण साही का मानना है कि 'सृजनशीलता आसान रास्ता छोड़कर नये रास्ते तैयार करती है जो शब्दों की परिपाटीग्रस्त-अभिव्यक्ति और बाज़ारू अभिव्यक्ति, इन दोनों ख़तरों से बचा कर जीवित अभिव्यक्ति बनाती है। इसलिए वह सृजनशीलता है।' कहना न होगा कि हिन्दी कविता के इतिहास में ऐसे अनेकानेक उदाहरण मौजूद हैं जहाँ बहुत से गम्भीर होने का दावा करने वाले कवि भी 'परिपाटीग्रस्त-अभिव्यक्ति' की जड़ता से मुक्त होने के प्रयास में जाने-अनजाने 'बाज़ारू-अभिव्यक्ति' की गिरफ़्त में फँसते दिखाई देते हैं। स्पष्ट है कि ऐसी कविताओं में रीतिबद्ध भाषा की चमक, लालित्य आदि चाहे जितनी भी हो पर प्रायः उनमें भाषा की उस प्राणशक्ति का अभाव होता है जिसके बगैर सृजनशीलता की कल्पना तक नहीं की जा सकती। ग़ौरतलब है कि कविता में भाषा की इस प्राणशक्ति का अभाव वस्तुतः प्राणवान कथ्य के अभाव का ही द्योतक है।

कविता में भाषा की प्राणशक्ति की कसौटी दुरूहता के बजाय सरलता है और सरलता सपाटबयानी से गुणात्मक रूप में भिन्न होती है। जो कवि सरलता और सम्प्रेषणीयता के नाम पर 'बाज़ारू-अभिव्यक्ति' को ही मॉडल बनाकर चलते हैं, वे कविता के क्षेत्र में पॉपुलिस्ट फार्मूले का इस्तेमाल करते हैं। जबकि सच्चाई यह है कि कविता की सम्प्रेषणीयता के लिए 'पॉपुलिज्म' कोई अनिवार्य शर्त नहीं है। उदाहरण के लिए अरुण कमल की एक कविता का अंश द्रष्टव्य है–

देखो हत्यारों को मिलता राजपाट सम्मान
जिनके मुँह में कौर मांस का उनको मगही पान।
प्रजातन्त्र का महामहोत्सव छप्पनविध पकवान
जिनके मुँह में कौर मांस का उनको मगही पान।'

कहना न होगा कि ऊपर से आसान से दिखने वाली अरुण कमल की ये काव्य पंक्तियाँ तथाकथित लोकप्रिय कवियों द्वारा की जाने वाले तुकबन्दियों से किसी भी मायने में कम सम्प्रेषणीय नहीं है। यदि किसी मंच से इनका वाचन किया जाये तो श्रोताओं को इन्हें समझने में कोई कठिनाई नहीं होगी और इनका रचनाकार जनता के बीच निश्चित ही लोकप्रिय भी होगा। हमारे जमाने में रची जा रही ऐसी अनेकानेक कविताओं के बावजूद राजेन्द्र यादव के इस कथन को सिरे से खारिज कर देना असम्भव है कि संस्कृति के बाजार में हिन्दी कविता आज स्पष्ट रूप से दो हिस्सों में बँटी है–मंचों और हास्य कवि-सम्मेलनों की फूहड़ भडैंतियों के प्रचंड कुत्साकरण में या वातानुकूलित हरित कक्ष (ग्रीनहाउस) बोन्साईकरण के चमत्कारों में। कहना ना होगा कि दोनों को ही सरकार या सम्पन्न मध्यवर्ग का संरक्षण प्राप्त है और दोनों एक-दूसरे की प्रतिक्रिया में पनपती हैं। राजनीति की शब्दावली में एक बौद्धिक एलीट की कविता है तो दूसरी नव-धनाढ्य लूम्पिन का मनोरंजन। इसे साहित्य का प्रेम बाँधे है तो उसे साहित्य की चिन्ता। एक को बड़े-छोटे संस्थानों के भाषा, साहित्य विभाग या सामाजिक राजनैतिक पार्टियों के संस्कृति-विंग सींच रहे हैं, तो दूसरी को सेमिनार, पुरस्कार या सरकारी ख़रीद। चूँकि हमारे समय में कविता दरबार से निकलकर बाज़ार में आ गयी है इसलिए उसे बाज़ार में बिकाऊ होने की लड़ाई लड़नी पड़ रही है और इस अपराजेय विवशता के आगे वह प्रायः पराजित होती-सी प्रतीत होती है। बाज़ार के सन्दर्भ में इस नंगे और क्रूर सत्य से हम अपरिचित होने का ढोंग नहीं कर सकते कि वहाँ जो बिकता है, वही बच पाता है और बाज़ार में वही बिकता है जो बिचौलिए चाहते हैं।

सवाल यह उठता है कि संस्कृति के बाज़ार में हिन्दी कविता के सन्दर्भ में यह बिचौलिए कौन हो सकते हैं? थोक के भाव में पुस्तक समीक्षा लिखकर जनसम्पर्क बनाने वाले तथाकथित आलोचक? विभिन्न सरकारी पुस्तकालयों में पुस्तकों की ख़रीद के लिए गठित समितियों के सदस्यगण? विभिन्न विश्वविद्यालयों के हिन्दी विभागों की पाठ्यक्रम समिति के सदस्य, कुछ बड़े प्रकाशक या ये सब लोग। प्रसंगवश कवि केदारनाथ सिंह का एक वक्तव्य ग़ौरतलब है जिसमें उन्होंने स्वीकार किया है कि कविता कभी भी बाज़ार में बहुत ज़्यादा बिकने वाली चीज़ नहीं रही है। कोई पुस्तक पाठ्यक्रम में लग जाये या मंच के कारण लोकप्रिय हो जाये तो यह दीगर बात है। उन्होंने यह भी याद दिलाया है कि निराला जैसे बहुत बड़े कवि की सबसे महत्त्वपूर्ण काव्यपुस्तक 'अनामिका' प्रथम संस्करण के बाद लम्बे समय

तक बाज़ार से गायब रही। एक दशक से ज़्यादा समय उसका दूसरा संस्करण आने में लगा, जबकि उसमें 'राम की शक्तिपूजा', 'सरोज-स्मृति', 'वनवेला' जैसी बहुचर्चित कृतियाँ थीं।

भूमण्डलीकरण बाज़ार एवं संचार माध्यमों के विस्फोट के इस युग में सुप्रसिद्ध विचारक लूसिएँ गोल्डमान के एक कथन की याद स्वाभाविक है कि बाज़ार का अर्थशास्त्र मनुष्य को इंडिविजुअल एक स्वतन्त्र इकाई बनाते हुए कविता को एक ऐसी एकल आवाज़ बना देगा जो आन्तरिक रूप से थकान और बाहरी रूप से क्षरण की शिकार होगी और अन्ततः उसकी मृत्यु हो जायेगी। किन्तु, मौजूदा काव्य परिदृश्य पर नज़र दौड़ाने से उपर्युक्त आशंका निराधार प्रतीत होती है। इस मुद्दे के एक दूसरे पहलू की ओर रघुवंश मणि ने संकेत किया है कि आज बाज़ार के तमाम दबावों के बावजूद कविता का फार्म पूरे सांस्कृतिक परिदृश्य पर सर्वाधिक स्वतन्त्र कलारूप बना हुआ है। यहाँ व्यक्तिगत स्वच्छन्दता की जितनी अधिक सम्भावनाएँ हैं, उतना ही कम व्यावसायिक दबाव। सिनेमा जैसे बेहद व्यावसायिक कला रूपों में अब व्यवसाय के अनेक पक्षों का दबाव इतना अधिक है कि समानान्तर सिनेमा के बहुत से निर्देशक बेरोज़गार से हो गये हैं या उन्हें व्यावसायिक कलारूपों के साथ समझौता करना पड़ा है। हिन्दी कविता के साथ ऐसा नहीं है। यही कारण है कि कविता का क्षेत्र विविधतापूर्ण और विभिन्न संस्तरों पर अनेक तरह से अस्तित्वमान है। यह स्वतन्त्रता एक तरफ़ उसे वर्तमान से सीधी मुठभेड़ से बचाती है तो दूसरी ओर सीधी मुठभेड़ की सम्भावना को प्रबल भी बनाती है। दूसरे शब्दों में यह सत्ता और व्यवस्था के काव्यरूपों के साँचों में सर्जनात्मकता के स्तर पर कवि के दो-चार हो सकने के लिए पर्याप्त जगह छोड़ती है। यहाँ इस उद्देश्य के सम्पादन में कवि की इच्छाशक्ति ही सर्वोपरि है। यद्यपि कवि की सर्जन-क्षमता, उसका काव्यानुशासन और उसकी विश्वदृष्टि का भी प्रश्न उठता है। मगर बाहरी दबाव कम से कम बनते हैं। यही कारण है कि हिन्दी कविता के एक संस्तर का कवि रीतिकालीन छन्द लिखकर, कुछ मित्रों अथवा अपने जैसे कुछ कवियों के बीच उनका पाठ कर आत्ममुग्ध रहने के लिए स्वतन्त्र है। दूसरे संस्तर के कवि, कवि सम्मेलनों के मंचों पर से पारम्परिक लोकरंजनी कविताएँ गा-सुनाकर मगन हो सकते हैं। तीसरा संस्तर कविता को उठाकर सांस्कृतिक-राजनीतिक कार्यभार सँभाल सकता है। चौथा प्रतिबिम्बन की सच्चाई को लेकर जूझता हुआ अपने सामाजिक कार्यभारों, नागरिक दायित्वों अथवा सर्जनात्मक सन्तुष्टियों तक पहुँचता है। एक ऐसा भी संस्तर है जो

कविता की स्वायत्तता का ढोल पीटता है। यह सब कुछ एक साथ सापेक्षिक रूप से अधिक स्वतन्त्र हिन्दी कविता जगत में ही सम्भव है। प्रश्न यह है कि उपर्युक्त तीसरे, चौथे एवं पाँचवें संस्तरों के कवियों द्वारा रचित कविताओं का पाठक वर्ग कितना बड़ा है? अनामिका मानती हैं कि आज यदि एक ओर संस्कृति बाजार में 'ट्रेड' के रूप में कविता उत्कर्ष पर है–धड़ाधड़ कविता पुस्तकें छप रही हैं, कविता के नाम पर पुरस्कार और शोध वृत्तियाँ भी अधिकतम हैं, विदेशों में तो विश्वविद्यालय 'रचनात्मक लेखन' का कोर्स भी चलाते हैं, जहाँ शिक्षकों के रूप में कवियों की नियुक्ति सर्वाधिक होती है, क्योंकि ज़्यादातर प्रत्याशी काव्य लेखन की कक्षाएँ और वर्कशॉप चाहते हैं। कविता की समालोचना भी सबसे अधिक होती है। हर संस्था काव्यपाठ का आयोजन कराती ही है और इसका लेखा-जोखा रखना अत्यधिक कठिन है कि कितने काव्यपाठ पूरे देश में वर्षभर में आयोजित हुए। कुल मिलाकर देखें तो सांस्कृतिक समाजशास्त्र की जेन पहेली है यह–आई.टी. प्रोफ़ेशनल्स की तरह कविता प्रोफेशनल्स और मेडिकल स्पेशलिस्ट्स की तरह कविता विशेषज्ञ लगातार बढ़ते जा रहे हैं, पर जन-गण-मन में कविता की स्थिति ध्रुपद-धमार सी ही है। उसकी सूक्ष्मातिसूक्ष्म बौद्धिक और आध्यात्मिक तरंगें बृहत्तर पाठक समुदाय को स्पंदित नहीं रख पाती। ऐसा नहीं है कि इस कटु सत्य का एहसास कवियों को न हो। कवि वेणुगोपाल ने इस कड़वे सच को स्वीकार किया है–

कविता...
शायद एक गुफा है
जहाँ लड़ाई से बचने के लिए
मुझे बार-बार आना है।
धूप हो या बरसात
यहीं सिर छुपाना है।
या फिर यह कायरता का एक
दस्तावेज है
जिसे खुद ही लिखना है
और खुद को ही सुनाना है।'

सम्भवतः इसी कटु यथार्थ से जूझने के दरमियान ही हताश होकर धूमिल ने कविता के बारे में लिखा था–

वह किसी गँवार आदमी की ऊब से
पैदा हुई थी और

एक पढ़े-लिखे आदमी के साथ
शहर में चली गयी।
कविता
घेराव में
किसी बौखलाये हुए आदमी का
संक्षिप्त एकालाप है।

इस हताशा का चरम बिन्दु वहाँ दिखाई देता है जब कवि कहता है : 'जब इससे ना चोली बन सकती है न चोगा, तब इस ससुरी कविता को जंगल से जनता तक ढोने से क्या होगा?' आज हिन्दी कविता के प्रचार-प्रसार में जनसंचार माध्यमों की नकारात्मक भूमिका की ओर इंगित करते हुए कवि केदारनाथ सिंह लिखते हैं कि कभी किसी ज़माने में रेडियो ने हिन्दी कविता के प्रचार-प्रसार की बड़ी भूमिका निभाई थी। पन्त, भगवतीचरण वर्मा, नरेंद्र शर्मा, मुक्तिबोध, नरेश मेहता, रघुवीर सहाय, मनोहर श्याम जोशी, प्रभाकर माचवे, जगदीशचन्द्र माथुर, गिरिजाकुमार माथुर, भारत भूषण अग्रवाल आदि बहुत सारे महत्त्वपूर्ण कवि-लेखक जब तक रेडियो से जुड़े रहे-रेडियो-संपोषित काव्य गोष्ठियाँ 'प्राइम टाइम' में ब्रॉडकास्ट होती रही। 'नयी कविता' के जमाने की यह काव्य गोष्ठियों एक अलग तरह का सांस्कृतिक परिदृश्य रचने में कामयाब रहीं। बाद में रेडियो-प्रोड्यूसर, कविता-विरोधी हो गये और काव्य गोष्ठियों रात ग्यारह बजे के 'रिले' के लिए ठेल दी गयीं जिसकी प्रतिक्रिया में प्रभाकर माचवे ने यह पंक्तियाँ लिखीं–

मैं माइक के सम्मुख हूँ
माइक मेरे सम्मुख है।
कोई सुनता भी होगा या नहीं-
इसी का दुख है।

आख़िर आज कवियों-कलाकारों के पास इस विषम सांस्कृतिक स्थिति से जूझने और उबरने के उपाय क्या हैं? स्पष्ट ही इस समस्या पर 'चाहिएवादी शैली' में विचार करने से कोई फायदा नहीं है। उदाहरण के लिए 'कवि-कलाकार आदि को जनता के लिए लिखना चाहिए' या 'उन्हें जनता के पास जाना चाहिए' जैसे उपदेशात्मक वक्तव्य से आज कोई मसला हल होता नहीं दिखाई देता। वस्तुतः समाज के विकास की धुरी जिस प्रकार विभिन्न सामाजिक वर्गों व तबकों के बीच

निरन्तर चलने वाला अन्तस्संघर्ष है, उसी प्रकार सच्ची कविता भी वैचारिक संघर्ष एवं संवेदनात्मक मंथन से विकसित होती है और ग़ौरतलब है कि संघर्ष के पहले मुद्दे का स्पष्ट होना ही नहीं, बल्कि स्पष्ट रणनीति भी ज़रूरी है। दूसरे शब्दों में कहें तो कला, साहित्य व संस्कृति के क्षेत्र में पॉपुलिस्ट प्रवृत्ति से उत्पन्न ख़तरे से जूझने के लिए कोरा आत्मसंघर्ष काफ़ी नहीं है। नामवर सिंह का कहना सही है कि कई बार आख़िरी संघर्ष की बात करने वाले भूल जाते हैं कि कुछ मुद्दों के लिए भीतर ही नहीं बाहर से भी संघर्ष करना पड़ता है। 'रचना कर्म से लगा हुआ लेखक एक ही समय में कर्म को शब्दों में और शब्दों को कर्म में बदलता है।' (गोर्की) पर हिन्दी में जनता का नाम जपने वाले ज़्यादातर कवियों-कलाकारों में जनता का कोई आचार-व्यवहार शायद ही दिखाई पड़ता है। वे भी उपभोक्तावाद की गिरफ़्त से बाहर नहीं हैं।

सुधीश पचौरी ने लिखा है कि इधर के कवि रोते बहुत हैं, लेकिन उनकी कविता पढ़ने वाले को उन पर हँसी आती है। यह कवि के रोने से पाठक के रोने के अलग होने का मामला बनता है। हमें पता करना चाहिए कि गम्भीर कहे जाने वाले कवियों के रोने या हरदम चिन्तित दिखने के कारण क्या वास्तविक हैं? मसलन हम उन चीज़ों का पता करें जिन चीज़ों के प्रति कवि को शिकायत है कि वह अपने अनुभव में यानी अपने जीवन में उन चीज़ों के साथ किस सम्बन्ध में है और हम पायेंगे कि कविता करने वाला व्यक्ति जीवन में उन चीज़ों से बेहद अनुकूल सम्बन्ध में है जिनकी निन्दा, आलोचना व कविता में करता है। ऐसे में रात-दिन अपनी कविताओं में जनता का रोना रोने वाले और व्यवहार जगत में हर साल लाखों रुपए का साहित्यिक-सांस्कृतिक पुरस्कार व सम्मान बटोरने के लिए आकुल-आतुर तथा विदेश-यात्रा के लिए व्याकुल डॉलरोन्मुख कवियों के लिए प्रेमचंदीय आदर्श का कोई अर्थ नहीं रह गया है जिसके अनुसार 'जो सच्चा कलाकार है, वह स्वार्थमय जीवन का प्रेमी नहीं हो सकता।...अमर साहित्य के निर्माता विलासी प्रवृत्ति के मनुष्य नहीं थे।'

आचार्य हजारीप्रसाद द्विवेदी का मानना है कि 'हमें आलोचक होने के पहले आलोच्य ग्रन्थकार का विश्वासपरायण मित्र बनना चाहिए तभी हम उसके वक्तव्य के उचित श्रोता हो सकेंगे क्योंकि उस हालत में ही उसके व्यक्तिगत सुख-दुख के साथ गम्भीर सहानुभूति का भाव रख सकते हैं। सवाल उठता है कि क्या यह बात प्रकारांतर से 'जनता की' और 'जनता के लिए' कविता लिखने का दावा करने वालों पर लागू नहीं होती। स्मरणीय है कि आचार्य रामचन्द्र शुक्ल के नये कवियों

की 'अन्तर्वृत्ति का सूक्ष्म व्यवच्छेद' करते हुए अपने ग्रन्थ में उसके पूर्व उनका जीवनवृत्त दिया है और कहना न होगा कि कवि का व्यक्तिगत और सामाजिक जीवन परस्पर सम्बन्ध ही नहीं बल्कि अन्तःस्पंदित भी हुआ करता है। 'नयी कविता' के कवियों का उनकी वर्गीय स्थिति के मद्देनज़र आकलन करते हुए मुक्तिबोध ने लिखा था कि 'नयी कविता के क्षेत्र में भी दो दल तैयार हो रहे हैं–एक दल वह है जो उच्चमध्यवर्ग का अंग, दूसरे वे हैं जो निचले गरीब मध्यवर्ग से सम्बन्धित हैं। उनकी वर्गीय प्रवृत्तियाँ न केवल उनके काव्य में वरन् साहित्य सम्बन्धी उनके सिद्धान्तों में भी परिलक्षित होती है।' तात्पर्य यह है कि जब तक कोई कवि आम पाठक की संवेदना को दृष्टिपथ में रखकर रचना नहीं करता एक संस्कृति कर्मी के रूप में आम आदमी का 'विश्वासपरायण मित्र' बनने का उसका हर दावा खोखला सिद्ध होगा। किन्तु इस सन्दर्भ में गौरतलब है कि पाठक की संवेदना को दृष्टिपथ में रखकर रचना करने का अर्थ जनता के लिए सिर्फ़ मन बहलाव की चीज़ों का उत्पादन करना या अंधलोकवादी रुझान के तहत काव्य-सृजन के नाम पर नारेबाज़ी और गाली-गलौज करना कदापि नहीं है। प्रेमचंद के शब्दों में 'सच्चा कलाकार हममें सौन्दर्य की अनुभूति उत्पन्न करता है और प्रेम की उष्णता। उसका एक वाक्य, एक शब्द, एक संकेत, इस तरह हमारे अन्दर जा बैठता है कि हमारा अन्तःकरण प्रकाशित हो जाता है। साहित्य कलाकार के आध्यात्मिक सामंजस्य का व्यक्त रूप है और सामंजस्य सौन्दर्य के सृष्टि करता है, नाच नहीं। जो दलित है, पीड़ित है, वंचित है, चाहे वह व्यक्ति हो या समूह, उसकी हिमायत और वकालत करना उसका फ़र्ज़ है। उसकी अदालत समाज है। इसी अदालत के सामने वह अपना इस्तगासा पेश करता है और उसकी न्यायवृत्ति तथा सौन्दर्यवृत्ति को जागृत करके अपना यत्न सफल समझता है। नागार्जुन जब कहते हैं–

जनता मुझसे पूछ रही है क्या बतलाऊँ?
जनकवि हूँ, मैं साफ़ कहूँगा क्यों हकलाऊँ?

–तो प्रकारान्तर से भी सुविधा में रहकर दुविधा की भाषा बोलने वाले 'जड़ीभूत सौन्दर्याभिरुचि' से ग्रस्त उन रचनाकारों की बखिया उधेड़ते हैं, जिन्हें कविता में कलात्मकता के नाम पर कलाबाजी दिखाने में महारत हासिल है। पर 'संकुचित 'स्व' की आपाधापी के निषेधार्थ' अपनी प्रतिबद्धता का ऐलान करने वाला यह कवि 'अविवेकी भीड़ की 'भेड़िया-धसान' के खिलाफ़' भी प्रतिबद्ध रहा है। कहने की ज़रूरत नहीं है कि साहित्य के प्रति एक ज़िम्मेदार जनवादी शब्दकर्मी का रुख ऐसा

ही सन्तुलित होता है और इस सन्तुलन के अभाव में रचनाकार के एकांगी हो जाने की सम्भावना से इनकार नहीं किया जा सकता। रचना-क्षेत्र में यह एकांगिता यदि एक ओर आत्मकेन्द्रित तथाकथित कलात्मक कृतियों को जन्म देती है तो दूसरी ओर अंधलोकवादी रुझान से परिचालित कट्टरतावादी प्रवृत्तियों को। साहित्य-सृजन के क्षेत्र में कट्टरतावादी प्रवृत्ति की आलोचना करते हुए अन्तोनियो ग्राम्शी ने लिखा है–"कलाकार के सम्मुख एक परिदृश्य अवश्य होना चाहिए किन्तु राजनीतिज्ञ की अपेक्षा उसका परिदृश्य अनिवार्यतः नपा-तुला और कम निर्दिष्ट होता है और इस तरह वह कम कट्टर होता है। कलाकार अनिवार्यतः एक विशेष क्षण में 'जो है उसका' प्रतिफल यथार्थता के साथ करता है, इसलिए उसकी कृति वैयक्तिक और असहमतिपरक होती है।"

उपर्युक्त दोनों प्रकार की कविताओं से भिन्न व विपरीत आज कविसम्मेलनों में पढ़ी जाने वाली ज़्यादातर कविताओं में मुद्दों के बजाय मनोरंजन पर बल है। चूँकि एकाध अपवाद को छोड़कर काव्यगोष्ठियों में काव्यपाठ करने वाले गम्भीर कवियों ने अपनी रचनाओं में से मनोरंजन का तत्त्व लगभग निकाल दिया है, इसलिए इस अन्तराल का स्वाभाविक लाभ कविसम्मेलनी लोकप्रिय रचनाकारों को मिला है और नतीजतन मंच की दुर्गति हुई है। उदाहरण के लिए फेसबुक पर प्रकाशित दिल्ली के एक ऑनलाइन कविगोष्ठी की रिपोर्ट देखी जा सकती है जिसे 'पूछेगा खुदा तुमसे' कविता संग्रह की रचयिता ने पोस्ट किया है–

"तिरे इश्क़ की इंतिहा चाहता हूँ
मिरी सादगी देख क्या चाहता हूँ...

इक़बाल साहब की इस शायरी से मिलते-जुलते ज़िन्दगी की हदों से गुजरने वाली सादी कविता, गीत और शायरी का खूबसूरत माहौल, इस बार की कवि गोष्ठी में देखने को मिला। संवेदनाओं की बारिश में हम सभी जी भर के भींगे। पेश है उत्तरी पूर्वी दिल्ली इकाई गोष्ठी की रिपोर्ट (17 मई 2024):

"महिला काव्य मंच, उत्तरी पूर्वी दिल्ली जिला इकाई की ऑनलाइन गोष्ठी 17 मई 2024 को सफलतापूर्वक सम्पन्न हुई। यह गोष्ठी जिलाध्यक्ष पूनम तिवारी जी की अध्यक्षता में सम्पन्न हुई। मुख्य अतिथि के रूप मे महिला काव्य मंच की ग्लोबल प्रेसिडेंट श्रीमती नीतू सिंह राय जी की गरिमामय उपस्थिति रही। गोष्ठी का सुन्दर संचालन व सरस्वती वन्दना महासचिव मधु वशिष्ठ जी द्वारा किया गया। सभी उपस्थित कवयित्रियों ने अपने सुन्दर काव्य पाठ से आज की गोष्ठी को सफल बनाया। गोष्ठी की शोभा विभिन्न विधाओं पर कविता पाठ रही।

कुसुमलता कुसुम जी ने माँ को अपना संसार बताते हुए अपनी सुमधुर वाणी मे काव्य पाठ किया।

डॉ. रश्मि झा जी ने 'माँ को भी नज़रें लगती हैं' कविता की सुन्दर प्रस्तुति दी। श्यामा भारद्वाज जी ने तुलसी गौडा जी के प्रकृति प्रेम को सुन्दर ढंग से प्रस्तुत किया। चंचल हरेन्द्र वशिष्ठ ने भी प्रकृति के हर तत्त्व के संरक्षण पर काव्य पाठ किया। प्रो. अंजु अग्रवाल जी ने जिन्दगी में हिसाब किताब को ज़रूरी बताया। तरूणा पुंडीर जी ने मतदान के महत्त्व पर प्रकाश डाला। मधु अरोड़ा जी ने मौसम का यादों से सम्बन्ध भावों में पिरोया। श्रीमंती माधुरी स्वर्णकार जी ने माँ का जीवन में महत्त्व बताया। श्रीमती आरती तिवारी ने काव्य की हर विधा के तत्त्वो को बख़ूबी बताया। श्रीमती नूतन गर्ग जी ने स्वयं को माँ की परछाई बताते हुए अपनी माँ की ममता को याद किया।

मंजु शाक्य जी ने प्रेम में मर्यादित होना आवश्यक बताया। नेहा जैन जी ने अपनी कविता से बचपन की यादें ताजा की। मधु वशिष्ठ जी ने जिन्दगी को अपने लिए जीने की बात कही। मधु शर्मा 'मधुर' जी ने जाति प्रथा पर कुठाराघात करते हुए अपनी बात कही। नीतू सिंह राय जी ने अपनी कविता के माध्यम से दर्द और आँसूओ का सम्बन्ध बताते हुए कहा कि दर्द सरे आम बिकता है यहाँ साहित्य के बाजार मे। पूनम तिवारी जी ने वर्तमान मे लेखनी की व्यथा को काव्य के माध्यम से प्रस्तुत किया।

इस प्रकार काव्य गोष्ठी सफलतापूर्वक सम्पन्न हुई। सभी प्यारी बहनों का हार्दिक आभार जिनकी उपस्थिति से मंच शोभायमान रहा। विशेष रूप से आदरणीय नीतू सिंह राय जी का धन्यवाद जिनके मार्ग दर्शन मे यह गोष्ठी सफलतापूर्वक सम्पन्न हुई।

धन्यवाद

उत्तरी पूर्वी दिल्ली (म.का.म)"

गुरुग्राम स्थित किसी अभियान्त्रिकी विश्वविद्यालय में प्रोफेसर के रूप में कार्यरत कवयित्री ने फेसबुक पर अपनी जो कविताएँ पोस्ट की हैं उनमें से बानगी के तौर पर एक ग़ज़लनुमा कविता देखी जा सकती है जिससे उनका ही नहीं, बल्कि उस ऑनलाइन कविगोष्ठी में भागीदारी करनेवाली रचनाकारों के 'काव्य-विवेक' का अन्दाजा लग जाता है–

तारों की बात करता हूँ, चाँद आयेगा
ज़िन्दगी में ऐसा भी मुकाम आयेगा
परवाज़ को भरोसा अपने ही पंख पर
सूरज की तरह जल, चमकना भी आयेगा
हालात नहीं अच्छे, कमतर नहीं है तू
खुद पे रख भरोसा, हौसला भी आयेगा
मंजिल नहीं दिखे पर हिम्मत न छोड़िये
राह कामयाबी की सब को बतायेगा
क्या ख़याल तेरा अपने ही बारे में
जो देखता है सब में, वैसा ही पायेगा
दिल में मुकाम रखते बस चन्द लोग ही
ख़ुद को गँवा के जो जग के काम आयेगा
घबरा के न कर शिकवा, अच्छी नहीं ये बात
सब्र कर, राह तेरी ख़ुदा चल के आयेगा।

ऐसी हजारों कविताएँ और ग़ज़लें फेसबुक पर मौजूद हैं जिनके रचनाकारों में काव्यगोष्ठी आयोजित करने और उसमें काव्यपाठ करने का उत्साह देखते बनता है। इससे यह भ्रम भी टूटता नज़र आता है कि कविसम्मेलनों के मुकाबले काव्यगोष्ठियों में पढ़ी जाने वाली कविता स्तरीय हुआ करती हैं।

बावजूद इसके कुछ सरकारी एवं गैर-सरकारी संगठनों द्वारा कभी कभार ऐसी काव्यगोष्ठियाँ आयोजित की जाती हैं जिनमें पढ़ी जानेवाली कई मुक्तछन्द की कविताएँ भी गहन संवेदना एवं आन्तरिक काव्यलय के साथ ही रवानी की वजह से सहज सम्प्रेषणीय हुआ करती हैं–

खाते वक्त न रोटियाँ गिनी जाती हैं
न जीते वक़्त उम्र
जैसे मैं यह आकाश देख रहा हूँ तब से
जैसे मैं यह पहाड़ देख रहा हूँ तब से
जैसे यह नदी और इमली का पेड़
वैसे ही तुम मेरे जीवन की मेंड़
मेरी सुरक्षित जमा राशि मेरे जल का बाँध

जनता हूँ कोई है मेरा वीर कहीं
जो बचा लेगा मुझे आख़िरी वक़्त
चाहे जितना भी पाप करूँ
जो उतार लेगा मुझे फूल सा फाँसी के फन्दे से
उसकी आस्तीन में पोंछता चेहरे की गर्द
कोई है जिसके मुँह पर झूठ न बोलूँ
कोई है जिसके आगे ग़लत सुनते डरूं
जिसकी नज़र से गिरने का मतलब चौबीसवीं मंजिल से गिरना
वो क्या है जो आदमी को खींच ले जाता है आदमी के पास
क्या है वो रिश्ता खून से परे
वो शहद का ओस का रिश्ता
वो काँटों भरी बबूल की देह से छूटी गोंद का रिश्ता
वो बँट रही रस्सी के सूतों धागों का रिश्ता
दो छोटे बच्चे जूते चमकाने वाले
बैठे हैं सुबह से ग्राहक के वास्ते
कि शाम होते होते आता है एक के पास एक ग्राहक
और दूसरा उसे अपनी डिबिया से देता है क्रीम
और फिर दोनों ढाबे में खाते हैं लिट्टी एक साथ
क्या है इस छोटी सी बात में जो आज मुझे व्याकुल कर रहा है
अभी-अभी सुना मैंने चन्द्रमा पर जल है
और दोस्तों की सुराही में जल
मेरे कुएँ का पानी खारा और दोस्त के घर का मीठा जल
'दोस्त जिनसे ज़िन्दगी में मानी पैदा होते हैं।

—अरुण कमल

भर्तृहरि ने मित्रहीन व्यक्ति को अभागा कहा है। यह कविता नरोत्तमदास रचित 'सुदामाचरित' में निहित अनुभूति की संरचना की याद दिलाती हुई आधुनिक जीवन में मित्रता की कमी की वजह से पैदा हुई विडम्बनापूर्ण स्थिति के साथ ही उसकी सख़्त ज़रूरत का एहसास कराती है। अरुण कमल को पढ़ना जितना सुखद है,उन्हें सुनना उतना ही आनन्ददायक है। वजह यह कि लेखन के साथ ही वाचन की कला

में उन्हें महारत हासिल है,जिसका मूल छन्द के बारे में उनके ठोस ज्ञान में निहित है। रामचन्द्र शुक्ल ने लाला भगवानदीन के बारे में लिखा है कि "वे ऐसे लोगों से कुढ़ते थे जो परम्परागत हिन्दी साहित्य की कुछ भी जानकारी प्राप्त किये बिना केवल थोड़ी सी अंग्रेजी शिक्षा के बल पर हिन्दी कविताएँ लिखने लग जाते हैं।"

कहना न होगा कि हिन्दी में आज ऐसे कवियों की भरमार है। उनके बीच अरुण कमल या उनकी तरह के कुछ अच्छे और बड़े कवियों की मौजूदगी हमें आश्वस्त करती है।

काव्य-गोष्ठी और कवि सम्मेलन के बीच द्विभाजकता के मूल में आधुनिकतावादी प्रवृत्ति सक्रिय रही है। चूँकि काव्य-गोष्ठी में केवल चुने हुए साहित्यिकों के समक्ष कविताएँ पढ़ी जाती हैं और उन पर विमर्श किया जाता है तथा कवि सम्मेलनों में समारोहपूर्वक जनता-जनार्दन के समक्ष प्रायः सस्वर काव्य पाठ होता है, इसलिए काव्यगोष्ठी को 'हाईकल्चर' एवं कवि सम्मेलन को 'लो कल्चर' का प्रतीक माना जाता है। वस्तुतः यह 'लो कल्चर' ही लोकप्रिय संस्कृति है जो बकौल स्टुअर्ट हॉल 'स्वयं को हमेशा वर्चस्वशाली संस्कृति के बरक्स तनाव में रखती है।' किसी भी नगर या महानगर में स्थित विश्वविद्यालय के हिन्दी विभाग से स्थानीय कवि-सम्मेलनी रचनाकारों का रिश्ता कैसा होता है यह बताना ज़रूरी नहीं है। हालाँकि नामवर सिंह की इस बात में दम है कि 'भारतीय विश्वविद्यालयों के हिन्दी विभाग सबसे ज़्यादा दकियानूस और प्रतिक्रियावादी विचारों के गढ़ हैं।...हिन्दी विभागों का हित अनिवार्यतः ऐसे राजनीतिक तत्त्वों से जुड़ गया है जो हिन्दी के हित के नाम पर एक बड़े सांस्कृतिक संस्थान को अपने प्रतिगामी विचारों के समर्थन में खींचना चाहते हैं' और इसी वजह से विश्वविद्यालय के बाहर सक्रिय प्रतिबद्ध कवियों को भी वहाँ पढ़ाये जाने वाले पाठ्यक्रम और शिक्षण पद्धति से प्रायः शिकायत रहती है। पर स्मरणीय है कि विश्वविद्यालयों से नाराज़ अनेक ऐसे लोग भी हैं जो उसे 'साहित्य की कब्रगाह' कहने के बावजूद वहीं दफ़नाए जाने के लिए कई बार आकुल-आतुर दिखाई देते हैं। दूसरे शब्दों में कहें तो गम्भीर कहे जाने वाले कवियों-कलाकारों और विश्वविद्यालय के प्रबुद्ध अध्यापकों के बीच भी प्रणय-कलह की स्थिति होती है। जहाँ तक लोकप्रिय कविसम्मेलनी रचनाकारों का सम्बन्ध है, उन्हें दोहरी मार झेलनी पड़ती है। कारण यह है कि विश्वविद्यालय से जुड़े प्रबुद्धजन तथा उससे बाहर के गम्भीर कवि-कलाकार दोनों ही कवि-सम्मेलनी कविता का उपहास करते हैं। प्रसंगवश 'रीडिंग पॉपुलर नैरेटिव' नामक ग्रन्थ के सम्पादक बॉब ऐशले की एक

सलाह क़ाबिल-ए-ग़ौर है कि जिसे हम सस्ता, घटिया या तुच्छ कहते हैं वह गहन अध्ययन व विश्लेषण की माँग करता है। कारण यह है कि लोकप्रिय पाठ भले ही अपने असर में आसान दिखता हो पर उसकी संरचना तथा प्रभाव की प्रक्रिया कदापि सरल नहीं होती।

लोकप्रिय कविता संस्कृति के बाज़ार की शर्तों पर खरा उतर कर ही लोकप्रियता की मंजिल तक पहुँचती है और पूँजीवादी बाज़ार में चिन्तन के बजाय मनोरंजन ज़्यादा बिकाऊ है। कवि-सम्मेलन में मनोरंजक कविता पर ताली बटोरने वाला रचनाकार कभी यह देखने की कोई ज़रूरत महसूस नहीं करता कि 'ज़िन्दगी को अर्थ से आलोकित करने वाले तत्त्व क्या हैं और कहाँ हैं?' अत: ज़िन्दगी का वह बड़ा हिस्सा, जहाँ मानवीय विवेक और भावनाओं के लिए मूलभूत प्रश्न खड़े होते हैं, मनोरंजनकर्ता लेखक के हाथ से छूट जाता है। इस सीमा के बावजूद आम लोगों के बीच कवि-सम्मेलनी रचनाकारों की लोकप्रियता को नज़रअन्दाज नहीं किया जा सकता। जो लोग कविता को केवल छपे रूप में पढ़े जाने पर बल देते हैं उन्हें याद दिलाना शायद ज़रूरी हो कि अभिग्रहण की दृष्टि से हिन्दी कविता के इतिहास पर विचार करने से स्पष्ट होता है कि काव्य-पाठ करना एक कला है जिसे साध लेने वाले कवि मंच पर परफॉर्मेंस के चलते लोगों के बीच अत्यन्त लोकप्रिय हुए हैं। निराला द्वारा 'राम की शक्ति पूजा' जैसी जटिल संरचना वाली कविता का मंच से प्रभावोत्पादक पाठ पुराने साहित्यिकों के बीच चर्चा का विषय रहा है। यह सही है कि काव्यगोष्ठियों में प्रस्तुत की जाने वाली कविता में जहाँ गम्भीर हास्य-व्यंग (लाफ्टर विद ग्रैविटी: देरियो फ़ो) तथा त्रासद दृष्टि निहित होती है वहीं कुछेक अपवाद को छोड़कर कवि-सम्मेलनी लोकप्रिय कविता में चुटकुलेबाज़ी तथा पैरोडी व नकल की भरमार हुआ करती है। चूँकि ये कविताएँ कवि-सम्मेलनों में तालियों की गड़गड़ाहट पैदा करती हैं, इसलिए यह कहना ग़ैरवाजिब न होगा कि इनकी विषयवस्तु मध्यवर्गीय हिन्दी समाज की लोकप्रिय संस्कृति का अंग बन चुकी है। ग़ौरतलब है कि पिछले कुछ दशकों से हिन्दी कविता शहरी मध्यवर्ग तक सीमित होकर रह गयी है और यह मध्यवर्ग उपभोक्ता संस्कृति का नवनीत है। के.सच्चिदानन्द ने लिखा है कि अपने यहाँ का मध्यवर्ग बहुत ज़्यादा लालची, व्यक्तिवादी और कैरियरिस्ट होता है। मध्यवर्ग का यह अपचय और लिप्सा उपभोक्तावादी संस्कृति से नाभिनालबद्ध है और इसका प्रभाव हमारे मीडिया पर भी पड़ा है। हमारे यहाँ की जो 'एंटरटेनमेंट इंडस्ट्री' है वह सहज जीवन शैली से हटकर बाहरी और असहज जीवन शैली परोस

रही है। संस्कृतियों का यह व्यवसाय 'कल्चरल इंडस्ट्री' के रूप में फल-फूल रहा है। कहना न होगा कि हमारे समय में विभिन्न कस्बों, नगरों और महानगरों में आये दिनों आयोजित कवि-सम्मेलन भी लोकप्रिय संस्कृति उद्योग के ही अंग अवयव हैं। सुधीश पचौरी ने इसकी ओर इंगित करते हुए लिखा है कि कवि सम्मेलनों की विराट आर्थिक और प्रबन्ध प्रक्रिया होती है, जिसके बारे में कवियों और आयोजकों को पता होता है लेकिन एक संचार के रूप में आम पाठक को उसकी जटिल प्रक्रिया के बारे में नहीं पता होता। इस प्रक्रिया में हम पॉपुलर कल्चर के तमाम कारकों को कार्य करते देख सकते हैं। नगरों के खाली समय के आधुनिक शिष्ट मनोरंजन हैं कवि-सम्मेलन। कवि-सम्मेलन की समीक्षा की अपनी स्वतंत्र पदावली विकसित हुई है, जो बताती है कि अपने भीतर सुधार के प्रयत्न लगातार रहे हैं और कि यह प्रक्रिया किसी पॉपुलर कल्चर की तरह अपने व्यवसाय के प्रति यानी धन्धे के प्रति, खासी सचेत रही है। कवि-सम्मेलन कविता को जन-रंजक मानकर चलते हैं। हर कवि के पास जन-रंजन के टोटके होते हैं। दूसरे शब्दों में रंजकता कवि-सम्मेलनी कविता का पॉपुलर तत्त्व होता है।

लोकप्रिय कविता की अभिग्रहण की प्रक्रिया पर समाजशास्त्रीय दृष्टि से विचार करने से स्पष्ट होता है कि कवि सम्मेलनों में पढ़ी या सस्वर प्रस्तुत की जाने वाली कविताओं पर देश काल की तात्कालिक समस्याओं का सीधा प्रभाव होता है। उदाहरण के लिए हिन्दी में भारत-पाक युद्ध के दरमियान देश प्रेम की हजारों कविताएँ लिखी गयीं। दिनकर की कविता-पुस्तक 'परशुराम की प्रतीक्षा' की लोकप्रियता के मूल में भारत पर चीनी आक्रमण से उपजा आक्रोश था। स्मरणीय है कि दिनकर, बच्चन, नेपाली, जानकीवल्लभ शास्त्री, रामदयाल पांडे आदि कवि एक लम्बे समय तक कवि सम्मेलनों में भाग लेते रहे और गहरे अर्थ में जनता के बीच लोकप्रिय भी थे। पर धीरे-धीरे हिन्दी कवि सम्मेलनों की गुणवत्ता का सूचकांक लुढ़कने लगा और आज स्थिति यह है कि प्रायः गम्भीर कवि कवि-सम्मेलनों में शिरकत नहीं करते। इसके दुष्परिणामस्वरूप जनसुरूचि के निर्माण में लोकप्रिय संस्कृति के एक घटक के तौर पर कवि सम्मेलन की व्यापक सामाजिक भूमिका समाप्त प्रायः है। चूँकि मंचीय कवि अपने कर्म को गम्भीरता से लेने के बजाय कविसम्मेलन को सिर्फ़ पैसा कमाने का जरिया मान बैठे हैं, इसलिए लोकप्रिय संस्कृति के नियम-क़ानून बनाने या बनवाने में उनका कोई सार्थक हस्तक्षेप सम्भव नहीं हो पाता। दूसरे शब्दों में कहें तो लोकप्रिय संस्कृति की सरिता जिस गुणवत्ता नियन्त्रण पर निर्भर करती है

वह एकाध अपवाद को छोड़कर हिन्दी कवि-सम्मेलनों के सन्दर्भ में सिरे से गायब है। नतीजतन हिन्दी में देश-प्रेम, महिला दिवस, प्रणय दिवस, मजदूर दिवस, दहेज प्रथा, भ्रष्टाचार, बाढ़, सूखा, अकाल, भूकम्प, रेल दुर्घटना जैसे विषयों पर थोक के भाव में लोकप्रिय कविताओं का उत्पादन जारी है तथा हास्य-व्यंग लगभग उसका सदाबहार मुहावरा बन गया है। ऐसे में याद रखना ज़रूरी है कि दुनिया की हर मार्मिक घटना पर कविता लिखना वाले कवि सबसे कम संवेदनशील मनुष्य होता है।

कहना न होगा कि आज मंचीय और फेसबुकीय कविताएँ जब धूमिल के शब्दों में 'व्यक्तित्व बनाने की चरित्र चमकाने की-खाने-कमाने की-चीज़' बनकर रह गयी हैं तो उपर्युक्त काव्य-विवेक का अभाव क़तई आश्चर्यजनक नहीं है और वैदुष्य, काव्य कौशल, वाचन की कला और गलाबाज़ी से इस कमी की भरपाई नहीं हो सकती। 'मारा कविता की शक्ति' शीर्षक अपने सुविख्यात निबन्ध में चीनी कथाकार एवं संस्कृतिकर्मी लूशुन ने लिखा है कि कई बार किसी समाज का सांस्कृतिक बहरापन उसका गूँगापन भी बन जाता है। हिन्दी समाज और लोकप्रिय हिन्दी कविता के सन्दर्भ में गूँगेपन के बजाय कवियों का बड़बोलापन ज़्यादा चिन्ताजनक है। संस्कृति-बाज़ार में कवियों द्वारा हँसोड़ और उदास, दोनों प्रकार के अपने बड़बोलेपन को नाटकीय अन्दाज में विभिन्न नगरों व महानगरों में बेचते देखकर 'द लेक्सस एंड ऑलिव ट्री' नामक बहुचर्चित ग्रन्थ के विद्वान लेखक थॉमस फ्रीडमैन की एक चेतावनी याद आती है–'बाज़ार का छिपा हुआ हाथ, छिपे हुए मुक्के के बिना काम नहीं कर सकता है।' सम्भवत: इस मुक्के की सबसे ज़्यादा चोट सहने के लिए कविता अभिशप्त है ।

सन्दर्भ ग्रन्थ सूची (हिन्दी)

1. कोसम्बी, डी.डी. : प्राचीन भारत की संस्कृति और सभ्यता (अनुवाद), राजकमल प्रकाशन नयी दिल्ली 1977
2. जोशी, पूरनचन्द्र : परिवर्तन और विकास के सांस्कृतिक आयाम, राजकमल प्रकाशन नयी दिल्ली 1987
3. जैन, नेमिचन्द्र(सम्पादक) : मुक्तिबोध रचनावली, राजकमल प्रकाशन, नयी दिल्ली-1985
4. थापर, रोमिला : भारत का इतिहास, राजकमल प्रकाशन, नयी दिल्ली-1975
5. दामोदरन के. : भारतीय चिंतन परम्परा, पीपुल्स पब्लिशिंग हाउस, नयी दिल्ली-1979

6. द्विवेदी, हजारी प्रसाद : अशोक के फूल, लोकभारती प्रकाशन, इलाहाबाद–1981
7. धुर्रे, गोविन्द सदाशिव : जाति, वर्ग और व्यवसाय, राजपाल एंड संस, कश्मीरी गेट, दिल्ली
8. नंबूदरीपाद, ई.एम.एस. : कला, साहित्य और संस्कृति, नेशनल बुक सेंटर, नयी दिल्ली, 1982
9. नागार्जुन : इस गुब्बारे की छाया में, वाणी प्रकाशन, नयी दिल्ली,1989
10. पांडे, मैनेजर : साहित्य के समाजशास्त्र की भूमिका, हरियाणा साहित्य अकादमी, चंडीगढ़,1989
11. बद्रीनारायण : लोक संस्कृति और इतिहास, कथ्य रूप पुस्तिका, इलाहाबाद-6
12. मलयज : कविता से साक्षात्कार, सम्भावना प्रकाशन, हापुड़ 1979
13. माओ त्से-तुंग : चुनी हुई कृतियाँ(अनुवाद : रामआसरे), तीसरा ग्रन्थ, विचार प्रकाशन, कानपुर, 1965
14. मार्क्स-एंगेल्स : कम्युनिस्ट पार्टी का घोषणा-पत्र, प्रगति प्रकाशन, मास्को।
15. मार्क्स-एंगेल्स : साहित्य तथा कला, प्रगति प्रकाशन, मास्को, 1981
16. यशपाल : फूलों का कुर्ता, विप्लव प्रकाशन, लखनऊ, 1972
17. यादव, राजेन्द्र : अठारह उपन्यास, अक्षर प्रकाशन, दिल्ली, 1981
18. यादव, राजेन्द्र : अनपढ़ बनाये रखने की साजिश, अक्षर प्रकाशन, दिल्ली, 1992
19. यादव, राजेन्द्र : गुलामी का आनन्द और स्वतंत्रता के ख़तरे, अक्षर प्रकाशन दिल्ली 1992
20. राय, अमृत : नयी समीक्षा, हंस प्रकाशन, इलाहाबाद 1982
21. रैल्फ फॉक्स : उपन्यास और लोकजीवन(अनुवाद), पीपुल्स पब्लिशिंग हाउस, दिल्ली, 1980
22. वाजपयी, अशोक (सम्पादक) : मुक्तिबोध : प्रतिनिधि कविताएँ, राजकमल पेपर बैक्स, दिल्ली
23. वाजपयी, अशोक : कुछ पूर्वग्रह, राजकमल प्रकाशन, दिल्ली 1989

24. शर्मा, सुरेश (सम्पादक) : रघुवीर सहाय : प्रतिनिधि कविताएँ, राजकमल पेपर-बैक्स, दिल्ली1994
25. शर्मा, रामविलास : मार्क्स और पिछड़े हुए समाज, राजकमल प्रकाशन, दिल्ली 1981
26. शुक्ल, रामचन्द्र : हिन्दी साहित्य का इतिहास, नागरी प्रचारिणी सभा, काशी, संवत् 2035
27. चिन्तामणि,भाग-1 तथा 2
28. शुक्ल, रामचन्द्र : रसमीमांसा, नागरी प्रचारिणी सभा, काशी, संवत् 2017
29. श्रीनिवास,एम.एन. : आधुनिक भारत में जातिवाद तथा अन्य निबन्ध (अनुवाद), ग्रन्थ अकादमी, भोपाल,1981
30. श्रीवास्तव, गरिमा : उपन्यास का समाजशास्त्र, वाणी प्रकाशन, दिल्ली, 2023
31. श्रीवास्तव,परमानन्द : शब्द और मनुष्य, रामजकमल प्रकाशन, दिल्ली, 1988
32. श्रीवास्तव, परमानन्द : केदारनाथ सिंह : प्रतिनिधि कविताएँ, राजकमल पेपर बैक्स, दिल्ली,1988
33. सक्सेना, राजीव(सम्पादक) : मैथिलीशरण गुप्त : एक मूल्यांकन, पीपुल्स पब्लिशिंग हाउस, दिल्ली,1988
34. सिंह, नामवर : कविता के नये प्रतिमान, राजकमल प्रकाशन,दिल्ली,1989
35. सिंह, नामवर : वाद विवाद संवाद, राजकमल प्रकाशन,दिल्ली,1989
36. सिंह, नामवर(सम्पादक) : नागार्जुन : प्रतिनिधि कविताएँ, राजकमल पेपर बैक्स,दिल्ली, 1983
37. सिंह, नामवर (सम्पादक) : शमशेरबहादुर सिंह : प्रतिनिधि कविताएँ, राजकमल पेपर बैक्स,दिल्ली, 1990
38. सिंह, राजेन्द्र प्रसाद : साहित्य की पारिस्थिकी, वाणी प्रकाशन, दिल्ली,1986
39. सिंह,राजेन्द्र प्रसाद : गजर आधी रात का, सहलेखन, नयी दिल्ली, 1981
40. सिंह, राजेन्द्र प्रसाद(सम्पादक) : नवगीत का विकास और मौजूदा बहस, नीलेश प्रकाशन, नयी दिल्ली, 1985
41. सिंह, ठाकुर प्रसाद : वंशी और मादल, पराग प्रकाशन, दिल्ली, 1979

अंग्रेज़ी

42. Betteille, Andre:Caste,Class and Power, University of California,1971
43. Eliot,T.S:The Sacred Wood,Methuen and co.1960
44. Gramsci,Antonio: Selections from Cultural Writings, London,1985
45. Goldmann,Lucien: Methods in Sociology of Literature, Oxford,1981
46. Goldmann,Lucien:Cultural Creation in Modern Society, Telos press1976
47. Goldmann, Lucien : Towards a Sociology of The Novel, The Cambridge university press 1975
48. Houset,Arnold:The Social History of Art,Vintage Books, New York,1951
49. Lucas,George : The Theory of Novel,Merilin Press, London, 1978
50. Lucas, George : Studies in Europian Realism,Merilia Press, London,1978
51. Lowenthal, Leo:Literature, Popular Culture and Society, New Jersey,1961
52. Mandel,Ernest : Delight Murder, University of Minnesota,1984
53. Swingwood, Alan : The Myth of Mass Culture, Macmillan, London,1977
54. Turner, Jonathan : The Struture of Sociological Theory, Erank Cass and Co.1971
55. Vasuez,Adolf Sanchez : Art and Society Monthly Review Press,London,1973
56. Ward, J.P. : Poetry and Sociological Ideas,Harvester Press, London 1981

पत्र-पत्रिकाएँ (हिन्दी)

1. अबीर-गुलाल, महाराजगंज, हैदराबाद-65
2. आइना, खबड़ा रोड, मुजफ्फरपुर(बिहार)
3. आजकल, प्रकाशन विभाग, पटियाला हाउस, नयी दिल्ली
4. आलोचना, राजकमल प्रकाशन, नयी दिल्ली
5. इन्द्रप्रस्थ भारती, हिन्दी अकादमी,दिल्ली

6. उन्नयन, 406, त्रिवेणी रोड, इलाहाबाद
7. कथ्य रूप, तुलाराम बाग, इलाहाबाद-3
8. कतार, चीरागोड़ा,धनबाद
9. कृति ओर, सी-133,वैशाली नगर,जयपुर
10. जन-संस्कृति, खुसरोबाग रोड़, इलाहाबाद
11. परिवेश, शक्तिनगर, मुरादाबाद
12. पहल, 763, अग्रवाल कालोनी,जबलपुर
13. पूर्वग्रह, भारत भवन, भोपाल
14. वसुधा, सिविल लाइन्स, रीवां
15. वर्तमान साहित्य, हापुड़ रोड़, गाजियाबाद
16. समकालीन सृजन, बालमुकुन्द कक्कड़ रोड़, कलकत्ता
17. सापेक्ष, कसारीडीह, दुर्ग
18. साक्षात्कार, मध्यप्रदेश साहित्य परिषद, भोपाल
19. हंस, अक्षर प्रकाशन, दिल्ली

अंग्रेज़ी

1. Critical Inquiry
2. Economic and Political Weekly
3. Social Scientist
4. Telos
5. The Hindu

परिशिष्ट-एक

लोकप्रिय साहित्य और पढ़ने वाला जनसमूह

–शिशिर कुमार दास

लगभग तैंतालीस साल पहले, मैं गर्मी की छुट्टियों के लिए एक छोटे से शहर में एक परिवार के साथ रहने चला गया। उस परिवार के ज़्यादातर सदस्य बूढ़े थे, और उनमें से एक पूरी तरह से बहरा था। उनके साथ बातचीत करना ख़ासतौर पर सुखद नहीं था। कामकाजी लोग अपने काम की जगहों पर गये हुए थे, और महिलाएँ व्यस्त थीं। लम्बी गर्मी की दोपहर में मेरी उम्र का कोई भी नहीं था, जिससे मैं बात कर सकूँ और उसके साथ खेल सकूँ। कुछ दिनों की ऊब के बाद, मुझे खुशी हुई कि उस परिवार की एक शानदार लाइब्रेरी थी, जिसमें बहुत सारी किताबें और पुरानी पत्रिकाओं के बंधे हुए संस्करण थे, जिनमें से कुछ बच्चों के लिए थीं। उन दिनों कई बंगाली परिवार किशोरों को वे किताबें पढ़ने की अनुमति नहीं देते थे, जिन्हें उनके नैतिक जीवन पर भ्रष्ट प्रभाव डालने वाला माना जाता था। विशेष रूप से शरत चन्द्र चट्टोपाध्याय के लेखन और समकालीन उपन्यास इस श्रेणी में आते थे। इसलिए किशोरों की साहित्यिक अभिरुचि को बहुत सावधानी से योजनाबद्ध किया जाता था और एक सतर्क निगरानी के तहत रखा जाता था। उस परिवार में मुझे पहली बार अपनी मनपसन्द किताबें बिना किसी पवित्रतावादी अभिभावकीय हस्तक्षेप के पढ़ने का मौका मिली और मुझे प्रतिबन्धित साहित्य का स्वाद मिला, जिसे लोकप्रिय साहित्य कहा जाता है।

मैं इस घटना को इसलिए बता रहा हूँ क्योंकि यह मुझे लोकप्रिय साहित्य और पढ़ने वाले जनसमूह की समस्या को समझने का एक प्रकार का ढाँचागत सन्दर्भ प्रदान करता है। इसमें कोई सन्देह नहीं है कि यह एक व्यक्तिगत सन्दर्भ है, जो लोकप्रिय साहित्य के छात्रों के लिए अपर्याप्त और असन्तोषजनक हो सकता है, फिर भी इसे उस स्थिति की विशिष्टता से परे फैलाया जा सकता है, जिसमें मैं उस

समय एक स्कूल का लड़का था, और अन्य पाठकों के अनुभवों की तुलना की जा सकती है ताकि किसी सामान्य सहमति पर पहुँचा जा सके।

मुझे उस लाइब्रेरी में कई ऐसी पुस्तकें मिलीं, जिन्हें किसी न किसी अर्थ में लोकप्रिय साहित्य का हिस्सा माना जा सकता है, हालाँकि वे साहित्यिक गुण और पाठकों पर उनके प्रभाव में बहुत भिन्न थीं।

मैं कुछ उदाहरण देना चाहूँगा। मैंने महाभारत का एक विशाल संस्करण पाया, जो संस्कृत से बंगाली में अनूदित था। यह भव्य क्लासिकल गद्य में लिखा गया था, जो आकर्षक और निराशाजनक दोनों था। मैंने इसके कई हिस्से नहीं समझे, कई बड़े हिस्से छोड़ दिए, लेकिन मैंने कुछ हिस्सों का आनन्द लिया और उन्हें फिर से पढ़ना चाहा। मुझे काजी नज़रुल इस्लाम के कविता संग्रह 'अग्निवीणा' का पहला संस्करण भी मिला, जिसमें इस सदी की सबसे पढ़ी जाने वाली और लोकप्रिय बंगाली कविता शामिल थी। मुझे उस समय नहीं पता था कि यह एक दुर्लभ संस्करण था क्योंकि ब्रिटिश सरकार द्वारा उसमें विद्रोही भावना के कारण उस किताब को प्रतिबन्धित कर दिया गया था, और उस विशेष प्रति पर कवि का हस्ताक्षर था। विशेष रूप से नज़रुल की कविता 'विद्रोही' को मैं प्रशंसनीय मानता था, जिसका बंगाली जीवन पर गहरा प्रभाव था। मुझे इसकी लय, इसकी वाक्पटुता अद्‌भुत और कविता शानदार लगी।

हालाँकि ये दोनों पाठ पहले से ही मान्यता प्राप्त या सम्मानित साहित्य का हिस्सा थे। शरतचन्द्र के उपन्यास भी, यद्यपि उन्हें युवा लड़के और लड़कियों के पढ़ने के लिए अभी भी उपयुक्त नहीं माना जाता था, गम्भीर आलोचनात्मक अध्ययन का विषय बन चुके थे और आमतौर पर गम्भीर साहित्य के रूप में मूल्यांकित किये गये थे। मैंने 'दृष्टिपात' नामक एक नयी पुस्तक देखी, जिसे एक व्यक्ति जजबार (The Nomad) ने लिखा था, जो स्पष्ट रूप से एक उपनाम था, जो घर में एक पागल था और जिसे जानबूझकर मेरी पहुँच से दूर रखा गया था। मुझे बताने की आवश्यकता नहीं है कि मैंने इसे कैसे प्राप्त किया, लेकिन जब मैंने इसे पढ़ा, तो मैं अत्यधिक प्रभावित हुआ। इसने मुझे दर्दनाक लेकिन सुखद अनुभव दिया, जैसा कि मैंने 'देवदास' पढ़ते समय पहली बार महसूस किया था। मुझे बाद में पता चला कि 'दृष्टिपात' उस वर्ष की सबसे अधिक बिकने वाली किताब थी, और यह कुछ वर्षों तक यही स्थिति रही। इस दौरान हमें बताया गया कि इस पुस्तक की चालीस हजार प्रतियाँ बिकीं। यह एक उपन्यास नहीं था, बल्कि एक कथा थी जिसमें लेखक

पर नयी दिल्ली के प्रभावों, उसकी भौतिक विशेषताओं, लोगों की आदतों की बेहद परिष्कृत भाषा में छवि प्रस्तुत की गयी थी। पुस्तक की अत्यधिक लोकप्रियता का एक हिस्सा शह ी शैली और चकाचौंध भरी चतुराई के कारण था, और एक हिस्सा पुस्तक के अन्ति म खण्ड के कारण था, जो एक अत्यन्त प्रतिभाशाली मराठी युवक के एक बंगाली महिला के प्रति जुनूनी ेम की कहानी बताता था, जो चालाक और निर्दयी थी। पुस्तक एक आधुनिक दे दास की करुण कहानी के साथ समाप्त होती है, जिसका नायक दर्द में लिखता है, लेकिन दर्द को चुपचाप सहन करता है। कथा के अन्त में बेहद उद्धृत की गयी पंक्तियाँ मेरे कॉलेज के दिनों में युवा लोगों की जुबान पर थीं–"प्रेम जीवन को वैभव प्रदान करता है और मृत्यु को महिमा देता है। लेकिन यह धोखा खाए हुए को क्या देता है? यह केवल जलाता है।" उस पुस्तक का दुखी नायक उस आग में धीरे-धीरे जलता रहा।

मैं एक अन्य लेखक का उल्लेख भी करना चाहूँगा, जिसे मैंने 'दस्यु मोहन' नामक एक पुस्तक के माध्यम से जाना, जो उन दिनों में अत्यन्त लोकप्रिय थी। इसकी लोकप्रियता 'दृष्टिपात' से अलग प्रकार की थी, और इसका पाठकवर्ग भी अलग था। 'दस्यु मोहन', जैसा कि शीर्षक से स्पष्ट है, मोहन नामक एक डाकू की कहानी है, और यह किताबों की एक शृंखला का पहला भाग है, सभी स्वतन्त्र और स्वायत्त हैं, लेकिन एक सामान्य नायक द्वारा थीमेटिकली जुड़े हुए हैं। इस शृंखला का नायक मोहन अत्यधिक शिक्षित, सुन्दर, बहुभाषाविद है–वह जर्मन और रूसी भाषाओं में धाराप्रवाह बोलता है और छिपने की कला में माहिर एक आधुनिक रॉबिन हूड है, जो अमीरों से लूटकर गरीबों में बाँटता है। उसकी पत्नी रामा एक अत्यन्त सुन्दर महिला है।

'दस्यु मोहन', मोहन शृंखला का पहला भाग है। मोहन अभी तक शादीशुदा नहीं था, हालाँकि रामा से उसका परिचय हो चुका था। मोहन केवल एक आधुनिक रॉबिनहुड ही नहीं, बल्कि एक सुपरमैन भी है, जो चमत्कार करता है, दुनिया भर में बिना किसी परेशानी के यात्रा करता है और किसी से भी मिल सकता है। एक व्यक्ति, जिससे वह 'रूसी ऑपरेशन' के दौरान मिला था, वह जोसेफ स्टालिन था।

इस शृंखला का पहला काम चालीस के दशक की शुरुआत में प्रकाशित हुआ था। दशक के अन्त तक शृंखला में पुस्तकों की संख्या लगभग पचास हो गयी थी, और साठ के दशक के आसपास संख्या दो सौ के करीब पहुँच गयी। पुस्तक की शैली सामान्य है, लेकिन कतई अशिष्ट नहीं है। इसका भावनात्मकता आमतौर पर

साहसिक है, थोड़ी रोमांटिक है, लेकिन किसी भी तरह की अश्लीलता में नहीं लिप्त है। इस श्रृंखला का लक्ष्य किशोरों और अर्ध-शिक्षित वयस्कों को आकर्षित करना है। पुस्तक की कीमत सस्ती है, पर छपाई की स्थिति निराशाजनक है। इस्तेमाल किये गये काग़ज़ की गुणवत्ता सबसे घटिया और अत्यन्त खराब है। दो साल पहले, मैंने एक छोटे से सार्वजनिक पुस्तकालय का दौरा किया, जहाँ मुझे 'मोहन' के सौ से अधिक खंड मिले, जिनके जिल्दों की भयानक स्थिति उनकी बड़ी माँग को इंगित करती थी। और, दो हफ्ते पहले मैंने नयी दिल्ली कालीबाड़ी लाइब्रेरी में पाया कि पिछले पाँच वर्षों के दौरान कम से कम सत्रह बड़े खण्ड 'मोहन ऑम्निबस' शीर्षक के साथ प्रकाशित हुए थे, जिनमें दो सौ के आस-पास शीर्षक शामिल थे। इसलिए 'मोहन', जिससे मैं तैंतालीस साल पहले मिला था और जिसकी मैं प्रशंसा करता था, अब भी कई पाठकों द्वारा पसन्द किया और सराहा जाता है। मैं यह भी उल्लेख कर सकता हूँ कि पचास के दशक के अन्त में मोहन पर एक फिल्म बनायी गयी थी, जिसमें उस समय के प्रसिद्ध बॉलीवुड अभिनेता प्रदीप कुमार मुख्य पात्र थे। इसके लेखक शशधर दत्ता के बारे में जानकारी हालाँकि बहुत कम है।

"राष्ट्रीय भारतीय साहित्य की बिब्लियोग्राफी, जिसे प्रसिद्ध विद्वान वी. केसवान ने सम्पादित किया है, जो 1901 और 1953 के बीच प्रकाशित कई पुस्तकों की सूची देती है, उसमें 'मोहन' या उसके रचनाकार का कोई भी सन्दर्भ नहीं है। बंगाली साहित्य के किसी भी इतिहास में इन कामों के बारे में कोई जानकारी नहीं है, हालाँकि यह विश्वास करना कठिन है कि साहित्यिक इतिहासकार 'मोहन' नामक कृति और उसकी स्वीकृति और बंगाल में उसकी उत्तरजीविता के बारे में अनजान हैं। जिन ग्रन्थों का मैंने अभी तक उल्लेख किया है वे किसी न किसी अर्थ में 'लोकप्रिय साहित्य' के अन्तर्गत आते हैं। किताबों की बिक्री की संख्या या कितनी बार कोई किताब लाइब्रेरी से उधार ली जाती है–ये इंडेक्स साहित्य के समाजशास्त्र के छात्रों द्वारा लोकप्रियता को मात्रात्मक रूप में मापने में सहायक होते हैं, लेकिन ये पाठक की प्रतिक्रिया की प्रकृति या किसी विशेष प्रतिक्रिया के कारणों के बारे में कुछ भी नहीं बताते। हम एक निश्चित समय पर पाठकों के आकार और उत्साह के आधार पर लोकप्रियता को सिनक्रोनिक रूप में मापते हैं। यह भी सम्भव है कि विभिन्न समय बिन्दुओं पर एक ही मानदण्ड का उपयोग करके लोकप्रियता को द्वि-कालिक रूप से मापा जाये। पीढ़ी दर पीढ़ी लोकप्रियता केवल ग्रन्थ की जीवन शक्ति की पुष्टि नहीं है, बल्कि पाठकीय आस्वाद के मानकीकरण की प्रक्रिया का भी संकेत है।

हालाँकि, वर्तमान आलोचनात्मक शब्दावली में 'लोकप्रिय साहित्य' का मतलब केवल समकालीन लोकप्रिय किताबें हैं और वह भी एक अपमानजनक अर्थ में। इसे सस्ता साहित्य माना जाता है, जो साहित्यिक गुण से या तो पूरी तरह से रहित होता है या असुरक्षित होता है। 'पढ़ने वाला जनसमूह' शब्द भी एक ऐसे बौद्धिक रूप से अपरिपक्व समूह की छवि पेश करता है, जो कलाकृति में केवल भौतिक सुख की खोज करता हो। इसलिए, हमारे सभी आलोचनात्मक आकलन लोकप्रिय साहित्य के बारे में दो श्रेणियों के पाठक वर्ग के बीच एक उच्च-स्तरीय भेद से शुरू होते हैं; एक, अल्पसंख्यक जो ग्रन्थों को मान्यता देते हैं और सौन्दर्यशास्त्रीय कोड तैयार करते हैं; और दूसरा, बहुसंख्यक जो साहित्य को मनोरंजन या फुटबॉल मैच, पिकनिक या शराब पार्टी का विकल्प मानते हैं। इस प्रकार परिभाषित लोकप्रिय साहित्य और पढ़ने वाले जनसमूह के बीच का सहसम्बन्ध आसानी से कई गलत और अस्थिर निष्कर्षों की ओर ले जा सकता है, जैसे–(क) सभी गम्भीर और श्रेष्ठ साहित्य अनिवार्य रूप से 'लोकप्रिय' नहीं है और केवल विद्वान या 'परिष्कृत' समूह के लिए सीमित है; (ख) सभी ख़राब साहित्य सम्भावित रूप से लोकप्रिय साहित्य है और (ग) आस्वाद और निर्णय के मामलों में बहुसंख्यक हमेशा अस्थिर होता है, क्योंकि कोई भी लोकप्रिय लेखक महान लेखक नहीं होता।

मेरा कहना है कि किसी व्यक्ति का क्लासिक्स के प्रति झुकाव और उसके आधुनिक या तुच्छ लेखन के प्रति आकर्षण में कोई असंगति नहीं है। यह उसकी साहित्यिक आवश्यकताओं, पेशेवर प्रशिक्षण, अवकाश की प्रकृति और आस्वाद के लचीलापन पर निर्भर करता है। अर्नोल्ड बेनेट का एक अवलोकन, जिसने एगर वालास द्वारा पढ़े गये उपन्यास के बाद एक माफी के रूप में लिखा, उद्धृत करने योग्य है–"लगभग सभी पुस्तक प्रेमी और विशेष रूप से उनमें से जो अधिक प्रबुद्ध होते हैं, प्राय: दम्भी होते हैं। वे मानते हैं कि यदि एक लेखक का पाठकीय दायरा विशाल है, यदि वह साधारण लोगों द्वारा आनन्द लेकर पढ़ा जाता है और यदि वह एक समय में कई नाटक सकता है, तो वह पढ़ने के योग्य नहीं हो सकता और केवल उदासीनता और तिरस्कार का पात्र है।" इस तरह के मुट्ठी-भर लोगों की स्नॉबरी का सबसे बुरा शिकार शरतचन्द्र चटोपाध्याय हुए, जिन्होंने अर्नोल्ड बेनेट के प्रति भारतीय लेखकों की नाराजगी को जन्म दिया। शरतचन्द्र अपने जीवनकाल में सबसे लोकप्रिय लेखक थे। उनकी मृत्यु के दशकों बाद वे अब भी लोकप्रिय हैं। वे सबसे अधिक अनूदित, सबसे अधिक नकल किये गये और भारतीय फिल्मों

पर सबसे प्रमुख प्रभाव डालने वाले लेखक हैं। फिर भी प्रबुद्ध आलोचकों और लेखकों के बीच सबसे अधिक सन्दिग्ध भी। बुद्धदेव बोस ने लगभग चालीस साल पहले शरतचन्द्र के बारे में लिखा था कि लोकप्रियता गंधयुक्त होती है। एक लेखक जिसने समकालीन लोगों के साथ अत्यधिक अनुकूलता प्राप्त की है, हमें असहज कर देता है; यह सन्देह कि उसमें कुछ गड़बड़ है, दूर करना कठिन होता है। बुद्धदेव बोस ने हालाँकि झिझक के साथ स्वीकार किया कि 'फिर भी कई महान लोगों को इसी प्रकार की सराहना मिली है।' मैं यह नहीं कह रहा हूं कि आलोचक लोकप्रिय साहित्य की उपेक्षा करने में हमेशा अन्यायपूर्ण होते हैं या कि विद्वानों, अकादमियों या राज्य की साहित्यिक उत्पादन को नियन्त्रित करने की कोई ज़िम्मेदारी नहीं होनी चाहिए। लोकप्रिय साहित्य के छात्र के लिए यह समझना अधिक महत्त्वपूर्ण है कि उन्नीसवीं सदी के मध्य से भारत में लेखक और पाठक के बीच त्रिभुजाकार सम्बन्ध और लेखक और पाठक और मध्यस्थों के बीच सम्बन्ध ने एक ऐसा वातावरण पैदा किया जिसने लेखन के विकास के लिए एक ऐसा वातावरण तैयार किया, जिसे सामान्यतः लोकप्रिय साहित्य के रूप में पहचाना जाता है।

प्रिंटिंग प्रेस के आने से पहले सभी भारतीय भाषाओं में पाठक वर्ग के मद्देनजर साहित्य एक अविभाज्य इकाई था। तब 'दर्शक' या 'सुनने वाला जनसमूह' था, न कि पढ़ने वाला जनसमूह। प्रिंटिंग प्रेस ने साक्षर और निरक्षर के बीच लगभग असम्भव अन्तर पैदा किया। यह एक महत्त्वपूर्ण अन्तर है। प्रिंटिंग प्रेस ने दर्शकों को विभाजित कर दिया। साक्षर जनता निरक्षर दर्शकों से दूर हो गयी और पढ़ने वाले जनसमूह का निर्माण किया। क्यू.डी. लीविस ने 'द बुक मार्केट' पर चर्चा की शुरुआत एक दिलचस्प वाक्य से किया है: "बीसवीं सदी के इंग्लैंड में न केवल हर कोई पढ़ सकता है, बल्कि यह सुनिश्चित है कि हर कोई पढ़ता भी है।" यह ब्रिटिश विद्वानों के लिए अच्छा था कि वे मानें कि 1932 में इंग्लैंड में ऐसा था। हमारे लिए यह सुनिश्चित नहीं है। भारत में अभी भी एक विशेषाधिकार प्राप्त वर्ग की अभिरुचि का साहित्य है। लेकिन क्या हम कह सकते हैं कि साक्षर समुदाय एक स्तरीकृत समुदाय है और प्रत्येक स्तर का अपना अलग साहित्य है? इसका जवाब अगर हाँ है, तो क्या हम यह भी पूछ सकते हैं कि क्या विभिन्न पाठक समूहों के लिए विभिन्न प्रकार का साहित्य रचने के लिए योजनाबद्ध प्रयास किये जाते हैं या कुछ विषयों (जैसे स्कैंडल, हिंसा, सेक्स, जासूसी आदि) का चयन केवल पैसे कमाने की इच्छा से प्रेरित होता है, जो सभी सामाजिक चिन्ताओं को पार कर जाता है। शायद भारतीय

साक्षर वर्ग आज साहित्यिक आस्वाद के सन्दर्भ में निरक्षर वर्ग से अधिक स्तरीकृत है, लेकिन यह मानने के लिए हमारे पास पर्याप्त साक्ष्य नहीं है जैसा क्यू.डी. लीविस ब्रिटिश पाठक वर्ग के लिए दावा करते हैं। भारत में पाठकों के प्रत्येक स्तर को अपने खुद के मनचाहे उपन्यासकारों और पत्रकारों द्वारा स्वतन्त्र रूप से पढ़ने के लिए सामग्री मुहैया करवाई जाती है। हमारे साहित्यिक समुदाय का स्तरीकरण मुख्यत: भाषाई है और इस प्रकार मौजूदा भाषा पदानुक्रम में शक्ति संरचना द्वारा निर्धारित होता है। हमारे पास लोकप्रिय साहित्य है, जो अल्पसंख्यक सांस्कृतिक अभिजात वर्ग द्वारा सस्ते साहित्य के रूप में परिभाषित किया गया है। दोनों समूहों के लिए: अंग्रेज़ी जानने वाला समूह सामान्यत: ऐसे साहित्य को अंग्रेज़ी में पाता है और जो समूह अंग्रेज़ी से अनभिज्ञ है या जिसका अंग्रेज़ी पर पर्याप्त अधिकार नहीं है, वह भारतीय भाषाओं में इसी तरह का साहित्य पसन्द करता है। जो विशेषता गम्भीर विचार की माँग करती है वह यह है कि इस समूह में प्रचलित प्रमुख लोकप्रिय साहित्य के मॉडल अंग्रेज़ी से या अंग्रेज़ी के माध्यम से आते हैं। हमारे उपनिवेशी आकाओं पर निर्भरता की यह विशेषता आस्वाद और सौन्दर्यशास्त्रीय मानदंडों के मामलों में पिछली सदी में उभरी और हमारे साहित्यिक गतिविधियों का लगभग स्थायी हिस्सा बन गयी है। हमारे लोकप्रिय साहित्य का इतिहास भी उस निर्भरता का एक और प्रमाण है। आज बहुत कम लोग जी.डब्ल्यू.एम. रेनॉल्ड, विशेषकर 'द मिस्ट्रीज़ ऑफ लन्दन' (1845-46) को याद करते हैं, जिसने उन्नीसवीं सदी में अंग्रेज़ी शिक्षा प्राप्त भारतीय पाठकों के बीच एक उन्माद-सा पैदा कर दिया था। हम इन कामों को शेक्सपियर, स्कॉट और डिकेंस के साथ पढ़ते थे, जो भारत में विभिन्न स्तर पर लोकप्रिय थे। यह किताब कई भारतीय भाषाओं में अनूदित हुई। इसने हिन्दी में प्रसिद्ध 'चन्द्रकान्ता' के लेखक को प्रेरित किया और हरि नारायण आप्टे का ध्यान आकृष्ट किया। 'द स्टेट्समैन' (17 दिसम्बर 1890) में छपे एक सम्पादकीय में रेनॉल्ड्स का मद्रास और कलकत्ता में सबसे लोकप्रिय लेखक के रूप में उल्लेख करते हुए उन्हें "सबसे घृणित किताबें जो कभी अंग्रेज़ी प्रेस से जारी की गयी हैं" का लेखक बताया गया। यह मान लेना ग़लत होगा कि रेनॉल्ड्स की लोकप्रियता विशेष रूप से भारतीय परिघटना थी। डेल्ज़िएल ने सूचित किया कि वे ब्रिटेन में भी सबसे लोकप्रिय लेखक थे। उन्होंने डिकेंस से अधिक लिखा और अधिक संख्या में उनकी किताबें बिकीं। वे ब्रिटिश पाठक वर्ग के बीच शायद 'उच्च वर्ग की अमर्यादित क्रूरता के जीवन्त वर्णन और समानता की भावना' के कारण लोकप्रिय हुए। हम

नहीं जानते कि वे भारत और विशेषकर विभिन्न साक्षर समूहों के बीच क्यों लोकप्रिय हुए। लेकिन यह एक समय था जब कुछ विषय, जैसे स्कैंडल, गपशप, अमीरों और कुलीनों की अमर्यादा आदि का वर्णन लगभग सभी भारतीय भाषाओं के साहित्य में वर्णित हो रहा था। इनमें से कुछ का उद्देश्य विशिष्ट व्यक्तियों या समूहों को बदनाम करना था। 'द मिस्ट्रीज़ ऑफ लन्दन' भारतीय भाषाओं में एक नये पाठक वर्ग के लिए अनूदित और प्रकाशित किया गया, जो केवल सनसनीखेज़ सामग्री के बजाय अपने शासकों के जीवन में भी रुचि रखते थे। हर साक्षर समाज, और आधुनिक भारत भी कोई अपवाद नहीं है, विभिन्न प्रकार के साहित्य का उत्पादन करता है। ऐसी पुस्तकें हैं जिन्हें सम्मानित, श्रद्धेय मानकर सामान्यतः कक्षा में पढ़ा-पढ़ाया जाता है। ऐसी पुस्तकें हैं जो अग्रगामी लेखनों का हिस्सा हैं और जो थोड़े लोगों द्वारा पढ़ी जाती हैं। इनके अलावा कोई क्लासिक्स को कक्षा में पढ़ी जाने वाली कृतियों के रूप में परिभाषित करने के लिए भी प्रेरित हो सकता है। अगर इन दोनों श्रेणियों को एक तरफ रखा जाये, तो अश्लील और अन्य सनसनीखेज साहित्य दूसरी चरम सीमा पर होता है। इन्हें उप-साहित्य कहा जा सकता है। बचे हुए स्थान में उच्च-स्तरीय, मध्य-स्तरीय और निम्न-स्तरीय साहित्य काम करते हैं। जैसा कि हम आज समझते हैं, लोकप्रिय साहित्य इस क्षेत्र से सम्बन्धित है। इस पर मध्य-स्तरीय या निम्नस्तरीय श्रेणी का कब्जा होता है और अक्सर यह उप-साहित्य की ओर झुका हुआ होता है। यह शायद सच है कि लेखकों और मध्यस्थों ने प्रत्येक श्रेणी के लेखन के लिए एक स्थिर पाठक वर्ग तैयार करने में सफलता पायी है, जैसे राजनीतिक पार्टियाँ वोट-बैंकों के सन्दर्भ में करती हैं। लेकिन यह पाठक वर्ग का एक श्रेणी से दूसरी श्रेणी में झूलना है जो एक विशिष्ट काम को बाजार में अधिक लोकप्रिय बनाता है। अन्यथा यह समझना बहुत मुश्किल है कि क्यों रामकृष्ण परमहंस की जीवनी पचास के दशक की शुरुआत में बंगाल में एक बेस्टसेलर बन गयी। यह एक ऐसे लेखक द्वारा लिखा गया था जो अपनी युवावस्था में उदीयमान लेखक था और सेक्स के प्रति अपनी बेताबी के लिए कुख्यात था।

बीसवीं सदी ने विभिन्न श्रेणियों के साहित्य के लिए एक बड़ा पाठक वर्ग दिया है। मुक्त विचार की स्वतन्त्रता को मान्यता देने के साथ हमें यह भी मानना चाहिए कि साहित्य न केवल एक पीढ़ी से दूसरी पीढ़ी तक बदलता है, बल्कि इसके कलात्मक प्रभाव भिन्न हो सकते हैं। साहित्य, सभी अन्य कलाओं की तरह, मुख्यतः एक व्यक्तिगत अनुभव है। भले ही यह स्वीकार किया जाये कि यह आनन्द एक अलग

प्रकार का आनन्द है, एक ऐसा आनन्द जो क्रिकेट मैच देखने या अच्छा भोजन खाने से अलग है। आज उस आनन्द की प्रकृति और प्रभाव के बारे में लगभग कोई सहमति नहीं है। हमारे साहित्यिक कामों की प्रतिक्रिया और हमारे चयन उस समाज की प्रकृति पर निर्भर करते हैं जिसमें हम जीते हैं। यह इस पर भी निर्भर है कि हमारे पास कितना अवकाश उपलब्ध है और हमारे निजी और सार्वजनिक जीवन में हमारे मूल्य क्या हैं। अगर कोई बहुसंख्यक पाठक वर्ग को केवल साहित्य को मनोरंजन की वस्तु मानने के लिए दोषी मानता है, तो एक अल्पसंख्यक को भी दोषी ठहराया जा सकता है कि वे साहित्य को एक बौद्धिक खेल या रहस्यमय अभ्यास मानते हैं। साक्षरता की वृद्धि के साथ जब पाठक वर्ग बढ़ेगा, केवल लोकप्रिय साहित्य के बजाय सभी प्रकार के साहित्य की एक समवर्ती माँग और बाजार का विस्तार होगा। जो मुट्ठी-भर आलोचक या पाठक सौन्दर्य की उत्कृष्टता के मॉडल सेट करना चाहते हैं, वे स्वाभाविक रूप से बहुसंख्यक पाठकों से अधिक कड़ी चुनौतियों का सामना करेंगे। लेकिन यदि साहित्यिक उत्पादन के इतिहास से कोई सबक मिलता है, तो वह यह है कि लोकप्रिय साहित्य की ताकत इसकी क्षमता में होती है कि वह पाठक वर्ग को एक सीमित समय के लिए प्रसन्न कर सके; और लोकप्रियता केवल एक निर्णय है जिसे कभी भी बदला जा सकता है। कोई भी साहित्यिक कार्य, लोकप्रिय हो या न हो, पाठक वर्ग द्वारा बार-बार आंका जायेगा। यह एक स्वतन्त्रता है जिसे नकारा नहीं जा सकता।

('पॉपुलर लिटरेचर एंड रीडिंग पब्लिक' का अनुवाद)

परिशिष्ट-दो

'कविता का वर्तमान'-साक्षात्कार

प्रश्न 1. कविता के वर्तमान को आप किस तरह देखते हैं? कविता के समक्ष आज की प्रमुख चुनौतियाँ कौन सी हैं?

उत्तर : हमारे समय में संचार माध्यमों की सहज उपलब्धता की वजह से प्रचुर मात्रा में चालू मुहावरे में कविता के नाम पर सपाटबयानी या बड़े कवियों की नकल करते हुए लिखित कवितानुमा अभिव्यक्तियों को यदि नज़रअन्दाज़ कर दिया जाये तब भी कविता का वर्तमान अत्यन्त समृद्ध है।

आज की कविता के सृजन से लेकर अभिग्रहण तक की प्रक्रिया पर नज़र दौड़ाते हुए सबसे पहली महत्त्वपूर्ण बात यह है कि वर्तमान में एक साथ कम से कम तीन या चार पीढ़ियों के गम्भीर कवि रचनारत हैं और इनमें सब के सब अपनी-अपनी वैचारिकता, विचारधारात्मक आग्रह, अन्तर्वस्तु एवं शिल्प-वैविध्य के कारण कभी-कभार परस्पर अन्तर्विरोधी प्रतीत होने के बावजूद परिवर्तनकामी और जनपक्षधर कविताएँ रच रहे हैं। उल्लेखनीय है कि इनकी पक्षधरता के दायरे में अब पहले की तरह केवल वर्ग के बजाय वर्ण-जाति-कुल-गोत्र के साथ ही जेंडर आधारित भेदभाव की भी ज़बरदस्त मुखालफ़त है।

मेरे ख्याल से कविता के समक्ष मुख्य रूप से दो प्रकार की चुनौतियाँ हैं। इनमें पहली चुनौती का सम्बन्ध रचनाकारों एवं रचना-प्रक्रिया से है। जब कवि अवधारणा को अवबोध में तत्त्वान्तरित किये बगैर हड़बड़ी में सीधे-सीधे अवधारणा को ही कविता की शक्ल में पेश कर देता है तो रचना तात्कालिक रूप से विचारोत्तेज़क प्रतीत होने के बावजूद कवित्व की दृष्टि से कमजोर होती है और पाठक को संवेदना के स्तर पर संमृद्ध न कर पाने की वजह से अकाल कवलित हो जाती है।

कविता का वर्तमान इसका गवाह है कि हजारों कविताओं के रचनाकार पाठक के सामने अतिभावुकता परोस कर उससे परिशंसन की अपेक्षा रखते हैं। इस प्रसंग

में इक़बाल की याद न आये, यह नामुमकिन है, जिससे यह पता चलता है कि पहले भी ऐसी रचनाएँ लिखी जाती रही है–

नाला है बुलबुल-ए-शोरीदा तिरा ख़ाम अभी
अपने सीने में इसे और ज़रा थाम अभी।

आचार्य कुंतक ने 'वक्रोक्ति' के प्रसंग में कविता में वैचारिकता और संवेदनशीलता के बीच 'परस्पर स्पर्धीसमभाव' की बात कही है। उनका मानना है कि श्रेष्ठ रचना में विचार और अनुभूति के बीच स्पर्धा का सन्तुलन होता है। वह वैचारिकता से भले शुरू हो, पर रचनाक्रम में उसमें ऐसे अनेक बिन्दु विन्यस्त होते हैं जिनमें गहन और तीव्र अनुभूति हुआ करती है।

इसके उलट वैचारिकता को नज़रअन्दाज़ करके केवल भावुकता की ज़मीन पर खड़े होकर भी अच्छी कविता का सृजन असम्भव है। कहने की ज़रूरत नहीं कि आज सोशल मीडिया के माध्यम से एक से बढ़कर एक कविताएँ पाठकों को सहज उपलब्द्ध हो रही हैं। किन्तु, इनमें अनेक ऐसी कविताएँ भी हैं जिनमें कई बार हड़बड़ी दिखाई देती है।

'कविता के वर्तमान' पर विचारते हुए मैनेजर पाण्डेय ने लगभग एक दशक पहले जो लिखा था वह कुछेक कृती कवियों की चुनिन्दा कविताओं को अपवादस्वरूप छोड़कर कमोबेश आज भी प्रासंगिक है: "आजकल जो कविताएँ लिखी जा रही हैं, उनकी भाषा, बनावट और उनसे व्यक्त होने वाली बौद्धिकता सामान्य पाठकों की पहुँच के परे है। कुछ कवि यह तर्क देने लगे हैं कि आज का जीवन जटिल इसलिए उस जीवन से जुड़ी पूरी कविता भी जटिल हो रही है। यह आत्मरक्षा में गढ़ा गया कुतर्क है। ...आज स्थिति यह है कि कवि लगातार पुरस्कृत हो रहे हैं और कविता तिरस्कृत हो रही है। ...आज के बहुत सारे कवि पाठकों की आलोचना आत्मरक्षा में करते हैं पर उससे नुकसान कवि या पाठक का भले ही न हो, कविता का ज़रूर होता है।" (कथादेश, सितम्बर 2010)

प्रश्न 2. बीसवीं सदी के अन्तिम दशक में उपजी कविता के प्रस्थान बिन्दु क्या हैं?

उत्तर : बीसवी शताब्दी के अन्तिम दशक में उपजी हिन्दी कविता के प्रस्थान बिदुओं पर नज़र दौड़ाने पर सबसे ज़्यादा महत्त्वपूर्ण बिन्दु भूमण्डलीकरण, आर्थिक उदारीकरण, नव्यपूँजीवाद की कोख से पैदा हुए आत्मकेन्द्रित डरे हुए खुशहाल

मध्यवर्ग का उदय और भारत की सामासिक संस्कृति को छिन्न-भिन्न करके चुनावी राजनीति में सीधे-सीधे तथाकथित धार्मिक मामलों की घुसपैठ को लेकर प्रतिरोध की चेतना है।

अगर किसी एक या दो ठोस उदाहरणों के हवाले अपनी बात कहना चाहूँ तो वरिष्ठ कवि कुमार अम्बुज के 'किवाड़'(1992), 'क्रूरता'(1996) और 'अनन्तिम' (1998) जैसे कविता संग्रहों की 'क्रूरता' एवं 'नागरिक पराभव' शीर्षक कविताएँ इसका साक्ष्य हैं जो उन्हीं की एक कविता का शीर्षक उधार लेकर कहूँ तो 'नयी सभ्यता की मुसीबत' की लगभग मुकम्मल शिनाख्त पेश करने में समर्थ हैं।

'नागरिक पराभव' कविता में कुमार अम्बुज ने धार्मिक व्यक्ति से डरने की बात की थी। 'क्रूरता' कविता में उन्होंने कदाचित भविष्यवाणी के अन्दाज़ में जो बात लिखी थी वह हमारे समय में तथाकथित 'गोरक्षक' धर्मध्वजियों की कारस्तानियों को देखते हुए सच साबित हुई है–

तब आयेगी क्रूरता
पहले हृदय में आयेगी और चेहरे पर न दीखेगी
फिर घटित होगी धर्मग्रन्थों की व्याख्या में
फिर इतिहास में और फिर भविष्यवाणियों में
फिर वह जनता का आदर्श हो जायेगी...
वह संस्कृति की तरह आयेगी उसका कोई विरोधी न होगा
कोशिश सिर्फ यह होगी कि किस तरह वह अधिक सभ्य
और अधिक ऐतिहासिक हो
वह भावी इतिहास की लज्जा की तरह आयेगी
और सोख लेगी हमारी सारी करुणा
हमारा सारा श्रृंगार
यही ज़्यादा सम्भव है कि वह आये
और लम्बे समय तक हमें पता ही न चले उसका आना।

प्रश्न 3. इक्कीसवीं सदी की कविता के सामने प्रमुख लक्ष्य क्या हैं? क्या लक्ष्यों को लेकर कवियों में कोई साझापन दिखता है?

उत्तर : नामवर जी ने लिखा है कि इतिहास कैलेण्डर-मात्र नहीं होता कि शताब्दी ख़त्म हुई और उसे बदल दिया जाये। इतिहास वस्तुत: एक प्रक्रिया है। जब

तक ऐतिहासिक परिवर्तन पैदा करनेवाली कोई ऐसी घटना नहीं घटित होती जिसके आघात से मनुष्य के विचार, चिन्तन, जीवन-पद्धति और नियति ही बदल जाये और एक नये मनुष्य का जन्म सम्भव हो तब तक सदी नहीं बदलती।

जिस प्रकार उन्नीसवीं सदी सन उन्नीस सौ के बजाय उन्नीस सौ उन्नीस सौ उन्नीस में प्रथम विश्वयुद्ध की समाप्ति के साथ समाप्त हुई उसी प्रकार इक्कीसवीं सदी भी में 11 सितम्बर 2001 को न्यूयॉर्क में हुई अकल्पनीय और भयावह आतंकवादी कार्रवाई से शुरू हुई मानी जा सकती है जिसके मूल में बाजारवाद और वह 'मार्केट फंडामेंटलिज्म' है जिसका जनक अमेरिका ही है। भारत में इसकी भूमिका के निर्माण के उन्नीसवीं सदी के अन्तिम दशक में लागू की गयी उन आर्थिक नीतियों का बड़ा योग है जिसे एक जमाने में 'मनमोहनोमिक्स' कहा जाता था। सूचना तकनीक का विस्फोट और आभासी दुनिया का जनता के वास्तविक जीवन पर लगातार हावी होते चले जाना इक्कीसवीं सदी की परिघटना है।

चकित करने वाली बात यह है हिन्दी कवियों ने आरम्भ में ही इसे भाँप लिया था जिसका प्रमाण नागार्जुन की एक कविता है जिसमें विदेशी कर्ज़ पर आधारित अर्थव्यवस्था की खिल्ली उड़ाई गयी है–

हम तो ठहरे
घीसू माधव की औलाद
क्या रहेगा याद
क्यों रहेगा याद
मिलता रहे कर्ज़
बढ़ता रहे मर्ज़
छुट्टियाँ मनेंगी टापू में
फ़र्क़ नहीं रह जायेगा
बा और बापू में!

पहले आवश्यकता को आविष्कार की जननी कहा जाता था। विश्व बैंक और अन्तरराष्ट्रीय मुद्रा कोष से जब भारत में बेतहाशा पैसा आना शुरू हुआ तो विकसित देशों की नकल करते हुए हमारे यहाँ उदारीकरण के लाभार्थी खुशहाल मध्यवर्ग के लिए आविष्कार ही आवश्यकता का जनक हो गया। जिन चीज़ों की मनुष्य को कोई ज़रुरत नहीं है, वह कालान्तर में उसका भी उपभोक्ता बन गया। इक्कीसवीं सदी के रचनाकारों का लक्ष्य भूमण्डलीकरण की कोख से उत्पन्न वृद्ध पूँजीवाद

(लेट कपिटलिज्म) और क्रोनी कपिटलिज्म की सन्तति उपभोक्ता संस्कृति और बाजारवादी मूलगामिता को बेनक़ाब करना है, क्योंकि यह अगर अबाध गति से फैलता चला गया तो उसके दुष्परिणामस्वरूप 'मनुष्यता' क्षरित हो जायेगी। ऐसे में कार्ल मार्क्स द्वारा कविता के लिए प्रयुक्त 'मनुष्यता की मातृभाषा' के रचनाकारों का इस लक्ष्य को लेकर साझापन स्वाभाविक है। अरुण कमल की 'धनतेरस' कविता इसका एक अच्छा उदाहरण है। उनकी 'निगेटिव फ़ोटो' कविता आभासी दुनिया की तल्ख़ हक़ीकत बयान करती है जिसमें कवि को लगता है कि 'मेरी स्मृति ख़ुद एक निगेटिव फ़ोटो में बदलती जा रही हैं।' 'मनवा बेपरवाह' एवं 'क्या बने बात' सरीखे कई कविता-संग्रहों के रचयिता लीलाधर मंडलोई की एक कविता बाज़ार की गिरफ़्त में छटपटाते संवेदनशील मनुष्य की विडम्बनापूर्ण जीवनस्थिति को 'मैं' शैली में व्यक्त करती है–

इस शहर में जब भी खोलता हूँ दरवाज़ा
वह सीधे खुलता है बाज़ार में
देखता हूँ मैं शहर एक आधुनिक अखबार की तरह
फैलता जा रहा है जीवन भर
सम्पादकीयों की जगह
हँस रहा है एक बड़ा-सा विज्ञापन

रंजना मिश्र के 'पत्थर समय की सीढ़ियाँ' (2022) कविता संग्रह की 'अंजुम के लिए' कविता साम्प्रदायिकता, बाजारवाद आदि से पैदा हुई विसंगतियों पर प्रेम कविता के शिल्प में ज़बरदस्त चोट करती है–

कितने दिनों से याद नहीं आया
गली के मोड़ पर खड़ा वह शोहदा
सायकिल पर टिककर
जो मुझे देख गाने गाया करता था
कुढ़ जाती थी मैं उसे देखते ही
हाँलाकि आगे जाकर मुस्कुरा दिया करती
उसकी नज़र से परे...
तुम लौट जाओ अंजुम, मेरे युवा प्रेमी,
अपनी सायकिल के साथ
तुम मुक़ाबला नहीं कर पाओगे उनका

जो बाइक पर आयेंगे
और तुम्हें बतायेंगे अब अच्छे दिन हैं...

वाल्टर बेंजामिन का कहना है कि जनपक्षधर रचनाकारों को राजनीति को भावुक बनाने के बजाय भावुकता का राजनीतिकरण करना चाहिए। प्रेम मूलत: भावना का विषय है और 'अंजुम के लिए' कविता में भी साँप भी मर जाये और लाठी भी न टूटे वाले अन्दाज़ में भावुकता का राजनीतिकरण किया गया है। जिस समय सत्ताधारी दल तथा वर्ग और उनके समर्थक तथाकथित सन्त-महंतों के 'बगलबच्चा' बन चुके ज़्यादातर इलेक्ट्रोनिक एवं प्रिंट मीडिया संस्थान 'राष्ट्रवाद' तथा 'लव ज़िहाद' के नाम पर देश में सामाजिक सौमनस्य की धज्जियाँ उड़ा रहे हों, उसमें ऐसी कविता का सृजन करने के लिए जबरदस्त नैतिक साहस एवं राजनीतिक इच्छा शक्ति की दरकार है। याद रहे कि पंथनिरपेक्षता भारत जैसे बहुभाषी, बहुधार्मिक एवं बहुजातीय समाज के 'राष्ट्र-राज्य' (नेशन-स्टेट) के रूप में क़ायम रहने हेतु विकल्प के बजाय एक बाध्यता है और चार खण्डों में रचित इस कविता का यही मूल सन्देश है।

याद आ सकते हैं प्रेमचन्द, जिन्होंने भारत में सच्ची राष्ट्रीयता के प्रसार के लिए वर्ण व्यवस्था और ऊँच-नीच की जड़ खोदने को सबसे बड़ी ज़रूरत बताया है। इतना ही नहीं, 'अंजुम के लिए' कविता 'संस्कृति के चार अध्याय' में दिनकर द्वारा बहुविध विवेचित 'सामासिक संस्कृति' (कंपोजिट कल्चर) की अवधारणा का काव्यात्मक उन्मेष प्रतीत होती है–

जैसे ही उस पार्क के एकान्त में तुम थामोगे अपनी प्रिया का हाथ
सेंसेक्स धड़ से नीचे आयेगा मुद्रास्फीति की दर बढ़ जायेगी...
देश को सबसे बड़ा ख़तरा तुम्हारे प्रेम से है
तुमें देना ही चाहिए राष्ट्रहित में
एक चुम्बन का बलिदान
इसलिए ज़रूरी है पार्क के एकान्त से
तुम अपने घरों में लौट जाओ।

प्रश्न 4. क्या आप मानते हैं कि हमारा लोकतन्त्र कई तरह के दबावों में है? क्या इससे कविता पर भी दबाव पड़ा है? इससे कविता में क्या कोई बदलाव आये हैं?

उत्तर : हमारे इस नाम-निहाद लोकतन्त्र पर क्रोनी कपिटलिज्म से पैदा हुए आर्थिक, धार्मिक, साम्प्रदायिक, भाषाई, पहचान की राजनीति आदि से जुड़े कई तरह के दबाव हैं। इनमें अन्तिम दो बिन्दुओं को छोड़कर शेष सारे मुद्दे हिन्दी और

अन्य भारतीय भाषाओं की कविता की विषयवस्तु बनते रहे हैं और स्पष्ट ही कविता के इनको लेकर प्रतिरोध की चेतना दिखाई पड़ती है।

6 दिसम्बर 1992 को अयोध्या में उन्मादी भीड़ ने एक संगठन के नेताओं द्वारा सुनियोजित षड्यन्त्र के तहत भड़काने पर जो ऐतिहासिक अपराध किया वह मामला आज भी सर्वोच्च न्यायालय में विचाराधीन है। याद रहे कि मन्दिर-मस्जिद विवाद पर दिए गये निर्णय में भी न्यायालय ने मस्जिद गिराए जाने को अपराध ही माना है। सात दिसम्बर को 'द हिन्दू' समाचार पत्र के मुखपृष्ठ पर प्रकाशित गोपालकृष्ण गांधी की 'मलबा' (Rubble) कविता मुझे आज भी याद है–

You lifted one fistful of salt
And an empire was shamed.
Lift
One fistful of rubble
Now
And pour it on our shameless heads.
(तुमने एक मुट्ठी नमक उठाया
और एक साम्राज्य को शर्मसार किया।
अब एक मुट्ठी मलबा उठाओ
और इसे हमारे बेशर्म चेहरे पर उड़ेल दो।)

कहना न होगा कि हिन्दी के नये-पुराने 99.9 प्रतिशत कवियों ने धार्मिक बहुसंख्यकवाद या सम्प्रदायवाद के विरुद्ध एक से बढ़कर एक कविताएँ लिखी हैं। अभी केदार जी की 'नूर मियाँ', परमानंद श्रीवास्तव की 'पहल' में छपी 'साधू आये' और उनकी एक अन्य कविता 'इन दिनों', वीरेन डंगवाल की 'आयेंगे उजले दिन ज़रूर आयेगें', देवी प्रसाद मिश्र की 'मुसलमान', 'जो पीवे नीर नैना का' सरीखी रचनाएँ याद आ रही हैं। अरुण कमल ने तो हमारे समय में लोकतन्त्र के अन्तर्विरोध को रेखांकित करते हुए साफ़ लिखा है–

देखो हत्यारों को मिलता राजपाट सम्मान
... ...
प्रजातन्त्र का महामहोत्सव छप्पनविध पकवान
जिसके मुँह में कौर मांस का उसको मगही पान

इकीसवीं सदी में नयी पीढ़ी के अनेक श्रेष्ठ कवियों ने भी हमारे जनतन्त्र की वास्तविकता तथा 'सबका साथ, सबका विकास और सबका विश्वास' सरीखे नारे के खोखलेपन को उजागर करने का साहस किया है।

'कोई बात' कविता में स्वप्निल श्रीवास्तव कहते हैं–

मैं कोई बात अमूर्त भाषा में
नहीं कहना चाहता कि तुम
समझ न पाओ
मैं साफ़–साफ़ कहना चाहता हूँ
कि तुम तानाशाह हो।

और, 'आकाश में अर्द्धचन्द्र' कविता संग्रह की 'विकास' कविता में पंकज चतुर्वेदी ने लिखा है–

एक सरकार से
दूसरी सरकार तक

देश पहुँचा भ्रष्टाचार से
नफ़रत और हिंसा के
ज्वार तक।

'पुरस्कार की कामना' शीर्षक गद्य-कविता में कवि पंकज को जब 'धर्मनिरपेक्षता, सामासिक संस्कृति और प्रगतिशील चेतना की बड़ी-बड़ी बातें करनेवाला कोई व्यक्ति अचानक किसी दिन बाबरी मस्जिद के विध्वंश के एक प्रमुख अभियुक्त से पुरस्कार प्राप्त करता हुआ दिखता है' तो उसे शिद्दत के साथ महसूस होता है कि 'लेखक के व्यभिचार और पतन का उसके शब्दों पर बुरा असर पड़ता है।'

उल्लेखनीय है कि इक्कीसवीं सदी की कविता में लाभ-लोभ के व्याकरण के तहत चुनावी राजनीति का दंगल जीतकर सेक्युलरिज्म को एक 'ऐप' कहने वाले सत्तारूढ़ प्रभुवर्ग से कुछ प्रगतिशील, जनवादी, क्रान्तिकारी आदि कहे जाने वाले शब्दकर्मियों के अप्रत्यक्ष या गुपचुप जुड़ाव का पर्दाफ़ाश करने वाली कविताएँ भी अच्छी संख्या में मिलती हैं। मौजूदा हालात से विक्षुब्ध लोकतन्त्र पर 'पहचान की राजनीति' (आइडेंटिटी पोलिटिक्स) का भी दबाव है जिसका रचनात्मक प्रतिफलन स्त्री-कविता और दलित तथा आदिवासी कविता के साथ ही इन विषयों पर लिखित अनेकानेक वैचारिक महाग्रन्थ हैं। कहने की ज़रुरत नहीं है कि जाति और जेंडर के आधार पर देश में जो राजनीति हो रही है उसमें प्राय: उस सर्जनात्मक ऊँचाई की कमी खलती है जो ज्योतिबा फुले, सावित्रीबाई फुले और डॉ. अम्बेडकर के चिन्तन

में मिलती है। प्रेमचन्द ने ठीक ही साहित्य को राजनीति के आगे चलने वाली मशाल कहा है। कहना यह है कि हमारे की कविता में जो सर्जनात्मकता है वह इक्कीसवीं सदी या उससे थोड़ा पहले शुरू हुए दलित-आदिवासी और स्त्री मुक्ति आन्दोलनों का सांस्कृतिक हासिल है।

एकाध दशक से लोकतन्त्र पर सबसे बड़ा दबाव भीड़तन्त्र या 'मोबोक्रेशी' का है जिसका अपने समय में विरोध करते हुए नागार्जुन ने लिखा था–

अविवेकी भीड़ की 'भेड़या-धसान' के खिलाफ़
प्रतिबद्ध हूँ प्रतिबद्ध हूँ, जी हाँ, शतधा प्रतिबद्ध हूँ!

यह सुखद है कि आज की कविता अपनी पूरी सर्जनात्मक क्षमता के साथ भीड़ की तानाशाही के विरुद्ध खड्गहस्त है।

प्रश्न 5. हमारी सभ्यता में जिस तरह हिंसा की जगह बढ़ती जा रही है, उसके कारण क्या हो सकते हैं!

ऐसे में कविता और कवि की क्या भूमिका हो सकती है?

उत्तर : हिंसा के बढ़ने का सबसे बड़ा कारण क्रोनी कैपिटलिज्म के तहत संसार-भर में विभिन्न सामाजिक वर्गों के बीच लगातार बढ़ती जा रही आर्थिक असमानता है। आँकड़े बताते हैं कि विकसित और समृद्ध कहे जाने वाले देशों में भी हिंसा बढ़ी है। दस-बीस प्रतिशत लोगों के बीच अधिकाधिक धन कमाने की लालसा से पैदा हुई गलाकाट प्रतिस्पर्धा के दुष्परिणाम स्वरूप अस्सी-नब्बे प्रतिशत लोगों का जीवन कठिन होता जा रहा है। कोरोना महामारी के समय हुई तालाबन्दी के दौरान अपने ही देश में 'प्रवासी मजदूर' कहे गये लाखों लोगों को हजारों-हजार मील पैदल चलकर अपने पैतृक गाँव जाने के दृश्य दिल दहला देने वाले थे।

कोरोना के बाद बढ़ती महँगाई और बेरोजगारी की वजह से निम्न वर्ग ही नहीं, बल्कि निम्न-मध्य वर्ग और एक हद तक उच्च मध्यवर्ग की भी हालत बहुत खराब हुई है और इन वर्गों की मूल समस्याओं को हल करने के बजाय सत्ताधारी वर्ग उग्र राष्ट्रवाद, सम्प्रदायवाद और जातिवाद का ज़हर फैलाकर चुनावी दंगल में एक-दूसरे को पछाड़ कर बड़े पूँजीपतियों के हित में काम करता रहा है। सच तो यह है कि अपने देश में सत्ताधारी दल और कुछेक अपवादों को छोडकर विपक्षी दलों की आर्थिक नीतियों में बहुत अन्तर नहीं है।

हाल में उक्रेन पर हुए रूसी हमले के कारण स्थिति बद से बदतर हुई है। अन्तरराष्ट्रीय टेलीविज़न चैनलों पर बमबारी के भयावह दृश्य देखकर पोलिश कवयित्री वीस्वावा शिम्बोर्स्का की 'आरम्भ और अन्त' कविता की याद न आये,यह नामुमकिन है–

हर युद्ध के बाद
करनी होगी किसी को तो सफाई।
आख़िर, सब स्वयं ही
ठीक तो नहीं हो जायेगा।

किसी को तो हटाना होगा मलबा,
करनी होंगी सड़कें साफ़,
ताकि मिल सके रास्ता
लाशों से लदी गाड़ियों को।

बँटवारे के बाद भारत की आज़ादी को प्रश्नांकित करती हुई अली सरदार जाफ़री की 'कौन आज़ाद हुआ किसके माथे से गुलामी की स्याही छूटी' जैसी अनेक बेहतरीन कविताएँ रची गयी हैं। इसी प्रकार आर्थिक-सामाजिक समानता और सामंती-पुरोहिती गठजोड़ तथा साम्प्रदायिक उन्माद की बखिया उधेड़ने वाली कविताओं की कमी नहीं हैं। आगे चलकर सबाल्टर्न स्टडी और पहचान की राजनीति (आइडेंटिटी पॉलिटिक्स) की कविता में रचनात्मक अभिव्यक्ति के ढेरों उदाहरण हैं। शब्द-चेतन समुदाय को स्त्री-प्रश्नों और दलित तथा आदिवासी समुदायों की यातना को महसूस करके उनकी मुक्ति के लिए आवाज़ उठाने की प्रेरणा और उन्हें सदियों से दबाकर रखनेवालों की शिनाख्त कराने में इन कविताओं की बड़ी भूमिका है। इस सन्दर्भ में मंगलेश डबराल की 'आदिवासी' कविता की कुछ पंक्तियाँ याद आ रही हैं–

उसने किसी तरह एक बाँसुरी और एक तुरही बचा ली है
एक फूल एक माँदर एक धनुष बचा लिया है। ...
एक दिन वह अपने वाद्ययन्त्रों को पुकारता है अपनी नदियों
जगहों और नामों को
अपने लोहे कोयले और अभ्रक को बुला लाता है
अपने माँदर तुरही और बाँसुरी को ज़ोरों से बजाने लगता है

तब जो लोग उस पर शासन करते हैं
वे तुरन्त अपनी बन्दूक निकाल कर ले आते हैं

प्रश्न 6. सूचना प्रौद्योगिकी, सोशल मीडिया और वर्चुअल माध्यमों में कविता की भाषा, अभिव्यक्ति और शिल्प पर क्या प्रभाव पड़ा है? इन माध्यमों से कविता के प्रसार और प्रभाव में किस तरह के बदलाव आये हैं?

उत्तर : सूचना प्रौद्योगिकी, सोशल मीडिया और आभासी माध्यमों में कुछेक अपवादों को छोड़कर कविता की भाषा, अभिव्यक्ति और शिल्प पर लोकप्रिय संस्कृति का गहरा प्रभाव दिखाई देता है। वजह यह कि मीडिया पर वही प्रसारित होगा जो बिकेगा और कला बिकाऊ नहीं होती। हाल में 'इंडिया टुडे' समूह द्वारा प्रसारित 'साहित्य आजतक' कार्यक्रम इसका एक उदाहरण है।

हमारे समय के लगभग सारे छोटे-बड़े और अच्छे-बुरे कवि सोशल मीडिया पर हैं। किन्तु,उनमें से ज़्यादातर कवियों की श्रेष्ठ कविताएँ उनके कविता संग्रह में या किसी पत्रिका के विशेषांक में पहले छपती हैं। 'हिन्दी समय', 'कविताकोश' या 'हिन्दवी' सरीखे कुछ अच्छे वेबसाईट भी हैं जिनपर अनेक अच्छी कविताएँ मौजूद हैं। चूँकि ये कविताएँ किसी सुलिखित या सुसम्पादित संग्रह से ली गयी हैं, इसलिए उनकी भाषा,शिल्प आदि पर इन माध्यमों का कोई प्रभाव नहीं है।

जो कवि केवल सोशल मीडिया की सुविधा का लाभ उठाकर कविता लिख रहे हैं उनमें से अधिकतर लोकप्रिय संस्कृति की गिरफ़्त में हैं। कुछेक अपवादों को छोड़कर इन कविताओं में एक जल्दबाजी हुआ करती है जो सपाटबयानी, नारेबाजी, प्रेम के नाम पर बनावटी अभिव्यक्ति आदि के रूप में अभिव्यक्त होती है और बगैर पढ़े जब किसी पोस्ट पर सैकड़ों 'लाइक्स' या 'बहुत सुन्दर', 'बहुत अच्छा' सरीखी आशीर्वादी टिप्पणियाँ लिखी जाती हैं तो इससे कवि को भ्रम होने लगता है कि वह वाकई में बहुत अच्छा लिख रहा/रही है जिसे पत्रिकाओं के सम्पादक पहचानने में चूक गये या उसकी उपेक्षा हुई है।

कभी मार्क्स ने कहा था कि सच्चा रचनाकार उसी प्रकार सहज सृजन करता है जिस प्रकार रेशम का कीड़ा रेशम बनाता है। बावजूद इसके, सम्भावित पाठकों के लिए स्वान्त:सुखाय लिखने वाले रचनाकार भी चाहते हैं कि उनकी कविता अधिक से अधिक लोगों तक पहुँचे। कुमार विकल ने लिखा है–

मैंने चाहा था कि मेरी कविताएँ
लोकगीतों की पंक्तियों में

खो जायें
जिन्हें नदियों में मछुआरे
खेतों में किसान
मिलों में मजदूर
झूमते गायें

जाहिर है कि सोशल मीडिया के पूर्व यह सम्भव नहीं था। सोशल मीडिया से एक लाभ यह हो सकता है कि कवि यदि उसका सदुपयोग करे तो उसकी रचना उन तमाम सामान्य पाठकों तक सहज पहुँच सकती हैं जो साहित्य के छात्र, अध्यापक या प्रेमी नहीं हैं और कविता संग्रह या साहित्यिक पत्रिकाएँ नहीं ख़रीद या पढ़ पाते। किन्तु, दुखद है कि हमारे समय में अनेक राजनीतिक दलों के आई.टी.सेल के द्वारा सोशल मीडिया का अफवाह फैलाने के लिए इस्तेमाल हो रहा है। इतना ही नहीं, सोशल मीडिया के माध्यम से पोर्नोग्राफी भी सहज उपलब्ध्द है, जिसकी स्त्रियों पर आये दिनों होने वाली यौन हिंसा की घटनाओं में आयी वृद्धि में एक बड़ी भूमिका है।

अकल्पनीय वैज्ञानिक प्रगति और ख़ासकर सूचना प्रौद्योगिकी के क्षेत्र में विस्फोट का असर सबसे बुरा असर साहित्य के पाठकीय अभिग्रहण की प्रक्रिया पर पड़ा है। साइबरनेटिक्स, माइक्रोचिप्स, बायलोजिकल क्लोनिंग, डिज़िटल कम्प्यूटर, ए. आइ, साइबर नैरेशन वाली इस सदी में साहित्य के पाठकीय अभिग्रहण के संकट पर बातचीत करते हुए युद्धोत्तर यूरोप के प्रख्यात दार्शनिक एवं संस्कृति समीक्षक जार्ज स्टायनर ने कैम्ब्रिज़ विश्वविद्यालय में आयोजित एक संगोष्ठी में कहा था कि "आज लगभग पचासी प्रतिशत अमेरिकी लोग बगैर वाकमैन के पढ़ नहीं सकते हैं। यह ग्राफीय रूप में 'फ्लिकर इफेक्ट' कहा जाता है। चूँकि वैज्ञानिकों ने चेतना को रक्त और शर्करा से निर्मित एक वस्तु तथा स्मृति को एक स्नायु-रासायनिक प्रकार्य के रूप में वर्णित करना शुरू कर दिया है, इसलिए आज साहित्य एवं अन्य कलाओं के सामने विज्ञान की चुनौतियों से जूझने का संकट है।"

कहने की ज़रूरत नहीं कि जार्ज स्टायनर जिसे विज्ञान के द्वारा दी गयी चुनौती कह रहे हैं वह केवल विज्ञान के बजाय नव्य-पूंजीवाद और उसके मानसपुत्र उपभोक्तावाद के चलते पैदा हुआ सामाजिक-सांस्कृतिक संकट है। इसके तहत संस्कृति उद्योग है और महानगरों के स्टार होटलों और कभी-कभार महानगरों से दूर किसी निर्जन पहाड़ी क्षेत्र में करोड़ों रूपये की लागत पर तमाम उपभोक्ता सामग्रियों का सरंजाम करके आयोजित कवि गोष्ठी या सांस्कृतिक समारोह का वीडियो उस

अवाम को मुँह चिढ़ाता है जिसकी दुर्दशा से 'दुखी' संस्कृतिकर्मी ऐसे उत्सवों में अपना 'ग़म ग़लत' करके धन्य हो जाते हैं।

प्रश्न 7. क्या कविता के साथ/सम्मुख आलोचना मौजूद है? कविता की समकालीन आलोचना पर आपकी क्या राय है?

ऊत्तर : सच तो यह है कि कुछेक अपवादों को छोड़कर हिन्दी समेत दुनिया-भर के साहित्य में प्राय: आलोचना अपने समय के सम्मुख मौजूद नहीं रही है। संस्कृत के आचार्यों ने तो साफ़ शब्दों में जीवित कवियों पर विचार करना अनुचित माना है। दिलचस्प है कि सन 2014 में हैदराबाद केन्द्रीय विश्वविद्यालय में 'समकालीन हिन्दी कविता और केदारनाथ सिंह' विषय पर आयोजित द्विदिवसीय राष्ट्रीय संगोष्ठी के अन्तिम सत्र में कवि-आलोचक अरुण कमल, अनामिका, गरिमा श्रीवास्तव और पंकज चतुर्वेदी समेत तमाम विद्वान वक़्ताओं तथा विभाग को धन्यवाद देते हुए केदारनाथ सिंह जी ने कहा था कि "अब समझ में आया कि खुद को बर्दाश्त करना कितना कठिन है। संस्कृत में जीवित कवियों पर विचार करने की मनाही क्यों है। इसमें जोड़ना चाहूँगा कि अगर कवि सामने बैठा हो तब तो हरगिज़ नहीं।"

सिर्फ़ हिन्दी कविता का ही उदाहरण लें तो स्पष्ट है कि निराला और मुक्तिबोध सरीखे बड़े कवियों का सम्यक आलोचनात्मक मूल्यांकन उनके समय में सम्भव नहीं हो पाया। आलोचना एक एक महत्त्वपूर्ण दायित्व कृती कवियों का पुनर्मूल्यांकन भी है। वरिष्ठ आलोचक विजय बहादुर सिंह की 'जातीय अस्मिता के प्रश्न और जयशंकर प्रसाद' (2022) पुस्तक का प्रकाशन इसका एक नायाब नमूना है।

हमारे समय के भी तमाम छोटे-बड़े या नये-पुराने कवियों पर आलोचना लिखी गयी है और लिखा जा रही है, पर उसे उनका 'सम्यक आलोचनात्मक मूल्यांकन' कहना कठिन है। पंकज चतुर्वेदी ने मंगलेश जी और वीरेन जी की प्रतिनिधि कविताओं की भूमिका के तौर पर बहुत अच्छा सम्पादकीय आलेख लिखा है, पर वे आलेख इन कवियों के सम्यक मूल्यांकन की पृष्ठभूमि का निर्माण करते हैं। केदारनाथ सिंह, ओमप्रकाश वाल्मीकि, मंगलेश डबराल, वीरेन डंगवाल, अशोक वाजपेयी, आलोकधन्वा, राजेश जोशी, अरुण कमल, अनामिका जैसे कवियों पर कुछ पत्रिकाओं के महत्त्वपूर्ण विशेषांक भी निकले हैं। यह स्वागतयोग्य है। किन्तु,जब तक कुछ दृष्टिसम्पन्न, सुपठित और परिश्रमी विद्वान हमारे समय के महत्त्वपूर्ण कवियों पर अलग-अलग नवल जी की 'मुक्तिबोध:ज्ञान और संवेदना' जैसी मुकम्मल पुस्तकें नहीं लिखते, तब तक केवल छिटफुट आलेख से बात नहीं बनेगी।

याद रहे कि रचना कालजयी होने के पहले कालजीवी होती है। यदि उसमें सर्जनात्मकता होगी और वह लोगों को जीने में मदद करने योग्य होगी तो बार-बार पढ़ी जायेगी और देर-सबेर उसका मूल्यांकन भी ज़रूर होगा। सुखद है कि हमारे अनेक रचनाकार स्वयं अच्छी आलोचना लिखते रहे हैं। अरुण कमल की 'कविता और समय' एक बेहतरीन आलोचना-पुस्तक है। किन्तु, आलोचना में महज अपनी तारीफ़ देखने-सुनने के आकांक्षी कवियों को याद दिलाना ज़रूरी है कि इस मामले में कोई माँग या हड़बड़ी ठीक नहीं है।

बावजूद इसके अरुण कमल एवं लीलाधर मंडलोई की कविता पर ओम निश्चल, सविता सिंह की कविता पर दया शंकर शरण और आशीष मिश्र तथा मोनिका कुमार,विनोद दास और अनुराधा सिंह की कविता पर सन्तोष अर्श ने बहुत अच्छी समीक्षा लिखी है। अन्य उल्लेखनीय कवियों की काव्यकृतियों पर भी समय-समय पर विभिन्न पत्रिकाओं में कुछ श्रेष्ठ समीक्षात्मक आलेख छपते रहे हैं। खुद मैंने करीब साल-भर पहले रंजना मिश्र के 'पत्थर समय की सीढ़ियाँ' कविता संग्रह पर 'समालोचन' में विस्तार से लिखा था जिसे अनेक वरिष्ठ कवियों और आलोचकों समेत सैकड़ों पाठकों ने पसन्द किया था।

किन्तु, हमारे समय की कविता पर कम से कम विजय कुमार की लगभग दो-ढाई दशक पहले छपी 'कविता की संगत' जैसी कोई पुस्तक अभी प्रतीक्षित है जो इस पूरे परिदृश्य को मद्देनज़र रखकर लिखी जाये।

□□